中小企业运营现代化的法律指引：

重点条文、典型案例与操作建议

成都市双流区人民检察院课题组　编著

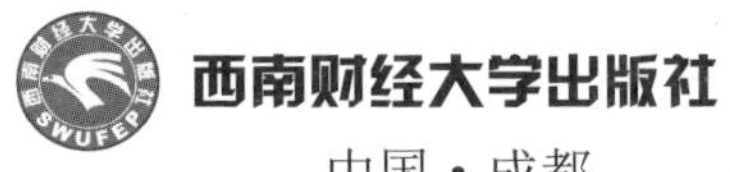

西南财经大学出版社

中国·成都

图书在版编目(CIP)数据

中小企业运营现代化的法律指引:重点条文、典型案例与操作建议/成都市双流区人民检察院课题组编著.—成都:西南财经大学出版社,2023.11
ISBN 978-7-5504-5974-8

Ⅰ.①中… Ⅱ.①成… Ⅲ.①中小企业—企业法—基本知识—中国
Ⅳ.①D922.291.914

中国国家版本馆 CIP 数据核字(2023)第 213591 号

中小企业运营现代化的法律指引:重点条文、典型案例与操作建议

ZHONGXIAO QIYE YUNYING XIANDAIHUA DE FALÜ ZHIYIN:ZHONGDIAN TIAOWEN、DIANXING ANLI YU CAOZUO JIANYI

成都市双流区人民检察院课题组 编著

策划编辑:李建蓉
责任编辑:李特军
责任校对:冯 雪
封面设计:墨创文化
责任印制:朱曼丽

出版发行	西南财经大学出版社(四川省成都市光华村街 55 号)
网 址	http://cbs.swufe.edu.cn
电子邮件	bookcj@swufe.edu.cn
邮政编码	610074
电 话	028-87353785
照 排	四川胜翔数码印务设计有限公司
印 刷	四川煤田地质制图印务有限责任公司
成品尺寸	185mm×260mm
印 张	20.25
字 数	505 千字
版 次	2023 年 11 月第 1 版
印 次	2023 年 11 月第 1 次印刷
书 号	ISBN 978-7-5504-5974-8
定 价	58.00 元

编撰委员会

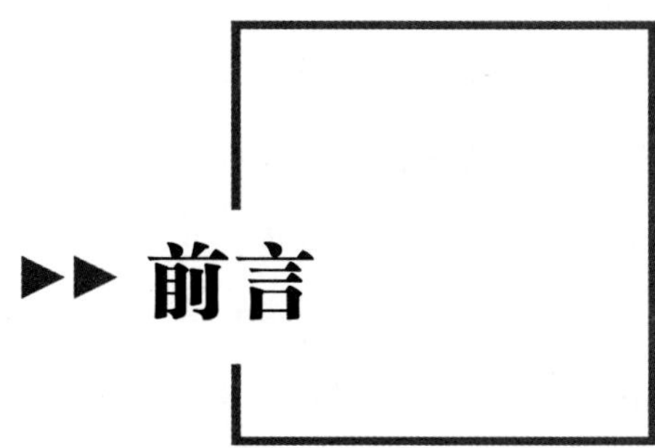

前言

2022年10月，党的二十大报告中指出，从现在起，中国共产党的中心任务就是团结带领全国各族人民全面建成社会主义现代化强国、实现第二个百年奋斗目标，以中国式现代化全面推进中华民族伟大复兴。其中，优化民营企业发展环境，依法保护民营企业产权和企业家权益，促进民营经济发展壮大，完善中国特色现代企业制度，支持中小微企业发展等方面，为企业良好发展作出了战略性规划。相应的，2023年2月，时任最高人民检察院党组副书记、副检察长应勇在最高检机关学习贯彻党的二十大精神第二期培训班开班式上所作的辅导报告中指出："以检察工作现代化更加有力服务中国式现代化"。

那么，如何以检察工作现代化服务保障中国式现代化，是各级检察机关和每一名检察人需要思考的问题。具体而言，即如何促进检察机关"四大检察""十大业务"与国家今后一个阶段的政治、经济、社会、文化等方面的发展战略相融合。在这个问题上，检察机关作为国家法律监督机关，既有监督其他机关是否依法保障企业合法权益的职能，又有追诉单位犯罪及侵害企业法益犯罪的职能。当下，我国经济进入高质量发展阶段，传统的粗放型企业发展模式已经无法适应市场经济变化，以往的灰色空间大幅缩减，"法治"成为当今主题。如果不引导企业进行治理结构改良，因合规体系不健全而衍生出的市场风险、法律风险和涉诉风险，不仅会让企业自身承受损失，更有可能影响到整个行业的健康发展。

习近平总书记在企业家座谈会上曾指出："法治意识、契约精神、守约观念是现代经济活动的重要意识规范，也是信用经济、法治经济的重要要求。"法治是市场经济的内在要求，也是其良性运行的根本保障。企业合规管理，就是运用法治思维和法治方式推动企业提升生产经营管理活动的规范化水平，进而整体提升企业治理结构的法治化水平。建立在制度之上的企业合规管理体系是企业发展壮大的重要方略，也是积极预防企业法律风险的重要法宝。这亦是企业运营现代化的具体表现。在现代化背景下，检察机关推行涉案企业合规工作，不仅对企业与企业家防范和化解合规风险、激发市场主体创新活力具有重大现实意义，而且对营造良好法治营商环境、保障我国经济社会持续、健康、稳定发展具有重大意义。对企业而言，一方面是企业在日常生产经营中的合规管理，即事中合规；另一方面是企业涉罪后的合规整改，即事后合规。这两个方面的合规管理同等重要。

在办案中，我们发现，企业合规首先应当知道“规”有哪些，然而相关规定的数量庞大且分散，如《中华人民共和国民法典》《中华人民共和国刑法》《中华人民共和国公司法》《中华人民共和国商标法》《中华人民共和国专利法》《中华人民共和国著作权法》《中华人民共和国反不正当竞争法》《中华人民共和国招标投标法》等法律和司法解释均有涉及，导致实务操作和理论研究存在一定的不便。对此，我们基于“事前-事中-事后”的多重视角，以企业运营全流程为主线，尽力梳理常用、重点条文，并配合相关案例和分析，以便实务人员查阅、理解和引用，也期为理论工作者从事企业合规科研提供资料。

作为本书的前身，本课题组于 2022 年 5 月汇编了《企业合规一本通（内部资料）》，尝试向有需要的企业赠阅，得到广泛好评。因此，在前期基础上，我们重新编排了框架体系和主要内容，本书以“中小企业运营现代化的法律指引：重点条文、典型案例与操作建议”为题，更加突出问题导向和实用特性。我们希望本书能够对企业健全内部合规体系，帮助企业强化合规风险尤其是刑事合规风险的防控有所裨益，也希望我们能以绵薄之力助推企业运营的现代化。

本书系课题组成员在工作之余编写，精力和能力有限，难免有不当、疏漏之处，敬请读者包涵和指正！

成都市双流区人民检察院课题组

2023 年 7 月

目录

第一章 企业合规常用法律法规指引

第一节 合同合规

合同确立了交易双方的权利义务，并以此保障交易正常进行。然而，合同本身是一个动态的签订、履行的过程。就一般的合同生命周期而言，在其订立、生效、履行、解除及违约责任认定的过程中均存在着潜在的合规风险。对此，企业应当针对常见的、重大的合规风险进行有针对性的防控，以求最大限度地预防和降低合同纠纷。

合同合规风险的防控可以重点注意以下几个方面：第一，在合同订立环节要注意合同形式规范、内容完备、性质明确以及责任可控，尤其对于易引起纠纷的格式条款需要慎重制定。第二，合同的效力是合同能否顺利履行的基础，决定着合同当事人权利义务的有效性。在合同生效环节，企业应当深入了解合同效力的类型、具体情形及其法律后果，避免合同出现效力瑕疵问题。第三，合同履行的核心是恪守诚实信用原则，严格履行各项合同义务。这就要求企业应当对与合同义务有关的法律法规有所了解，知道违反合同义务可能承担的责任，懂得利用履行受阻时的救济机制。第四，企业应当正确把握违约责任的表现形式、承担方式等，以便纠纷产生后能够有效地解决。

一、合同的订立

合同始于订立，合同订立是合同生效的前提，也是市场交易主体将权利义务进行合理分配的依据。然而很多企业容易忽视合同订立这一环节，在未做相关准备的情况下草率地订立合同，这对以后合同的履行埋下隐患，轻则无法履行合同，重则会给企业带来无法弥补的损失。故此，企业应充分重视合同订立过程中的法律风险防范。

（一）合同的形式

合同的表现形式多种多样，总的来说包括三种：口头形式、书面形式和其他形式。法律、行政法规规定采用书面形式的，应当采用书面形式。

口头合同简便、易行、高效，在即时履行的交易中备受青睐。但是“口说无凭”，一旦发生纠纷，主张合同权利的当事人难以举证证明合同的存在及合同关系的内容，不易分清责任，可能面临败诉风险。

书面合同一般指合同书、电子邮件、传真、信件、电报等，以有形的形式呈现内容。书面合同的优点在于使合同有据可查，发生纠纷时容易举证。

除了书面形式、口头形式外，订立合同的其他形式主要包括视听资料形式和默示行为。

【条文链接】

《中华人民共和国民法典》第四百六十九条 当事人订立合同，可以采用书面形式、口头形式或者其他形式。

书面形式是合同书、信件、电报、电传、传真等可以有形地表现所载内容的形式。

以电子数据交换、电子邮件等方式能够有形地表现所载内容，并可以随时调取查用的数据电文，视为书面形式。

《中华人民共和国民法典》第五百零二条 依法成立的合同，自成立时生效，但是法律另有规定或者当事人另有约定的除外。

依照法律、行政法规的规定，合同应当办理批准等手续的，依照其规定。未办理批准等手续影响合同生效的，不影响合同中履行报批等义务条款以及相关条款的效力。应当办理申请批准等手续的当事人未履行义务的，对方可以请求其承担违反该义务的责任。

依照法律、行政法规的规定，合同的变更、转让、解除等情形应当办理批准等手续的，适用前款规定。

【合规建议】

（1）对于即时清理结算、关系比较简单的合同，可以采用口头形式；对于标的数额较大、不能及时结清的合同则宜采用书面形式；法律、行政法规规定应当采用书面形式订立合同，则应当采用书面形式。

（2）当事人难以采用书面形式，则在履行合同过程中注意证据的收集、保留。具体来说：如果涉及付款的，尽量采用银行转账的方式；如果涉及发货的，建议保存送货单、签收单，购物小票、商店发票等；如果通过电话订立或履行合同的，可以电话录音；如果是现场的，也可以录音或者让无利害关系的第三人在场进行见证，以此作为合同成立的证明。

（二）合同的内容

《中华人民共和国民法典》规定了合同一般包括以下条款：当事人的名称和住所、标的、数量、质量、价款或者报酬、履行期限、地点和方式、违约责任、解决争议的方法。这些条款构成了合同的基本框架和主要内容。其中，“当事人的名称和住所、标的、数量”是合同成立的必备要素，其余条款可由当事人根据订立合同的性质和交易目的进行选择。

很多企业在日常经营中常会出现因订立合同时考虑不够周全或者其他后续情况，导致合同在具体实践中可能出现的情形没有约定或者约定不明确，造成了各种因合同而产生的纠纷。对于约定不明产生的一系列问题，《中华人民共和国民法典》规定了详细的解决办法以弥补其不足，当事人应当严格依照法律规定的程序办理。归纳如表 1.1 所示：

表 1.1　合同欠缺条款及解决办法与顺序

欠缺条款	解决办法及顺序
质量要求不明确	强制性国家标准→推荐性国家标准→行业标准→通常标准/符合合同目的的特定标准
价款或者报酬不明确	订立合同时履行地的市场价格 依法应当执行政府定价或者政府指导价
履行地点不明确	给付货币的，在接受货币一方所在地；交付不动产的，在不动产所在地；其他标的，在履行义务一方所在地
履行期限不明确	债务人可以随时履行，债权人也可以随时请求履行（但应当给对方必要的准备时间）
履行方式不明确	按照有利于实现合同目的的方式
履行费用的负担不明确	由履行一方负担；因债权人增加的履行费用，由债权人负担

【条文链接】

《中华人民共和国民法典》第四百七十条　合同的内容由当事人约定，一般包括下列条款：

（一）当事人的姓名或者名称和住所；

（二）标的；

（三）数量；

（四）质量；

（五）价款或者报酬；

（六）履行期限、地点和方式；

（七）违约责任；

（八）解决争议的方法。

当事人可以参照各类合同的示范文本订立合同。

《中华人民共和国民法典》第五百一十条　合同生效后，当事人就质量、价款或者报酬、履行地点等内容没有约定或者约定不明确的，可以协议补充；不能达成补充协议的，按照合同相关条款或者交易习惯确定。

《中华人民共和国民法典》第五百一十一条　当事人就有关合同内容约定不明确，依据前条规定仍不能确定的，适用下列规定：

（一）质量要求不明确的，按照强制性国家标准履行；没有强制性国家标准的，按照推荐性国家标准履行；没有推荐性国家标准的，按照行业标准履行；没有国家标准、行业标准的，按照通常标准或者符合合同目的的特定标准履行。

（二）价款或者报酬不明确的，按照订立合同时履行地的市场价格履行；依法应当执行政府定价或者政府指导价的，依照规定履行。

（三）履行地点不明确，给付货币的，在接受货币一方所在地履行；交付不动产的，在不动产所在地履行；其他标的，在履行义务一方所在地履行。

（四）履行期限不明确的，债务人可以随时履行，债权人也可以随时请求履行，但是应当给对方必要的准备时间。

（五）履行方式不明确的，按照有利于实现合同目的的方式履行。

（六）履行费用的负担不明确的，由履行义务一方负担；因债权人原因增加的履行费用，由债权人负担。

【合规建议】

（1）规格条款：对于多规格产品尤其要注意。企业与客户协商的时候，要对各型号产品的具体规格做出说明，同时详细了解客户的需要，避免供需之间出现差错。

（2）质量标准条款：根据我方的产品质量情况明确约定质量标准，并约定质量异议提出的期限。同时应认真审查合同中约定的标准和客户的需求是否一致。

（3）价格条款：注意列明商品的单价。有些企业在购销合同中，标的是多类商品，但只在合同中明确各类商品的总价款，无法确定具体每种商品的单价，一旦合同部分履行后发生争议，就难以确定尚未履行的部分商品的价款。

（4）包装条款：对于购货方提出的特殊包装方法应当引起足够的重视。

（5）交付方式条款（送货条款）：如果货物送往本地，当明确约定送货地点，这关系到纠纷处理时法院的管辖；如果货物送往外地，则尽量不要写明，而应争取约定由本地法院管辖。此外，合同中应列明收货方的经办人的姓名。这样做的目的是防止经办人离开后，对方不承认收货的事实，给诉讼中的举证带来困难。施工企业人员的变动较为频繁，当对方更换新的经办人时，应当要求对方提供授权委托书。

（6）付款条款：应明确约定付款的时间。模棱两可的约定会让合作方找到拖延付款的理由。

（7）违约责任条款：如果合同由合作方草拟，则应当注意审查有无不平等的违约责任条款和加重我方责任的违约责任条款。合同中明确违约金和赔偿金计算方法。

（三）电子合同

电子合同，又称电子商务合同，是指合同当事人以数据电文等方式达成设立、变更、终止财产性民事权利义务关系的协议。电子合同的各方当事人是通过网络运作，借助电子方式在网上完成合同的谈判、签订和履行。其主体具有虚拟性和广泛性，这也导致电子合同中存在订约主体难以识别的风险。此外，电子合同在订立、履行过程中还可能存在因缺少双方的合意而被认定为无效的风险。

【条文链接】

《中华人民共和国民法典》第四百九十一条　当事人采用信件、数据电文等形式订立合同要求签订确认书的，签订确认书时合同成立。

当事人一方通过互联网等信息网络发布的商品或者服务信息符合要约条件的，对方选择该商品或者服务并提交订单成功时合同成立，但是当事人另有约定的除外。

《中华人民共和国民法典》第五百一十二条　通过互联网等信息网络订立的电子合同的标的为交付商品并采用快递物流方式交付的，收货人的签收时间为交付时间。电子合同的标的为提供服务的，生成的电子凭证或者实物凭证中载明的时间为提供服务时间；前述凭证没有载明时间或者载明时间与实际提供服务时间不一致的，以实际提供服务的时间为准。

电子合同的标的物为采用在线传输方式交付的，合同标的物进入对方当事人指定的特定系统且能够检索识别的时间为交付时间。

电子合同当事人对交付商品或者提供服务的方式、时间另有约定的，按照其约定。

《中华人民共和国电子签名法》第三条 民事活动中的合同或者其他文件、单证等文书，当事人可以约定使用或者不使用电子签名、数据电文。当事人约定使用电子签名、数据电文的文书，不得仅因为其采用电子签名、数据电文的形式而否定其法律效力。

前款规定不适用下列文书：

（一）涉及婚姻、收养、继承等人身关系的；

（二）涉及停止供水、供热、供气等公用事业服务的；

（三）法律、行政法规规定的不适用电子文书的其他情形。

《中华人民共和国电子签名法》第四条 能够有形地表现所载内容，并可以随时调取查用的数据电文，视为符合法律、法规要求的书面形式。

【案例链接】

电子合同的效力如何认定？①

案情简介：2013年11月26日，用户宁某通过世纪卓越公司经营的网站（www.amazon.cn，简称“亚马逊网站”）下单购买了长虹LED32538、32英寸电视机1台，该商品的名称、型号、价款等详细信息展示于网站之上，内容明确具体。宁某通过一系列正常操作，确认订单并完成了支付。同年11月28日，宁某收到世纪卓越公司发来的电子邮件称订单取消并无法提供所购商品。后宁某多次与世纪卓越公司沟通，问题至今未能解决。故宁某诉至法院，要求世纪卓越公司继续履行原订单并交付货物。

本案的争议焦点在于：（1）宁某是否作为适格原告？世纪卓越公司答辩称，宁某仅提交了涉案订单的电子邮箱，并无其他证据证明宁某系涉案商品的买受人，故宁某不能证明其与本案存在利害关系，亦不能证明其系涉案商品的潜在买方。（2）电子合同是否成立？世纪卓越公司主张，亚马逊网站上展示商品应为要约邀请，而亚马逊网站取消订单则视为拒绝要约。此外，亚马逊网站向消费者公示网站的交易规则即“使用条件”明确约定，亚马逊网站发出发货确认的电子邮件或短信时，双方之间的买卖合同才成立，故双方的买卖合同并未成立。

裁判结果：二审法院对上述争议焦点的判决是：（1）宁某为本案适格主体；（2）本案中的电子合同已成立。

合规分析：首先，对于电子合同订约主体的适格性判断，司法实践中通常认为掌握用户名及密码即可以证明电子商务的活动主体为消费者本人。本案中，宁某的电子邮箱收到亚马逊网站发来的确认收到订单以及取消订单的电子邮件，且掌握该电子邮箱的用户名和密码，并经过公证可以顺利登录上述电子邮箱，故可以判断宁某为该电子邮箱的实际使用人，即宁某系涉案商品的购买方，是买卖合同的主体，也是本案的适格当事人。

其次，对于电子合同效力是否成立需要厘清两个问题：一是亚马逊网站上展示信息为要约邀请还是要约，也就是电子合同成立时间判断；二是亚马逊网站向消费者公示的“使用条件”是否对双方发生约束力。

针对第一个问题，《中华人民共和国民法典》第四百七十二条规定：“要约是希望与他人订立合同的意思表示，该意思表示应当符合下列条件：（一）内容具体确定；

① 参见北京市第三中级人民法院民事判决书（2014）三中民终字第09381号。

（二）表明经受要约人承诺，要约人即受该意思表示约束。”《中华人民共和国民法典》第四百七十三条规定：“要约邀请是希望他人向自己发出要约的表示。拍卖公告、招标公告、招股说明书、债券募集办法、基金招募说明书、商业广告和宣传、寄送的价目表等为要约邀请。商业广告和宣传的内容符合要约条件的，构成要约。”本案中，世纪卓越公司将其待售商品的名称、型号、价款等详细信息陈列于其网站之上，且消费者可以直接点击购买并支付价款，其内容明确具体，符合要约的特征。消费者通过网站在其允许的状态下自由选购点击加入购物车，并在确定其他送货、付款信息之后确认订单，应当视为进行了承诺。世纪卓越公司在消费者提交订单之后向消费者发出的订单确认邮件中的提示系双方达成合意后的通知，不发生排除合意的法律效力。故世纪卓越公司与宁某某之间的合同已经成立。

针对第二个问题，亚马逊网站的“使用条件”系世纪卓越公司为了重复使用而预先拟定的，未与合同相对方进行协商的条款。该使用条款的约定，仅在亚马逊网站向消费者发出送货确认的电子邮件通知已将该商品发出时，双方之间的合同才成立，赋予了世纪卓越公司单方决定是否发货的权利并免除了世纪卓越公司不予发货的违约责任，属于格式条款。根据《中华人民共和国民法典》第四百九十七条、《中华人民共和国消费者权益保护法》第二十六条第一款规定，对于格式条款，亚马逊网站应当以显著的方式提请消费者注意。但从亚马逊网站注册环节来看，并未要求注册用户必须阅读并同意其“使用条件”，且展示位置不易被消费者辨识。因此，世纪卓越公司未尽到对格式条款的提示和说明的义务，法院认定该格式条款对宁某无约束力，认定正确。

【合规建议】

（1）对于电子合同的交易主体：企业在电子商务经营过程中，应当对消费者主体争议问题予以说明和明确。比如，在用户发生网络身份失窃或者未成年人利用父母账户进行的交易操作，均视为用户本人的真实交易行为。

（2）对于电子合同的格式条款：企业在制定格式条款时，应当遵循法律法规的规定，对于消费者权益有损害或者减弱的情况，应当履行充分的提醒义务，企业应当给予消费者必要的机会与充分的时间了解格式条款的内容。

（3）对于电子合同的签订方式：建议企业加强对平台的技术能力建设或借助第三方交易平台缔结合同，以保障发生错误后的及时纠错能力，减少系统技术故障与错误。

（四）要式合同、要物合同与诺成合同的区别

要式合同是指法律要求必须具备一定形式或经过特定手续的合同。这里的要式之“式”，系指特定的合同外观表现形式，通常为书面形式。要式合同包括两种具体类型：一类是法定要式合同，即法律、行政法规规定采用书面形式的合同；另一类是约定要式合同，当事人约定采用书面形式的合同。我国法律、行政法规对法定要式合同仅笼统规定应当采用书面形式。企业在订立合同时，应特别注意合同是否为法律、行政法规规定应当采用书面形式订立的合同。

要物合同又称“实践合同”，是指除当事人间的意思表示一致以外，还须交付标的物才能成立的合同，它以当事人的合意和交付标的物为成立要件。要物合同必须有法律特别规定，比如定金合同、自然人之间的借款合同、保管合同等。

诺成合同又称“不要物合同”，与实践合同相对应，是指当事人之间意思表示一致

即能成立的合同。生活中大部分合同，如买卖、租赁、委托等都属于诺成合同。因此，诺成合同是合同成立的常态，实践合同是例外。

要式合同、要物合同与诺成合同的区分意义在于，确定合同是否成立生效、标的物风险转移的时间以及责任的认定。比如，在诺成合同中，如不交付标的物则会构成违约责任。而在要物合同中，如果不交付标的物则合同无法成立，也就不存在违约，如要追究责任的话应是缔约过失责任。诺成合同可以是要式合同也可以是非要式合同。但从风险防范角度来讲，要式合同通过特定形式防止当事人草率签约，同时预留证据，对于某些重要的、关系复杂的合同，建议企业采用书面形式。

【条文链接】

1. 要式合同

《中华人民共和国民法典》第四百九十条 当事人采用合同书形式订立合同的，自当事人均签名、盖章或者按指印时合同成立。在签名、盖章或者按指印之前，当事人一方已经履行主要义务，对方接受时，该合同成立。

法律、行政法规规定或者当事人约定合同应当采用书面形式订立，当事人未采用书面形式但是一方已经履行主要义务，对方接受时，该合同成立。

《中华人民共和国民法典》第四百九十一条 当事人采用信件、数据电文等形式订立合同要求签订确认书的，签订确认书时合同成立。

当事人一方通过互联网等信息网络发布的商品或者服务信息符合要约条件的，对方选择该商品或者服务并提交订单成功时合同成立，但是当事人另有约定的除外。

2. 要物合同

《中华人民共和国民法典》第五百八十六条 当事人可以约定一方向对方给付定金作为债权的担保。定金合同自实际交付定金时成立。

定金的数额由当事人约定；但是，不得超过主合同标的额的百分之二十，超过部分不产生定金的效力。实际交付的定金数额多于或者少于约定数额的，视为变更约定的定金数额。

《中华人民共和国民法典》第六百七十九条 自然人之间的借款合同，自贷款人提供借款时成立。

《中华人民共和国民法典》第八百九十条 保管合同自保管物交付时成立，但是当事人另有约定的除外。

【合规建议】

根据《中华人民共和国民法典》规定，这里梳理出以下46种应当采用书面形式订立的合同，供企业参考：

金融借款合同；租期六个月以上的租赁合同；融资租赁合同；建设工程合同；建设工程委托监理合同；技术开发合同、技术转让合同和技术许可合同；建设用地使用权出让合同；建设用地使用权流转合同；居住权合同；地役权合同；抵押合同；质押合同；细胞、器官、组织、遗体捐赠合同；约定夫妻关系存续期间财产归属；离婚协议；外国人在中国收养子女的协议；房地产转让合同；房屋租赁合同；农村土地承包经营合同；农村土地承包经营权流转合同；合伙企业合同；个人独资企业委托投资、管理合同；民用航空器转让合同；民用航空器租赁合同；通用航空经营合同；保险合同；包价旅游合同；包价旅游接待委托合同；委托拍卖合同；广告合同；慈善捐赠合同；著作财产权转让合同；专利申请权、专利权转让合同；仲裁合同；船舶转让合同；船舶抵押合同；航次租船合同；定期租船合同、光船租赁合同；海上拖航合同；商品房买卖合同；前期物业服务合同；物业服务合同；劳动合同；信托合同；政府采购合同；经过招投标程序签订的合同。

（五）意向书、预约合同与本约合同的区别

意向书是指表达交易意愿的磋商性文件，没有实质内容，没有明确签订本约的意思表示。同类性质的协议还包括会议纪要、备忘录、框架协议等安慰文件、谈判性文件。比如，文件中表示“双方同意就×××问题展开对话与磋商”。

预约合同是指约定于将来一定期限内订立本约合同的合同。就将来一定期限内订立合同达成合意，即可构成预约合同。比如，合同中约定“同意在×××条件具备时签订正式合同”。

本约合同是指将来要订立的合同，是对双方当事人特定权利义务的明确约定。预约合同的标的是本约。比如，合同中约定“甲方在×××期限内运送货物，乙方支付相应价款”。

由于预约合同目的的特殊性，实践中当事人常常对意向书、预约合同、本约合同的使用产生混淆，错误认定合同的性质造成不必要的纠纷。比如，当事人在合同中约定了具体权利义务，这种情况下合同虽然名为“预约合同”，但其实质为本约合同。因此，在合同签订中应重视对合同性质的认定和把握，以合同的具体内容为基础，考量当事人的真实意思表示。

意向书、预约合同、本约合同的区别如表 1.2 所示：

表 1.2　意向书、预约合同、本约合同的区别

类别	意向书	预约合同	本约合同
所在阶段	要约承诺过程之前的磋商阶段	本约的磋商过程中，确定在某一时刻订立本约，但已经完成了预约合同本身的要约与承诺	要约承诺阶段完毕，本约合同已成立
性质	表达交易意愿的磋商性文件，不具有合同的法律效力	合同	合同
目的	表达交易意愿，继续进行磋商	在一定期限、条件下订立本约	建立合同关系，履行具体权利义务，实现合同目的
法律效力	一般无法律约束力	有法律约束力但本约成立后即终止。某些情况下，预约合同的内容会成为本约的一部分	有法律约束力，直至合同终止
义务	诚信磋商义务	在确定时间订立本约的义务	履行完毕所有合同内容的义务
责任	缔约过失责任	违约责任，但有特殊性	违约责任，可依法要求实际履行合同，要求赔偿可预期利益

【条文链接】

《中华人民共和国民法典》第四百九十五条　当事人约定在将来一定期限内订立合

同的认购书、订购书、预订书等，构成预约合同。

当事人一方不履行预约合同约定的订立合同义务的，对方可以请求其承担预约合同的违约责任。

《最高人民法院关于审理商品房买卖合同纠纷案件适用法律若干问题的解释》第二条 出卖人未取得商品房预售许可证明，与买受人订立的商品房预售合同，应当认定无效，但是在起诉前取得商品房预售许可证明的，可以认定有效。

《最高人民法院关于审理商品房买卖合同纠纷案件适用法律若干问题的解释》第四条 出卖人通过认购、订购、预订等方式向买受人收受定金作为订立商品房买卖合同担保的，如果因当事人一方原因未能订立商品房买卖合同，应当按照法律关于定金的规定处理；因不可归责于当事人双方的事由，导致商品房买卖合同未能订立的，出卖人应当将定金返还买受人。

《最高人民法院关于审理商品房买卖合同纠纷案件适用法律若干问题的解释》第五条 商品房的认购、订购、预订等协议具备《商品房销售管理办法》第十六条规定的商品房买卖合同的主要内容，并且出卖人已经按照约定收受购房款的，该协议应当认定为商品房买卖合同。

【案例链接】

预约合同的认定及处理？①

案情简介：2018年7月，巩义市人民政府（乙方）与义煤集团（甲方）签订转让协议，双方约定由巩义市政府下属的嘉成能源公司收购大有能源公司下属铁生沟煤矿有效资产和铁路专用线资产；嘉成能源公司支付4 000万元人民币作为定金，如果未能收购成功，且甲方亦未与其他第三方达成该项资产的交易，则上述定金不再退还。由于各种原因，大有能源公司先后两次挂牌出让期内均无意向受让方进场摘牌，案涉资产未能交易成功，故嘉成能源公司向一审法院起诉请求判令大有能源公司返还定金4 000万元及利息。

裁判结果：河南省郑州市中级人民法院作出（2021）豫01民初1201号民事判决，判决驳回嘉成能源公司的诉讼请求。嘉成能源公司不服，向河南省高级人民法院提起上诉。河南高院认为：转让协议是具有预约性质的合同，案涉定金为订约定金，只要本约未能订立不是由于出让方的原因，则该定金就不再退回。故判决驳回上诉，维持原判。

合规分析：预约合同最本质的内涵是约定将来一定期限内订立合同，其能否成立需着重把握以下三点：一是预约合同的成立须双方当事人达成合意，对双方当事人均具有约束力；二是预约合同当事人合意的内容是将来订立本约，就将来订立本约的意思表示达成一致；三是合意达成的将来订立本约应当是一项确定性义务。基于此，预约合同作为以订立本约为目的的独立合同，当事人违反约定，不履行订立本约的义务，也应当承担违约责任。

本案中，双方当事人在转让协议中为担保将来订立正式合同设置了定金条款，则该定金具有立约定金的性质，其实质为预约合同的违约定金。因此，是否适用定金罚

① 最高人民法院发布2022年全国法院十大商事案件之二：巩义市嘉成能源有限公司与河南大有能源股份有限公司定金合同纠纷案。

则，就要取决于当事人是否违反预约合同。一般认为，在预约合同生效后，如果当事人一方无正当理由拒绝订立本约合同或者在磋商订立本约合同时违背诚信原则导致未能订立本约合同的，就应认定该当事人违反预约合同。在本案中，预约合同生效后，受让方在明确知晓本约合同担保条款内容的情况下，又在提供担保的主体及担保方式问题上出现意见反复以致未能进场交易，仍与出让人订立正式的资产转让协议，从而构成违约。据此，终审判决认为："因本约合同未能订立是可归责于交付定金一方的原因，故约定的定金不再退还。"这对于违反预约合同的认定以及违反预约合同的违约责任等疑难问题的处理具有一定的指导意义。

【合规建议】

（1）注意预约合同的性质。由于法律上缺乏判断预约合同的明确标准，故建议签署合同时明确预约合同的性质。比如，在合同中添加条款"本合同为预约合同，双方应按本合同约定条件签署本约"或者根据实际情况将合同命名为"买卖预约合同、租赁预约合同"等。

（2）把握预约合同的违约责任。预约合同是独立的合同，如果违反合同约定，应承担违约责任。如果预约合同没有约定违约责任，则可适用《中华人民共和国民法典》合同编第一分编第八章中的违约责任，包括继续履行、采取补救措施、赔偿损失等。为避免发生争议，建议在合同中约定"一方拒绝按照本合同约定签署本约的，视为违约，应承担本合同约定的违约责任"。

（3）协调预约合同与本约合同的链接。为避免同一个交易存在多份合同而产生不必要的冲突，建议在预约合同签订后的合同中明确约定"双方于×年×月×日签订的预约合同于本合同签署后无效"。

（六）订立格式条款注意事项

在市场经济活动中，市场交易主体为了简化订约程序、提高交易效率，通常选择适用格式条款。所谓格式条款，是指当事人为了重复使用而预先拟定，并在订立合同时未与对方协商的条款。它常运用于房屋买卖合同、居间合同、租赁合同以及保险合同等合同中。格式条款有三大法律要素，即"为了重复使用""预先拟定""未与对方协商"。其中，"未与对方协商"是格式条款的本质特征，即非拟定格式条款的合同相对方不享有对条款内容作出变更、修改的权利，仅能表示接受或者不接受，这也是格式条款具有简便、省时特点的主要原因。

1. 格式条款的订入规则

格式条款的订入规则，要求提供格式条款的一方应向接收方提示和明确说明，相关条款才能订入合同，作为合同的组成部分，否则不产生效力。

【条文链接】

《中华人民共和国民法典》第四百九十六条 格式条款是当事人为了重复使用而预先拟定，并在订立合同时未与对方协商的条款。

采用格式条款订立合同的，提供格式条款的一方应当遵循公平原则确定当事人之间的权利和义务，并采取合理的方式提示对方注意免除或者减轻其责任等与对方有重大利害关系的条款，按照对方的要求，对该条款予以说明。提供格式条款的一方未履行提示或者说明义务，致使对方没有注意或者理解与其有重大利害关系的条款的，对方可以主张该条款不成为合同的内容。

《中华人民共和国消费者权益保护法》第二十六条 经营者在经营活动中使用格式条款的，应当以显著方式提请消费者注意商品或者服务的数量和质量、价款或者费用、履行期限和方式、安全注意事项和风险警示、售后服务、民事责任等与消费者有重大利害关系的内容，并按照消费者的要求予以说明。

经营者不得以格式条款、通知、声明、店堂告示等方式，作出排除或者限制消费者权利、减轻或者免除经营者责任、加重消费者责任等对消费者不公平、不合理的规定，不得利用格式条款并借助技术手段强制交易。格式条款、通知、声明、店堂告示等含有前款所列内容的，其内容无效。

2. 格式条款的效力规则

一般来说，格式条款简捷、方便、降低交易成本，大量运用于生活实践。但是，由于格式条款非经合同双方协商，提供方往往利用其优势地位，制定有利于自己的格式条款，更有甚者以损害对方利益为代价。例如，游乐园发出免责声明，在游玩时受伤概不负责。这种情况下的“声明”因减免己方责任、加重对方责任，以致双方权利义务严重失衡，相对人可以依法要求确认其无效。无效的格式条款，则自始没有法律约束力。

【条文链接】

《中华人民共和国民法典》第四百九十七条 有下列情形之一的，该格式条款无效：

（一）具有本法第一编第六章第三节和本法第五百零六条规定的无效情形；

（二）提供格式条款一方不合理地免除或者减轻其责任、加重对方责任、限制对方主要权利；

（三）提供格式条款一方排除对方主要权利。

《中华人民共和国民法典》第五百零六条 合同中的下列免责条款无效：

（一）造成对方人身损害的；

（二）因故意或者重大过失造成对方财产损失的。

《中华人民共和国民法典》第一编第六章第三节 “民事法律行为的效力”主要规定了下列无效民事法律行为：①无民事行为能力人实施的民事法律行为无效。②行为人与相对人以虚假的意思表示实施的民事法律行为无效。③违反法律、行政法规的强制性规定的民事法律行为无效，但是，该强制性规定不导致该民事法律行为无效的除外。④违背公序良俗的民事法律行为无效。⑤行为人与相对人恶意串通，损害他人合法权益的民事法律行为无效。

【合规建议】

企业判断合同条款效力可通过以下顺序：

《中华人民共和国民法典》第五百零六条“免责条款无效情形”→《中华人民共和国民法典》第四百九十七条第二款、第三款“格式条款无效情形”→《中华人民共和国民法典》第一编第六章第三节“无效民事法律行为”。

3. 格式条款的解释规则

对格式条款进行解释时要遵循以下规则：非格式条款优先→通常理解解释格式条款→不利提供格式条款一方解释。主要有两个层面的要求：

（1）非格式条款的效力优于格式条款效力，理由是非格式条款是合同双方当事人就合同内容协商一致所订立的条款，它更符合意思自治原则，其效力要优于格式条款。

（2）格式条款有两种以上解释的，优选不利提供格式条款一方的解释。由于格式条款是提供格式条款一方预先拟定，为了平衡双方当事人的合法权利，应作出更有利于接收方的解释。

【条文链接】

《中华人民共和国民法典》第四百九十八条　对格式条款的理解发生争议的，应当按照通常理解予以解释。对格式条款有两种以上解释的，应当作出不利于提供格式条款一方的解释。格式条款和非格式条款不一致的，应当采用非格式条款。

【合规建议】

（1）对于格式条款的提供方，必须尽到提示说明义务，对免责条款采取合理的方式引起相对人注意或者进行解释说明，否则可能因提供方未尽提醒义务而导致合同无效。可使用加粗、标红、下划线等形式在合同中标出；让合同接收方在合同最后抄写："本人已在工作人员的指引下知悉合同的全部条款"，并签字；在网站上使用的格式条款设置专门的点击确认。

（2）对于格式条款的接受方，建议仔细阅读条款，尤其注意合同中字体过小的文字内容，对其中显失公平的部分要求修改。

（七）合同订立过程中的赔偿责任

1. 缔约过失责任

缔约过失责任，是指在缔结合同过程中，一方当事人过失地违反因诚实信用原则而生的相互保护、通知、协力等义务，致使他方当事人遭受损害时，过失者应负的赔偿责任。

企业可根据以下衡量标准判定相对方是否具有缔约过失：首先必须判定他是否存在注意义务，然后再判定他是否违反了这种注意义务。先合同义务大致有以下几种类型：①缔约之际未尽保护义务而致他人身体健康遭受损害；②因合同无效或被撤销而致对方遭受损害；③契约不成立而使对方遭受损失；④无权代理而致对方遭受损害；⑤未尽说明义务而致对方遭受损害；⑥以意向书的方式使对方产生合理信赖而导致损害。

企业可根据以下构成要件判定相对方是否应承担缔约过失责任：①缔约人违反了以诚实信用为基础的先合同义务，即相互协助、相互照顾、相互告知、相互诚实等义务；②违反先合同义务的行为给对方造成了信赖利益损失；③相关行为与损害之间有因果关系，即相对方的信赖利益损失是由行为人的缔约过失行为造成的；④行为人有过错，该过错既包括故意也包括过失。

【条文链接】

《中华人民共和国民法典》第五百条　当事人在订立合同过程中下列情形之一，造成对方损失的，应当承担赔偿责任：

（1）假借订立合同，恶意进行磋商；

（2）故意隐瞒与订立合同有关的重要事实或者提供虚假情况；

（3）有其他违背诚信原则的行为。

【合规建议】

（1）在合同的磋商阶段，不宜只限定于一个潜在的合同相对方。

（2）如果对方要求"独家"磋商，则应先签署意向书，将"独家"磋商的期限限定在一个合理范围内。

（3）签署意向书后，尽量收取一定数量的定金作为立约定金，以保证正式合同的订立。这种方式也有助于当事人甄别对方是否有订立合同的诚意，以避免遇到假借磋商合同"截获"他人的交易机会或者套取他人的商业秘密等情况。

（4）对自身合同前行为加以规范，避免违反诚实信用原则承担缔约过失责任。

2. 违反保密义务的责任

企业在对外合作时，难免了解或让对方了解经营信息、技术信息、管理信息等。企业保密信息一旦泄露，其他企业可能在此技术、服务、信息基础上进行更新、适用，致使本企业研发的秘密技术、信息等带来的商业价值大打折扣。因此，企业在劳动合同、技术合同等合同中重视对保密条款的约定，同时注意避免泄漏或者不正当使用他人商业秘密，否则有悖于诚实信用原则，须承担赔偿责任。

【条文链接】

《中华人民共和国民法典》第五百零一条 当事人在订立合同过程中知悉的商业秘密或者其他应当保密的信息，无论合同是否成立，不得泄露或者不正当地使用；泄露、不正当地使用该商业秘密或者信息，造成对方损失的，应当承担赔偿责任。

《中华人民共和国反不正当竞争法》第九条 经营者不得实施下列侵犯商业秘密的行为：

（一）以盗窃、贿赂、欺诈、胁迫、电子侵入或者其他不正当手段获取权利人的商业秘密；

（二）披露、使用或者允许他人使用以前项手段获取的权利人的商业秘密；

（三）违反保密义务或者违反权利人有关保守商业秘密的要求，披露、使用或者允许他人使用其所掌握的商业秘密；

（四）教唆、引诱、帮助他人违反保密义务或者违反权利人有关保守商业秘密的要求，获取、披露、使用或者允许他人使用权利人的商业秘密。

经营者以外的其他自然人、法人和非法人组织实施前款所列违法行为的，视为侵犯商业秘密。

第三人明知或者应知商业秘密权利人的员工、前员工或者其他单位、个人实施本条第一款所列违法行为，仍获取、披露、使用或者允许他人使用该商业秘密的，视为侵犯商业秘密。

本法所称的商业秘密，是指不为公众所知悉、具有商业价值并经权利人采取相应保密措施的技术信息、经营信息等商业信息。

【合规建议】

（1）开始磋商合同条款前，先签订独立的保密协议，约定将来无论是否合作，双方应当对磋商过程中知悉的商业秘密或者其他应当保密的信息承担保密责任，不得泄露或者不正当地使用这些秘密内容。

（2）保密协议的条款应具体明确。严密完整的保密协议应当包括对商业秘密和技术秘密等进行定义，约定保密义务的范围、期限、权利义务、违约责任、泄密赔偿办法等条款。

（3）合同订立前对交易相对方进行考察、尽职调查，做到“知己知彼”，以确保合同的交易安全。尽职调查的主要内容包括：合同订立相对方的资质状况、经济状况、商业信用状况、涉诉及被执行信息等。

3. 不真正义务责任

不真正义务是一种强度较弱的义务，合同相对人一般不能够请求履行，违反该义务时一般也不发生损害赔偿，负担此种义务的义务人需要就自己权利的减损丧失等承担不利后果。不真正义务作为法定义务，在不同的法律关系中，其法定义务均有所不同。具体来说，违反不真正义务要承担以下责任：

（1）合同债权人的减损义务：当事人一方违约后，对方应当采取适当措施防止损失的扩大；没有采取适当措施致使损失扩大的，不得就扩大的损失请求赔偿。当事人因防止损失扩大而支出的合理费用，由违约方负担。

（2）买受人的及时检验通知义务：出卖人交付标的物有瑕疵的，买受人未在约定或者法定期间内检验并提出异议的，视为出卖人交付的标的物无瑕疵，买受人丧失请求出卖人承担违约责任的权利。

（3）收货人的及时检验通知义务：货物运输合同中，收货人在约定的期限或者合理期限内对货物的数量、毁损等未提出异议的，视为承运人已经按照运输单证的记载交付的初步证据。

（4）寄存人的告知义务：寄存人交付的保管物有瑕疵或者根据保管物的性质需要采取特殊保管措施的，寄存人应当将有关情况告知保管人。寄存人未告知，致使保管物受损失的，保管人不承担赔偿责任。

【条文链接】

1. 合同债权人的减损义务

《中华人民共和国民法典》第五百九十一条　当事人一方违约后，对方应当采取适当措施防止损失的扩大；没有采取适当措施致使损失扩大的，不得就扩大的损失请求赔偿。

当事人因防止损失扩大而支出的合理费用，由违约方负担。

2. 买受人的及时检验通知义务

《中华人民共和国民法典》第六百二十条　买受人收到标的物时应当在约定的检验期限内检验。没有约定检验期限的，应当及时检验。

《中华人民共和国民法典》第六百二十一条　当事人约定检验期限的，买受人应当在检验期限内将标的物的数量或者质量不符合约定的情形通知出卖人。买受人怠于通知的，视为标的物的数量或者质量符合约定。

当事人没有约定检验期限的，买受人应当在发现或者应当发现标的物的数量或者质量不符合约定的合理期限内通知出卖人。买受人在合理期限内未通知或者自收到标的物之日起二年内未通知出卖人的，视为标的物的数量或者质量符合约定；但是，对标的物有质量保证期的，适用质量保证期，不适用该二年的规定。

出卖人知道或者应当知道提供的标的物不符合约定的，买受人不受前两款规定的通知时间的限制。

《最高人民法院关于审理买卖合同纠纷案件适用法律问题的解释》第十二条 人民法院具体认定民法典第六百二十一条第二款规定的“合理期限”时，应当综合当事人之间的交易性质、交易目的、交易方式、交易习惯、标的物的种类、数量、性质、安装和使用情况、瑕疵的性质、买受人应尽的合理注意义务、检验方法和难易程度、买受人或者检验人所处的具体环境、自身技能以及其他合理因素，依据诚实信用原则进行判断。

民法典第六百二十一条第二款规定的“二年”是最长的合理期限。该期限为不变期间，不适用诉讼时效中止、中断或者延长的规定。

《最高人民法院关于审理买卖合同纠纷案件适用法律问题的解释》第十三条 买受人在合理期限内提出异议，出卖人以买受人已经支付价款、确认欠款数额、使用标的物等为由，主张买受人放弃异议的，人民法院不予支持，但当事人另有约定的除外。

《最高人民法院关于审理买卖合同纠纷案件适用法律问题的解释》第十四条 民法典第六百二十一条规定的检验期限、合理期限、二年期限经过后，买受人主张标的物的数量或者质量不符合约定的，人民法院不予支持。

出卖人自愿承担违约责任后，又以上述期限经过为由反悔的，人民法院不予支持。

3. 收货人的及时检验通知义务

《中华人民共和国民法典》第六百三十一条 因标的物的主物不符合约定而解除合同的，解除合同的效力及于从物。因标的物的从物不符合约定被解除的，解除的效力不及于主物。

4. 寄存人的告知义务

《中华人民共和国民法典》第八百九十三条 寄存人交付的保管物有瑕疵或者根据保管物的性质需要采取特殊保管措施的，寄存人应当将有关情况告知保管人。寄存人未告知，致使保管物受损失的，保管人不承担赔偿责任；保管人因此受损失的，除保管人知道或者应当知道且未采取补救措施外，寄存人应当承担赔偿责任。

【合规建议】

违反不真正义务，本质上是权利人对自身利益的疏忽和放弃。在实际的交易过程中，企业应当以谨慎态度妥善自查，在违约行为发生后，应及时采取适当措施防止损失的扩大，有时造成自己的损失不说，反而还要赔偿别人的损失。

二、合同的效力

（一）合同效力的类型

合同的效力又称合同的法律效力，是指法律赋予依法成立的合同具有拘束当事人各方乃至第三人的强制力。合同的效力分为四大类，即合同有效、合同无效、合同效力未定、合同可撤销。

1. 合同有效

合同有效是指满足合同有效要件，能够产生当事人预期法律效果的情形。合同的有效要件包括：行为人具有相应的行为能力、意思表示真实、不违反法律规定或社会公共利益，只有满足合同有效要件的合同才具有合同效力。一些特殊合同也有一些特殊的有效要件。

2. 合同无效

合同无效是指成立的合同因欠缺有效要件而无法按照当事人的意思产生合同拘束

力。这里需要注意与无效的合同进行区分，无效的合同除因合同无效外，还可能因合同效力被撤销，或未被追认而无法发生效力。无效的合同自始没有法律约束力。但合同部分无效，不影响其他部分效力的，其他部分仍然有效。

3. 合同效力未定

合同效力未定是指合同欠缺有效要件，能否发生当事人预期的法律效力尚未确定，只有经过权利人追认，才能化欠缺有效要件为符合有效要件，发生当事人预期的法律效力；权利人在一定期间内不予追认的，合同则归于无效。

效力待定的法律风险在于其不确定性，当合同权利人放弃追认合同即归于自始无效，出现这样的法律风险，合同双方可能会承担以下法律责任：(1) 返还财产，合同归于消灭。当事人一方或双方基于合同内容产生给付内容，相对方应当将其返还，无法返还的折价赔偿。(2) 承担缔约过失责任。当事人一方因此受到损失，对方当事人对此有错的，应赔偿受害人的损失。

4. 合同可撤销

合同的撤销是指因意思表示不真实，通过撤销权人行使撤销权，使已经生效的合同归于消灭。存在撤销原因的合同称可撤销的合同。它具有如下特征：

(1) 从撤销的对象看，是意思表示不真实的合同。如因重大误解而成立的合同、因欺诈而成立的合同、因胁迫而成立的合同等。

(2) 合同的撤销，要由撤销权人行使撤销权来实现，但撤销权人是否行使撤销权由其自行决定。这是合同撤销与合同无效的不同点。

(3) 撤销权不行使，合同继续有效；撤销权行使，合同自始归于无效。这是合同的撤销不同于合同的无效、合同效力未定的又一区别。合同效力分类如表 1.3 所示。

表 1.3 合同效力分类

类型	合同有效	合同无效	合同效力未定	合同可撤销
特征	行为人具有相应的行为能力；意思表示真实；不违反法律规定或社会公共利益	违反法律、行政法规的强制性规定	主体资格瑕疵	意思表示不真实
情形		(1) 无民事行为能力签订的合同； (2) 合同双方以通谋虚假意思表示签订合同； (3) 违反法律法规的强制性规定的合同； (4) 违背公序良俗的合同； (5) 恶意串通，损害他人合法权益的合同； (6) 造成对方人身损害的免责合同； (7) 因故意或者重大过失造成对方财产损失的免责合同	(1) 限制民事行为能力人订立的合同； (2) 无权代理人订立的合同； (3) 无权处分行为； (4) 债务转让	(1) 因重大误解订立的合同； (2) 在合同订立时显失公平； (3) 因欺诈胁迫而订立的合同； (4) 乘人之危而订立的合同

表1.3(续)

类型	合同有效	合同无效	合同效力未定	合同可撤销
法律后果	有效	自始无效	(1)权利人追认：合同有效 (2)权利人拒绝：合同无效 (3)权利人默示：合同无效	(1)被撤销前：合同有效 (2)被撤销后：自始无效
相关法条	《中华人民共和国民法典》第一百四十三条	《中华人民共和国民法典》第一百四十四条、第一百四十六条第一款、第一百五十三条、第一百五十四条	《中华人民共和国民法典》第十九条、第一百四十五条、第一百七十一条、第五百五十一条	《中华人民共和国民法典》第一百四十七至一百五十二条

【条文链接】

1. 合同有效

《中华人民共和国民法典》第一百四十三条 具备下列条件的民事法律行为有效：

（一）行为人具有相应的民事行为能力；

（二）意思表示真实；

（三）不违反法律、行政法规的强制性规定，不违背公序良俗。

2. 合同无效

《中华人民共和国民法典》第一百四十四条 无民事行为能力人实施的民事法律行为无效。

《中华人民共和国民法典》第一百四十六条 行为人与相对人以虚假的意思表示实施的民事法律行为无效。

以虚假的意思表示隐藏的民事法律行为的效力，依照有关法律规定处理。

《中华人民共和国民法典》第一百五十三条 违反法律、行政法规的强制性规定的民事法律行为无效。但是，该强制性规定不导致该民事法律行为无效的除外。

违背公序良俗的民事法律行为无效。

《中华人民共和国民法典》第一百五十四条 行为人与相对人恶意串通，损害他人合法权益的民事法律行为无效。

《中华人民共和国民法典》第五百零六条 合同中的下列免责条款无效：

（一）造成对方人身损害的；

（二）因故意或者重大过失造成对方财产损失的。

3. 合同效力未定

《中华人民共和国民法典》第十九条 八周岁以上的未成年人为限制民事行为能力人，实施民事法律行为由其法定代理人代理或者经其法定代理人同意、追认；但是，可以独立实施纯获利益的民事法律行为或者与其年龄、智力相适应的民事法律行为。

《中华人民共和国民法典》第一百四十五条 限制民事行为能力人实施的纯获利益的民事法律行为或者与其年龄、智力、精神健康状况相适应的民事法律行为有效；实施的其他民事法律行为经法定代理人同意或者追认后有效。

相对人可以催告法定代理人自收到通知之日起三十日内予以追认。法定代理人未作表示的，视为拒绝追认。民事法律行为被追认前，善意相对人有撤销的权利。撤销应当以通知的方式作出。

《中华人民共和国民法典》第一百七十一条 行为人没有代理权、超越代理权或者代理权终止后，仍然实施代理行为，未经被代理人追认的，对被代理人不发生效力。

相对人可以催告被代理人自收到通知之日起三十日内予以追认。被代理人未作表示的，视为拒绝追认。行为人实施的行为被追认前，善意相对人有撤销的权利。撤销应当以通知的方式作出。

行为人实施的行为未被追认的，善意相对人有权请求行为人履行债务或者就其受到的损害请求行为人赔偿。但是，赔偿的范围不得超过被代理人追认时相对人所能获得的利益。

相对人知道或者应当知道行为人无权代理的，相对人和行为人按照各自的过错承担责任。

《中华人民共和国民法典》第五百五十一条 债务人将债务的全部或者部分转移给第三人的，应当经债权人同意。

债务人或者第三人可以催告债权人在合理期限内予以同意，债权人未作表示的，视为不同意。

4. 合同可撤销

《中华人民共和国民法典》第一百四十七条 基于重大误解实施的民事法律行为，行为人有权请求人民法院或者仲裁机构予以撤销。

《中华人民共和国民法典》第一百四十八条 一方以欺诈手段，使对方在违背真实意思的情况下实施的民事法律行为，受欺诈方有权请求人民法院或者仲裁机构予以撤销。

《中华人民共和国民法典》第一百四十九条 第三人实施欺诈行为，使一方在违背真实意思的情况下实施的民事法律行为，对方知道或者应当知道该欺诈行为的，受欺诈方有权请求人民法院或者仲裁机构予以撤销。

《中华人民共和国民法典》第一百五十条 一方或者第三人以胁迫手段，使对方在违背真实意思的情况下实施的民事法律行为，受胁迫方有权请求人民法院或者仲裁机构予以撤销。

《中华人民共和国民法典》第一百五十一条 一方利用对方处于危困状态、缺乏判断能力等情形，致使民事法律行为成立时显失公平的，受损害方有权请求人民法院或者仲裁机构予以撤销。

《中华人民共和国民法典》第一百五十二条 有下列情形之一的，撤销权消灭：

（一）当事人自知道或者应当知道撤销事由之日起一年内、重大误解的当事人自知道或者应当知道撤销事由之日起九十日内没有行使撤销权；

（二）当事人受胁迫，自胁迫行为终止之日起一年内没有行使撤销权；

（三）当事人知道撤销事由后明确表示或者以自己的行为表明放弃撤销权。

当事人自民事法律行为发生之日起五年内没有行使撤销权的，撤销权消灭。

《中华人民共和国民法典》第一百五十五条 无效的或者被撤销的民事法律行为自始没有法律约束力。

（二）虚假通谋的效力

虚假通谋是指表意人和相对人之间进行通谋，双方自愿对外作出虚假的、非自己真实的意思表示。虚假通谋主要存在于阴阳合同之中，双方通谋后相互作出与各自内心真实意思不一致的表示，即有悖于民事法律行为有效的第二个构成要件“意思表示真实”。以通谋虚假表示实施的法律行为（阳合同）无效，隐藏行为（阴合同）则根据其本身性质是否符合法律规定、探究当事人的真实意思表示来确定最终的效力。

实务中，虚假通谋的主要类型：名为保理，实为借贷；名股实债；名为买卖，实为借贷；名为融资租赁，实为借贷等。

【条文链接】

《中华人民共和国民法典》第一百四十六条 行为人与相对人以虚假的意思表示实施的民事法律行为无效。

以虚假的意思表示隐藏的民事法律行为的效力，依照有关法律规定处理。

【案例链接】

如何判断合同是否为虚假通谋？[①]

案情简介：J公司与Z公司洽谈在当地投资建厂的事宜，依据当地政府的招商引资政策，可对符合该市产业发展的制造业项目按照设备投资额的一定比例给予奖励。根据J公司计划投资的项目规模，预计可获得2亿元综合奖励。J公司为提前获得该笔综合奖励，与Z公司签订涉案技术许可协议，协议约定将J公司拥有的3项与柴油发动机相关的技术授权给Z公司独家使用；许可使用费为2亿元固定费用及每年使用该技术秘密收入的3.5%的提成费用；许可期限为10年。

合同签订后，J公司向Z公司交付了三款柴油发动机的相关技术资料及样机，Z公司向J公司的账户支付2亿元人民币，但该笔资金仍在Z公司的监管下，J公司不能自由支配该笔款项。

J公司的母公司S公司为深圳证券交易所（简称“深交所”）上市公司，S公司对涉案技术许可合同的相关情况进行了披露，引起了深交所对涉案交易的关注，并要求其对涉案合同相关问题进行说明。

在涉案合同签订4个月后，S公司与Z公司商定，以2亿元人民币“回购”上述涉案技术。但由于中国证券监督管理委员会（简称“证监会”）开展对涉案合同的调查，调查期间J公司及其关联公司的资金变化情况遭到严密监控，其为了“回购”技术所开具的支票兑付时间过期，最终Z公司未能收回2亿元“回购款”。

据此，Z公司向江苏省高级人民法院提起诉讼，主张其与J公司之间签订的技术许可协议系双方为先行兑付2亿元政府投资奖励而签订，并非双方的真实意思表示，应属无效，请求法院判令J公司返还技术许可费2亿元。

裁判结果：一审法院认定涉案技术许可协议无效，判令J公司返还2亿元技术许可费，Z公司返还涉案技术的相关技术资料。双方均不服一审判决，向最高人民法院提出上诉。最高人民法院进一步根据“三步法”的审理思路认定，J公司与Z公司均没有签订技术许可协议的真实意思表示，涉案技术合同无效，最终判决：驳回上诉，维持原判。

① 最高人民法院民事判决书（2021）最高法知民终809号。

合规分析：本案的争议焦点之一在于涉案技术许可协议是否存在虚假意思表示即虚假通谋。根据法院所查明的事实，合同双方签订技术许可协议旨在使J公司先行获得2亿元的政府投资奖励。同时，根据原《中华人民共和国民法总则》第一百四十六条第一款的规定（现《中华人民共和国民法典》第一百四十六条第一款的规定），行为人与相对人以虚假的意思表示实施的民事法律行为无效。据此，我们可以判断出双方所签订的技术许可协议无效。然而，如何判断涉案技术许可协议并非双方的真实意思表示是本案的关键。

首先，审查合同主给付义务是否具备特定类型合同项下主给付义务的基本特征；如不具备，则可以初步认定订立合同时存在虚假意思表示。在本案中，J公司对涉案2亿元技术许可使用费并无支配权，且协议中技术许可与回购事项的约定并不相符，结合涉案技术许可协议的签订背景以及协议签订后的会议记录等有关履行内容来看，各方并无将涉案技术实施效果与资金监管相关联的安排。由此可见，双方所签订的技术许可协议并不符合该类型合同主给付义务的基本特征。

其次，根据当事人订立合同前后的情况和实际履约行为等事实，进一步认定订立合同时所隐藏的真实意图。本案双方提交的证据及法院查明的事实能够认定，双方签订技术许可协议的真实目的在于使得J公司利用当地政府有关招商引资的政策获得先行兑现的2亿元招商奖励金，当事人订立合同前后的情况和实际履约行为等事实均能够进一步认定双方订立合同时所隐藏的真实意图。

最后，综合全案案情，上述两个方面的认定可以相互吻合并能够排除合理怀疑，故认定当事人以虚假意思表示订立合同，该合同无效。

【案例链接】

名为债权转让，实为借款签订的合同是否有效？①

案情简介：2013年10月21日，腾荣公司与江西银行高新支行签订借款合同，约定腾荣公司向江西银行借款5 400万元，期限3年，年利率6.15%。同年10月28日双方又签订债权转让协议，约定腾荣公司以10 620 439.51元受让江西银行某户不良债权。12月5日，腾荣公司向高新支行银行账户转入共计10 620 439.51元。另外，腾荣公司与高新支行签订了资产委托管理协议，约定腾荣公司将债权委托给高新支行，由高新支行负责该户债权的处置清收，所得款项扣除必要费用全部作为管理费归高新支行所有。后腾荣公司多次要求高新支行依约转让债权无果，遂向法院提出诉讼请求：①解除原被告双方于2013年10月28日签订的债权转让协议；②被告立即返还原告债权转让价款10 620 439.51元，并赔偿原告利息损失。

裁判结果：一审法院判决解除债权转让协议，高新银行返还腾荣公司债权转让款并支付利息。高新支行不服一审判决，提起上诉。

二审经审理认定债权转让协议和资产委托管理协议合法有效，改判驳回腾荣公司关于解除债权转让协议及高新支行返还债权转让款和相应利息的诉讼请求。腾荣公司不服二审判决，申请再审。再审法院认为，二审判决认定债权转让协议和资产委托管理协议合法有效虽有不当，但判决驳回腾荣公司关于解除债权转让协议及高新支行返

---

① 最高人民法院民事裁定书（2020）最高法民申7094号。本案系《最高人民法院公报》2023年第1期案例。

还债权转让款和相应利息的诉讼请求，并无不妥，遂裁定驳回腾荣公司的再审申请。

合规分析：本案的难点在于如何把握涉案双方当事人签订多份合同的意思表示，其核心主要是判断债权转让协议及资产委托管理协议是否为协议双方虚假意思表示实施的民事法律行为。

一审法院仅探讨债权转让协议的履行情况，但忽略了双方签订的借款合同，最终导致裁判结果有误。二审法院虽注意到借款合同，但没探究双方签订债权转让协议及资产委托管理协议的真实意思表示，割裂了两份协议与借款合同之间的联系，直接认定资产委托管理协议为双方真实意思表示且合法有效，同时认为债权转让协议已经履行完毕，也存在一定问题。

再审法院将借款合同、债权转让协议及资产委托管理协议相结合分析得出，腾荣公司与高新支行签订的债权转让协议和资产委托管理协议名为债权转让协议和资产委托管理协议，实为双方订立的借款合同的组成部分。具体可从以下三方面分析：

一是协议约定的内容不符合常理。腾荣公司与高新支行在签订借款合同之外，另行签订债权转让及资产委托管理协议，约定腾荣公司支付债权转让费用，但不获取任何利益。作为商事主体的腾荣公司，理应以逐利为目的进行商事活动，在明知支付债权转让对价后无法从中获益仍受让该债权，显然不符合常理。二是债权转让协议和资产委托管理协议未实际履行。高新支行在收到腾荣公司的债权转让款后并未移交涉案债权，而是继续以自己名义通过诉讼、申请法院强制执行的方式对涉案债权进行追讨。三是签订协议的意思表示虚假。高新支行在本案庭审中陈述，腾荣公司借款时高新支行的实际贷款利率执行的标准为年利率13%左右，因腾荣公司在该笔借款中享受了年利率6.15%的优惠才受让了本案诉争的债权。

基于上述理由，再审法院认定双方签订债权转让及资产委托管理协议的意思表示虚假，该虚假的意思表示所隐藏的民事法律行为系就双方订立的借款合同支付借款利息的行为，该行为属于借款合同的组成部分。根据原《中华人民共和国民法总则》第一百四十六条（现《中华人民共和国民法典》第一百四十六条）规定："行为人与相对人以虚假的意思表示实施的民事法律行为无效。以虚假的意思表示隐藏的民事法律行为的效力，依照有关法律规定处理。"故本案中腾荣公司与高新支行以虚假的意思表示所实施的债权转让及资产委托管理行为应为无效。该行为所隐藏的收取利息的行为的效力，依照有关法律规定处理。

（三）法定代表人越权行为的效力

法定代表人应当对企业法人履行忠实义务和勤勉义务。然而，在实践中，法定代表人实施超越法人的经营范围的行为或是超越其代表权限的行为屡见不鲜。法律为保护善意第三人的利益及经济秩序，保护动态交易安全，对该越权行为认定有效，其法律后果由法人承受。若相对人在订立合同时知道或者应当知道法定代理人的行为超越了权限，仍与之订立合同，就认为相对人具有恶意，合同不具有法律效力。

【条文链接】

《中华人民共和国民法典》第六十一条 依照法律或者法人章程的规定，代表法人从事民事活动的负责人，为法人的法定代表人。

法定代表人以法人名义从事的民事活动，其法律后果由法人承受。

法人章程或者法人权力机构对法定代表人代表权的限制，不得对抗善意相对人。

《中华人民共和国民法典》第六十二条 法定代表人因执行职务造成他人损害的，由法人承担民事责任。

法人承担民事责任后，依照法律或者法人章程的规定，可以向有过错的法定代表人追偿。

《中华人民共和国民法典》第一百七十二条 行为人没有代理权、超越代理权或者代理权终止后，仍然实施代理行为，相对人有理由相信行为人有代理权的，代理行为有效。

《中华人民共和国民法典》第五百零四条 法人的法定代表人或者非法人组织的负责人超越权限订立的合同，除相对人知道或者应当知道其超越权限外，该代表行为有效，订立的合同对法人或者非法人组织发生效力。

《最高人民法院关于适用〈中华人民共和国民法典〉有关担保制度的解释》第七条 公司的法定代表人违反公司法关于公司对外担保决议程序的规定，超越权限代表公司与相对人订立担保合同，人民法院应当依照民法典第六十一条和第五百零四条等规定处理：

（一）相对人善意的，担保合同对公司发生效力；相对人请求公司承担担保责任的，人民法院应予支持。

（二）相对人非善意的，担保合同对公司不发生效力；相对人请求公司承担赔偿责任的，参照适用本解释第十七条的有关规定。

法定代表人超越权限提供担保造成公司损失，公司请求法定代表人承担赔偿责任的，人民法院应予支持。

第一款所称善意，是指相对人在订立担保合同时不知道且不应当知道法定代表人超越权限。相对人有证据证明已对公司决议进行了合理审查，人民法院应当认定其构成善意，但是公司有证据证明相对人知道或者应当知道决议系伪造、变造的除外。

《中华人民共和国公司法》第十六条 公司向其他企业投资或者为他人提供担保，依照公司章程的规定，由董事会或者股东会、股东大会决议；公司章程对投资或者担保的总额及单项投资或者担保的数额有限额规定的，不得超过规定的限额。

公司为公司股东或者实际控制人提供担保的，必须经股东会或者股东大会决议。

前款规定的股东或者受前款规定的实际控制人支配的股东，不得参加前款规定事项的表决。该项表决由出席会议的其他股东所持表决权的过半数通过。

【案例链接】

法定代表人超越权限以公司名义对外担保的法律效力？[①]

案情简介：2018 年 3 月 28 日，被告胡某某从原告万某某处借款人民币 100 万元，并为原告出具借条一份，被告 A 公司在担保单位处盖章，胡某某系该公司法定代表人。此后万某某多次向胡某某主张偿还欠款，但后者一直未能完全清偿。原告遂向法院起诉要求被告胡某某偿还原告欠款及利息，同时请求被告 A 公司承担连带清偿责任。

裁判结果：一审法院认为，根据《中华人民共和国合同法》的有关规定，公司法定代表人胡某某对外缔约的行为构成表见代表，遂判决 A 公司承担担保责任。二审法

① 广东省广州市中级人民法院民事判决书（2019）粤 01 民终 23891 号。

院则认为，根据《中华人民共和国公司法》的有关规定，公司为其法人代表担保属于必须经过股东会决议的事项。万某某在订立合同时，未对股东（大）会决议及决议的表决程序进行基本的形式审查，没有尽到必要的注意义务，不构成善意，并改判担保合同无效，A 公司无须承担担保责任。

合规分析：根据《中华人民共和国民法典》第五百零四条（原《中华人民共和国合同法》第五十条）规定，法人的法定代表人或者非法人组织的负责人超越权限订立的合同，除相对人知道或者应当知道其超越权限外，该代表行为有效，订立的合同对法人或者非法人组织发生效力。这一规定被称为“表见代表”制度，即法定代表人原则上有权代表公司对外缔约，即使与公司意志相违背，但仍优先保护善意第三人的信赖利益。但同时，《中华人民共和国公司法》第十六条规定，公司对外担保的，应当依照公司章程，由董事会或股东会决议；若是对实际控制人或关联股东提供担保的，则必须经过股东会或股东大会决议。这一规定的立法原理在于，对外担保对于公司而言是纯粹的负担行为，法定代表人擅自缔约进行担保可能损害公司及其中小股东的利益。

最高院于 2019 年 11 月印发的《九民纪要》规定：法定代表人对外担保的，被担保人应当审查公司关于该笔担保的决议文件，具体参照《中华人民共和国公司法》第十六条的规定。若被担保人未尽到审查义务的，则不得被认定为善意。这一规定实际将“善意”的举证责任转嫁到了债权人一方，对债权人在缔约时的审慎义务提出了更高的要求。但为了防止部分法院片面理解该规定，在案件审理过程中过于苛求债权人的审查义务，《九民纪要》进一步规定：债权人的审查应当是一种形式审查，即只需证明己方审查了决议，且决议中的表决人数达到法定标准。本案中，万某某在订立合同时，未对股东（大）会决议及决议的表决程序进行基本的形式审查，没有尽到必要的注意义务，不构成善意，故担保合同无效，A 公司无须承担担保责任。

【合规建议】

（1）企业需要在章程等具有对外公示效果的文件中，限定法定代表人的权限范围，如签订合同的金额上限、贷款或提供担保的程序和金额等。

（2）完善对外担保决策制度，在章程中约定具体的对外担保决策程序，并在工商局进行备案，以增强章程的公信力。

（3）法定代表人变更的，应及时办理工商变更登记，防止原法定代表人继续以公司名义从事民事活动。

（4）签订重大合同或者与对方法定代表人及其特殊关系人有关的合同前，可以先进行尽职调查，通过查阅对方的章程等文件了解其法定代表人的权限，以免“应知而不知”，造成损失。

（四）员工越权职务代理的效力

职务代理是指代理人根据其在法人或者非法人组织中所担任职务，依据其职权对外实施民事法律行为的代理。职务代理是一种传统的商事代理，多见于挂靠、分包现象较为普遍的建筑行业。职务代理的构成要件：一是必须为法人或非法人组织的工作人员，行为人与被代理人存在劳动关系或其他雇佣关系、甚至是挂靠关系；二是必须实施其职权范围内的事项；三是以法人或非法人组织的名义对外实施的民事法律行为。

在企业经营过程中，员工超越职权代理、将个人行为与职务行为混同、离职后仍以企业的名义对外交易比比皆是。发生纠纷后，相对人一旦认定属于“善意”，其职务代理行为就合法有效，该法律后果也就直接属于该企业，这无疑会对企业造成巨大潜在风险。

【条文链接】

《中华人民共和国民法典》第一百七十条 执行法人或者非法人组织工作任务的人员，就其职权范围内的事项，以法人或者非法人组织的名义实施的民事法律行为，对法人或者非法人组织发生效力。

法人或者非法人组织对执行其工作任务的人员职权范围的限制，不得对抗善意相对人。

《中华人民共和国民法典》第一百七十二条 行为人没有代理权、超越代理权或者代理权终止后，仍然实施代理行为，相对人有理由相信行为人有代理权的，代理行为有效。

【合规建议】

（1）销售环节，建议公司在售楼处公示销售人员的职权范围，在商品房买卖合同中以加粗等特定形式显著标识销售人员的职权范围，以及向客户提供销售人员职权范围告知书，以多种方式事先告知客户，公司对销售人员职权范围的限制。

（2）投资环节，建议公司在投资合同磋商阶段就向合作方提供书面的工作人员职权告知书、在投资合同中以加粗字体等特定符号显著标识投资人员的职权范围，向合作方告知公司对投资人员职权范围的限制。

（3）工程建设环节，建议公司在建设工程施工合同中以加粗字体等特定符号显著标识工程人员的职权范围，向施工单位告知公司对工程人员职权范围的限制。

三、合同的履行

合同履行是合同制度的中心内容，是双方当事人实现合同目的的关键环节。合同只有明确双方权利和义务，才能有效实现其目的，也才能获得经济效益。

（一）合同履行遵循的原则

在合同履行中，企业有义务遵守合同履行过程中的具体规范，以保障合同顺利履行，从而保证经济效益，减少成本。专属于合同履行的原则包括全面履行原则、诚实信用原则和绿色原则。

全面履行原则也被称为“正确履行”原则，指当事人按照合同约定的标的及其数量、质量，在适当的履行期限、履行地点，以适当的方式全面完成合同义务。

绿色原则是指当事人在履行合同过程中应当避免浪费资源、污染环境以及破坏生态。

诚实信用原则是指合同各方当事人除应当按照合同约定履行自己的义务外，还要履行合同未作约定但依照诚信原则也应当履行的协助、告知、保密、防止损失扩大等附随义务。例如，买受人或出卖人已经与中介公司订立了相关协议，中介公司按照协议提供了服务，但是买卖双方或者一方为了规避向中介支付中介费等义务，跳过中介而私自签订买卖合同的行为。这种“恶意跳单”行为不仅违背诚实信用原则，损害中介人的利益，不利于房地产行业的健康发展，而且也会增加房地产交易风险，一旦发生问题，可能“钱房两空”。

【条文链接】

《中华人民共和国民法典》第七条 民事主体从事民事活动，应当遵循诚信原则，秉持诚实，恪守承诺。

《中华人民共和国民法典》第五百零九条 当事人应当按照约定全面履行自己的义务。

当事人应当遵循诚信原则，根据合同的性质、目的和交易习惯履行通知、协助、保密等义务。

当事人在履行合同过程中，应当避免浪费资源、污染环境和破坏生态。

【案例链接】

禁止“跳单”条款的效力如何认定？①

案情简介： 2019年3月，被告向原告咨询写字楼出租信息。2019年4月26日原告向被告推荐某大厦660平方米房源，并带被告实地考察该房源。被告看房后有意承租该房屋，于2019年5月21日向原告出具承租该房屋的意向书。2019年6月28日，被告就该大厦与另一家中介公司居间签订租赁合同。原告认为被告与他人签订租赁合同的行为违反了“客户看房（租售）确认书”关于禁止“跳单”条款的约定，应当按月支付房源信息费230 862.5元。被告认为，首先，该确认书约定条款不公平、不合理，应属无效。其次，原告对于房源信息并非独家代理，当时有好几家中介公司都联系被告，而原告在后续服务过程中并没有及时跟进。最后，被告与业主方订立租赁合同后，某地产营销平台已经将中介服务费在原告和另一家中介公司之间进行了分配，原告得到了6万元的补偿。

裁判结果： 北京市西城区人民法院经审理认为：原告要求被告签署的“客户看房（租售）确认书”中关于禁止“跳单”条款的约定，属于重复使用、事先拟定的格式条款。该条款的约定超越“看房”行为本身，明显加重了被告的责任，限制了被告的权利，属于无效条款。虽然禁止“跳单”格式条款无效，原告为了促成交易付出了劳动和费用，原告应当向被告支付必要的中介费用。考虑到某地产营销平台已经综合评价两家中介公司的工作，且在两家公司协商一致的情况下，给予原告31.6%的佣金分配，另一家中介公司68.4%的佣金。原告庭审中未提交证据证明其为被告提供带看房服务过程中发生的支出超出了其已获得的佣金。

综上，法院认为原告带看房服务支出的费用得到了相应补偿，故对原告要求被告再行支付房源信息费的请求，不予支持。

合规分析： 实践中，中介公司为保证自身利益，常在居间合同缔约时预先拟定禁止“跳单”条款，通过约定违约金等方式，防止委托人逃避支付居间费用。禁止“跳单”条款属于格式合同条款，其有效性判断应当考虑：该条款是否明显加重委托人的责任，过度限制委托人的主要权利。此外，委托人“恶意跳单”的判断，不仅要从客观上考察是否利用中介公司提供的房源信息，还要从主观上考察是否有逃避支付中介费的故意。

① 北京市西城区人民法院民事判决书（2020）京0102民初354号。

本案中，原告虽是带被告看房的首家中介机构，但并非涉案房屋出租的独家代理。原告没有利用被告提供的房源信息私下与出租人签约租房，而是通过其他合法途径获得同一房源信息。选择服务好、报价低的中介公司为其提供服务，系原告依法行使消费者自主选择权，其行为不构成"恶意跳单"。双方签订的"客户看房（租售）确认书"约定被告绕开原告订立合同的，需要支付等同于全部中介费的房源信息费，该条款明显加重被告责任，使双方权利义务严重失衡，应认定无效。

（二）违反主给付义务、从给付义务以及附随义务的责任区别

1. 违反主给付义务的责任

主给付义务，即合同的要素，是指合同固有、必备，且决定合同类型的基本义务。如买卖合同中出卖人交付、移转标的物所有权的义务；买受人支付价款的义务。违反主合同义务将产生同时履行抗辩权或先履行抗辩权，导致合同目的不能实现的，对方当事人有权解除合同。

2. 违反从给付义务的责任

从给付义务，指本身不具有独立意义，不决定合同的类型，仅具有辅助主给付义务的功能，确保债权人的利益能够获得最大限度满足的义务。从给付义务可源于约定，如约定出卖人代办托运并购买保险。从给付义务也可以从债务关系中依诚实信用原则得出，如出卖人妥善包装的义务；再如房屋买卖合同中，买受人提供办理过户登记所须资料、证件的义务。

从给付义务的违反，应当承担继续履行、采取补救措施或者赔偿损失等违约责任。从给付义务的违反一般不得主张三大抗辩权和解除合同，但是违反从给付义务影响合同目的的实现的除外。

3. 违反附随义务的责任

附随义务是指在合同的订立、履行、消灭等发展过程当中，基于诚实信用、交易习惯等因素，债务人一方所负担的通知、协助、保密、忠实、保护等义务。根据合同阶段的不同，一般附随义务还可以分为合同签订中的先合同义务、合同履行中的附随义务和合同终止后的后合同义务等内容。

附随义务的违反不致产生解除合同的法律后果，但可以请求相对方承担损害赔偿责任。

【案例链接】

附随义务能否成为抗辩事由？①

案情简介：2014年4月11日，恒华盛世公司和新源国能公司签订《加工采购合同》，约定由恒华盛世公司为新源国能公司加工制作反渗透、超滤设备机等设备，合同价款为35万元。合同签订后，新源国能公司采购的反渗透膜壳型号与提交给恒华盛世公司的设计图纸及技术协议不符，造成恒华盛世公司已经加工好的3套反渗透装置报废，需另行为新源国能公司加工3套反渗透装置。为此，双方于2014年9月16日又签订《补充附件》和《补充文件》，调整了合同价款并对报废的3套反渗透装置费用如何承担问题进行约定。上述货款合计为48.95万元，新源国能公司已付款146 850元。恒华盛世公司履行合同后，新源国能公司并未按照合同约定付清全部货款，至今尚欠货

① 北京市朝阳区人民法院民事判决书（2019）京0105民初22852号。

款 342 650 元，恒华盛世公司故诉至法院。

新源国能公司辩称：根据合同约定，恒华盛世公司在提供合同全额的 17% 发票后，新源国能公司才能依约支付恒华盛世公司相应的货款，否则新源国能公司有权拒付货款。因此，恒华盛世公司未提供相应发票及技术资料，违约在先，相应款项也不应支付，也不应承担逾期利息。

裁判结果： 北京市朝阳区人民法院作出如下判决：①被告新源国能公司支付原告恒华盛世公司货款 342 650 元；②被告新源国能公司支付原告恒华盛世公司利息；③原告恒华盛世公司向被告新源国能公司交付 2014 年 4 月 11 日所签加工采购合同中约定的 3 套反渗透装置（价格 103 650 元）；④驳回原告恒华盛世公司的其他诉讼请求。

合规分析： 本案的争点在于新源国能公司能否以违反附随义务抗辩主给付义务，主张同时履行抗辩权。根据《中华人民共和国民法典》关于同时履行抗辩权制度的规定，双务合同中一方违约的情况下，另一方正当地行使同时履行抗辩权以对抗对方所提出的履行或承担违约责任的请求，并不构成违约。需要注意的是，正当行使同时履行抗辩权需要按照诚实信用原则的要求，拒绝履行的义务应与对方的不履行或不完全履行的义务大体相同，保持利益平衡。本案中，恒华盛世公司已经交付机器设备履行了主债务即主给付义务，新源国能公司应依约支付货款，各自的主债务具有对价性。新源国能公司以恒华盛世公司未提供相应发票及技术资料等附随义务以抗辩支付货款，显然不具有对价性，违反了诚实信用原则，不能成立同时履行抗辩权。

【条文链接】

《中华人民共和国民法典》第五百五十八条 债权债务终止后，当事人应当遵循诚信等原则，根据交易习惯履行通知、协助、保密、旧物回收等义务。

（三）不安抗辩权

不安抗辩权是指有证据表明合同相对方有不能为对待给付的现实危险时，负有先履行义务一方当事人可以中止履行合同，无须对方当事人同意或经过诉讼仲裁程序。简言之，不安抗辩权是“你亏损严重，我停止履行”。如此，不安抗辩权能够较好地保护抗辩权人，降低履行风险，使相对人产生及时履行、提供担保等压力，但是行使不当则会给相对人造成极大的损害，破坏正常交易秩序。因此，不安抗辩权的适用应受到严格限制。

不安抗辩权的适用条件为：（1）双方当事人因同一双务合同而互负债务，抗辩方负有先为给付的义务；（2）不安抗辩权人有确切、足够的证据证明对方当事人存在履约能力严重不足和不能履约的风险，并且需要及时通知对方（《中华人民共和国民法典》第五百二十七条第一款）；（3）后给付义务人未提供适当担保，不安抗辩权人的合同利益实现缺乏相应的保障。

【条文链接】

《中华人民共和国民法典》第五百二十七条 应当先履行债务的当事人，有确切证据证明对方有下列情形之一的，可以中止履行：

（一）经营状况严重恶化；

（二）转移财产、抽逃资金，以逃避债务；

（三）丧失商业信誉；

（四）有丧失或者可能丧失履行债务能力的其他情形。

当事人没有确切证据中止履行的，应当承担违约责任。

《中华人民共和国民法典》第五百二十八条 当事人依据前条规定中止履行的，应当及时通知对方。对方提供适当担保的，应当恢复履行。中止履行后，对方在合理期限内未恢复履行能力且未提供适当担保的，视为以自己的行为表明不履行主要债务，中止履行的一方可以解除合同并可以请求对方承担违约责任。

【合规建议】

（1）合理行使不安抗辩权。行使不安抗辩权必须有充分的证据，否则极有可能需要承担违约责任，因此建议在中止履行合同前，先与合同相对方确认该等情形是否存在，并提示对方及时提供担保或消除该等情形。

（2）尽量成为后履行义务人。在合同谈判、磋商过程中，企业尽可能以己方为后履行义务的一方，从而享有先履行抗辩权，由对方承担先履行的义务。在对方不履行的情况下，企业可以依法行使先履行抗辩权以降低风险且无须承担违约责任。

（3）规避因合同相对方经营恶化而产生的风险。一方面，企业可以要求对方提供的可靠担保形式尽可能为不动产抵押以及大型集团的连带责任保证担保。另一方面，企业应时刻关注交易双方的经营情况和资信情况，尤其是负面信息，关注的渠道包括人民法院公开的裁判文书、国家企业信用信息公示系统、第三方信用服务机构等。

（四）情势变更

情势变更是指合同成立后，履行完毕前，双方当事人在订立合同时所没有预见，并不可归责于双方当事人的情势变动，致使继续履行合同将显失公平，当事人可以请求变更和解除合同。情势变更实质上是诚实信用原则在合同履行中的具体运用。

适用情势变更必须满足如下条件：（1）合同的基础条件发生了重大变化；（2）发生在合同成立后；（3）无法预见；（4）不属于商业风险；（5）继续履行合同对于当事人一方明显不公平。情势变更原则多用于长期合同，如供油合同、购销合同等。

【条文链接】

《中华人民共和国民法典》第五百三十三条 合同成立后，合同的基础条件发生了当事人在订立合同时无法预见的、不属于商业风险的重大变化，继续履行合同对于当事人一方明显不公平的，受不利影响的当事人可以与对方重新协商；在合理期限内协商不成的，当事人可以请求人民法院或者仲裁机构变更或者解除合同。

人民法院或者仲裁机构应当结合案件的实际情况，根据公平原则变更或者解除合同。

【合规建议】

在合同履行过程中，企业欲以“情势变更”为由变更或解除合同的，需要注意以下几点：

（1）适用情势变更时需要区分其与不可抗力或者商业风险。一般而言，不可抗力是不能预见、不能避免且不能克服的客观情况。发生不可抗力致使合同目的不能实现的，当事人可以直接要求解除合同。商业风险通常包括货币贬值、价格波动或者市场供求变化等，该风险须由合同当事人按照约定承担。

（2）当事人认为发生了情势变更事由，继续履行合同对己方显失公平后，应当积极主动与对方协商，尽量维持合同关系而只变更合同内容。不能协商一致的，则可以请求法院或仲裁机构变更合同内容；如仍不足以消除双方显失公平的结果，再考虑请求解除合同。

（五）合同僵局

合同僵局是指在合同生效之后、合同的履行过程当中，合同一方当事人违约的，违约方不享有法定解除权，也不存在情势变更等情况，非违约一方当事人不同意解除合同，又请求违约方继续履行合同义务，但该请求会造成显失公平的情形。

（1）合同僵局中违约方主张解除合同要符合以下条件：违约方并非恶意违约；违约方继续履行合同，对其显失公平；守约方拒绝解除合同，有违诚实信用原则。

（2）可通过起诉等方式行使解除权。违约方虽然不享有法定解除权，但违约方可以通过起诉或申请仲裁的方式，请求法院或者仲裁机构解除合同。

（3）违约方仍应当承担赔偿责任。

【条文链接】

《中华人民共和国民法典》第五百八十条 当事人一方不履行非金钱债务或者履行非金钱债务不符合约定的，对方可以请求履行，但是有下列情形之一的除外：

（一）法律上或者事实上不能履行；

（二）债务的标的不适于强制履行或者履行费用过高；

（三）债权人在合理期限内未请求履行。

有前款规定的除外情形之一，致使不能实现合同目的的，人民法院或者仲裁机构可以根据当事人的请求终止合同权利义务关系，但是不影响违约责任的承担。

【合规建议】

（1）尽量避免陷入合同僵局。在合同磋商过程中，合同当事人就要考虑合同履行陷入僵局的可能性，对于合同目的之实现路径做好预判。

（2）违约方主动提出解除合同以止损。违约方首先违反了合同，若是明确不再履行该合同，那么为了停止和减少损失，理应通过协商、诉讼提出解除合同。因为时间拖得越久，守约方损失越大，违约方要承担的违约责任和赔偿责任越重。故如果能够主动破除僵局，解除合同，承担责任，是理性的商业决策。

（3）违约方行使解除权须符合要件。合同僵局中的违约方解除权，有诸多构成要件：首先，在合同类型上有限制，原则上必须是长期性的合同，如合同期限不长的普通商品买卖等，在合同僵局的时候，违约方不得诉讼解除；其次，违约方不存在恶意的情形，如果违约方存在恶意的情形，同样不能行使该种权利；最后，违约方继续履行会造成对其显失公平，且守约方主张拒绝解除合同会构成权利滥用。

四、合同的解除

合同解除是指已经依法成立而且生效的合同，经过解除后不再具有法律效力，而使合同将来终止法律效力或者自始就不具有法律效力的一项法律制度。合同解除可分为协议解除、约定解除、法定解除。

（一）协议解除

协议解除，又称事后协商解除，是指合同成立以后，在未履行或未完全履行之前，当事人双方通过协商解除合同，使合同效力消灭的行为。合同解除后是否恢复原状、如何恢复原状，应由当事人协商确定，这也是协商解除的方法与其他解除方法的不同之处。

【条文链接】

《中华人民共和国民法典》第五百六十二条 当事人协商一致，可以解除合同。

当事人可以约定一方解除合同的事由。解除合同的事由发生时，解除权人可以解除合同。

（二）约定解除

1. 约定解除

约定解除是指当事人双方事前在合同中约定，在合同成立后，没有履行或没有完全履行前，当事人在某种解除合同的条件成就时享有解除权，并可以通过行使合同解除权，使合同关系消灭。有效的解除权约定在纠纷发生后将对当事人利益产生有力保护。因此，在合同起草中，当事人应注意约定合同解除权，从源头保障当事人利益。

2. 合同解除权的行使期间

（1）约定解除权期间。当事人可以根据需要，在合同中约定行使合同解除权的期间。

（2）法定解除权期间。《中华人民共和国民法典》第五百六十四条第二款明确规定，法律没有规定或者当事人没有约定解除权行使期限，自解除权人知道或者应当知道解除事由之日起一年内不行使，或者经对方催告后在合理期限内不行使的，该权利消灭。因此，当享有合同解除权的时候，当事人需要充分重视、认真评估、及时决策，避免错失行权时机。

（3）解除权消灭：经对方催告后在合理期限内不行使解除权。而合理期限具体是多久，当事人有约定的从约定，法律有规定的从规定。例如，《最高人民法院关于审理商品房买卖合同纠纷案件适用法律若干问题的解释》第十一条第二款规定："法律没有规定或者当事人没有约定，经对方当事人催告后，解除权行使的合理期限为三个月。对方当事人没有催告的，解除权人自知道或者应当知道解除事由之日起一年内行使。逾期不行使的，解除权消灭。"法律没有规定且当事人没有约定的，法院可依据交易习惯、诚实信用原则、类推解释、类案检索等行使自由裁量权。

3. 合同解除权的行使方式

当事人享有解除权，应在解除权期限届满前行使合同解除权。此时，有两种行使方式：

（1）通知解除。书面通知相较于口头通知，更易留存证据、减少争议。解除权人发出的解除通知自到达对方时发生解除效力。

（2）司法解除。当事人通过提起诉讼或者申请仲裁主张解除合同，人民法院或者仲裁机构确认该主张的，自起诉状副本或者仲裁申请书副本送达对方时，合同解除。

【条文链接】

《中华人民共和国民法典》第五百六十二条 当事人协商一致，可以解除合同。

当事人可以约定一方解除合同的事由。解除合同的事由发生时，解除权人可以解除合同。

《中华人民共和国民法典》第五百六十四条 法律规定或者当事人约定解除权行使

期限，期限届满当事人不行使的，该权利消灭。

法律没有规定或者当事人没有约定解除权行使期限，自解除权人知道或者应当知道解除事由之日起一年内不行使，或者经对方催告后在合理期限内不行使的，该权利消灭。

【合规建议】

（1）明确约定解除条件。约定解除权作为合同当事人风险控制的一个重要手段被广泛使用，而约定解除不明导致解除权难以成立则可能产生纠纷。为了防范法律风险，建议当事人在合同中应当将一些合同订立的基础目的或因素的改变，约定为解除合同的条件，如当事人一方资产状况严重恶化、一方企业性质发生重大变化。

（2）注意在解除权行使期限内行使解除权，期限届满当事人不行使的，该权利消灭。

（三）法定解除

1. 一般法定解除

法定解除是指合同成立以后，没有履行或者未履行完毕前，当事人在法律规定的解除条件出现时，行使解除权而使合同关系消灭。一般法定解除主要是指《中华人民共和国民法典》第五百六十三条规定的合同解除的四种情形，包括：①因不可抗力致使不能实现合同目的；②在履行期限届满前，当事人一方明确表示或者以自己的行为表明不履行主要债务；③当事人一方迟延履行主要债务，经催告后在合理期限内仍未履行；④当事人一方迟延履行债务或者有其他违约行为致使不能实现合同目的。

2. 特殊法定解除

（1）双方当事人均享有任意解除权。

第一，不定期租赁合同和不定期的“继续性合同”，不定期租赁下承租人与出租人可以随时解除合同；以持续履行的债务为内容的不定期合同，当事人可以随时解除合同。（《中华人民共和国民法典》第五百六十三条、第七百三十条）

第二，委托合同，委托人或者受托人可以随时解除委托合同。（《中华人民共和国民法典》第九百三十三条）

第三，不定期的物业服务合同，当事人可以随时解除不定期物业服务合同。（《中华人民共和国民法典》第九百四十八条）

（2）特定一方当事人享有解除权。

第一，承揽合同，定作人在承揽人完成工作前可以随时解除合同。（《中华人民共和国民法典》第七百七十八条）

第二，货运合同，托运人有任意解除权。（《中华人民共和国民法典》第八百二十九条）

第三，保管合同，寄存人有任意解除权。（《中华人民共和国民法典》第八百九十九条）

第四，定期物业服务合同业主任意解除权。（《中华人民共和国民法典》第九百四十六条）

（3）司法干预的合同解除。

第一，基于不可抗力的司法解除。（《中华人民共和国民法典》第五百三十三条）

第二，基于合同僵局的司法解除。（《中华人民共和国民法典》第五百八十条）

【条文链接】

《中华人民共和国民法典》第五百六十三条 有下列情形之一的，当事人可以解除合同：

（一）因不可抗力致使不能实现合同目的；

（二）在履行期限届满前，当事人一方明确表示或者以自己的行为表明不履行主要债务；

（三）当事人一方迟延履行主要债务，经催告后在合理期限内仍未履行；

（四）当事人一方迟延履行债务或者有其他违约行为致使不能实现合同目的；

（五）法律规定的其他情形。

以持续履行的债务为内容的不定期合同，当事人可以随时解除合同，但是应当在合理期限之前通知对方。

《中华人民共和国民法典》第七百三十条 当事人对租赁期限没有约定或者约定不明确，依据本法第五百一十条的规定仍不能确定的，视为不定期租赁；当事人可以随时解除合同，但是应当在合理期限之前通知对方。

《中华人民共和国民法典》第九百三十三条 委托人或者受托人可以随时解除委托合同。因解除合同造成对方损失的，除不可归责于该当事人的事由外，无偿委托合同的解除方应当赔偿因解除时间不当造成的直接损失，有偿委托合同的解除方应当赔偿对方的直接损失和合同履行后可以获得的利益。

《中华人民共和国民法典》第九百四十八条 物业服务期限届满后，业主没有依法作出续聘或者另聘物业服务人的决定，物业服务人继续提供物业服务的，原物业服务合同继续有效，但是服务期限为不定期。

当事人可以随时解除不定期物业服务合同，但是应当提前六十日书面通知对方。

《中华人民共和国民法典》第七百七十八条 承揽工作需要定作人协助的，定作人有协助的义务。定作人不履行协助义务致使承揽工作不能完成的，承揽人可以催告定作人在合理期限内履行义务，并可以顺延履行期限；定作人逾期不履行的，承揽人可以解除合同。

《中华人民共和国民法典》第八百二十九条 在承运人将货物交付收货人之前，托运人可以要求承运人中止运输、返还货物、变更到达地或者将货物交给其他收货人，但是应当赔偿承运人因此受到的损失。

《中华人民共和国民法典》第八百九十九条 寄存人可以随时领取保管物。

当事人对保管期限没有约定或者约定不明确的，保管人可以随时请求寄存人领取保管物；约定保管期限的，保管人无特别事由，不得请求寄存人提前领取保管物。

《中华人民共和国民法典》第九百四十六条 业主依照法定程序共同决定解聘物业服务人的，可以解除物业服务合同。决定解聘的，应当提前六十日书面通知物业服务人，但是合同对通知期限另有约定的除外。

依据前款规定解除合同造成物业服务人损失的，除不可归责于业主的事由外，业主应当赔偿损失。

《中华人民共和国民法典》第五百三十三条 合同成立后，合同的基础条件发生了当事人在订立合同时无法预见的、不属于商业风险的重大变化，继续履行合同对于当事人一方明显不公平的，受不利影响的当事人可以与对方重新协商；在合理期限内协商不成的，当事人可以请求人民法院或者仲裁机构变更或者解除合同。

人民法院或者仲裁机构应当结合案件的实际情况，根据公平原则变更或者解除合同。

《中华人民共和国民法典》第五百八十条 当事人一方不履行非金钱债务或者履行非金钱债务不符合约定的，对方可以请求履行，但是有下列情形之一的除外：

（一）法律上或者事实上不能履行；

（二）债务的标的不适于强制履行或者履行费用过高；

（三）债权人在合理期限内未请求履行。

有前款规定的除外情形之一，致使不能实现合同目的的，人民法院或者仲裁机构可以根据当事人的请求终止合同权利义务关系，但是不影响违约责任的承担。

【案例链接】

合同目的不能实现如何认定？①

案情简介：原告张俭华、徐海英系夫妻关系。2014 年 2 月 7 日，张俭华（买受人）与被告取生置业（出卖人）签订商品房买卖合同一份，约定买受由取生置业开发的商品房（在建），该合同附件一为张俭华、徐海英买受房屋的平面图。签订合同当日，张俭华、徐海英一次性支付房款 630 000 元，取生置业开具销售不动产统一发票。

2015 年 6 月，被告取生置业向原告张俭华、徐海英发出交房通知，张俭华、徐海英购买的房屋与取生置业的房型图宣传资料以及双方的购房合同附件一载明的房型图户型一致，但实际房间布局结构与房型图为轴对称方向，取生置业的房型宣传图及合同附件房型图的方位为：以人员站立于门口面向房内为准，主卧、次卧、卫生间位于右侧；餐厅、客厅、厨房位于左侧。现实际格局与宣传册及合同附件的图形位置相反。张俭华、徐海英认为取生置业已构成根本性违约，故诉至法院请求判令依法解除双方签订的商品房买卖合同，判令取生置业退还购房款 630 000 元并按银行同期贷款利率支付利息。

裁判结果：启东市人民法院判决：①被告取生置业于判决生效之日起十五日内补偿原告张俭华、徐海英人民币 10 000 元；②驳回原告张俭华、徐海英的诉讼请求。张俭华、徐海英不服一审判决，向南通市中级人民法院提起上诉。

南通市中级人民法院判决：①撤销启东市人民法院（2015）启开民初字第 01662 号民事判决；②确认张俭华、徐海英与启东市取生置业有限公司 2014 年 2 月 7 日签订的商品房买卖合同于 2015 年 8 月 1 日解除；③启东市取生置业有限公司于本判决生效十日内返还张俭华、徐海英购房款 630 000 元。

合规分析：根据原《中华人民共和国合同法》第九十四条第一款第四项（现《中华人民共和国民法典》第五百六十三条第一款第四项）规定，当事人一方迟延履行债务或者有其他违约行为致使不能实现合同目的，当事人可以解除合同。该条赋予合同目的不能实现时非违约方的法定解除权。合同目的包括客观目的和主观目的。客观目的即典型交易目的，当事人购房的客观目的在于取得房屋所有权并用于居住、孩子入学、投资等，影响合同客观目的的实现的因素有房屋位置、面积、楼层、采光、质量、

① 江苏省南通市中级人民法院民事判决书（2015）通中民终字第 03134 号。本案系《最高人民法院公报》2017 年第 9 期案例。

小区配套设施等，客观目的可通过社会大众的普通认知标准予以判断。主观目的为某些特定情况下当事人的动机和本意。一般而言，当事人将特定的主观目的作为合同的条件或成交的基础，则该特定的主观目的客观化，属于法律可规制的范围。

本案中，张俭华、徐海英对房屋内部左右布局明确约定并作为特定的合同目的，并不违反法律、行政法规的禁止性规定，亦未侵害第三人权益，属于当事人意思自治的范畴。取生置业并未交付符合合同约定布局的房屋且无法调换，致使张俭华、徐海英购买符合购房合同附件中约定布局房屋的合同目的落空，法院认定解除合同于法有据。又根据（原）《中华人民共和国合同法》第九十七条（现《中华人民共和国民法典》第五百六十六条第一款）的规定，合同解除后，尚未履行的，终止履行；已经履行的，根据履行情况和合同性质，当事人可以要求恢复原状、采取其他补救措施、并有权要求赔偿损失。由于张俭华、徐海英并未实际取得案涉房屋，取生置业应返还购房款630 000元。

五、违约责任

违约责任是指当事人一方不履行合同义务或者履行合同义务不符合合同约定，所应承担采取补救措施、赔偿损失、支付违约金的民事责任。合同履行过程中存在诸多不确定性，违约责任则成为保障债权实现和债务履行的重要措施。违约责任具有三个特点：（1）针对有效“合同”；（2）补偿性为主、惩罚性为辅；（3）约定性。

实践中，违约责任的约定主要存在以下问题：（1）违约责任约定不完善。部分义务缺乏对应的违约责任，因该部分义务履行发生分歧时，当事人之间必然会发生纠纷。（2）违约责任约定不明确，如违约责任范围、违约金额、具体的计算方法等约定不明。（3）违约金额约定不适当，相对于损失来说太高或者太低。

（一）违约行为的表现形态

【条文链接】

1. 一方未完全履行合同义务

《中华人民共和国民法典》第五百七十七条 当事人一方不履行合同义务或者履行合同义务不符合约定的，应当承担继续履行、采取补救措施或者赔偿损失等违约责任。

《中华人民共和国民法典》第五百七十八条 当事人一方明确表示或者以自己的行为表明不履行合同义务的，对方可以在履行期限届满前请求其承担违约责任。

2. 双方均违约

《中华人民共和国民法典》第五百九十二条 当事人都违反合同的，应当各自承担相应的责任。

当事人一方违约造成对方损失，对方对损失的发生有过错的，可以减少相应的损失赔偿额。

3. 第三人过错造成违约

《中华人民共和国民法典》第五百九十三条 当事人一方因第三人的原因造成违约的，应当依法向对方承担违约责任。当事人一方和第三人之间的纠纷，依照法律规定或者按照约定处理。

《中华人民共和国民法典》第五百八十五条 当事人可以约定一方违约时应当根据

违约情况向对方支付一定数额的违约金，也可以约定因违约产生的损失赔偿额的计算方法。

约定的违约金低于造成的损失的，人民法院或者仲裁机构可以根据当事人的请求予以增加；约定的违约金过分高于造成的损失的，人民法院或者仲裁机构可以根据当事人的请求予以适当减少。

当事人就迟延履行约定违约金的，违约方支付违约金后，还应当履行债务。

【合规建议】

（1）建议对于复杂合同，违约情形较多，可以区分“一般违约”与“根本违约”，专门列举“根本违约”的具体情形，并设定“根本违约”的违约责任。其他情形则为“一般违约”，约定一般违约责任。

（2）建议增加责任限制条款，约定违约责任的最高限额，特别是关于质量问题、逾期履行的违约责任。需要注意的是，责任限制如果是格式条款，应向合同相对方专门提示或说明。

（二）违约责任的承担方式

1. 继续履行

合同一方当事人不履行分为两种情况：一是一方当事人不履行金钱债务；二是一方当事人不履行非金钱债务。对于前者，另一方有权要求其继续支付未支付的价款或者报酬。对于后者，另一方请求继续履行则存在例外情况，如债务人破产、合同标的物灭失等致使合同无法继续履行。

【条文链接】

《中华人民共和国民法典》第五百七十九条 当事人一方未支付价款、报酬、租金、利息，或者不履行其他金钱债务的，对方可以请求其支付。

《中华人民共和国民法典》第五百八十条 当事人一方不履行非金钱债务或者履行非金钱债务不符合约定的，对方可以请求履行，但是有下列情形之一的除外：

（一）法律上或者事实上不能履行；

（二）债务的标的不适于强制履行或者履行费用过高；

（三）债权人在合理期限内未请求履行。

有前款规定的除外情形之一，致使不能实现合同目的的，人民法院或者仲裁机构可以根据当事人的请求终止合同权利义务关系，但是不影响违约责任的承担。

【合规建议】

债权人请求继续履行时应注意以下方面：

（1）继续履行必须可能。只有在合同有继续履行的可能时，违约方才能承担继续履行的责任。

（2）继续履行存在必要。继续履行只是违约的一种补救措施，债权人是否要求违约方继续履行以及违约方应否继续履行都应考虑其经济合理性。

（3）债务标的适于强制履行。

（4）债权人在合理期限内请求继续履行。

2. 采取补救措施

【条文链接】

《中华人民共和国民法典》第五百八十二条 履行不符合约定的，应当按照当事人的约定承担违约责任。对违约责任没有约定或者约定不明确，依据本法第五百一十条的规定仍不能确定的，受损害方根据标的的性质以及损失的大小，可以合理选择请求对方承担修理、重作、更换、退货、减少价款或者报酬等违约责任。

《中华人民共和国民法典》第五百一十条 合同生效后，当事人就质量、价款或者报酬、履行地点等内容没有约定或者约定不明确的，可以协议补充；不能达成补充协议的，按照合同相关条款或者交易习惯确定。

3. 赔偿损失

当事人因不履行合同义务或者履行合同义务不符合约定，而给对方造成损失的，损失方可以就补偿违约金不足的部分请求赔偿金。赔偿金应当满足两个条件：（1）违约行为确实给对方造成了损失；（2）支付的违约金不足以补偿此损失。

【条文链接】

《中华人民共和国民法典》第五百八十三条 当事人一方不履行合同义务或者履行合同义务不符合约定的，在履行义务或者采取补救措施后，对方还有其他损失的，应当赔偿损失。

《中华人民共和国民法典》第五百八十四条 当事人一方不履行合同义务或者履行合同义务不符合约定，造成对方损失的，损失赔偿额应当相当于因违约所造成的损失，包括合同履行后可以获得的利益；但是，不得超过违约一方订立合同时预见到或者应当预见到的因违约可能造成的损失。

《中华人民共和国民法典》第五百九十一条 当事人一方违约后，对方应当采取适当措施防止损失的扩大；没有采取适当措施致使损失扩大的，不得就扩大的损失请求赔偿。

当事人因防止损失扩大而支出的合理费用，由违约方负担。

《中华人民共和国消费者权益保护法》第五十五条 经营者提供商品或者服务有欺诈行为的，应当按照消费者的要求增加赔偿其受到的损失，增加赔偿的金额为消费者购买商品的价款或者接受服务的费用的三倍；增加赔偿的金额不足五百元的，为五百元。法律另有规定的，依照其规定。

经营者明知商品或者服务存在缺陷，仍然向消费者提供，造成消费者或者其他受害人死亡或者健康严重损害的，受害人有权要求经营者依照本法第四十九条、第五十一条等法律规定赔偿损失，并有权要求所受损失二倍以下的惩罚性赔偿。

4. 支付违约金

违约金是指按照当事人的约定或者法律直接规定，一方当事人违约时应向另一方支付一定数额的金钱或者金钱以外的其他财产。实务中，通常会在合同中明确约定违约金的计算方式，以增强违约责任的可操作性。

【合规建议】

（1）合法、全面、具体约定违约责任。合同当事人在法定的范围内协商一致，对违约责任范围、违约金金额、承担方式等作出明确约定，从而提高追责效率。

（2）违约金金额、比例应当与违约造成的损失程度适当。这里的损失，可以包括预期利益、主张权利的费用等。一般不要超过预计测算损失的 30%，否则，超过的部分极可能得不到法院的支持。比如，损失为 100 万元时，约定的违约金数额若大于 130 万元，则应适当减少。

（3）违约责任可根据不同类型的合同及可能发生的法律风险点设置相应的违约责任承担形式，以防患于未然。比如，在租赁合同中，承租人可能发生的违约情形主要有逾期支付租金、未妥善保管租赁物、擅自转租等；出租人可能发生的违约情形主要有逾期交付租赁物、未依约及时修缮租赁物等。因此，在设定违约责任时应预想到如发生前述违约行为时，违约方应承担何种责任。

（三）违约金的调整

关于违约金过高的调整，法院通常尊重民事主体之间的意思自治，只要不违背公平原则和诚实信用原则之限度，一般不会通过公权主动干预私权领域。也就是基于当事人向人民法院或者仲裁机构提出请求，违约金可以调整。结合最高人民法院的指导意见，关于违约金的调整现梳理出以下因素可供考量：

（1）在调整违约金时，应查明实际损失，确定基本标准。

（2）在调整违约金时，应考虑合同的履行情况。

（3）在调整违约金时，应考虑当事人的过错程度。

（4）在调整违约金时，应考虑当事人缔约时对可得利益的预见，当事人之间的交涉能力是否平等，是否适用格式合同条款，是否存在过失相抵、减扣规则以及损益相抵规则等因素，根据诚信原则和公平原则，结合案件的实际情况，综合衡量。

（5）在调整违约金时，应考虑当事人是否为商事主体，该交易是否为商事交易。如果属于商事主体从事的商事交易，则在认定违约金过高或过低时，应更为谨慎，原则上禁止调整，以防制度性鼓励违约。理由是，基于商人作为理性人的推断，当事人之间不存在信息优势或信息不对称的问题，较高的违约金约定可能是基于商业风险的考虑，同时也能促进合同义务的积极履行，提高商事交易效率，防范商事交易中不诚信行为的发生。

【条文链接】

《中华人民共和国民法典》第五百八十五条 当事人可以约定一方违约时应当根据违约情况向对方支付一定数额的违约金，也可以约定因违约产生的损失赔偿额的计算方法。

约定的违约金低于造成的损失的，人民法院或者仲裁机构可以根据当事人的请求予以增加；约定的违约金过分高于造成的损失的，人民法院或者仲裁机构可以根据当事人的请求予以适当减少。

当事人就迟延履行约定违约金的，违约方支付违约金后，还应当履行债务。

《最高人民法院关于审理商品房买卖合同纠纷案件适用法律若干问题的解释》第十二条 当事人以约定的违约金过高为由请求减少的，应当以违约金超过造成的损失30%为标准适当减少；当事人以约定的违约金低于造成的损失为由请求增加的，应当以违约造成的损失确定违约金数额。

【案例链接】

违反排他性合作条款，如何确定违约金？①

案情简介：被告李岑原为原告熊猫公司创办的熊猫直播平台游戏主播，被告播爱游公司为李岑的经纪公司。2018 年 2 月 28 日，熊猫公司、播爱游公司及李岑签订主播独家合作协议（简称“合作协议”），约定李岑在熊猫直播平台独家进行“绝地求生游戏”的第一视角游戏直播和游戏解说。该协议违约条款中约定，协议有效期内，播爱游公司或李岑未经熊猫公司同意，擅自终止本协议或在直播竞品平台上进行相同或类似合作，或将已在熊猫直播上发布的直播视频授权给任何第三方使用的，构成根本性违约，播爱游公司应向熊猫直播平台支付赔偿金，李岑对此向熊猫公司承担连带责任。合同约定的合作期限为一年，从 2018 年 3 月 1 日至 2019 年 2 月 28 日。2018 年 6 月 1 日，播爱游公司向熊猫公司发出主播催款单，催讨欠付李岑的两个月合作费用。催讨无果后，李岑于 2018 年 6 月 29 日在斗鱼直播平台进行首播，播爱游公司也于官方微信公众号上发布李岑在斗鱼直播平台的直播间链接。

2018 年 8 月 24 日，熊猫公司向人民法院提起诉讼，请求判令两被告继续履行独家合作协议、立即停止在其他平台的直播活动并支付相应违约金。一审审理中，熊猫公司调整诉讼请求为判令两被告支付原告违约金 300 万元。播爱游公司提出反诉请求：①判令确认熊猫公司、播爱游公司、李岑三方于 2018 年 2 月 28 日签订的合作协议于 2018 年 6 月 28 日解除；②判令熊猫公司向播爱游公司支付 2018 年 4 月至 2018 年 6 月之间的合作费用 224 923. 32 元；③判令熊猫公司向播爱游公司支付律师费 20 000 元。

裁判结果：上海市静安区人民法院作出如下判决：①播爱游公司于判决生效之日起十日内支付熊猫公司违约金 2 600 000 元；②李岑对播爱游公司上述付款义务承担连带清偿责任；③熊猫公司于判决生效之日起十日内支付播爱游公司 2018 年 4 月至 2018 年 6 月的合作费用 186 640. 10 元；④驳回播爱游公司其他反诉请求。李岑不服一审判决，提起上诉。

上海市第二中级人民法院判决：驳回上诉，维持原判。

合规分析：本案中，合作协议系熊猫公司、播爱游公司、李岑三方真实意思表示，不违反法律法规的强制性规定，应认定为有效，各方理应依约恪守。首先，从合作协议的违约责任条款来看，该协议对合作三方的权利义务都进行了详细约定，主播未经熊猫公司同意在竞争平台直播构成违约，应当承担赔偿责任。其次，熊猫公司虽然存在履行瑕疵但并不足以构成根本违约，播爱游公司、李岑并不能以此为由主张解除合作协议。最后，关于违约金是否过高，应当以实际损失为基础，兼顾合同的履行情况、当事人的过错程度以及预期利益等综合因素，根据公平原则和诚实信用原则予以衡量。网络直播平台是以互联网为必要媒介、以主播为核心资源的企业，在平台运营中通常需要在带宽、主播上投入较多的前期成本，而主播违反合同在第三方平台进行直播的行为给直播平台造成损失的具体金额实际难以量化。比如，对网络直播平台苛求过重的举证责任，则有违公平原则。故本案违约金的调整应当考虑网络直播平台的特点以及签订合同时对熊猫公司成本及收益的预见性。考虑主播李岑在游戏直播行业中享有

---

① 上海市第二中级人民法院民事判决书（2020）沪 02 民终 562 号。本案系最高人民法院发布的第 189 号指导案例。

很高的人气和知名度的实际情况，结合其收益情况、合同剩余履行期间等情形，根据公平与诚实信用原则酌情将违约金调整为260万元较为合理。

（四）定金罚则

定金是合同的一种担保方式，也是违约责任的一种承担方式。定金条款必须写明“定金”字样。定金罚则是指，债务人履行债务的，定金应当抵作价款或者收回；给付定金方不履行合同义务致使不能实现合同目的的，无权请求返还定金；接受定金方不履行合同义务致使不能实现合同目的的，双倍返还定金。当事人一方不完全履行合同的，应按照未履行部分所占合同约定内容的比例，适用定金罚则。

定金的适用需要符合以下几个条件：（1）定金合同是实践合同，需要定金的实际交付；（2）定金具有从属性，因此要求主合同必须有效；（3）当事人不履行债务且无法定免责情形；（4）定金的数额由当事人约定，但是不得超过主合同标的额的20%，超过部分不产生定金的效力。

企业在订立合同时未对“定金”“订金”作区分，以及在合同中将“定金”和“违约金”同时适用，对于相关的法律适用规则也知之甚少，导致承担不必要的法律责任。

【条文链接】

《中华人民共和国民法典》第五百八十六条 当事人可以约定一方向对方给付定金作为债权的担保。定金合同自实际交付定金时成立。

定金的数额由当事人约定；但是，不得超过主合同标的额的百分之二十，超过部分不产生定金的效力。实际交付的定金数额多于或者少于约定数额的，视为变更约定的定金数额。

《中华人民共和国民法典》第五百八十七条 债务人履行债务的，定金应当抵作价款或者收回。给付定金的一方不履行债务或者履行债务不符合约定，致使不能实现合同目的的，无权请求返还定金；收受定金的一方不履行债务或者履行债务不符合约定，致使不能实现合同目的的，应当双倍返还定金。

【合规建议】

注意区分“定金”与“订金”。订金不是法律概念，可视其为“预付款”，交易成功则直接充当货款，交易失败则需全额返还。定金则要求给付定金的一方不履行债务或者履行债务不符合规定，致使不能实现合同目的的，无权要求返还定金；收受定金的一方不履行债务或者履行债务不符合约定，致使不能实现合同目的的，应当双倍返还定金。

（五）定金、违约金以及赔偿金能否同时适用

1. 定金与违约金择一主张

定金和违约金都是合同预先约定的、在一方违约的情况下应向对方作出的赔偿性给付，都对合同履行起到一定的保障作用。两者的区别在于：定金为担保方式，违约金为违约责任。当合同同时约定违约金和定金条款时，守约方产生选择权，可以选择适用违约金或者定金条款，请求违约方承担这两种责任中的一种，但两者不能并用。如果守约方选择适用定金条款，而约定的定金不足以弥补违约方违约给守约方造成的损失，守约方可以请求违约方赔偿超过定金数额的损失。

2. 定金和赔偿金补充可合并

定金和赔偿金补充可以合并适用，即守约方如果选择适用定金条款，而约定的定金不足以弥补违约方违约给守约方造成的损失，守约方可以请求违约方赔偿超过定金数额的损失。

3. 违约金和赔偿金择一主张

给付赔偿金的前提是一方违反合同约定，给另一方造成了实际损失；而违约金则无实际损失的要求，只要双方当事人在合同中约定了违约金条款，违约方就必须给付另一方违约金。违约金和赔偿金不能同时主张。

【条文链接】

《中华人民共和国民法典》第五百八十八条 当事人既约定违约金，又约定定金的，一方违约时，对方可以选择适用违约金或者定金条款。

定金不足以弥补一方违约造成的损失的，对方可以请求赔偿超过定金数额的损失。

第二节 招标投标合规

招标投标制度是一种通过竞争机制实现资源配置的交易方式，也是订立合同的一种特殊程序。招标投标法律制度可以有力地维护国家利益、社会公共利益和招标投标人的合法权益。由于市场环境的复杂性，招投标所涉及的招标、投标、开标、定标到签订合同等多个环节都存在潜在的法律风险。诸如虚假招标、串通投标、招标单位泄露保密信息等违法违规行为不仅会给企业带来重大损失甚至可能触犯刑法。因此，企业应当重视招标投标过程中的合规管理，加强相关法律风险防控。本节将对招标投标活动中重点环节中暴露的突出问题通过法律法规解读入手进行风险防控提示。

一、招标

（一）强制招标项目

强制招标是指法律规定某些特定项目达到规定的规模标准，必须以招标方式进行采购，否则采购单位要承担法律责任。强制招标主要适用于工程建设项目领域、国有企业采购使用国有资金等。以工程建设项目为例，哪些工程项目是强制招标项目，哪些工程项目可以直接发包，关乎承发包双方重大利益及责任承担。因此，承发包双方必须高度重视项目是否属于必须招标项目。

【条文链接】

《中华人民共和国招标投标法》第三条 在中华人民共和国境内进行下列工程建设项目包括项目的勘察、设计、施工、监理以及与工程建设有关的重要设备、材料等的采购，必须进行招标：

（一）大型基础设施、公用事业等关系社会公共利益、公众安全的项目；

（二）全部或者部分使用国有资金投资或者国家融资的项目；

（三）使用国际组织或者外国政府贷款、援助资金的项目。

前款所列项目的具体范围和规模标准，由国务院发展计划部门会同国务院有关部门制订，报国务院批准。

法律或者国务院对必须进行招标的其他项目的范围有规定的，依照其规定。

《必须招标的工程项目规定》第二条 全部或者部分使用国有资金投资或者国家融资的项目包括：

（一）使用预算资金 200 万元人民币以上，并且该资金占投资额 10%以上的项目；

（二）使用国有企业事业单位资金，并且该资金占控股或者主导地位的项目。

《必须招标的工程项目规定》第三条 使用国际组织或者外国政府贷款、援助资金的项目包括：

（一）使用世界银行、亚洲开发银行等国际组织贷款、援助资金的项目；

（二）使用外国政府及其机构贷款、援助资金的项目。

《必须招标的工程项目规定》第四条 不属于本规定第二条、第三条规定情形的大型基础设施、公用事业等关系社会公共利益、公众安全的项目，必须招标的具体范围由国务院发展改革部门会同国务院有关部门按照确有必要、严格限定的原则制订，报国务院批准。

《必须招标的工程项目规定》第五条 本规定第二条至第四条规定范围内的项目，其勘察、设计、施工、监理以及与工程建设有关的重要设备、材料等的采购达到下列标准之一的，必须招标：

（一）施工单项合同估算价在 400 万元人民币以上；

（二）重要设备、材料等货物的采购，单项合同估算价在 200 万元人民币以上；

（三）勘察、设计、监理等服务的采购，单项合同估算价在 100 万元人民币以上。

同一项目中可以合并进行的勘察、设计、施工、监理以及与工程建设有关的重要设备、材料等的采购，合同估算价合计达到前款规定标准的，必须招标。

《必须招标的基础设施和公用事业项目范围规定》第二条 不属于《必须招标的工程项目规定》第二条、第三条规定情形的大型基础设施、公用事业等关系社会公共利益、公众安全的项目，必须招标的具体范围包括：

（一）煤炭、石油、天然气、电力、新能源等能源基础设施项目；

（二）铁路、公路、管道、水运，以及公共航空和 A1 级通用机场等交通运输基础设施项目；

（三）电信枢纽、通信信息网络等通信基础设施项目；

（四）防洪、灌溉、排涝、引（供）水等水利基础设施项目；

（五）城市轨道交通等城建项目。

【案例链接】

哪些工程建设项目必须招标？①

案情简介：2011 年 6 月 15 日，恒顺公司与歌山公司就福安市船舶工业大厦施工问题达成一致后签订施工合同，合同约定工程地址、工程内容、合同价款、开工日期以及竣工日期。2011 年 8 月，恒顺公司发布福安市船舶工业大厦项目标准施工招标文件，邀请歌山公司及鼎立建设集团有限公司、浙江中屹建设集团有限公司参与投标。2011

① 最高人民法院民事判决书（2015）民一终字第 70 号。

年9月22日，该工程建设项目在福安市有形建筑市场交易中心公开开标后，确定歌山公司为中标人。2011年10月3日，恒顺公司向歌山公司发出中标通知书，要求在2011年11月2日之前签订正式施工合同。2012年1月16日，恒顺公司与歌山公司签订补充协议，对施工合同做了进一步确认、补充和修改。

2013年10月22日，恒顺公司向福建省宁德市中级人民法院起诉，请求判令歌山公司因于2013年2月1日起停止施工构成单方违约，支付违约金1 000万元，并由出具履约保函的中国建设银行股份有限公司东阳支行承担连带责任。歌山公司向福建高院提起诉讼，主张施工合同及补充协议无效。

裁判结果：最高人民法院审理认定案涉工程项目不属于必须进行招标的工程建设项目。施工合同和补充协议为双方当事人的真实意思表示，不违反法律、行政法规的强制性规定，应为合法有效，双方当事人应依约履行。

合规分析：在本案中，识别涉案工程建设项目是否属于必须招标工程项目，成了判断合同效力的基础和前提。《中华人民共和国招标投标法》第三条规定了必须进行招标的工程建设项目类别，根据已查明的事实，涉案工程项目的资金来源为企业自有和银行贷款，故不属于该条第一款第2项、第3项规定的项目，但对于是否属于第1项规定的“公用事业项目”，双方当事人存有争议。依据国务院批准、原国家发展计划委员会发布的《工程建设项目招标范围和规模标准规定》第三条规定：“关系社会公共利益、公众安全的公用事业项目的范围包括：（一）供水、供电、供气、供热等市政工程项目；（二）科技、教育、文化等项目；（三）体育、旅游等项目；（四）卫生、社会福利等项目；（五）商品住宅，包括经济适用住房；（六）其他公用事业项目；（七）其他基础设施项目”。在此基础上，《工程建设项目招标范围和规模标准规定》第七条进一步对工程建设项目必须进行招标的规模作了规定。根据已查明的事实，案涉工程项目的规划用途为办公和酒店经营，不在《工程建设项目招标范围和规模标准规定》第三条列举的范围之内，也不具有为社会公众提供公共服务的性质，应不属于“公用事业项目”，所以不属于必须进行招标的工程建设项目。对于不属于必须进行招标的工程建设项目，在双方当事人既进行了招标，又另行签订了协议的情形下，应以体现双方当事人真实意思的合同作为履行依据。

【合规建议】

（1）企业需先明确项目是否属于必须招投标的建设工程项目，再与相对方签订建设工程合同。若必须招标的项目不招标，视为“规避招标”，会产生合同无效、行政处罚、行政处分等法律后果。

（2）强制招标项目通常指勘察、设计、施工、监理以及与工程建设有关的服务，而项目管理、工程科研报告编制、项目建议书编制、项目评估等尚不属于强制招标范畴。

（二）可依法不招标的情形

【条文链接】

《中华人民共和国招标投标法》第六十六条 涉及国家安全、国家秘密、抢险救灾或者属于利用扶贫资金实行以工代赈、需要使用农民工等特殊情况，不适宜进行招标的项目，按照国家有关规定可以不进行招标。

《中华人民共和国招标投标法实施条例》第九条 除招标投标法第六十六条规定的可以不进行招标的特殊情况外，有下列情形之一的，可以不进行招标：

（一）需要采用不可替代的专利或者专有技术；

（二）采购人依法能够自行建设、生产或者提供；

（三）已通过招标方式选定的特许经营项目投资人依法能够自行建设、生产或者提供；

（四）需要向原中标人采购工程、货物或者服务，否则将影响施工或者功能配套要求；

（五）国家规定的其他特殊情形。

招标人为适用前款规定弄虚作假的，属于招标投标法第四条规定的规避招标。

【合规建议】

强制招标项目和可依法不招标项目具体如表 1.4 所示。

表 1.4　强制招标项目和可依法不招标项目

强制招标项目	
工程建设项目	大型基础设施、公用事业等关系社会公共利益、公众安全的项目
	全部或者部分使用国有资金投资或者国家融资的项目
	使用国际组织或者外国政府贷款、援助资金的项目
全部或者部分使用国有资金投资或者国家融资的项目（《必须招标的工程项目规定》第二条）	使用预算资金 200 万元人民币以上，并且该资金占投资额 10%以上的项目
	使用国有企业事业单位资金，并且该资金占控股或者主导地位的项目
使用国际组织或者外国政府贷款、援助资金的项目（《必须招标的工程项目规定》第三条）	使用世界银行、亚洲开发银行等国际组织贷款、援助资金的项目
	使用世界银行、亚洲开发银行等国际组织贷款、援助资金的项目
《必须招标的工程项目规定》第二条至第四条规定范围内勘察、设计、施工、监理以及与工程建设有关的重要设备、材料等的采购，采购达到标准必须招标。需要注意，同一项目合并以上各类采购，其合同估算价达标准也必须招标	施工单项合同估算价在 400 万元人民币以上
	重要设备、材料等货物的采购，单项合同估算价在 200 万元人民币以上
	勘察、设计、监理等服务的采购，单项合同估算价在 100 万元人民币以上
不属于《必须招标的工程项目规定》第二条、第三条规定情形的大型基础设施、公用事业等关系社会公共利益、公众安全的项目	煤炭、石油、天然气、电力、新能源等能源基础设施项目
	铁路、公路、管道、水运，以及公共航空和 A1 级通用机场等交通运输基础设施项目
	电信枢纽、通信信息网络等通信基础设施项目
	防洪、灌溉、排涝、引（供）水等水利基础设施项目
	城市轨道交通等城建项目

表1.4(续)

<table>
<tr><th colspan="2">可以依法不招标项目</th></tr>
<tr><td rowspan="4">《中华人民共和国招标投标法》第六十六条规定的项目</td><td>涉及国家安全的工程项目</td></tr>
<tr><td>涉及国家秘密的工程项目</td></tr>
<tr><td>涉及救灾抢险工程项目</td></tr>
<tr><td>属于利用扶贫资金实行以工代赈、需要使用农民工等特殊情况，不适宜进行招标的项目</td></tr>
<tr><td rowspan="5">《中华人民共和国招标投标法实施条例》第九条规定的项目</td><td>需要采用不可替代的专利或者专有技术</td></tr>
<tr><td>采购人依法能够自行建设、生产或者提供</td></tr>
<tr><td>已通过招标方式选定的特许经营项目投资人依法能够自行建设、生产或者提供</td></tr>
<tr><td>需要向原中标人采购工程、货物或者服务，否则将影响施工或者功能配套要求</td></tr>
<tr><td>国家规定的其他特殊情形</td></tr>
<tr><th colspan="2">司法实践中需注意可以不进行招标的具体情形</th></tr>
<tr><td colspan="2">采取 PPP 模式的政府采购工程</td></tr>
<tr><td colspan="2">涉及“一带一路”建设工程中的国际工程</td></tr>
<tr><td colspan="2">商品住宅建设项目</td></tr>
</table>

（三）限制或排斥潜在投标人的情形

潜在投标人是指符合投标的基本资格条件、可能愿意参与投标的法人、其他组织或个人。潜在投标人一旦购买了招标文件且正式递交了投标文件，就成为投标人。实践中，不少招标人为牟取不正当利益，以各种方式排斥、限制潜在投标人。例如，设置不合理的条件限制投标人、在两个以上媒介发布的同一招标项目的招标公告内容不一致、限制本地区、本行业以外的潜在投标人等。招标人差别待遇行为不仅损害了广大潜在投标人的合法权益，也侵害了社会正常的公平竞争秩序，可能承担合同无效甚至追究刑事责任的法律后果。

【条文链接】

《中华人民共和国招标投标法实施条例》第二十四条 招标人对招标项目划分标段的，应当遵守招标投标法的有关规定，不得利用划分标段限制或者排斥潜在投标人。依法必须进行招标的项目的招标人不得利用划分标段规避招标。

《中华人民共和国招标投标法实施条例》第三十二条 招标人不得以不合理的条件限制、排斥潜在投标人或者投标人。

招标人有下列行为之一的，属于以不合理条件限制、排斥潜在投标人或者投标人：

（一）就同一招标项目向潜在投标人或者投标人提供有差别的项目信息；

（二）设定的资格、技术、商务条件与招标项目的具体特点和实际需要不相适应或者与合同履行无关；

（三）依法必须进行招标的项目以特定行政区域或者特定行业的业绩、奖项作为加分条件或者中标条件；

（四）对潜在投标人或者投标人采取不同的资格审查或者评标标准；

（五）限定或者指定特定的专利、商标、品牌、原产地或者供应商；

（六）依法必须进行招标的项目非法限定潜在投标人或者投标人的所有制形式或者组织形式；

（七）以其他不合理条件限制、排斥潜在投标人或者投标人。

《中华人民共和国招标投标法》第五十二条 依法必须进行招标的项目的招标人向他人透露已获取招标文件的潜在投标人的名称、数量或者可能影响公平竞争的有关招标投标的其他情况的，或者泄露标底的，给予警告，可以并处一万元以上十万元以下的罚款；对单位直接负责的主管人员和其他直接责任人员依法给予处分；构成犯罪的，依法追究刑事责任。

前款所列行为影响中标结果的，中标无效。

《中华人民共和国招标投标法实施条例》第六十三条第一款 招标人有下列限制或者排斥潜在投标人行为之一的，由有关行政监督部门依照招标投标法第五十一条的规定处罚：

（一）依法应当公开招标的项目不按照规定在指定媒介发布资格预审公告或者招标公告；

（二）在不同媒介发布的同一招标项目的资格预审公告或者招标公告的内容不一致，影响潜在投标人申请资格预审或者投标。

【案例链接】

如何判断供应商是否差别待遇？①

案情简介：2015年11月23日，欣杰项目管理公司接受开发区集体资产经营公司委托，对开发区职业技术学校暖通项目进行公开招标。明珠家用设备公司认为招标文件有两条评分项（一是“投标产品核心部件为进口的有1个得1分，国产的1个得0.5分”；二是“投标人必须具有2012年以来已完工取得竣工验收报告的政府采购项目业绩，并对此进行评分”），实行差别待遇，就此提出疑问。因未收到项目管理公司的答复，明珠家用设备公司于2015年12月8日向开发区财政局提出投诉。该局受理后于2016年1月19日作出《政府采购供应商投诉处理决定书》，驳回了明珠家用设备公司的投诉。家用设备公司不服，于2016年2月3日向市财政局申请行政复议。4月26日市财政局通知嘉德机电工程公司作为第三人参加行政复议。同年4月28日，市财政局作出行政复议决定，认为投诉属实，招标文件前述内容对部分供应商实行歧视待遇、限制竞争，责令开发区财政局重新作出投诉处理决定。开发区财政局据此重新作出投诉处理决定，认定本次招标活动无效，要求重新招标。在这期间，欣杰项目管理公司完成招投标活动。中标人嘉德机电工程公司不服行政复议决定，诉至法院。

裁判结果：法院判决驳回嘉德机电工程公司的诉讼请求。

合规分析：根据《中华人民共和国政府采购法实施条例》第二十条第二项的规定，设定的资格、技术、商务条件与采购项目的具体特点和实际需要不相适应或者与合同履行无关的，属于以不合理的条件对供应商实行差别待遇或者歧视待遇。

本案中，招标文件对进口核心部件与国产核心部件设置不同的评分分值，但招标人未能说明进口核心部件更契合采购项目的实际需要，不能证明所有进口核心部件质

① 江苏省苏州市中级人民法院行政判决书（2017）苏05行终50号。

量等方面均优于所有国产核心部件，故本评分项设置违法。关于招标文件中工程业绩项目评分限定以2012年以来竣工验收报告为准的政府采购项目业绩进行评分的合法性问题。政府采购市场仅是整个竞争市场的一部分，其业绩不能充分体现潜在供应商的竞争实力，本评分项有利于已有政府采购项目业绩的供应商，而不利于未有政府采购项目业绩的供应商，限制了充分竞争，具有固化供应商范围的不利影响，属于《中华人民共和国政府采购法》第二十二条第二款所指“以不合理的条件对供应商实行差别待遇或者歧视待遇”。

【合规建议】

招标人在发布招标项目的资格预审公告或者招标公告时，建议注意以下要点以保证投标人公平参与投标竞争，避免纠纷：

（1）若要设置评标加分条件，建议以全国性的奖项为标准，从技术管理特点需要和所处自然环境条件角度进行要求。

（2）设置行业业绩要求时，建议与当地招标主管部门沟通，取得认可。

（3）招标人在招标过程中对潜在投标人具有相应的资格、技术和商务条件的要求应结合招标项目的具体特点和实际需要，且资格审查标准和评标标准应明确统一。

（4）若需要引用某一品牌或生产供应商供投标人参考技术参数时，建议在引用的品牌或生产供应商名称前面加上“参照或相当于”的字样，并明确推荐品牌不作为限制要求。

（四）招标公告

招标公告是指招标人以公告方式邀请不特定的潜在投标人参与投标项目的意思表示。招标人或其委托机构既要确保招标公告内容的真实性、准确性和完整性，也要严格依照法律规定发布招标公告，以便潜在投标人了解招标项目及有关要求，获取公平参加投标竞争的机会。

【条文链接】

《中华人民共和国招标投标法实施条例》第十五条 公开招标的项目，应当依照招标投标法和本条例的规定发布招标公告、编制招标文件。

招标人采用资格预审办法对潜在投标人进行资格审查的，应当发布资格预审公告、编制资格预审文件。

依法必须进行招标的项目的资格预审公告和招标公告，应当在国务院发展改革部门依法指定的媒介发布。在不同媒介发布的同一招标项目的资格预审公告或者招标公告的内容应当一致。指定媒介发布依法必须进行招标的项目的境内资格预审公告、招标公告，不得收取费用。

编制依法必须进行招标的项目的资格预审文件和招标文件，应当使用国务院发展改革部门会同有关行政监督部门制定的标准文本。

《招标公告和公示信息发布管理办法》第八条 依法必须招标项目的招标公告和公示信息应当在“中国招标投标公共服务平台”或者项目所在地省级电子招标投标公共服务平台（以下统一简称“发布媒介”）发布。

【合规建议】

（1）招标公告和公示信息应统一发布在"中国招标投标公共服务平台"或者项目所在地省级电子招标投标公告服务平台。

（2）设置合理的公告时间。若有意缩小公告发布范围、招标公告含有虚假内容或者发布招标公告后随机限期发售招标文件等，可能导致招标无效甚至承担相应法律责任。

（五）招标文件的澄清与修改

招标文件的澄清与修改是指，招标文件发出后，由于部分内容存在模糊、遗漏、错误或矛盾等，招标人对招标文件作出的书面补充、修改、澄清或说明。如果使用错误的招标文件进行招标，必然会影响招标的效果，甚至导致招标失败。因此，招标人需要对一些容易产生误解或者实质性错误的内容进行澄清或者修改。然而在实践中，对招标文件的澄清与修改程序合规性不够、内容把关不严等问题，常常引发后续争议甚至诉讼。

【条文链接】

《中华人民共和国招标投标法》第二十三条 招标人对已发出的招标文件进行必要的澄清或者修改的，应当在招标文件要求提交投标文件截止时间至少十五日前，以书面形式通知所有招标文件收受人。该澄清或者修改的内容为招标文件的组成部分。

《中华人民共和国招标投标法实施条例》第二十一条 招标人可以对已发出的资格预审文件或者招标文件进行必要的澄清或者修改。澄清或者修改的内容可能影响资格预审申请文件或者投标文件编制的，招标人应当在提交资格预审申请文件截止时间至少3日前，或者投标截止时间至少15日前，以书面形式通知所有获取资格预审文件或者招标文件的潜在投标人；不足3日或者15日的，招标人应当顺延提交资格预审申请文件或者投标文件的截止时间。

《政府采购货物和服务招标投标管理办法》第二十七条 采购人或者采购代理机构可以对已发出的招标文件、资格预审文件、投标邀请书进行必要的澄清或者修改，但不得改变采购标的和资格条件。澄清或者修改应当在原公告发布媒体上发布澄清公告。澄清或者修改的内容为招标文件、资格预审文件、投标邀请书的组成部分。

澄清或者修改的内容可能影响投标文件编制的，采购人或者采购代理机构应当在投标截止时间至少15日前，以书面形式通知所有获取招标文件的潜在投标人；不足15日的，采购人或者采购代理机构应当顺延提交投标文件的截止时间。

澄清或者修改的内容可能影响资格预审申请文件编制的，采购人或者采购代理机构应当在提交资格预审申请文件截止时间至少3日前，以书面形式通知所有获取资格预审文件的潜在投标人；不足3日的，采购人或者采购代理机构应当顺延提交资格预审申请文件的截止时间。

《政府采购货物和服务招标投标管理办法》第二十八条 投标截止时间前，采购人、采购代理机构和有关人员不得向他人透露已获取招标文件的潜在投标人的名称、数量以及可能影响公平竞争的有关招标投标的其他情况。

【案例链接】

投标文件错误会影响第二次招标吗？①

案情简介：海南港航公司发布邀标通知书，就海口市马村港 2 万吨级散装物料中转库建设及装卸作业项目公开招标。5 家公司投标。在评标过程中，海南港航公司才发现主要技术参数错误，如果按照此技术参数定标，则中标方案不能满足本招标项目实际需要。评标委员会向招标人提出问题所在，招标人决定本项目停止评标，修改招标文件再重新组织招标。第二次招标，招标人重新发布招标文件并履行完毕招标投标程序，决定了中标人。投标人之一的东港洪贸易公司得知自己未中标后诉至法院，要求确认涉案招标项目招标程序违法，评标结果无效。

裁判结果：法院确认海南港航公司的第二次招标程序合法，为有效招标。

合规分析：《中华人民共和国招标投标法实施条例》第二十一条规定："招标人可以对已发出的资格预审文件或者招标文件进行必要的澄清或者修改。澄清或者修改的内容可能影响资格预审申请文件或者投标文件编制的，招标人应当在提交资格预审申请文件截止时间至少 3 日前，或者投标截止时间至少 15 日前，以书面形式通知所有获取资格预审文件或者招标文件的潜在投标人；不足 3 日或者 15 日的，招标人应当顺延提交资格预审申请文件或者投标文件的截止时间。"由此可知，招标人在投标截止时间之后，才发现招标文件存在实质性内容的疏漏错误，导致无法继续评标，或者即使继续评标可能导致评标结果不符合招标人采购要求的，可行之策就是终止当次招标程序，在修改招标文件后重新组织招标。

本案招标人因第一次招标时招标文件中主要技术参数错误而终止第一次招标活动，进行自身纠正、完善招标文件后重新发布并组织新的招标活动。第二次招标活动已经完全取代第一次招标活动，两次招标活动各自独立存在。第二次招标活动并非第一次招标活动的延续和组成部分，第一次招标活动过程中存在的瑕疵不能影响第二次招标活动过程与结果的公平、公正。故确认第二次招标程序合法，为有效招标。

【合规建议】

（1）以书面形式统一向所有潜在投标人发出澄清与修改通知，可增设通知回执以确认潜在投标人及时收讫通知。

（2）注意澄清或修改招标文件的时间。建议招标人在不违规的前提下，就澄清或修改的内容先行书面通知所有潜在投标人，征求其意见，要求其对投标截止日期是否进行延期作出书面反馈。如全部投标人均书面反馈能按时参与投标，则按原定招标程序进行；如全部或部分投标人提出澄清或修改内容影响其投标文件的编制，则招标人应当延迟投标截止日期。

（六）招标机构及其人员泄露保密信息情形的处理

招标机构及其人员泄露保密信息属于违法行为，可能导致中标无效甚至追究刑事责任。但是由于招投标活动本身具有利益博弈性，在实践操作中泄密问题屡见不鲜。招投标活动中涉及"泄密"的情形主要包括几种：一是招标信息尚未公开，招标机构及其人员将招标事项有关内容提前透露给投标人；二是向他人透露已获取招标文件的

---

① 海南省海口市中级人民法院民事判决书（2014）海中法民三初字第 110 号。

潜在投标人的名称、数量，令他人知晓竞争对手基本信息；三是向潜在投标人透露“评标标准”等信息，使得获取了相关信息的供应商有机会左右招标结果；四是向投标人泄露标底；五是向投标人泄露评标委员会成员名单。

【条文链接】

《中华人民共和国招标投标法》第二十二条 招标人不得向他人透露已获取招标文件的潜在投标人的名称、数量以及可能影响公平竞争的有关招标投标的其他情况。

招标人设有标底的，标底必须保密。

【合规建议】

（1）完善保密信息管理制度。严格控制涉密人员范围，推动涉密信息系统和涉密载体智能化。

（2）增强涉密人员防范意识。结合发生的典型案例、法律法规对涉密人员进行培训和教育，提高保密意识和素质。要求严格执行各项保密规定，确保形成工作闭环。

（3）全面彻底开展保密检察。主动、及时消除隐患，以降低泄密事件发生的可能，变事后管理为事前管理，变被动管理为主动管理。

（4）加大责任追究处罚力度。对于涉密人员违反保密规定的行为，应当从严把握处理的标准和尺度，同时注意追究其直接领导和分管领导的过错责任。

二、投标

（一）投标资格

投标人是指在招标投标活动中以中标为目的响应招标、参加投标竞争的法人或其他组织，一些特殊招标项目如科研项目也允许个人参加投标。在招标投标过程中，应当严格审查投标人的主体资格，如投标人主体身份有无限制、投标人与招标人是否具有利害关系、投标人之间是否具有管理关系等。投标人若违反上述限制性规定参与招标投标活动，很可能在评审中认定投标资格不合格导致投标无效。

1. 投标人资质

【条文链接】

《中华人民共和国政府采购法》第二十二条 供应商参加政府采购活动应当具备下列条件：

（一）具有独立承担民事责任的能力；

（二）具有良好的商业信誉和健全的财务会计制度；

（三）具有履行合同所必需的设备和专业技术能力；

（四）有依法缴纳税收和社会保障资金的良好记录；

（五）参加政府采购活动前三年内，在经营活动中没有重大违法记录；

（六）法律、行政法规规定的其他条件。

采购人可以根据采购项目的特殊要求，规定供应商的特定条件，但不得以不合理的条件对供应商实行差别待遇或者歧视待遇。

《中华人民共和国政府采购法实施条例》第十七条 参加政府采购活动的供应商应当具备政府采购法第二十二条第一款规定的条件，提供下列材料：

（一）法人或者其他组织的营业执照等证明文件，自然人的身份证明；

（二）财务状况报告，依法缴纳税收和社会保障资金的相关材料；

（三）具备履行合同所必需的设备和专业技术能力的证明材料；

（四）参加政府采购活动前3年内在经营活动中没有重大违法记录的书面声明；

（五）具备法律、行政法规规定的其他条件的证明材料。

采购项目有特殊要求的，供应商还应当提供其符合特殊要求的证明材料或者情况说明。

《中华人民共和国政府采购法实施条例》第十九条 政府采购法第二十二条第一款第五项所称重大违法记录，是指供应商因违法经营受到刑事处罚或者责令停产停业、吊销许可证或者执照、较大数额罚款等行政处罚。

供应商在参加政府采购活动前3年内因违法经营被禁止在一定期限内参加政府采购活动，期限届满的，可以参加政府采购活动。

【案例链接】

供应商因其分公司有重大违法记录是否影响投标资格？①

案情简介：浙江省成套招标代理有限公司（简称“招标公司”）受采购人浙江旅游职业学院的委托，就乘务训练设备进行公开招标。该项目于2015年12月8日首次开标时因供应商不足而废标。2015年12月11日，招标公司就案涉采购项目发布第二次招标信息，卡米公司、美联公司和飞鹰公司相继投标。2015年12月23日，评标委员会经开标评审，推荐飞鹰公司为第一中标候选人，美联公司为第二中标候选人。2015年12月25日，招标公司发布案涉采购项目中标结果公示，确定飞鹰公司为中标人。

原告美联公司不服，于2015年12月29日向招标公司寄送质疑函及相关材料，质疑卡米公司不是本项目的合格供应商。其一，卡米公司的经营范围为“一般经营项目：计算机软硬件、计算机网络的技术开发、技术咨询、技术服务、成果转让；图文设计、制作（除广告）；其他无需报经审批的一切合法项目”，不涉及乘务训练设备相关专业的设计、生产、制造，也不具有履行合同所必需的专业设备和专业技术能力，不符合政府采购法第二十二条第一款第（三）项的规定。其二，卡米公司注册资金少于本项目标的。案涉采购项目标的金额为123万元，而卡米公司的注册资金只有102万元，少于本项目标的，不符合政府采购法第二十二条第一款第（一）项的规定。

裁判结果：法院经审理认定美联公司以卡米公司的注册资本小于本次政府采购项目的标的金额为由，认为卡米公司不是合格供应商的理由不能成立。

合规分析：《中华人民共和国政府采购法》第二十二条规定：“供应商参加政府采购活动应当具备下列条件：……（三）具有履行合同所必需的设备和专业技术能力；……（五）参加政府采购活动前三年内，在经营活动中没有重大违法记录；……”《中华人民共和国政府采购法实施条例》第十七条规定：“……（三）具备履行合同所必需的设备和专业技术能力的证明材料；（四）参加政府采购活动前三年内在经营活动中没有重大违法记录的书面声明；……。”浙江省财政厅《关于规范政府采购供应商资格设定及资格审查的通知》（浙财采监〔2013〕24号）第三条规定：“采购文件不得将与履行合同能力无关的条件和明显超过项目需求的非强制性认定、报备、评选资质设定为供应商特定资格条件，限制或排斥潜在供应商参与政府采购活动，或对中小企业实行差别待遇或歧视待遇。如确需设定因项目履约所必要的注册资本金、资产总额、

① 浙江省高级人民法院行政判决书（2017）浙行终811号。

从业人员、经营状况等作为特定资格条件的，应当与该采购项目的规模、特点和实际需要相适应。对供应商技术能力、从业经验要求较高的软件开发、专业设计或咨询服务等项目，可以根据实际情况提出与项目需求相当的专业资质、项目管理能力、业绩经验或成功案例等作为供应商特定资格条件，但不得限定于特定的行政区域。”该通知第五条规定：“除非采购文件有明确规定，采购组织机构在组织供应商资格审查过程中，不得仅以营业执照注明的经营范围中没有包括与采购项目相一致的内容而排除供应商参与该项目的政府采购竞争，但法律法规规定属于限制经营或需前置性经营许可的行业除外。”

本案中，虽然卡米公司营业执照注明的经营范围没有包括与采购项目相一致的内容，但仍然应当审查其是否“具有履行合同所必需的设备和专业技术能力”。而事实上卡米公司提供了“专业厂家的授权”，证明其具有政府采购所需的专业设备和专业技术能力，符合“具有履行合同所必需的设备和专业技术能力”的要求。故卡米公司是合格供应商。

【合规建议】

（1）投标人应当具备完成招标项目所需要的相适应的能力，以及国家有关规定或招标文件规定的资格条件。投标人主体不适格会导致废标。

（2）招标人在编制招标文件时，对有关投标人的资格条件应作出明确规定，且资格条件不宜过高。

2. 投标人与招标人存在利害关系的处理

【条文链接】

《中华人民共和国招标投标法实施条例》第三十四条第一款 与招标人存在利害关系可能影响招标公正性的法人、其他组织或者个人，不得参加投标。

《工程建设项目施工招标投标办法》第三十五条 投标人是响应招标、参加投标竞争的法人或者其他组织。招标人的任何不具独立法人资格的附属机构（单位），或者为招标项目的前期准备或者监理工作提供设计、咨询服务的任何法人及其任何附属机构（单位），都无资格参加该招标项目的投标。

【合规建议】

企业在招标、投标中应当尽量避免下列“利害关系”的情形：

（1）投标人是招标人的附属机构。

（2）投标人与招标人互相参股或控股，相互任职或工作。

（3）招标人与投标人的负责人或法定代表人为同一人。

（4）投标人为招标人做过招标项目的前期准备工作，比如可行性研究报告的编制、勘察、设计或其他咨询服务的情形。

（5）为招标项目的监理人。

（6）为招标项目的代建人。

（7）为招标项目提供招标代理服务的。

（8）与招标项目的监理人或代建人或招标代理机构同为一个法定代表人的。

（9）与招标项目的监理人或代建人或招标代理机构相互控股或参股的。

（10）与招标项目的监理人或代建人或招标代理机构相互任职或工作的。

3. 投标人之间具有管理、控股关系的处理

【条文链接】

《中华人民共和国招标投标法实施条例》第三十四条第二款 单位负责人为同一人或者存在控股、管理关系的不同单位，不得参加同一标段投标或者未划分标段的同一招标项目投标。

《电子招标投标办法》第二十三条 电子招标投标交易平台的运营机构，以及与该机构有控股或者管理关系可能影响招标公正性的任何单位和个人，不得在该交易平台进行的招标项目中投标和代理投标。

《中华人民共和国政府采购法实施条例》第十八条 单位负责人为同一人或者存在直接控股、管理关系的不同供应商，不得参加同一合同项下的政府采购活动。

除单一来源采购项目外，为采购项目提供整体设计、规范编制或者项目管理、监理、检测等服务的供应商，不得再参加该采购项目的其他采购活动。

《工程建设项目货物招标投标办法》第三十二条 投标人是响应招标、参加投标竞争的法人或者其他组织。

法定代表人为同一个人的两个及两个以上法人，母公司、全资子公司及其公司，都不得在同一货物招标中同时投标。

一个制造商对同一品牌同一型号的货物，仅能委托一个代理商参加投标。

违反前两款规定的，相关投标均无效。

【合规建议】

（1）关于“控股关系”的理解。《中华人民共和国公司法》第二百一十六条第二项规定：“控股股东，是指其出资额占有限责任公司资本总额百分之五十以上或者其持有的股份占股份有限公司股本总额百分之五十以上的股东；出资额或者持有股份的比例虽然不足百分之五十，但依其出资额或者持有的股份所享有的表决权已足以对股东会、股东大会的决议产生重大影响的股东。”

（2）条文中关于“管理关系”的理解。这里所称的管理关系，是指不具有出资持股关系的其他单位之间存在管理与被管理关系。例如，一些上下级关系的事业单位或团体组织，或者两个企业之间虽然没有出资持股关系，但是其中一个企业因其股东决定由另一企业代管。

综上，这种具有管理关系、控股关系的两个单位投标，容易发生事先沟通、私下串通等行为，影响投标公正性。因此注意两者不能同时投标。

（二）投标文件

投标文件是指投标人按照招标文件要求编制的对招标文件提出的要求和条件作出实质性响应的法律文书。所谓“实质性”要求和响应，是指投标文件所提供的有关资格证明文件、提交的投标保证金、技术规范、合同条款等要与招标文件要求的条款、条件和规格相符，并且没有重大偏差。投标人对实质性要求的理解和响应关系到其投标的成功。

【条文链接】

《中华人民共和国招标投标法》第二十七条 投标人应当按照招标文件的要求编制投标文件。投标文件应当对招标文件提出的实质性要求和条件作出响应。

招标项目属于建设施工的，投标文件的内容应当包括拟派出的项目负责人与主要技术人员的简历、业绩和拟用于完成招标项目的机械设备等。

《工程建设项目货物招标投标办法》第二十一条第二款 招标人应当在招标文件中规定实质性要求和条件，说明不满足其中任何一项实质性要求和条件的投标将被拒绝，并用醒目方式标明；没有标明的要求和条件在评标时不得作为实质性要求和条件。对于非实质性要求和条件，应当允许偏差的最大范围、最高数额，以及对这些偏差进行调整的方法。

《工程建设项目货物招标投标办法》第四十三条 投标文件不响应招标文件的实质性要求和条件的，评标委员会应当作废标处理，并不允许投标人通过修正或撤销其不符合要求的差异或保留，使之成为具有响应性的投标。

《工程建设项目施工招标投标办法》第五十二条 投标文件不响应招标文件的实质性要求和条件的，评标委员会不得允许投标人通过修正或撤销其不符合要求的差异或保留，使之成为具有响应性的投标。

【合规建议】

（1）招标人，在编制招标文件时，应慎重、明确、具体地提出实质性要求，特别是涉及技术标准、材料质量等较为专业的要求，以避免滋生腐败、讼争。

（2）投标人，应当在投标文件中对招标文件中的实质性要求和条件作出响应，否则在评标时会作为废标处理。

（3）投标人必须在招标文件规定的地点和时间内送达投标文件，并且投递投标书的建议直接送达或委托代理人送达，以便获得招标机构已收到投标书的回执。

（4）招标人必须履行完备的签收、登记和备案手续。签收人要记录投标文件递交的日期和地点以及密封状况，签收人签名后应将所有递交的投标文件放置在保密安全的地方，任何人不得开启投标文件。

（三）联合体投标

联合体投标是指两个或两个以上法人或其他组织组成联合体，以一个投标人的身份进行投标。联合体投标可以增强投标主体竞争能力，减轻各方因支付巨额履约保证而产生的资金负担，分散投标风险，提高共同承担项目完工的可能性。但联合投标体是临时性组织，不具有法人资格。根据相关法律规定，联合体投标虽然对内按照分工承担相应责任，但对外承担连带责任。因此，联合体投标也存在一定风险。

【条文链接】

《中华人民共和国招标投标法》第三十一条 两个以上法人或者其他组织可以组成一个联合体，以一个投标人的身份共同投标。

联合体各方均应当具备承担招标项目的相应能力；国家有关规定或者招标文件对投标人资格条件有规定的，联合体各方均应当具备规定的相应资格条件。由同一专业的单位组成的联合体，按照资质等级较低的单位确定资质等级。

联合体各方应当签订共同投标协议，明确约定各方拟承担的工作和责任，并将共同投标协议连同投标文件一并提交招标人。联合体中标的，联合体各方应当共同与招标人签订合同，就中标项目向招标人承担连带责任。

招标人不得强制投标人组成联合体共同投标，不得限制投标人之间的竞争。

《中华人民共和国招标投标法实施条例》第三十四条 与招标人存在利害关系可能影响招标公正性的法人、其他组织或者个人，不得参加投标。

单位负责人为同一人或者存在控股、管理关系的不同单位，不得参加同一标段投标或者未划分标段的同一招标项目投标。

违反前两款规定的，相关投标均无效。

《中华人民共和国招标投标法实施条例》第三十七条 招标人应当在资格预审公告、招标公告或者投标邀请书中载明是否接受联合体投标。

招标人接受联合体投标并进行资格预审的，联合体应当在提交资格预审申请文件前组成。资格预审后联合体增减、更换成员的，其投标无效。

联合体各方在同一招标项目中以自己名义单独投标或者参加其他联合体投标的，相关投标均无效。

【案例链接】

联合体成员可以单独提起诉讼吗？①

案情简介：中冶某勘察研究总院有限公司（简称“中冶公司”）与第十一设计院公司（联合体牵头人）联合体投标四川三岔湖开发公司某项目，中标后共同与三岔湖开发公司签订勘察设计合同，约定中冶公司负责勘察、第十一设计院公司负责设计。合同签订后，中冶公司支付了履约保证金，但三岔湖开发公司未支付首期工程款，中冶公司也未进场勘察。后中冶公司单独起诉业主三岔湖开发公司，要求解除合同，返还保证金。诉讼中被告三岔湖开发公司主张原告在本案中的主体身份不适格，其诉讼请求不应得到支持。

裁判结果：法院审理认定原告有权就与三岔湖开发公司之间的合同权利义务内容单独提起诉讼，其原告的主体身份适格。

合规分析：本案合同虽然是由中冶公司及案外人第十一设计院公司组成承包联合体与发包人三岔湖开发公司共同签订，但中冶公司与第十一设计院公司是不同的权利义务主体，合同约定中冶公司履行勘察义务，第十一设计院公司履行设计义务，双方在合同中各自的权利义务不相同，可以进行区分。同时三岔湖开发公司也是分别向设计承包方和勘察承包方支付费用，故即使案外人第十一设计院公司未对三岔湖开发公司提起诉讼，原告仍有权就与三岔湖开发公司之间的合同权利义务内容单独提起诉讼，其原告的主体身份适格。

【合规建议】

（1）联合体各方可以在协商一致的基础上变更联合体协议，其效力在不违反《中华人民共和国民法典》及其他法律法规的强制性规定的情况下应认定有效。

（2）联合体牵头人在联合体全体成员的授权范围内，单独对外签订合同对联合体其他成员仍具有约束力。

（3）联合体必须由联合体全体成员或者授权牵头人才能提起诉讼，联合体成员不得在同一招标项目中单独以自己的名义投标。

（4）联合体之间内部责任按约定，对外承担连带责任。

---

① 四川省成都高新技术产业开发区人民法院民事判决书（2020）川0191民初706号。

（5）通过资格预审后的联合体组成不得改变。

（四）串通投标的判定

串通投标是指在招标投标活动中，投标人之间或投标人与招标人之间为获取中标，通过共同协议或者共同活动限制竞争的行为。串通投标行为通常表现为投标人之间相互串通投标、招标人与投标人之间相互串通投标。

【条文链接】

《中华人民共和国招标投标法实施条例》第三十九条 禁止投标人相互串通投标。

有下列情形之一的，属于投标人相互串通投标：

（一）投标人之间协商投标报价等投标文件的实质性内容；

（二）投标人之间约定中标人；

（三）投标人之间约定部分投标人放弃投标或者中标；

（四）属于同一集团、协会、商会等组织成员的投标人按照该组织要求协同投标；

（五）投标人之间为谋取中标或者排斥特定投标人而采取的其他联合行动。

《中华人民共和国招标投标法实施条例》第四十条 有下列情形之一的，视为投标人相互串通投标：

（一）不同投标人的投标文件由同一单位或者个人编制；

（二）不同投标人委托同一单位或者个人办理投标事宜；

（三）不同投标人的投标文件载明的项目管理成员为同一人；

（四）不同投标人的投标文件异常一致或者投标报价呈规律性差异；

（五）不同投标人的投标文件相互混装；

（六）不同投标人的投标保证金从同一单位或者个人的账户转出。

《中华人民共和国招标投标法实施条例》第四十一条 禁止招标人与投标人串通投标。

有下列情形之一的，属于招标人与投标人串通投标：

（一）招标人在开标前开启投标文件并将有关信息泄露给其他投标人；

（二）招标人直接或者间接向投标人泄露标底、评标委员会成员等信息；

（三）招标人明示或者暗示投标人压低或者抬高投标报价；

（四）招标人授意投标人撤换、修改投标文件；

（五）招标人明示或者暗示投标人为特定投标人中标提供方便；

（六）招标人与投标人为谋求特定投标人中标而采取的其他串通行为。

【案例链接】

串通投标合同法律效力如何？①

案情简介：天勤工贸公司与信雅达工程公司签订了一份合作协议书，合作内容为天勤工贸公司帮助信雅达工程公司获得某电厂扩建工程的电除尘器合同。该协议书约定：信雅达工程公司负责招标前期的技术交流、投标以及中标后的设备生产、安装调试、技术培训服务等工作；天勤工贸公司负责该项目的商务运作，提供项目基本信息、决策人信息，负责运作与项目业主及决策方的关系，以确保中标；双方互不承担对方

① 宁夏回族自治区高级人民法院民事判决书（2015）宁民提字第12号。

在各自分工负责范围内产生的各类费用；天勤工贸公司帮助信雅达工程公司获得项目合同后，信雅达工程公司需支付天勤工贸公司咨询费 128 万元，并在业主支付预付款后一周内一次性支付。后信雅达工程公司中标该项目，并与某电厂签订了电除尘器设备合同，收到某电厂支付的 10% 预付款。因信雅达工程公司未按期支付该笔咨询费，引起诉讼，天勤工贸公司要求法院判令信雅达工程公司支付居间服务费 128 万元。

裁判结果：法院判决信雅达工程公司与天勤工贸公司签订的合作协议书无效，驳回天勤工贸公司的诉讼请求。

合规分析：《中华人民共和国招标投标法》第五条规定，“招标投标活动应当遵循公开、公平、公正和诚实信用的原则”；第三十七条第五款规定，“评标委员会成员的名单在中标结果确定前应当保密”；第三十八条第二款规定，“任何单位和个人不得非法干预、影响评标的过程和结果”。即公开招标过程中，除招投标正常程序外，不允许招标人与投标人有私下接触、串通等行为。

本案中，天勤工贸公司与信雅达工程公司在双方签订的合作协议书中约定由天勤工贸公司负责提供项目的决策人信息，负责运作与该项目业主及决策方的关系，以确保中标，该约定明显违反了招投标活动中要求遵循的公开、公平、公正和诚实信用的原则。通过居间服务进行串通投标，即以合法形式掩盖非法目的，扰乱了正常的市场秩序，损害了其他招投标活动当事人的合法权益。天勤工贸公司与信雅达工程公司在合作协议书中约定的居间活动符合原《中华人民共和国合同法》第五十二条（现《中华人民共和国民法典》第一百五十三条、第一百五十四条）规定的“以合法形式掩盖非法目的”以及“违反法律、行政法规的强制性规定”的情形，应为无效合同，双方当事人对此均负有过错。

【合规建议】

（1）在招标文件中对不同投标人使用同一单位的资金缴纳投标保证金；不同投标人委托同一人办理投标事宜；不同投标人的投标文件内容出现非正常一致，或者报价细目呈明显规律性变化；不同投标人的投标文件载明的项目管理人员为同一人；不同投标人的投标文件相互混装等情形作出禁止性规定，如果出现则作废标处理。

（2）要求投标人提供工商登记机读信息、公司章程、投标代表的社保参保证明等，防止部分围标情形。

（3）有关单位资质证书、人员资格证明文件等要求投标人在投标时提交原件进行核对。

（4）评标时对于报价细目、字体字号、投标文件所用纸张、墨痕等进行仔细对比，查找串标、围标的蛛丝马迹。

（5）发现串标、围标行为后，对有关投标人做投标禁入处理，并报有关监管部门。

三、开标与定标

（一）开标出现特殊情况的处理

开标是指招标人在规定的时间和地点，在招标人或招标代理机构的主持下，邀请各投标人参加，当众公开拆封投标文件（包括投标函件），宣布投标人的名称、投标报价及投标保函等投标文件主要内容的过程。开标是投标与评标过程中的重要衔接阶段，应注意避免出现以下特殊情况影响开标的进行。

1. 开标时投标人不足三家

【条文链接】

《中华人民共和国招标投标法》第二十八条第一款 投标人应当在招标文件要求提交投标文件的截止时间前，将投标文件送达投标地点。招标人收到投标文件后，应当签收保存，不得开启。投标人少于三个的，招标人应当依照本法重新招标。

《中华人民共和国招标投标法实施条例》第四十四条 招标人应当按照招标文件规定的时间、地点开标。

投标人少于3个的，不得开标；招标人应当重新招标。投标人对开标有异议的，应当在开标现场提出，招标人应当当场作出答复，并制作记录。

【合规建议】

投标人不足三家不得开标，强制招标项目必须重新招标。建议合格投标人的资格条件不宜过高，通常满足要求即可。邀请招标中，向尽量多的潜在投标人发出邀请，数量一般以5家或以上为宜。

2. 投标人不参加开标会

【条文链接】

《中华人民共和国招标投标法》第三十五条 开标由招标人主持，邀请所有投标人参加。

《工程建设项目货物招标投标办法》第四十条 开标应当在招标文件确定的提交投标文件截止时间的同一时间公开进行；开标地点应当为招标文件中确定的地点。

投标人或其授权代表有权出席开标会，也可以自主决定不参加开标会。

投标人对开标有异议的，应当在开标现场提出，招标人应当当场作出答复，并制作记录。

《电子招标投标办法》第二十九条 电子开标应当按照招标文件确定的时间，在电子招标投标交易平台上公开进行，所有投标人均应当准时在线参加开标。

【合规建议】

对于投标人是否应参加开标会及不参加开标会的法律后果，现行法律法规对纸质开标与电子开标的要求不同。就纸质招标而言，投标人可以不参加开标会，投标人不参加纸质招标会不影响其投标有效性，但电子招标投标人不在线参加开标会导致招标文件解密失败视为撤回投标文件。

3. 开标现场投标人提异议

【条文链接】

《中华人民共和国招标投标法实施条例》第四十四条第三款 投标人对开标有异议的，应当在开标现场提出，招标人应当当场作出答复，并制作记录。

【合规建议】

（1）开标的异议人只能是投标人，而且只能是参加开标仪式的投标人，没有参加开标仪式的投标人不能提出异议。

（2）开标异议的提出和答复都必须在开标现场进行，原则上口头进行，须书面记录并经双方签字确认后存档。

（3）对于涉及投标是否有效、投标人资格条件是否合规、投标人是否存在违法行为等实体性问题，只能如实记录在案，之后提交评标委员会评审作出结论，招标人或招标代理机构无权作出评价或实质性答复。

（二）中标通知符合要求

中标通知是指招标人经过开标、评标，确定了中标人，向中标人发出中标通知书告知其中标。投标人投标属于要约，而招标人向投标人发出的中标通知书实质就是招标人的承诺。中标通知书的发出意味着招标投标阶段的结束，合同签订阶段的开始。

1. 中标通知书签发主体应当适格

【条文链接】

《中华人民共和国招标投标法》第四十五条第一款 中标人确定后，招标人应当向中标人发出中标通知书，并同时将中标结果通知所有未中标的投标人。

《电子招标投标办法》第三十六第一款 招标人确定中标人后，应当通过电子招标投标交易平台以数据电文形式向中标人发出中标通知书，并向未中标人发出中标结果通知书。

《工程建设项目货物招标投标办法》第五十条第二款 中标通知书由招标人发出，也可以委托其招标代理机构发出。

【合规建议】

一般情况下，中标通知书由招标人自行发出，招标人在招标文件中明确授权招标代理机构有权以其名义发出中标通知书的，也可由招标代理机构代为发出。实践中，更常见的是由招标人和招标代理机构联合署名发出中标通知书。

2. 在投标有效期内发送中标通知书

【条文链接】

《中华人民共和国招标投标法》第四十六条 招标人和中标人应当自中标通知书发出之日起三十日内，按照招标文件和中标人的投标文件订立书面合同。招标人和中标人不得再行订立背离合同实质性内容的其他协议。

招标文件要求中标人提交履约保证金的，中标人应当提交。

《中华人民共和国民法典》第四百七十八条 有下列情形之一的，要约失效：

（一）要约被拒绝；

（二）要约被依法撤销；

（三）承诺期限届满，受要约人未作出承诺；

（四）受要约人对要约的内容作出实质性变更。

【合规建议】

（1）招标人原则上应在投标有效期届满前30日完成定标并发出中标通知书，中标通知书最迟应当在投标有效期内发出。若某些原因导致招标人不能在投标有效期内发出中标通知书的，招标人应向所有投标人发出延长投标有效期的通知，并告知具体延长时间。

（2）依法及时确定中标人和发出中标通知书。招标人不按规定期限确定中标人的，有关行政监督部门给予警告，责令改正，根据情节可处三万元以下的罚款；造成中标人损失的，应当赔偿损失。

（3）发出中标通知书要保存证据，作为合同已经成立，对方毁约之后没收保证金的依据。

3. 不得擅自变更中标结果

【条文链接】

《中华人民共和国招标投标法》第四十五条第二款 中标通知书对招标人和中标人具有法律效力。中标通知书发出后，招标人改变中标结果的，或者中标人放弃中标项目的，应当依法承担法律责任。

《中华人民共和国招标投标法》第五十七条 招标人在评标委员会依法推荐的中标候选人以外确定中标人的，依法必须进行招标的项目在所有投标被评标委员会否决后自行确定中标人的，中标无效，责令改正，可以处中标项目金额千分之五以上千分之十以下的罚款；对单位直接负责的主管人员和其他直接责任人员依法给予处分。

【合规建议】

为降低上述风险，招标人应及时确定中标人和发出中标通知书：

（1）中标通知书是确定中标人的法定文件。

（2）单一标准价低者得的招标可以直接现场确定中标人，现场签发中标通知书（要有对方签收），现场签约盖章。

（3）招标人一般应在收到评标报告后15日内确定中标人（最迟在投标有效期结束前30个工作日），并在确定中标人后15日内发中标通知书。

（4）一旦发出通知书，不得再擅自改变中标结果。

（三）否决投标、重新招标、无效中标

1. 否决投标

否决投标是指在评标过程中，出现特定情形或没有对招标文件提出实质性要求或条件作出响应，评标委员会对其投标文件不再予以进一步评审，投标人失去中标资格的决定。否决投标的法定情形汇总如下。

【条文链接】

《中华人民共和国招标投标法实施条例》第五十一条 有下列情形之一的，评标委员会应当否决其投标：

（一）投标文件未经投标单位盖章和单位负责人签字；

（二）投标联合体没有提交共同投标协议；

（三）投标人不符合国家或者招标文件规定的资格条件；

（四）同一投标人提交两个以上不同的投标文件或者投标报价，但招标文件要求提交备选投标的除外；

（五）投标报价低于成本或者高于招标文件设定的最高投标限价；

（六）投标文件没有对招标文件的实质性要求和条件作出响应；

（七）投标人有串通投标、弄虚作假、行贿等违法行为。

《评标委员会和评标方法暂行规定》第二十五条 下列情况属于重大偏差：

（一）没有按照招标文件要求提供投标担保或者所提供的投标担保有瑕疵；

（二）没有按照招标文件要求由投标人授权代表签字并加盖公章；

（三）投标文件记载的招标项目完成期限超过招标文件规定的完成期限；

（四）明显不符合技术规格、技术标准的要求；

（五）投标文件记载的货物包装方式、检验标准和方法等不符合招标文件的要求；

（六）投标附有招标人不能接受的条件；

（七）不符合招标文件中规定的其他实质性要求。

投标文件有上述情形之一的，视为非实质性响应标，并按本规定第二十三条规定作废标处理。招标文件对重大偏差另有规定的，从其规定。

《工程建设项目施工招标投标办法》第五十条第二款 有下列情形之一的，评标委员会应当否决其投标：

（一）投标文件未经投标单位盖章和单位负责人签字；

（二）投标联合体没有提交共同投标协议；

（三）投标人不符合国家或者招标文件规定的资格条件；

（四）同一投标人提交两个以上不同的投标文件或者投标报价，但招标文件要求提交备选投标的除外；

（五）投标报价低于成本或者高于招标文件设定的最高投标限价；

（六）投标文件没有对招标文件的实质性要求和条件作出响应；

（七）投标人有串通投标、弄虚作假、行贿等违法行为。

《工程建设项目货物招标投标办法》第四十一条第二款 有下列情形之一的，评标委员会应当否决其投标：

（一）投标文件未经投标单位盖章和单位负责人签字；

（二）投标联合体没有提交共同投标协议；

（三）投标人不符合国家或者招标文件规定的资格条件；

（四）同一投标人提交两个以上不同的投标文件或者投标报价，但招标文件要求提交备选投标的除外；

（五）投标标价低于成本或者高于招标文件设定的最高投标限价；

（六）投标文件没有对招标文件的实质性要求和条件作出响应；

（七）投标人有串通投标、弄虚作假、行贿等违法行为。

依法必须招标的项目评标委员会否决所有投标的，或者评标委员会否决一部分投标后其他有效投标不足三个使得投标明显缺乏竞争，决定否决全部投标的，招标人在分析招标失败的原因并采取相应措施后，应当重新招标。

《工程建设项目勘察设计招标投标办法》第三十六条 投标文件有下列情况之一的，评标委员会应当否决其投标：

（一）未经投标单位盖章和单位负责人签字；

（二）投标报价不符合国家颁布的勘察设计取费标准，或者低于成本，或者高于招标文件设定的最高投标限价；

（三）未响应招标文件的实质性要求和条件。

《中华人民共和国政府采购法》第三十六条 在招标采购中，出现下列情形之一的，应予废标：

（一）符合专业条件的供应商或者对招标文件作实质响应的供应商不足三家的；

（二）出现影响采购公正的违法、违规行为的；

（三）投标人的报价均超过了采购预算，采购人不能支付的；

（四）因重大变故，采购任务取消的。

废标后，采购人应当将废标理由通知所有投标人。

《政府采购货物和服务招标投标管理办法》第六十三条 投标人存在下列情况之一的，投标无效：

（一）未按照招标文件的规定提交投标保证金的；

（二）投标文件未按招标文件要求签署、盖章的；

（三）不具备招标文件中规定的资格要求的；

（四）报价超过招标文件中规定的预算金额或者最高限价的；

（五）投标文件含有采购人不能接受的附加条件的；

（六）法律、法规和招标文件规定的其他无效情形。

【案例链接】

投标人资格条件不合格应如何处理？①

案情简介：2012年8月17日，新燕莎公司发出招标文件，就新燕莎公司环境系统中庭挑空吊饰制作、安装工程进行招标，要求：参加投标的施工单位必须是持有工商营业执照的独立法人，持有建设行政管理部门颁发的建筑装修工程专业承包一级施工企业；投标的施工单位委派的项目经理资质为一级注册建造师（装饰专业）；投标单位提供招标单位要求的资格文件，以证明其符合投标合格条件和具有履行合格的能力，并缴纳投标保证金5万元。

2012年8月22日，天树装饰公司提交投标文件，就该项目进行投标报价，在该标书中并未就施工工期进行说明。天树装饰公司资质为设计甲级、施工乙级。2012年9月6日，新燕莎公司向天树标牌公司发出中标通知书，内容为："天树标牌公司，我单位环境提升中庭挑空吊饰制作及安装工程，经评标委员会评定，现确定贵单位中标，请收到本通知书后3天内，到我单位签订建设工程合同。"

中标通知书发出后，双方未按照中标通知书的期限签订建设工程合同。对此，天树标牌公司主张系因为新燕莎公司招标方案不完善，称待该公司深化设计完成后再签订书面合同。新燕莎公司主张系因为天树标牌公司与投标单位天树装饰公司不一致，而天树装饰公司施工资质为乙级，未达到招标文件所要求的专业承包一级资质，且施工方案存在重大安全隐患，导致无法签订建设工程合同。

裁判结果：法院经审理认定本案双方基于该中标通知书所形成的事实建设工程施工合同应属无效。对于无效所造成的损失，违反招标文件发出中标通知的新燕莎公司以及不具备招标文件要求资质而以他人名义进行投标的天树标牌公司均有过错，应当各自承担相应的责任。

合规分析：投标人应当具备承担招标项目的能力。国家有关规定对投标人资格条件或者招标文件对投标人资格条件有规定的，投标人应当具备规定的资格条件。投标人不符合国家或者招标文件规定的资格条件，评标委员会应当否决其投标。此外，当事人在订立合同过程中存在故意隐瞒与订立合同有关的重要事实或者提供虚假情况或其他违背诚实信用原则的情形，给对方造成损失的，应当承担损害赔偿责任。

本案中，新燕莎公司就涉案工程进行招标的文件中明确要求投标人须持有建设行

① 北京市第一中级人民法院民事判决书（2016）京01民终2354号。

政管理部门颁发的建筑装修工程专业承包一级施工企业，而无论是投标的天树装饰公司还是实际施工的天树标牌公司的资质均未达到上述要求。在不具备招标文件对投标人资格条件的规定且投标人与实际中标人不符的情况下，新燕莎公司向天树标牌公司发出中标通知书的行为已经违反了《中华人民共和国招标投标法》的规定，而双方基于该中标通知书所形成的事实——建设工程施工合同应属无效。对于无效所造成的损失，违反招标文件发出中标通知的新燕莎公司以及不具备招标文件要求资质而以他人名义进行投标的天树标牌公司均有过错，应当各自承担相应的责任。

【合规建议】

（1）仔细研究招标文件，掌握工程量清单规范。特别注意投标报价的大小写、已标价工程量清单的编制说明、单价分析表等。

（2）仔细检查、核对招标文件。例如，质量、工期、投标有限期等满足招标文件要求。

（3）项目管理人和投标文件编制人员应选择具有丰富经验者。

2. 重新招标

重新招标是指出现应终止招标的情形或出现依法应否决招标的情形后，停止已进行的招投标活动，对同一招标活动重新进行招标的行为。需要注意的是，废标是指当次招标作废。与投标无效和否决投标的针对主体不同，废标针对的是全部投标人，即使某投标人投标有效，且不属于被否决的情形。第一次废标后，应重新组织招标。二次废标后，一般而言可以不再进行招标。

【条文链接】

《中华人民共和国招标投标法》第二十八条 投标人应当在招标文件要求提交投标文件的截止时间前，将投标文件送达投标地点。招标人收到投标文件后，应当签收保存，不得开启。投标人少于三个的，招标人应当依照本法重新招标。

在招标文件要求提交投标文件的截止时间后送达的投标文件，招标人应当拒收。

《中华人民共和国招标投标法》第四十二条 评标委员会经评审，认为所有投标都不符合招标文件要求的，可以否决所有投标。

依法必须进行招标的项目的所有投标被否决的，招标人应当依照本法重新招标。

《中华人民共和国招标投标法》第六十四条 依法必须进行招标的项目违反本法规定，中标无效的，应当依照本法规定的中标条件从其余投标人中重新确定中标人或者依照本法重新进行招标。

《中华人民共和国招标投标法实施条例》第十九条第二款 通过资格预审的申请人少于3个的，应当重新招标。

《中华人民共和国招标投标法实施条例》第二十三条 招标人编制的资格预审文件、招标文件的内容违反法律、行政法规的强制性规定，违反公开、公平、公正和诚实信用原则，影响资格预审结果或者潜在投标人投标的，依法必须进行招标的项目的招标人应当在修改资格预审文件或者招标文件后重新招标。

《中华人民共和国招标投标法实施条例》第五十五条 国有资金占控股或者主导地位的依法必须进行招标的项目，招标人应当确定排名第一的中标候选人为中标人。排名第一的中标候选人放弃中标、因不可抗力不能履行合同、不按照招标文件要求提交履约保证金，或者被查实存在影响中标结果的违法行为等情形，不符合中标条件的，招标人可以按照评标委员会提出的中标候选人名单排序依次确定其他中标候选人为中标人，也可以重新招标。

《中华人民共和国招标投标法实施条例》第八十一条 依法必须进行招标的项目的招标投标活动违反招标投标法和本条例的规定，对中标结果造成实质性影响，且不能采取补救措施予以纠正的，招标、投标、中标无效，应当依法重新招标或者评标。

《政府采购货物和服务招标投标管理办法》第四十三条 公开招标数额标准以上的采购项目，投标截止后投标人不足3家或者通过资格审查或符合性审查的投标人不足3家的，除采购任务取消情形外，按照以下方式处理：

（一）招标文件存在不合理条款或者招标程序不符合规定的，采购人、采购代理机构改正后依法重新招标；

（二）招标文件没有不合理条款、招标程序符合规定，需要采用其他采购方式采购的，采购人应当依法报财政部门批准。

【合规建议】

（1）项目重新招标时，招标人应当重新发布招标公告或者资格预审公告，不再进行资格预审的也可直接发布招标公告，邀请招标的，则应当发出投标邀请书。

（2）招标人重新招标可以调整招标范围、招标方式、招标组织形式等内容。但是，按照国家有关规定需要履行项目审批、核准手续的依法必须进行招标的项目重新招标时，其招标范围、招标方式、招标组织形式发生变化的，应当重新报项目审批、核准部门审批、核准。

3. 无效中标

无效中标是指招标人作出的中标决定没有法律效力。中标无效后在招标人尚未与中标人签订书面合同的情况下，招标人没有与中标人签订书面合同的义务，中标人失去了与招标人签订合同的权利。招标人已经与中标人签订书面合同的，所签订的合同无效。

【条文链接】

《中华人民共和国招标投标法》第五十条 招标代理机构违反本法规定，泄露应当保密的与招标投标活动有关的情况和资料的，或者与招标人、投标人串通损害国家利益、社会公共利益或者他人合法权益的，处五万元以上二十五万元以下的罚款，对单位直接负责的主管人员和其他直接责任人员处单位罚款数额百分之五以上百分之十以下的罚款；有违法所得的，并处没收违法所得；情节严重的，禁止其一年至二年内代理依法必须进行招标的项目并予以公告，直至由工商行政管理机关吊销营业执照；构成犯罪的，依法追究刑事责任。给他人造成损失的，依法承担赔偿责任。

前款所列行为影响中标结果的，中标无效。

《中华人民共和国招标投标法》第五十二条 依法必须进行招标的项目的招标人向他人透露已获取招标文件的潜在投标人的名称、数量或者可能影响公平竞争的有关招标投标的其他情况的，或者泄露标底的，给予警告，可以并处一万元以上十万元以下的罚款；对单位直接负责的主管人员和其他直接责任人员依法给予处分；构成犯罪的，依法追究刑事责任。

前款所列行为影响中标结果的，中标无效。

《中华人民共和国招标投标法》第五十三条 投标人相互串通投标或者与招标人串通投标的，投标人以向招标人或者评标委员会成员行贿的手段谋取中标的，中标无效，处中标项目金额千分之五以上千分之十以下的罚款，对单位直接负责的主管人员和其他直接责任人员处单位罚款数额百分之五以上百分之十以下的罚款；有违法所得的，并处没收违法所得；情节严重的，取消其一年至二年内参加依法必须进行招标的项目的投标资格并予以公告，直至由工商行政管理机关吊销营业执照；构成犯罪的，依法追究刑事责任。给他人造成损失的，依法承担赔偿责任。

《中华人民共和国招标投标法》第五十五条 依法必须进行招标的项目，招标人违反本法规定，与投标人就投标价格、投标方案等实质性内容进行谈判的，给予警告，对单位直接负责的主管人员和其他直接责任人员依法给予处分。

前款所列行为影响中标结果的，中标无效。

《中华人民共和国招标投标法》第五十七条 招标人在评标委员会依法推荐的中标候选人以外确定中标人的，依法必须进行招标的项目在所有投标被评标委员会否决后自行确定中标人的，中标无效，责令改正，可以处中标项目金额千分之五以上千分之十以下的罚款；对单位直接负责的主管人员和其他直接责任人员依法给予处分。

《中华人民共和国招标投标法实施条例》第六十八条第一款 投标人以他人名义投标或者以其他方式弄虚作假骗取中标的，中标无效；构成犯罪的，依法追究刑事责任；尚不构成犯罪的，依照招标投标法第五十四条的规定处罚。依法必须进行招标的项目的投标人未中标的，对单位的罚款金额按照招标项目合同金额依照招标投标法规定的比例计算。

《中华人民共和国招标投标法实施条例》第七十四条 中标人无正当理由不与招标人订立合同，在签订合同时向招标人提出附加条件，或者不按照招标文件要求提交履约保证金的，取消其中标资格，投标保证金不予退还。对依法必须进行招标的项目的中标人，由有关行政监督部门责令改正，可以处中标项目金额10‰以下的罚款。

【合规建议】

根据《中华人民共和国招标投标法》和《中华人民共和国招标投标法实施条例》的规定，中标无效情形可归为以下几种：

（1）招标代理机构泄密，影响中标结果的。招标代理机构违反招标投标法规定，泄露应当保密的与招投标有关的情况和资料，从而影响中标结果的。

（2）招标代理机构与招标人、投标人串通损害国家利益、社会公共利益或者他人合法权而影响中标结果的。

（3）依法必须进行招标的项目的招标人向他人透露已获取招标文件的潜在投标人的名称，或者可能影响公平竞争的有关招标投标的其他情况的，或者泄露标底的，从而影响中标结果的。

（4）投标人相互串通投标或者与招标人串通投标的。

（5）投标人以向招标人或者评标委员会成员行贿的手段谋取中标的。

（6）投标人以他人名义投标或者以其他方式弄虚作假，骗取中标的。

（7）依法必须进行招标的项目，招标人违反招标投标法规定，与投标人就投标价格、投标方实质性内容进行谈判，从而影响中标结果的。

（8）招标人在评标委员会依法推荐的中标候选人以外确定中标人的。

（9）依法必须进行招标的项目在所有投标被评标委员会否决后自行确定中标人的。

四、签约与履约

（一）与中标人签订“阴阳合同”

阴阳合同又称“黑白合同”，是指建设工程施工合同的双方当事人就同一建设工程签订的两份或两份以上实质性内容相异的合同，通常把经过招投标并经政府有关部门备案的合同称为阳合同，把阳合同中实质性内容进行变更后实际履行的合同称为阴合同。

招标投标的目的就是达成交易、订立合同。自中标通知书发出之日起三十日内，招标人和中标人应当按照招标文件和投标文件订立书面合同。若再行订立背离合同实质性内容的其他协议实际履行，制造“阴阳合同”，则违背了招标投标的目的和初衷，规避了《中华人民共和国招标投标法》的禁止性规定，应属无效合同。

【条文链接】

《中华人民共和国招标投标法实施条例》第五十七条 招标人和中标人应当依照招标投标法和本条例的规定签订书面合同，合同的标的、价款、质量、履行期限等主要条款应当与招标文件和中标人的投标文件的内容一致。招标人和中标人不得再行订立背离合同实质性内容的其他协议。

招标人最迟应当在书面合同签订后5日内向中标人和未中标的投标人退还投标保证金及银行同期存款利息。

【案例链接】

建设工程施工合同中“黑合同”的效力如何？①

案情简介：2013年10月26日，政通公司（承包方）与万基威公司（发包方）签订“建筑安装工程施工承包合同”，约定政通公司承包万基威公司的“云海花都小区”工程项目，工程总造价约5 000万元，工程期限为360天。同时，合同约定：承包方同意借款500万元给发包方，作为发包方前期报建费用，工程竣工并经相关政府部门验收后，甲方同意以乙方所完成工程总价款加借款上浮8%作为工程总价进行结算，所有室外配套工程项目另行结算不计上浮点。2013年10月28日，万基威公司向政通公司出具借款条，借到政通公司500万元，此款用于“云海花都小区”工程项目报建规划费用。

2014年4月3日，政通公司收到中标通知书，确定其为“云海花都小区”工程项目的中标人。2014年5月3日，政通公司（承包人）与万基威公司、案外人柏某锋（发包人）签订“云海花都工程建设工程施工合同”。2014年10月31日，万基威公司向政通公司发出通知，通知政通公司于2014年11月1日进场施工。2014年11月3日，政通公司与万基威公司就双方2013年10月26日签订的“建筑安装工程施工承包合同”所涉事宜订立补充合同，约定双方同意按2013年10月26日签订的“建筑安装工程施工承包合同”和本补充合同作为决算依据。2016年1月7日，政通公司停工。1月底，政通公司撤出施工现场。因上述工程结算未果，政通公司遂向法院提起诉讼。

① 海南省高级人民法院民事判决书（2019）琼民终250号。

裁判结果：海南省高级人民法院经审理认为：本案双方当事人于2013年10月26日签订的“建筑安装工程施工承包合同”为无效合同。双方于2014年5月3日签订的“云海花都工程建设工程施工合同”为有效合同，当事人均应依约履行。双方于2014年11月3日签订的补充合同认定为无效合同。

合规分析：根据原《最高人民法院关于审理建设工程施工合同纠纷案件适用法律问题的解释》第一条第三项（现《最高人民法院关于审理建设工程施工合同纠纷案件适用法律问题的解释（一）》第一条）的规定，建设工程施工合同具有建设工程必须进行招标而未招标或者中标无效的情形，应当根据原《中华人民共和国合同法》第五十二条第五项（现《中华人民共和国民法典》第一百五十三条）的规定，认定无效。根据《中华人民共和国招标投标法》第三条的规定，涉案的“云海花都小区”工程项目是必须招标的建设工程。因此，本案双方当事人在该工程项目还未经过招标时即于2013年10月26日签订的“建筑安装工程施工承包合同”为无效合同。

双方于2014年5月3日签订的“云海花都工程建设工程施工合同”，系双方经过招标、投标程序签订的经过备案的中标合同，为有效合同，当事人均应依约履行。

“黑合同”是指，建设单位在工程招标投标过程中，除了公开签订的合同外，又私下与中标单位签订合同，强迫中标单位垫资带资承包、压低工程款等。根据《中华人民共和国招标投标法实施条例》第五十七条规定，招标人和中标人不得再行订立背离合同实质性内容的其他协议。本案中，双方于2014年11月3日签订的补充合同即所谓的“黑合同”，其是对2013年10月26日签订的“建筑安装工程施工承包合同”实质性条款进行了修改，因此，亦应认定为无效合同。

【合规建议】

（1）招标人应按照招标文件和中标人的投标文件订立合同，不得订立背离合同实质性内容的协议。

（2）民营企业与供应商签订阴阳合同虽然不会招致公权力干预，但是无法向内审部门交代。签署的“阴合同”无效，招标人仍需按“阳合同”支付工程价款。

（3）履约过程中发生范围调整、工程变更等情况时，在专业人士的帮助下规范签署补充协议。

（二）履约保证金

履约保证金是指在招标投标活动中，中标人为确保履行合同向招标人提供的金钱保障，具有履约担保的性质。在实践过程中，需要注意履约保证金的收取主体、收取金额以及收取和退还时间，以最大发挥履约保证金的作用。

【条文链接】

《中华人民共和国招标投标法》第四十六条　招标人和中标人应当自中标通知书发出之日起三十日内，按照招标文件和中标人的投标文件订立书面合同。招标人和中标人不得再行订立背离合同实质性内容的其他协议。

招标文件要求中标人提交履约保证金的，中标人应当提交。

《中华人民共和国招标投标法实施条例》第五十八条　招标文件要求中标人提交履约保证金的，中标人应当按照招标文件的要求提交。履约保证金不得超过中标合同金额的10%。

【合规建议】

（1）如果招标人决定收取履约保证金，应在招标文件中约定履约保证金条款，将履约保证金作为合同订立的条件。

（2）履约保证金的有效期通常自合同生效之日起至合同约定的中标人主要义务履行完毕止。招标人应按照合同约定及时退还履约保证金，否则将承担迟延退还的资金占用费。

（三）挂靠行为

挂靠是指不具备承接某项工程任务资质的单位或个人，以具备承接该项工程任务资质的单位的名义，对外去承接该项工程任务的行为。通常将名义承接单位称为“被挂靠人”，将另外一方称为“挂靠人”。

由于挂靠人规避了投标人的基本要求而假借合法主体的资质等，其履行合同的能力包括质量、安全、进度等方面都无法保证；对于被挂靠人而言，出借资质而收取管理费，既违法又承担风险；被挂靠人与挂靠人之间也会引发各种纠纷。

【条文链接】

《建筑工程施工发包与承包违法行为认定查处管理办法》第八条 存在下列情形之一的，应当认定为转包，但有证据证明属于挂靠或者其他违法行为的除外：

（一）承包单位将其承包的全部工程转给其他单位（包括母公司承接建筑工程后将所承接工程交由具有独立法人资格的子公司施工的情形）或个人施工的；

（二）承包单位将其承包的全部工程肢解以后，以分包的名义分别转给其他单位或个人施工的；

（三）施工总承包单位或专业承包单位未派驻项目负责人、技术负责人、质量管理负责人、安全管理负责人等主要管理人员，或派驻的项目负责人、技术负责人、质量管理负责人、安全管理负责人中一人及以上与施工单位没有订立劳动合同且没有建立劳动工资和社会养老保险关系，或派驻的项目负责人未对该工程的施工活动进行组织管理，又不能进行合理解释并提供相应证明的；

（四）合同约定由承包单位负责采购的主要建筑材料、构配件及工程设备或租赁的施工机械设备，由其他单位或个人采购、租赁，或施工单位不能提供有关采购、租赁合同及发票等证明，又不能进行合理解释并提供相应证明的；

（五）专业作业承包人承包的范围是承包单位承包的全部工程，专业作业承包人计取的是除上缴给承包单位“管理费”之外的全部工程价款的；

（六）承包单位通过采取合作、联营、个人承包等形式或名义，直接或变相将其承包的全部工程转给其他单位或个人施工的；

（七）专业工程的发包单位不是该工程的施工总承包或专业承包单位的，但建设单位依约作为发包单位的除外；

（八）专业作业的发包单位不是该工程承包单位的；

（九）施工合同主体之间没有工程款收付关系，或者承包单位收到款项后又将款项转拨给其他单位和个人，又不能进行合理解释并提供材料证明的。

两个以上的单位组成联合体承包工程，在联合体分工协议中约定或者在项目实际实施过程中，联合体一方不进行施工也未对施工活动进行组织管理的，并且向联合体其他方收取管理费或者其他类似费用的，视为联合体一方将承包的工程转包给联合体其他方。

《建筑工程施工发包与承包违法行为认定查处管理办法》第十条 存在下列情形之一的，属于挂靠：

（一）没有资质的单位或个人借用其他施工单位的资质承揽工程的；

（二）有资质的施工单位相互借用资质承揽工程的，包括资质等级低的借用资质等级高的，资质等级高的借用资质等级低的，相同资质等级相互借用的；

（三）本办法第八条第一款第（三）至（九）项规定的情形，有证据证明属于挂靠的。

【合规建议】

（1）在招标时，招标人对投标人的真实身份和执业资格进行严格的审查；在制定招标文件时就明确要求法人授权代理人为投标单位正式聘用一年以上的人员，并提供投标单位为该代理人向当地税务部门缴纳上年度社会保障金文件的复印件，以便开标前资格预审和后审时审查。

（2）在投标时，各投标单位的投标保证金应使用银行汇票或转账支票，并且是从本单位汇出。

（3）在开标时，投标单位的项目经理必须到场参加开标会议，以便在评标时随时接受评标委员会的质询。

（四）禁止转包、非法分包

2019 年 1 月 3 日，住房和城乡建设部发布了《建筑工程施工发包与承包违法行为认定查处管理办法》，对转包、违法分包等内容作出了明确规定。

转包是指施工单位承包工程后，不履行合同约定的责任和义务，将其承包的全部工程或者将其承包的全部工程肢解后以分包的名义分别转给其他单位或个人施工的行为。违法分包，是指施工单位承包工程后违反法律法规规定或者施工合同关于工程分包的约定，把单位工程或分部分项工程分包给其他单位或个人施工的行为。

转包、违法分包均属于违法行为，不仅可能导致合同无效，在很大程度上还会影响工程的质量、进度、安全、投资等管控工作，严重时可能发生安全事故，因此立法明确禁止此类行为。

【条文链接】

《中华人民共和国招标投标法》第四十八条 中标人应当按照合同约定履行义务，完成中标项目。中标人不得向他人转让中标项目，也不得将中标项目肢解后分别向他人转让。

中标人按照合同约定或者经招标人同意，可以将中标项目的部分非主体、非关键性工作分包给他人完成。接受分包的人应当具备相应的资格条件，并不得再次分包。

中标人应当就分包项目向招标人负责，接受分包的人就分包项目承担连带责任。

《中华人民共和国招标投标法》第五十八条 中标人将中标项目转让给他人的，将中标项目肢解后分别转让给他人的，违反本法规定将中标项目的部分主体、关键性工作分包给他人的，或者分包人再次分包的，转让、分包无效，处转让、分包项目金额千分之五以上千分之十以下的罚款；有违法所得的，并处没收违法所得；可以责令停业整顿；情节严重的，由工商行政管理机关吊销营业执照。

《中华人民共和国招标投标法实施条例》第五十九条 中标人应当按照合同约定履行义务，完成中标项目。中标人不得向他人转让中标项目，也不得将中标项目肢解后分别向他人转让。

中标人按照合同约定或者经招标人同意，可以将中标项目的部分非主体、非关键性工作分包给他人完成。接受分包的人应当具备相应的资格条件，并不得再次分包。

中标人应当就分包项目向招标人负责，接受分包的人就分包项目承担连带责任。

《建设工程质量管理条例》第七十八条 本条例所称肢解发包，是指建设单位将应当由一个承包单位完成的建设工程分解成若干部分发包给不同的承包单位的行为。

本条例所称违法分包，是指下列行为：

（一）总承包单位将建设工程分包给不具备相应资质条件的单位的；

（二）建设工程总承包合同中未有约定，又未经建设单位认可，承包单位将其承包的部分建设工程交由其他单位完成的；

（三）施工总承包单位将建设工程主体结构的施工分包给其他单位的；

（四）分包单位将其承包的建设工程再分包的。

本条例所称转包，是指承包单位承包建设工程后，不履行合同约定的责任和义务，将其承包的全部建设工程转给他人或者将其承包的全部建设工程肢解以后以分包的名义分别转给其他单位承包的行为。

【案例链接】

建设工程肢解发包所签订的合同效力？[①]

案情简介：2009年6月12日，五建公司与向阳公司签订一份“建设工程施工合同”（简称“6·12合同”），双方约定五建公司承建向阳公司位于伊川县龙腾名流居1#楼工程。合同签订后，五建公司即进入工地施工，向阳公司先后支付部分工程款。

2010年8月17日，伊川县建设局以龙腾名流居1#楼工程“未办理施工许可证、擅自施工”为由，对向阳公司罚款3万元，伊川县建设工程招标投标办公室补办了龙腾名流居1#、2#楼（58 311.61平方米、框剪、28层）、龙腾名流居3#楼（23 151.45平方米、框剪结构、地下二层、地上28层）建设工程中标内容及条件，双方又签订一份建设工程施工合同（简称“6·25合同”）。6·25合同还约定了双方的权利义务、验收及质量标准、违约责任等条款。6·25合同在伊川县建设局进行了备案。后因五建公司资质不够承建合同签订的33层高层，五建公司于2009年10月22日、2010年1月16日分别给向阳公司出具承诺书，对承建的龙腾名流居项目，承担因资质不够问题而产生的一切费用。

2010年8月27日，向阳公司（甲方）、五建公司（乙方）、军安集团（丙方）就龙腾名流居1#、2#、3#楼项目建设施工，签订三方合作协议书，约定龙腾名流居项目28层以上甲方同意丙方委托乙方施工，乙方为该项目实际施工人。2010年12月7日，伊川县建设工程招标投标办公室办理了龙腾名流居1#、2#、3#楼加层的建设工程中标内容和条件，中标单位为军安集团。

2010年12月10日，伊川县建设局以肢解发包工程，对向阳公司罚款58 500元。

① 最高人民法院民事判决书（2015）民抗字第62号。

2010年12月17日，伊川县建设局办理补建筑工程施工许可证，准予向阳公司龙腾名流居1某、2某、3某楼（框剪28-31、32、33层）施工。

五建公司以向阳公司没有遵守合同约定，严重拖欠工程进度款，在施工完成28层封顶时，突然将五建公司施工管理人员赶出施工现场为由，于2011年1月20日向该院提起本案诉讼。向阳公司认为五建公司在1某楼建至23层封顶时，驻工地代表、收料员等撤离工地现场，在与五建公司联系无果的情况下，向阳公司给五建公司发函解除了合同，自行组织后续施工，并对五建公司提起反诉。三方合作协议签订后，军安集团未实际参与工程施工。

裁判结果：最高人民法院认为，案涉工程所签订的6·12合同、6·25合同存在未依法招投标、超资质等级承揽工程、肢解发包工程等违法情形，故认定对6·12合同、6·25合同均属无效。

合规分析：本案焦点是6·12合同、6·25合同是否合法有效。案涉工程龙腾名流居1#楼系关系社会公共利益、公共安全的商品住宅项目，依照《中华人民共和国招标投标法》及相关配套法规的规定，该项目应该进行招投标，而6·12合同没有经过公开的招标投标。同时，根据五建公司的资质要求，其不能承建超过30层的工程，故该合同也存在超资质等级的情形，违反了《中华人民共和国建筑法》第二十六条禁止建筑施工企业超越本企业资质等级许可的业务范围承揽工程的规定，该合同应属无效合同。关于6·25合同，没有依据《中华人民共和国招标投标法》的规定公开进行招标、投标、开标、评标、中标等程序，且从之后的“三方协议”及28层以上的中标通知看，向阳公司将31层的1#楼工程分割成28层以下和28层以上两个工程，分别发包给五建公司和军安集团，这属于肢解发包，违反了《中华人民共和国建筑法》第二十四条“提倡对建筑工程实行总承包，禁止将建筑工程肢解发包”的规定，故合同无效。

【合规建议】

（1）认真审核资质，把好准入关。企业在承包商准入环节提前对其资质等级、有效期、营业执照等进行严格审核。

（2）合同明确约定禁止违法分包和转包，设定严苛的违约责任条款。

（3）对施工现场进行不定期、不提前通知检查，通过查阅工程施工组织设计图或施工方案等，判断实际进场人员和进场施工设备是否与之一致等。

（4）加强工程质量把控，未经验收或者验收不合格的建设工程不交付使用。

（5）根据相关法律法规，结合企业工程建设承包商管理办法，切实做好承包商考核评价工作，对违法违规者进行披露并将其纳入黑名单。

第三节　知识产权合规

作为企业合规体系的重要组成部分，知识产权合规有一定的特殊性。知识产权合规体系建设要兼顾“避免侵害他人知识产权”和“保护自己知识产权”两个方面的要求。知识产权合规主要包括专利权合规、商标权合规、著作权合规以及商业秘密合规。另外，企业商业名称的拟定也要避免侵犯其他企业商标权等在先权利。值得注意的是，随着《中华人民共和国民法典》、知识产权相关法律以及《中华人民共和国反不正当竞争法》等法律先后明确了知识产权侵权的惩罚性赔偿制度，涉知识产权惩罚性赔偿应当成为企业知识产权合规需要重点关注的内容。

一、商标权

商标是商品生产者、经营者在生产、制造、加工、拣选、经销的商品上或者服务提供者在其提供的服务上所采用，以区别商品或服务来源的，由文字、图形、字母、数字、三维标志、声音、颜色等要素组合构成，具有显著特征的标志。在经营活动中，商标有益于快速提高商品或服务的社会识别度与认同度。因此，企业必须做好商标的维护与发展工作，在维护商标的知名度和美誉度的同时，预防和追究商标被侵权、被假冒等搭便车或败坏商品声誉的侵权行为。2021 年上海浦东新区人民检察院与中国信息通信研究院知识产权与创新发展中心发布《企业知识产权合规标准指引（试行）》，将商标权合规风险归纳为两个方面：其一，商标申请风险，指商标未注册或被他人抢先注册、申请类别不全、重点类别保护力度不够、申请的标识不全面；其二，商标使用风险，指申请地域不全、未对目标市场全面布局、对商品或服务类别越权使用或许可他人使用、侵犯他人在先权利、商标使用不规范等。

（一）商标权保护

1. 商标在先权利

在先权利是指商标注册人申请商标注册前，他人已经在同一种商品或者类似商品上先于商标注册人使用与注册商标相同或者近似并有一定影响的商标的，注册商标专用权人无权禁止该使用人在原使用范围内继续使用该商标，但可以要求其附加适当区别标识。需要注意的是，商标在申请注册时可能冲突的在先权利除了其他企业的商标权外，还可能是他人商业名称中的字号、有一定影响力的自然人姓名权（包含艺名、笔名、网名等）、他人著作权等。

商标抢注现象屡见不鲜，抢注人通过“搭便车”“傍名牌”等方式抢先注册他人享有在先权利的商标，使未及时注册商标的企业陷入被动。对于未注册商标的在先使用权人而言，其固然可以通过事后在商标注册申请阶段提出异议，或在注册确权之后请求国家知识产权局宣告该注册商标无效来寻求维护自身合法权益，但仍无法规避其自身商标注册能否通过的风险，也无法完全弥补企业品牌名誉的受损情况。为此，企业一方面应注意及时申请商标注册，主动维护自身权益；另一方面，应注意在申请注册商标前，对在先商标注册信息以及同行业企业字号进行充分检索，避免侵犯他人在先权利，或落入他人驰名商标跨类保护的范围。

【条文链接】

《最高人民法院关于审理商标授权确权行政案件若干问题的规定》第十八条 商标法第三十二条规定的在先权利，包括当事人在诉争商标申请日之前享有的民事权利或者其他应予保护的合法权益。诉争商标核准注册时在先权利已不存在的，不影响诉争商标的注册。

《最高人民法院关于审理商标授权确权行政案件若干问题的规定》第十九条 当事人主张诉争商标损害其在先著作权的，人民法院应当依照著作权法等相关规定，对所主张的客体是否构成作品、当事人是否为著作权人或者其他有权主张著作权的利害关系人以及诉争商标是否构成对著作权的侵害等进行审查。

商标标志构成受著作权法保护的作品的，当事人提供的涉及商标标志的设计底稿、原件、取得权利的合同、诉争商标申请日之前的著作权登记证书等，均可以作为证明著作权归属的初步证据。

商标公告、商标注册证等可以作为确定商标申请人为有权主张商标标志著作权的利害关系人的初步证据。

《最高人民法院关于审理商标授权确权行政案件若干问题的规定》第二十一条 当事人主张的字号具有一定的市场知名度，他人未经许可申请注册与该字号相同或者近似的商标，容易导致相关公众对商品来源产生混淆，当事人以此主张构成在先权益的，人民法院予以支持。

当事人以具有一定市场知名度并已与企业建立稳定对应关系的企业名称的简称为依据提出主张的，适用前款规定。

《最高人民法院关于审理商标授权确权行政案件若干问题的规定》第二十二条 当事人主张诉争商标损害角色形象著作权的，人民法院按照本规定第十九条进行审查。

对于著作权保护期限内的作品，如果作品名称、作品中的角色名称等具有较高知名度，将其作为商标使用在相关商品上容易导致相关公众误认为其经过权利人的许可或者与权利人存在特定联系，当事人以此主张构成在先权益的，人民法院予以支持。

《最高人民法院关于审理商标授权确权行政案件若干问题的规定》第二十三条 在先使用人主张商标申请人以不正当手段抢先注册其在先使用并有一定影响的商标的，如果在先使用商标已经有一定影响，而商标申请人明知或者应知该商标，即可推定其构成“以不正当手段抢先注册”。但商标申请人举证证明其没有利用在先使用商标商誉的恶意的除外。

在先使用人举证证明其在先商标有一定的持续使用时间、区域、销售量或者广告宣传的，人民法院可以认定为有一定影响。

在先使用人主张商标申请人在与其不相类似的商品上申请注册其在先使用并有一定影响的商标，违反商标法第三十二条规定的，人民法院不予支持。

【案例链接】

如何认定注册商标侵犯企业的在先权利？[①]

案情简介：原告斯科塞斯公司经授权获得“Secretcharm”的注册商标专用权后发现被告吉诗美公司销售源于被告万事达公司进口的标有“SECRETCHARM”标识的“维多利亚的秘密”的化妆品。原告认为，两被告进口、销售的涉案商品上使用的“SECRETCHARM”标识与涉案商标“Secretcharm”相比，仅存在字母大小写的区别，构成商标相同，两被告的行为共同构成商标侵权。两被告认为，涉案化妆品的生产商维密公司对于包含“SECRETCHARM”在内的产品包装美术设计享有在先的著作权，系对在先合法权利的正当使用，并未侵犯“Secretcharm”的注册商标专用权。

裁判结果：法院认为，在先权利的认定需要考虑是否拥有合法的在先权利基础。基于合法的权利基础、使用方式和行为性质是否具有正当性，本案两被告提出的“在先权利”抗辩实质上就是对于包含“SECRETCHARM”在内的产品包装美术设计所享

① 上海市普陀区人民法院民事判决书（2015）普民三（知）初字第401号。本案系上海市普陀区人民法院知识产权保护十大案例。

有的在先著作权抗辩。由于中美均为《保护文学和艺术作品伯尔尼公约》成员，维密公司作为一家在美国创设的企业，其所创作的作品受到我国著作权法保护。且根据法院已生效判决，维密公司创作使用在先，庆鹏公司申请注册商标在后。因此两被告拥有合法的在先权利基础。涉案产品只在维密专卖店内进行销售，产品上完整使用了维密公司拥有著作权的"Secretcharm 产品包装设计"美术作品，且清晰标注了主商标，不会造成消费者混淆误认。故判决驳回原告所有诉讼请求。

合规分析：实践中存在大量的商标与其他在先权利相冲突的情形，如商标申请人使用他人具有在先权利的作品、外观设计、姓名、商号、知名名称包装、装潢等进行商标注册并以注册商标向在先权利人主张商标专用权等。商标是商品或服务在市场中的识别标志，对规范市场竞争秩序有着重要作用。与在先权利冲突的注册商标，不仅在申请行为上违背诚实信用原则，而且在使用行为上也同样违背诚实信用原则，应当予以规制。《中华人民共和国商标法》在商标申请、审查、异议和无效（撤销）等行政确权程序中明确规定："申请注册的商标，不得与他人在先取得的合法权利相冲突"；"申请商标注册不得损害他人现有的在先权利"。上述规定在一定程度上也起到了促进商标使用者及时申请商标注册的作用。另一方面，平衡好商标与在先权利的冲突，还要重视对商标抢注行为的规制。2019 年修改《中华人民共和国商标法》时就增加规定，"不以使用为目的的恶意商标注册申请，应当予以驳回"。

本案是一件典型的与在先著作权冲突的注册商标侵权诉讼案。首先，法院基于诚实信用原则，认为："商标法规定的'申请商标注册不得损害他人现有的在先权利'，不仅是对申请注册商标所提的要求，也赋予了在先权利人抗辩权"，明确了在先权利抗辩在商标侵权诉讼中的适用。其次，法院明确了在先权利抗辩的司法审查考量因素，包括在先权利基础的合法性、使用方式和行为性质的正当性以及注册商标申请的主观状态。本案对在先权利抗辩的适用及其考量因素的明确，对于规制商标权利冲突，特别是对遏制不以使用为目的的恶意商标注册起到有益的司法引导。

【案例链接】

"刘德华烤鸭店"案

案情简介：位于四川崇州观胜镇的"正宗刘德华板鸭店"老板刘德华是位土生土长的崇州老人。其在 1980 年创办了"正宗刘德华板鸭店"，为了保护产品的品牌和自己的口碑，刘德华老人在 2004 年将"刘德华"三字与自己的头像相结合，向国家商标局提出商标注册申请，并于 2007 年 5 月 28 日由国家商标局批准注册。该商标到 2017 年已经完成一次商标续展。"刘德华"板鸭店在观胜镇开了 30 年，是远近驰名的老字号。明星刘德华的经纪公司发现"刘德华"被注册为商标后，认为其侵犯了明星刘德华的姓名权，损害了刘德华良好的公众形象，要求其撤销该商标。

案情进展：由于"刘德华"商标由"刘德华"三个字和一位老者的头像组成，与明星刘德华的相貌相差甚远，刘德华老人并未影响明星刘德华姓名的设定、变更以及自由使用的权利。此外，"刘德华"商标也不涉及冒用的问题，其在商标注册时将姓名与自己的头像相结合使用，不会引起他人的混淆与误认。因此，"刘德华"商标的注册与使用既未侵犯明星刘德华的姓名权，也不构成不正当竞争。明星刘德华在得知事情的具体始末后要求其经纪公司撤回异议。

合规分析：《中华人民共和国商标法》规定，申请注册商标，不得损害他人现有的在先权利。但是商标法并未对在先权利进行列举，那么姓名权是否属于在先权利呢？《商标审查审理指南（2021）》第 14 章规定的损害他人在先权利的审查审理第 3.4 条将姓名权明确规定为“未经许可，将他人的姓名申请注册商标，给他人姓名权可能造成损害的，系争商标应当不予核准注册或者予以无效宣告”。此外，也明确本条仅适用于核准注册时在世的自然人。本条的适用条件包含：（1）姓名具有一定知名度，与自然人建立了稳定的对应关系，在相关公众的认知中，指向该姓名权人；（2）系争商标的注册给他人姓名权可能造成损害；（3）系争商标的注册申请未经姓名权人许可。可见，姓名权可以作为在先权利打击抢注行为，但并非所有的姓名权均可以成为在先权利，不满足前述条件的则无法适用。

【合规建议】

（1）企业应当及时注册商标。在我国商标施行的是“在先注册”原则，企业应该对公司形成和使用的所有商标根据《中华人民共和国商标法》及时注册，使其成为受国家法律保护的注册商标，以保护商标的专用权及消费者的合法权益。

（2）企业不应利用他人的在先权利以“搭便车”为目的注册商标。

（3）企业在申请商标注册前，应从以下方面进行充分检索，避免侵犯他人相关的在先权利：

①充分检索在先的商标注册信息。

②充分检索可能侵犯的在先权利，例如是否与知名的人物姓名、艺名、企业字号、地理标志等存在权利冲突，或有导致公众混淆的可能性。

③充分检索同类别驰名商标，检索是否存在《中华人民共和国商标法》第十三条侵犯驰名商标权利的情形。

（4）企业在未申请商标注册时应注意：

①关注本行业同类别的商标注册信息，对可能侵犯企业在先权利的商标及时提出异议或提起宣告无效。

②注意保存和收集证据，保存商品生产销售的相关证据以证明存在在先权利或可纳入驰名商标的保护范围，收集他人擅自使用、误导公众或恶意注册的证据以提起诉讼维护企业权益。

2. 合理控制注册商标数量

企业为全面保护其权益，在申请商标注册时往往力图覆盖全部商品与服务，但伴随着国家打击商标恶意抢注行为专项行动的开展，企业全面注册商标的行为面临着被认定为“商标囤积”的风险，需予以注意。

【条文链接】

《规范商标申请注册行为若干规定》第三条 申请商标注册应当遵循诚实信用原则。不得有下列行为：

（一）属于商标法第四条规定的不以使用为目的恶意申请商标注册的；

（二）属于商标法第十三条规定，复制、摹仿或者翻译他人驰名商标的；

（三）属于商标法第十五条规定，代理人、代表人未经授权申请注册被代理人或者被代表人商标的；基于合同、业务往来关系或者其他关系明知他人在先使用的商标存在而申请注册该商标的；

（四）属于商标法第三十二条规定，损害他人现有的在先权利或者以不正当手段抢先注册他人已经使用并有一定影响的商标的；

（五）以欺骗或者其他不正当手段申请商标注册的；

（六）其他违反诚实信用原则，违背公序良俗，或者有其他不良影响的。

《国家知识产权局关于印发〈打击商标恶意抢注行为专项行动方案〉的通知》 二、工作重点 专项行动重点打击以下商标恶意抢注、图谋不当利益，扰乱商标注册管理秩序，造成较大不良社会影响的行为：

（一）恶意抢注国家或区域战略、重大活动、重大政策、重大工程、重大科技项目名称的；

（二）恶意抢注重大自然灾害、重大事故灾难、重大公共卫生事件和社会安全事件等突发公共事件相关词汇、标志，损害社会公共利益的；

（三）恶意抢注具有较高知名度的重大赛事、重大展会名称、标志的；

（四）恶意抢注行政区划名称、山川名称、景点名称、建筑物名称等公共资源的；

（五）恶意抢注商品或服务的通用名称、行业术语等公共商业资源的；

（六）恶意抢注具有较高知名度的公众人物姓名、知名作品或者角色名称的；

（七）恶意抢注他人具有较高知名度或者较强显著性的商标或者其他商业标志，损害他人在先权益的；

（八）明显违背商标法第十条规定禁止情形以及其他违反公序良俗，对我国政治、经济、文化、宗教、民族等社会公共利益和公共秩序造成重大消极、负面社会影响的；

（九）商标代理机构知道或者应当知道委托人从事上述行为，仍接受其委托或者以其他不正当手段扰乱商标代理秩序的；

（十）其他明显违背诚实信用原则的。

对不以使用为目的的恶意囤积商标注册申请的处置，已另行发文进行整治。

国家知识产权局《商标一般违法判断标准》第三条第九项 本标准所称的商标一般违法行为是指违反商标管理秩序的行为。

有下列行为之一的，均属商标一般违法：

……

（九）违反《规范商标申请注册行为若干规定》第三条规定，恶意申请商标注册的。

【合规建议】

企业在进行商标注册时，可以依据最新版的《商品和服务分类表》选定企业需要使用的商标类别和具体商品、服务，尽量考虑未来发展需求扩大注册的类别。企业在扩大商标注册类别时应注意防止构成商标囤积。在商标注册时，企业不要进行全类申请，申请应优先考虑有实际使用或使用计划、与业务有关的、可能成为新领域的类别。对于有行业准入或资质要求的类别应谨慎申请（比如金融保险业）。

（二）商标权侵权与混淆行为

商标使用合规主要涉及商标权侵权与不正当竞争两方面的考察。企业在生产销售商品时，若不当使用商标可能构成商标侵权，将承担停止侵权、赔偿损失等民事责任，蒙受经济与信誉等方面的损失。同时，《中华人民共和国反不正当竞争法》禁止企业经营中的混淆行为，经营者不得擅自使用与他人有一定影响的、引人误认为是他人商品或者与他人存在特定联系的各类标识。因此，企业在生产商品或提供服务的过程中，既要避免故意侵权或实施混淆行为，也要尽到合理审查义务，主动了解商标侵权的主要形式，检索商标注册机构网站，获知他人注册商标信息，避免构成商标侵权。

随着很多企业将其商品标识、企业字号注册为商标，商标侵权与混淆行为经常同时发生。混淆行为就是将对他人有一定影响的商品标识、企业名称、网站域名使用于自己的商品或服务，从而攫取不正当的竞争优势。混淆行为属于典型的不正当竞争行为。《中华人民共和国商标法》认定商标侵权的条件相对具体，重视外观上的比对。而混淆案件则要求原告具有一定影响力，外观比对上强调是否容易引起误认，具有一定的抽象性。在司法实践中，凡是商标法明确的商标侵权行为，应直接适用相关特别规定；对欠缺商标法特别法规范的不正当竞争行为，才需要依据反不正当竞争法的混淆行为规制规则予以处理。

值得注意的是，上文所述混淆行为是正向混淆，而实践中也存在着商标反向混淆的情形。所谓反向混淆，是指在后侵权人利用自身优势地位，通过加大宣传、突出使用等方式，在提高商标的知名度的同时，使他人商标与侵权人产生强联系，割裂或通过自身影响力覆盖掉真正的商标权人与商标间的联系。反向混淆造成的损害通常并不是商标权人的经济利益，而是商标权人的商标自主使用权及商标独立性，使消费者误认为商标权人的商品或服务来源于商标在后侵权人，扼杀了商标未来发展的可能性。反向混淆不同于混淆行为，并非只是《中华人民共和国反不正当竞争法》的专有用词，其内涵亦囊括了商标侵权的范畴。

【条文链接】

《中华人民共和国商标法》第四十九条 商标注册人在使用注册商标的过程中，自行改变注册商标、注册人名义、地址或者其他注册事项的，由地方工商行政管理部门责令限期改正；期满不改正的，由商标局撤销其注册商标。

注册商标成为其核定使用的商品的通用名称或者没有正当理由连续三年不使用的，任何单位或者个人可以向商标局申请撤销该注册商标。商标局应当自收到申请之日起九个月内作出决定。有特殊情况需要延长的，经国务院工商行政管理部门批准，可以延长三个月。

《中华人民共和国商标法》第五十七条 有下列行为之一的，均属侵犯注册商标专用权：

（一）未经商标注册人的许可，在同一种商品上使用与其注册商标相同的商标的；

（二）未经商标注册人的许可，在同一种商品上使用与其注册商标近似的商标，或者在类似商品上使用与其注册商标相同或者近似的商标，容易导致混淆的；

（三）销售侵犯注册商标专用权的商品的；

（四）伪造、擅自制造他人注册商标标识或者销售伪造、擅自制造的注册商标标识的；

（五）未经商标注册人同意，更换其注册商标并将该更换商标的商品又投入市场的；

（六）故意为侵犯他人商标专用权行为提供便利条件，帮助他人实施侵犯商标专用权行为的；

（七）给他人的注册商标专用权造成其他损害的。

《中华人民共和国商标法实施条例》第七十五条 为侵犯他人商标专用权提供仓储、运输、邮寄、印制、隐匿、经营场所、网络商品交易平台等，属于商标法第五十七条第六项规定的提供便利条件。

《中华人民共和国商标法实施条例》第七十六条 在同一种商品或者类似商品上将与他人注册商标相同或者近似的标志作为商品名称或者商品装潢使用，误导公众的，属于商标法第五十七条第二项规定的侵犯注册商标专用权的行为。

《中华人民共和国商标法实施条例》第七十八条 计算商标法第六十条规定的违法经营额，可以考虑下列因素：

（一）侵权商品的销售价格；

（二）未销售侵权商品的标价；

（三）已查清侵权商品实际销售的平均价格；

（四）被侵权商品的市场中间价格；

（五）侵权人因侵权所产生的营业收入；

（六）其他能够合理计算侵权商品价值的因素。

《商标一般违法判断标准》第三条 本标准所称的商标一般违法行为是指违反商标管理秩序的行为。

有下列行为之一的，均属商标一般违法：

（一）违反《中华人民共和国商标法》第六条规定，必须使用注册商标而未使用的；

（二）违反《中华人民共和国商标法》第十条规定，使用不得作为商标使用的标志的；

（三）违反《中华人民共和国商标法》第十四条第五款规定，在商业活动中使用“驰名商标”字样的；

（四）违反《中华人民共和国商标法》第四十三条第二款规定，商标被许可人未标明其名称和商品产地的；

（五）违反《中华人民共和国商标法》第四十九条第一款规定，商标注册人在使用注册商标的过程中，自行改变注册商标、注册人名义、地址或者其他注册事项的；

（六）违反《中华人民共和国商标法》第五十二条规定，将未注册商标冒充注册商标使用的；

（七）违反《中华人民共和国商标法实施条例》第四条第二款和《集体商标、证明商标注册和管理办法》第十四条、第十五条、第十七条、第十八条、第二十条、第二十一条规定，未履行集体商标、证明商标管理义务的；

（八）违反《商标印制管理办法》第七条至第十条规定，未履行商标印制管理义务的；

（九）违反《规范商标申请注册行为若干规定》第三条规定，恶意申请商标注册的；

（十）其他违反商标管理秩序的。

《最高人民法院关于审理商标民事纠纷案件适用法律若干问题的解释》第十六条 权利人因被侵权所受到的实际损失、侵权人因侵权所获得的利益、注册商标使用许可费均难以确定的，人民法院可以根据当事人的请求或者依职权适用商标法第六十三条第三款的规定确定赔偿数额。

人民法院在适用商标法第六十三条第三款规定确定赔偿数额时，应当考虑侵权行为的性质、期间、后果，侵权人的主观过错程度，商标的声誉及制止侵权行为的合理开支等因素综合确定。

当事人按照本条第一款的规定就赔偿数额达成协议的，应当准许。

《中华人民共和国反不正当竞争法》第六条 经营者不得实施下列混淆行为，引人误认为是他人商品或者与他人存在特定联系：

（一）擅自使用与他人有一定影响的商品名称、包装、装潢等相同或者近似的标识；

（二）擅自使用他人有一定影响的企业名称（包括简称、字号等）、社会组织名称（包括简称等）、姓名（包括笔名、艺名、译名等）；

（三）擅自使用他人有一定影响的域名主体部分、网站名称、网页等；

（四）其他足以引人误认为是他人商品或者与他人存在特定联系的混淆行为。

《最高人民法院关于适用〈中华人民共和国反不正当竞争法〉若干问题的解释》第十二条 人民法院认定与反不正当竞争法第六条规定的“有一定影响的”标识相同或者近似，可以参照商标相同或者近似的判断原则和方法。

反不正当竞争法第六条规定的“引人误认为是他人商品或者与他人存在特定联系”，包括误认为与他人具有商业联合、许可使用、商业冠名、广告代言等特定联系。

在相同商品上使用相同或者视觉上基本无差别的商品名称、包装、装潢等标识，应当视为足以造成与他人有一定影响的标识相混淆。

《最高人民法院关于适用〈中华人民共和国反不正当竞争法〉若干问题的解释》第十三条 经营者实施下列混淆行为之一，足以引人误认为是他人商品或者与他人存在特定联系的，人民法院可以依照反不正当竞争法第六条第四项予以认定：

（一）擅自使用反不正当竞争法第六条第一项、第二项、第三项规定以外“有一定影响的”标识；

（二）将他人注册商标、未注册的驰名商标作为企业名称中的字号使用，误导公众。

《最高人民法院关于适用〈中华人民共和国反不正当竞争法〉若干问题的解释》第十四条 经营者销售带有违反反不正当竞争法第六条规定的标识的商品，引人误认为是他人商品或者与他人存在特定联系，当事人主张构成反不正当竞争法第六条规定的情形的，人民法院应予支持。

销售不知道是前款规定的侵权商品，能证明该商品是自己合法取得并说明提供者，经营者主张不承担赔偿责任的，人民法院应予支持。

【案例链接】

何种行为属于反向混淆？①

案情简介：棉田公司拥有的第 1561046 号“无印良品”商标、第 7494239 号“无印良品”商标、第 14130423 号“無印良品”商标于 2001 年 4 月 28 日被核准注册。其

① 上海知识产权法院民事判决书（2021）沪 73 民终 734 号。

核定使用范围为第 24 类商品，包括棉织品、毛巾、毛巾被、浴巾、枕巾、地巾、床单、枕套、被子、被罩、盖垫、坐垫罩等。北京无印良品公司成立于 2011 年 6 月，棉田公司为其投资人之一。棉田公司授权北京无印良品公司在中国地区独家使用涉案商标，用于商标项下指定商品的生产、销售及宣传推广。无印良品（上海）商业有限公司（以下简称“无印良品公司”）成立于 2005 年 5 月，日本企业株式会社良品计画为其唯一股东。棉田公司因认为无印良品公司在邮寄包裹袋、商品包装、交易文书即购物明细单等使用被诉侵权标识“无印良品”，将无印良品公司诉至法院，请求法院判令无印良品公司立即停止侵害其注册商标专用权的行为，并判令无印良品公司发表书面声明，消除因其侵权行为造成的不良影响商标侵权行为的认定，合理避让等问题。

裁判结果：一审法院判决：对棉田公司的全部诉讼请求不予支持。棉田公司不服一审判决，提起上诉。二审法院判决：驳回上诉，维持原判。两审法院均认为“无印良品 MUJI”合理避让“无印良品”，不构成反向混淆。

法院认为，第一，被诉邮寄包裹袋是被上诉人经营的零售店铺专门为不特定商品统一提供的为邮寄使用的包裹袋，系为向消费者邮寄商品而使用的防止商品毁损的包裹袋，实际是店铺提供服务的一种方式。第二，对于涉案“無印良品”专卖店这种主要提供自有品牌零售服务的综合性杂货店铺而言，被诉侵权网店及购物明细单抬头、网购商品邮寄包裹袋上标注的被控侵权标识，并非旨在表明某一商品来源，而是表明商品销售服务提供者。因此，上诉人关于被上诉人对被诉侵权标识的使用不是服务商标的使用，而是商品商标的使用之上诉理由，与事实不符。第三，被诉侵权标识使用在被上诉人自有品牌杂货商品的零售服务上，而上诉人“无印良品”注册商标核定使用在第 24 类商品上，前者服务与后者商品之间不构成类似商品与服务。因此，被上诉人的被诉侵权行为未侵犯上诉人“无印良品”注册商标专用权。

合规分析：一般而言，商标的使用不仅局限于商品本身，还可以在商品包装或交易文书上使用。商品包装，主要是指商品制作过程中为实现商品流通方便而进行的包装。判定是否构成商标的使用，是商标侵权认定的先决条件。本案中，被诉侵权标识使用在被上诉人自有品牌杂货商品的零售服务上，而上诉人“无印良品”注册商标核定使用在第 24 类商品上，前者服务与后者商品之间不构成类似商品与服务。因此，被上诉人的被诉侵权行为未侵犯上诉人“无印良品”注册商标专用权。二审法院亦注意到，正是基于被上诉人在对其品牌的运营过程中，一直持续将“無印良品”“MUJI”及其结合的标识使用于其提供的杂货商品零售服务上，从而使得相关公众已经将该标识与被上诉人及其母公司之间建立起稳定的对应关系，即普通消费者在被上诉人开设的“無印良品”专卖店或网上店铺中购买涉及第 24 类商品时，不会误认为该商品来源于上诉人。此外，被上诉人销售的第 24 类商品上使用其自有“MUJI”商标，未使用被诉侵权标识，被上诉人的使用方式已合理避让上诉人的“无印良品”注册商标的权利边界，不构成反向混淆。

【合规建议】

（1）商标权侵权行为包括直接侵权与间接侵权两类：前者包括假冒商标、实施混淆行为足以导致公众误认、反向假冒，以及侵犯商标标识四种；后者包括经销侵权产品、故意为假冒商标提供便利条件两种。因此，企业在生产销售时应当注意：

①仅能在注册的商品和服务上以确定的商标形态使用商标，不得超范围使用也不得随意更改。

②若需使用他人商标，应主动获取商标权人的许可。

③获得他人商标授权后，应在授权范围内合法使用商标；注意审查该商标的注册类别项目、质押情况、涉诉，以及其他授权情况等事项；签署完备的书面合同，同时可以选择向国家知识产权局进行备案。

（2）企业应当更加重视商标先申请的必要性。我国商标保护采取注册取得制，未注册的在先商标不能成为商标反向混淆的保护对象。是否存在合法的在先商标权利是获得法律保护的前提。

（3）虽然商标侵权认定以无过错原则为准，但在后商标、广告用语、图标等使用人若在主观上存在过错，不仅会增加被认定构成反向混淆的概率，而且在商标侵权赔偿过程中也会予以考量。鉴于在后商标使用人往往为实力较强的大型企业，其有能力也有义务进行商标检索和风险分析。因此，为避免大规模广告投入进行市场推广后，反因构成商标反向混淆而承担前期投入全部损失外加高额赔偿的风险，企业确有必要未雨绸缪，在将标识投入市场前做好使用风险的详尽检索与排查分析。

（三）刑事责任

1. 假冒注册商标罪

【条文链接】

《中华人民共和国刑法》第二百一十三条　未经注册商标所有人许可，在同一种商品、服务上使用与其注册商标相同的商标，情节严重的，处三年以下有期徒刑，并处或者单处罚金；情节特别严重的，处三年以上十年以下有期徒刑，并处罚金。

《最高人民法院 最高人民检察院关于办理侵犯知识产权刑事案件具体应用法律若干问题的解释》第一条　未经注册商标所有人许可，在同一种商品上使用与其注册商标相同的商标，具有下列情形之一的，属于刑法第二百一十三条规定的“情节严重”，应当以假冒注册商标罪判处三年以下有期徒刑或者拘役，并处或者单处罚金：

（一）非法经营数额在五万元以上或者违法所得数额在三万元以上的；

（二）假冒两种以上注册商标，非法经营数额在三万元以上或者违法所得数额在二万元以上的；

（三）其他情节严重的情形。

具有下列情形之一的，属于刑法第二百一十三条规定的“情节特别严重”，应当以假冒注册商标罪判处三年以上七年以下有期徒刑，并处罚金：

（一）非法经营数额在二十五万元以上或者违法所得数额在十五万元以上的；

（二）假冒两种以上注册商标，非法经营数额在十五万元以上或者违法所得数额在十万元以上的；

（三）其他情节特别严重的情形。

《最高人民法院 最高人民检察院关于办理侵犯知识产权刑事案件具体应用法律若干问题的解释》第八条　刑法第二百一十三条规定的“相同的商标”，是指与被假冒的注册商标完全相同，或者与被假冒的注册商标在视觉上基本无差别、足以对公众产生误导的商标。

刑法第二百一十三条规定的“使用”，是指将注册商标或者假冒的注册商标用于商品、商品包装或者容器以及产品说明书、商品交易文书，或者将注册商标或者假冒的注册商标用于广告宣传、展览以及其他商业活动等行为。

《最高人民法院 最高人民检察院关于办理侵犯知识产权刑事案件具体应用法律若干问题的解释》第十三条 实施刑法第二百一十三条规定的假冒注册商标犯罪，又销售该假冒注册商标的商品，构成犯罪的，应当依照刑法第二百一十三条的规定，以假冒注册商标罪定罪处罚。

实施刑法第二百一十三条规定的假冒注册商标犯罪，又销售明知是他人的假冒注册商标的商品，构成犯罪的，应当实行数罪并罚。

《最高人民法院 最高人民检察院关于办理侵犯知识产权刑事案件具体应用法律若干问题的解释（三）》第一条 具有下列情形之一的，可以认定为刑法第二百一十三条规定的“与其注册商标相同的商标”：

（一）改变注册商标的字体、字母大小写或者文字横竖排列，与注册商标之间基本无差别的；

（二）改变注册商标的文字、字母、数字等之间的间距，与注册商标之间基本无差别；

（三）改变注册商标颜色，不影响体现注册商标显著特征的；

（四）在注册商标上仅增加商品通用名称、型号等缺乏显著特征要素，不影响体现注册商标显著特征的；

（五）与立体注册商标的三维标志及平面要素基本无差别的；

（六）其他与注册商标基本无差别、足以对公众产生误导的商标。

【案例链接】

何种行为构成假冒注册商标罪？①

案情简介：2015年至2019年4月，被告人姚常龙安排被告人古进购进打印机、标签纸、光纤模块等材料，伪造“CISCO”“HP”“HUAWEI”光纤模块等商品，并安排被告人魏子皓、张超、庄乾星向境外销售。姚常龙、古进共生产、销售假冒上述注册商标的光纤模块10万余件，销售金额共计3 162万余元；现场扣押假冒光纤模块、交换机等11 975件，价值383万余元；姚常龙、古进的违法所得数额分别为400万元、24万余元。魏子皓、张超、庄乾星销售金额分别为745万余元、429万余元、352万余元；违法所得数额分别为20万元、18.5万元和14万元。

裁判结果：2019年12月12日，东港区法院作出一审判决，以假冒注册商标罪分别判处被告人姚常龙、古进、庄乾星、张超、魏子皓有期徒刑二年二个月至四年不等，对古进、庄乾星、张超、魏子皓适用缓刑；同时对姚常龙判处罚金500万元，对古进等四人各处罚金14万元至25万元不等。一审判决后，上述被告人均未上诉，判决已生效。

① 山东省日照市东港区人民法院刑事判决书（2019）鲁1102刑初660号。本案系最高检发布第二十六批指导性案例。

合规分析：凡在我国合法注册且在有效期内的商标，商标所有权人享有的商标专用权依法受我国法律保护。未经注册商标所有人许可，假冒在我国注册的商标，其产品无论由境内生产销往境外，还是由境外生产销往境内，均属违反我国商标管理的相关法律法规。侵害商标专用权，损害商品信誉，扰乱市场竞争秩序，情节严重的，构成犯罪。企业生产经营中应加强对员工的管理，严防侵犯注册商标类犯罪行为，加强对境外销售的监管，防止企业面临该类刑事诉讼的风险。

2. 销售假冒注册商标的商品罪

【条文链接】

《中华人民共和国刑法》第二百一十四条 销售明知是假冒注册商标的商品，违法所得数额较大或者有其他严重情节的，处三年以下有期徒刑，并处或者单处罚金；违法所得数额巨大或者有其他特别严重情节的，处三年以上十年以下有期徒刑，并处罚金。

《最高人民法院 最高人民检察院关于办理非法生产、销售烟草专卖品等刑事案件具体应用法律若干问题的解释》第一条 生产、销售伪劣卷烟、雪茄烟等烟草专卖品，销售金额在五万元以上的，依照刑法第一百四十条的规定，以生产、销售伪劣产品罪定罪处罚。

未经卷烟、雪茄烟等烟草专卖品注册商标所有人许可，在卷烟、雪茄烟等烟草专卖品上使用与其注册商标相同的商标，情节严重的，依照刑法第二百一十三条的规定，以假冒注册商标罪定罪处罚。

销售明知是假冒他人注册商标的卷烟、雪茄烟等烟草专卖品，销售金额较大的，依照刑法第二百一十四条的规定，以销售假冒注册商标的商品罪定罪处罚。

伪造、擅自制造他人卷烟、雪茄烟注册商标标识或者销售伪造、擅自制造的卷烟、雪茄烟注册商标标识，情节严重的，依照刑法第二百一十五条的规定，以非法制造、销售非法制造的注册商标标识罪定罪处罚。

违反国家烟草专卖管理法律法规，未经烟草专卖行政主管部门许可，无烟草专卖生产企业许可证、烟草专卖批发企业许可证、特种烟草专卖经营企业许可证、烟草专卖零售许可证等许可证明，非法经营烟草专卖品，情节严重的，依照刑法第二百二十五条的规定，以非法经营罪定罪处罚。

【案例链接】

何种行为构成销售假冒注册商标的商品罪？①

案情简介：2017 年 5 月至 2019 年 1 月初，被告人邓秋城明知从香港购入的速溶咖啡为假冒“星巴克”“STARBUCKS VIA”等注册商标的商品，仍伙同他人以每件 180 元这一明显低于市场价（正品每件 800 元，每件 20 盒，每盒 4 条）的价格，将 21 304 件假冒速溶咖啡（每件 20 盒，每盒 5 条，下同）销售给被告单位双善公司，销售金额 383 万余元。被告人邓秋城、陈新文明知百益公司没有“星巴克”公司授权，为便于假冒咖啡销往商业超市，伪造了百益公司许可双善公司销售“星巴克”咖啡的授权文书。2017 年 12 月至 2019 年 1 月初，被告人陈新文、甄连连、张泗泉、甄政以双善公

---

① 江苏省无锡市新吴区人民法院刑事判决书（2019）苏 0214 刑初 647 号。本案系最高检发布的第二十六批指导性案例。

司名义从邓秋城处购入假冒“星巴克”速溶咖啡后，使用伪造的授权文书，以双善公司名义将19 264件假冒“星巴克”速溶咖啡销售给无锡、杭州、汕头、乌鲁木齐等全国50余家商户，销售金额共计724万余元。

裁判结果：2019年12月6日，新吴区法院作出一审判决，以销售假冒注册商标的商品罪判处被告单位双善公司罚金320万元；分别判处被告人邓秋城、陈新文等五人有期徒刑一年九个月至五年不等，对被告人张泗泉、甄政适用缓刑，并对邓秋城等五人各处罚金10万元至300万元不等。判决宣告后，被告单位和被告人均未提出上诉，判决已生效。

合规分析：本案对于销售主观明知的认定，是从被告人在上下游犯罪中的客观行为着手进行审查的，主要考察：（1）是否伪造授权文件；（2）进出货价格是否明显低于市场价格，交易场所与交易方式是否合乎常理；（3）客户反馈是否异常。企业经销商品时应注意从上述方面预防刑事风险，确保企业取得合法授权，了解市场价格，严格监控销售人员通过合法合理的方式进行交易，主动收集客户反馈信息，保存反馈记录，遇到异常时主动处理，及时调查解决。

【合规建议】

销售不知道是侵犯注册商标专用权的商品，能证明该商品是自己合法取得并说明提供者的，不承担赔偿责任。为防止因不慎销售侵权商品而承担高额赔偿责任，销售者应注意相关证据的收集和保存，如增值税专用发票、正规商业发票、合同等。发票与所销售商品应具有对应性。

3. 非法制造、销售非法制造的注册商标标识罪

【条文链接】

《中华人民共和国刑法》第二百一十五条 伪造、擅自制造他人注册商标标识或者销售伪造、擅自制造的注册商标标识，情节严重的，处三年以下有期徒刑，并处或者单处罚金；情节特别严重的，处三年以上十年以下有期徒刑，并处罚金。

二、专利权

专利权是指由政府授予的，在一定期间内、在一定地区范围内，专利权人对其发明创造所拥有的排他性权利。首先，规避专利权合规风险需明确企业自有专利权的权属，合理规划技术研发周期，避免专利未能有效开发、管理不善所导致的专利失效的风险。其次，企业还需重点关注是否正确使用他人专利，是否存在专利权滥用风险等。最后，发生专利侵权纠纷风险，企业应注意专利侵权证据的收集、赔偿额的确定规则等。

（一）专利权的主体

1. 专利权的权属

专利权人作为专利权的主体，在专利成功授权后拥有法律规定的相应权利。经发明创造的专利时常会在申请人与发明人之间或个人与单位之间发生专利权权属纠纷。因此，企业在技术创新及权利的保护与使用中，应当对此予以重视，制定相应管理制度，完善相应合同条款，采取必要措施防止专利权权属纠纷的发生。

【条文链接】

《中华人民共和国专利法》第六条 执行本单位的任务或者主要是利用本单位的物

质技术条件所完成的发明创造为职务发明创造。职务发明创造申请专利的权利属于该单位，申请被批准后，该单位为专利权人。该单位可以依法处置其职务发明创造申请专利的权利和专利权，促进相关发明创造的实施和运用。

非职务发明创造，申请专利的权利属于发明人或者设计人；申请被批准后，该发明人或者设计人为专利权人。

利用本单位的物质技术条件所完成的发明创造，单位与发明人或者设计人订有合同，对申请专利的权利和专利权的归属作出约定的，从其约定。

《中华人民共和国专利法》第八条 两个以上单位或者个人合作完成的发明创造、一个单位或者个人接受其他单位或者个人委托所完成的发明创造，除另有协议的以外，申请专利的权利属于完成或者共同完成的单位或者个人；申请被批准后，申请的单位或者个人为专利权人。

《中华人民共和国专利法》第十条 专利申请权和专利权可以转让。

中国单位或者个人向外国人、外国企业或者外国其他组织转让专利申请权或者专利权的，应当依照有关法律、行政法规的规定办理手续。

转让专利申请权或者专利权的，当事人应当订立书面合同，并向国务院专利行政部门登记，由国务院专利行政部门予以公告。专利申请权或者专利权的转让自登记之日起生效。

《中华人民共和国专利法实施细则》第十二条 专利法第六条所称执行本单位的任务所完成的职务发明创造，是指：

（一）在本职工作中作出的发明创造；

（二）履行本单位交付的本职工作之外的任务所作出的发明创造；

（三）退休、调离原单位后或者劳动、人事关系终止后1年内作出的，与其在原单位承担的本职工作或者原单位分配的任务有关的发明创造。

专利法第六条所称本单位，包括临时工作单位；专利法第六条所称本单位的物质技术条件，是指本单位的资金、设备、零部件、原材料或者不对外公开的技术资料等。

【案例链接】

如何确定专利权权属？①

案情简介： 卫邦公司是一家专业从事医院静脉配液系列机器人产品及配液中心相关配套设备的研发、制造、销售及售后服务的高科技公司，于2012年9月4日申请的102847473A号专利主要用于注射科药液自动配置。李坚毅于2012年9月24日与卫邦公司签订深圳市劳动合同、员工保密合同，约定由李坚毅担任该公司生产制造部门总监，主要工作是负责研发“输液配药机器人”相关产品。李坚毅任职期间，曾以部门经理名义在研发部门采购申请表上签字，在多份加盖“受控文件”的技术图纸审核栏处签名，相关技术图纸内容涉及自动配药装置的系列设计图。此外，卫邦公司提供的工作邮件显示，李坚毅以工作邮件的方式接收研发测试情况汇报，安排测试工作并对研发测试提出相应要求，并多次参与研发方案的会议讨论。

李坚毅与卫邦公司于2013年4月17日解除劳动关系。李坚毅于2013年7月12日向国家知识产权局申请名称为“静脉用药自动配制设备和摆动型转盘式配药装置”、专

---

① 最高人民法院民事裁定书（2019）最高法民申6342号。本案系最高人民法院发布的第28批指导案例。

利号为201310293690.X的发明专利（简称“涉案专利”），涉案专利技术方案的主要内容是采用机器人完成静脉注射用药配制过程的配药装置。李坚毅为涉案专利唯一的发明人。李坚毅于2016年2月5日将涉案专利权转移至其控股的远程公司。李坚毅在入职卫邦公司前，并无从事与医疗器械、设备相关的行业从业经验或学历证明。

卫邦公司于2016年12月8日向一审法院提起诉讼，请求：①确认涉案专利的发明专利权归卫邦公司所有；②判令李坚毅、远程公司共同承担卫邦公司为维权所支付的合理开支30 000元，并共同承担诉讼费。

裁判结果：广东省深圳市中级人民法院作出民事判决：①确认卫邦公司为涉案专利的专利权人；②李坚毅、远程公司共同向卫邦公司支付合理支出30 000元。一审宣判后，李坚毅、远程公司不服，向广东省高级人民法院提起上诉。广东省高级人民法院判决驳回上诉，维持原判。李坚毅、远程公司不服，向最高人民法院申请再审。最高人民法院裁定驳回李坚毅和远程公司的再审申请。

法院认为，判断是否属于《中华人民共和国专利法实施细则》第十二条第一款第三项规定的与在原单位承担的本职工作或者原单位分配的任务“有关的发明创造”时，应注重维护原单位、离职员工以及离职员工新任职单位之间的利益平衡，综合考虑以下因素作出认定：一是离职员工在原单位承担的本职工作或原单位分配的任务的具体内容；二是涉案专利的具体情况及其与本职工作或原单位分配的任务的相互关系；三是原单位是否开展了与涉案专利有关的技术研发活动，或者有关的技术是否具有其他合法来源；四是涉案专利（申请）的权利人、发明人能否对专利技术的研发过程或者来源作出合理解释。

合规分析：企业应建立专利合规管理的相关制度，明确约定各种情形下的发明专利权属划分，规定职务发明报酬标准，明确职工的保密义务，合理进行竞业限制，从正反两面充分维护企业的专利权。

【合规建议】

企业在确认专利权权属时应区分职务专利和非职务专利。对职务专利，企业可以从使用和转让该项专利所取得的收益中提取一定比例，对完成该项专利的个人给予奖励或者报酬。企业订立技术合同转让职务专利时，职务专利的完成人享有以同等条件优先受让的权利。对于非职务专利，例如共同开发的专利，委托开发的专利，受让的专利等，企业应注意明确相关权属，可以以合同的形式视情况作出具体约定，避免产生权属纠纷。

2. 授权许可他人使用专利

【条文链接】

《中华人民共和国专利法》第十二条 任何单位或者个人实施他人专利的，应当与专利权人订立实施许可合同，向专利权人支付专利使用费。被许可人无权允许合同规定以外的任何单位或者个人实施该专利。

《中华人民共和国专利法》第五十条 专利权人自愿以书面方式向国务院专利行政部门声明愿意许可任何单位或者个人实施其专利，并明确许可使用费支付方式、标准的，由国务院专利行政部门予以公告，实行开放许可。就实用新型、外观设计专利提出开放许可声明的，应当提供专利权评价报告。

专利权人撤回开放许可声明的，应当以书面方式提出，并由国务院专利行政部门予以公告。开放许可声明被公告撤回的，不影响在先给予的开放许可的效力。

《中华人民共和国专利法》第五十一条 任何单位或者个人有意愿实施开放许可的专利的，以书面方式通知专利权人，并依照公告的许可使用费支付方式、标准支付许可使用费后，即获得专利实施许可。

开放许可实施期间，对专利权人缴纳专利年费相应给予减免。

实行开放许可的专利权人可以与被许可人就许可使用费进行协商后给予普通许可，但不得就该专利给予独占或者排他许可。

《中华人民共和国专利法》第五十三条 有下列情形之一的，国务院专利行政部门根据具备实施条件的单位或者个人的申请，可以给予实施发明专利或者实用新型专利的强制许可：

（一）专利权人自专利权被授予之日起满三年，且自提出专利申请之日起满四年，无正当理由未实施或者未充分实施其专利的；

（二）专利权人行使专利权的行为被依法认定为垄断行为，为消除或者减少该行为对竞争产生的不利影响的。

《中华人民共和国专利法》第五十六条 一项取得专利权的发明或者实用新型比前已经取得专利权的发明或者实用新型具有显著经济意义的重大技术进步，其实施又有赖于前一发明或者实用新型的实施的，国务院专利行政部门根据后一专利权人的申请，可以给予实施前一发明或者实用新型的强制许可。

在依照前款规定给予实施强制许可的情形下，国务院专利行政部门根据前一专利权人的申请，也可以给予实施后一发明或者实用新型的强制许可。

《中华人民共和国专利法实施细则》第十四条第二款 专利权人与他人订立的专利实施许可合同，应当自合同生效之日起3个月内向国务院专利行政部门备案。

【案例链接】

股东分红能否作为专利使用费的支付方式？①

案情简介：2002年4月19日，余某向国家知识产权局申请一项名为“一种抗神经衰弱的药物”的发明专利，并于2004年12月1日获得授权，专利号为ZL02117431.8。该专利权至今合法有效。从2003年12月18日至2015年2月9日，余某担任立业制药股份有限公司（简称“立业公司”）的法定代表人和董事长一职，并持有5%的公司股份。立业公司于2002年起开始实施涉案专利，并承诺视生产经营情况向余某支付报酬，但至本案起诉时，立业公司合计销售专利药品6 481 519盒，获得销售收入6 667万元，未向余某支付任何专利使用费。故余某向法院起诉要求立业公司向其支付涉案专利使用费666.7万元，支付违约金133.3万元，并立即停止实施该专利。

裁判结果：立业公司实施了余某享有专利权的涉案发明专利，应当向余某支付专利使用费。虽然专利使用费首先应当属于双方协商并形成合意的范畴。双方可以就许可的内容、方式、时间、许可费及其计算方法和支付方式等进行商谈并达成协议。然而，就本案而言，双方曾经就许可费问题进行过商谈，但是没有达成一致意见，而且

① 江苏省高级人民法院民事判决书（2016）苏民终1510号。本案系2018年江苏法院知识产权司法保障科技创新典型案例。

立业公司已经在实施余某涉案专利并形成销售和获利。因此，法院可以就涉案专利使用费进行裁判。根据《中华人民共和国专利法》《促进科技成果转化法》《中华人民共和国专利法实施细则》等法规的规定，鼓励发明创造和成果转化并给予发明创造完成人员一定的奖励是一种法律共识，且余某要求销售额的10%作为其专利实施许可费，并未超出涉案药品的正常利润范围。故对余某要求立业公司支付专利使用费666.7万元的诉讼请求予以支持。

合规分析：专利权人可以自行实施其发明，也可以在收取一定的许可使用费后，许可他人实施其发明。任何单位或个人未经专利权人许可实施其发明的，应当承担停止侵权、赔偿损失的侵权责任。企业除应注意获得相应许可之外，还应注意支付专利许可使用费。本案专利权人余某作为立业公司的股东和法定代表人多年，立业公司使用涉案专利获得了余某许可，但该公司将余某作为股东和法定代表人的收入与专利许可使用费等同，且未与余某达成一致，因此引起相关诉讼。企业在使用他人专利的过程中，应注意在专利实施许可合同中，具体约定专利许可使用费的金额及其结算方式。

【合规建议】

企业应注意区分具体情况正确使用他人专利。根据法律规定，企业正确使用他人专利权的方式有四种：

（1）经许可使用，即与专利权人签订专利许可合同。

（2）申请强制许可使用。

（3）不视为专利侵权的情形，即合理使用。

（4）其他使用情形，比如对于使用开放许可的专利等。

在使用他人专利的过程中，企业还应注意及时对专利许可合同、专利强制许可情况向专利行政部门备案。同时，企业应在许可范围内实施专利，不得滥用专利，取得强制许可的企业无权允许他人实施专利。企业还应注重证据的保存和收集，一方面以证明达到强制许可条件，另一方面用以应对诉讼风险。

（二）专利权的侵权

《中华人民共和国专利法》将专利分为三种：发明专利、实用新型专利和外观设计专利。其中，发明专利和实用新型专利的侵权判定规则与外观设计专利的侵权判定规则大有不同。因此，需要根据不同专利类型分别适用不同的侵权判定规则。

对于发明专利、实用新型专利侵权案件，法院在判定是否构成侵权时一般会适用以下判定规则：（1）审查涉案专利的有效性；（2）确定专利权的保护范围；（3）确定侵权产品或方法是否落入专利权的保护范围；（4）确定被告的抗辩理由是否成立。

对于外观设计专利侵权案件则需判断：（1）被控侵权产品或商标是否与涉外观专利为相同或近似种类（类似商品或服务）；（2）以一般消费者的认知水平和注意力进行判断。在判断是否侵害外观设计时，可能会误用同样以图形作为比较基准的商标权的侵权判断标准。在判断外观设计是否相同或近似时，应遵循“整体观察、综合判断”的原则；而判断商标是否相同或近似时，通常采用隔离观察、整体比对和主要部分比对的方法进行认定。此外，判断外观设计是否侵权只需判断被控侵权产品与案涉外观专利是否相同或近似；而在判断商标是否侵权时，在认定被控商标与案涉商标相同或近似的基础上，还需进一步判断是否构成消费者认知上的混淆。

1. 专利权侵权情形

【条文链接】

《中华人民共和国专利法》第六十五条 未经专利权人许可，实施其专利，即侵犯其专利权，引起纠纷的，由当事人协商解决；不愿协商或者协商不成的，专利权人或者利害关系人可以向人民法院起诉，也可以请求管理专利工作的部门处理。管理专利工作的部门处理时，认定侵权行为成立的，可以责令侵权人立即停止侵权行为，当事人不服的，可以自收到处理通知之日起十五日内依照《中华人民共和国行政诉讼法》向人民法院起诉；侵权人期满不起诉又不停止侵权行为的，管理专利工作的部门可以申请人民法院强制执行。进行处理的管理专利工作的部门应当事人的请求，可以就侵犯专利权的赔偿数额进行调解；调解不成的，当事人可以依照《中华人民共和国民事诉讼法》向人民法院起诉。

《中华人民共和国专利法》第六十八条 假冒专利的，除依法承担民事责任外，由负责专利执法的部门责令改正并予公告，没收违法所得，可以处违法所得五倍以下的罚款；没有违法所得或者违法所得在五万元以下的，可以处二十五万元以下的罚款；构成犯罪的，依法追究刑事责任。

《中华人民共和国专利法实施细则》第八十四条 下列行为属于专利法第六十三条（现第六十八条）规定的假冒专利的行为：

（一）在未被授予专利权的产品或者其包装上标注专利标识，专利权被宣告无效后或者终止后继续在产品或者其包装上标注专利标识，或者未经许可在产品或者产品包装上标注他人的专利号；

（二）销售第（一）项所述产品；

（三）在产品说明书等材料中将未被授予专利权的技术或者设计称为专利技术或者专利设计，将专利申请称为专利，或者未经许可使用他人的专利号，使公众将所涉及的技术或者设计误认为是专利技术或者专利设计；

（四）伪造或者变造专利证书、专利文件或者专利申请文件；

（五）其他使公众混淆，将未被授予专利权的技术或者设计误认为是专利技术或者专利设计的行为。

专利权终止前依法在专利产品、依照专利方法直接获得的产品或者其包装上标注专利标识，在专利权终止后许诺销售、销售该产品的，不属于假冒专利行为。

销售不知道是假冒专利的产品，并且能够证明该产品合法来源的，由管理专利工作的部门责令停止销售，但免除罚款的处罚。

（1）发明、实用新型专利侵权。

《最高人民法院关于审理侵犯专利权纠纷案件应用法律若干问题的解释（二）》第九条 被诉侵权技术方案不能适用于权利要求中使用环境特征所限定的使用环境的，人民法院应当认定被诉侵权技术方案未落入专利权的保护范围。

《最高人民法院关于审理侵犯专利权纠纷案件应用法律若干问题的解释（二）》第十条 对于权利要求中以制备方法界定产品的技术特征，被诉侵权产品的制备方法与其不相同也不等同的，人民法院应当认定被诉侵权技术方案未落入专利权的保护范围。

《最高人民法院关于审理侵犯专利权纠纷案件应用法律若干问题的解释（二）》第十二条 权利要求采用“至少”“不超过”等用语对数值特征进行界定，且本领域普通技术人员阅读权利要求书、说明书及附图后认为专利技术方案特别强调该用语对技术特征的限定作用，权利人主张与其不相同的数值特征属于等同特征的，人民法院不予支持。

（2）外观设计专利侵权。

《最高人民法院关于审理侵犯专利权纠纷案件应用法律若干问题的解释》第八条 在与外观设计专利产品相同或者相近种类产品上，采用与授权外观设计相同或者近似的外观设计的，人民法院应当认定被诉侵权设计落入专利法第五十九条第二款（现为六十四条第二款）规定的外观设计专利权的保护范围。

《最高人民法院关于审理侵犯专利权纠纷案件应用法律若干问题的解释》第九条 人民法院应当根据外观设计产品的用途，认定产品种类是否相同或者相近。确定产品的用途，可以参考外观设计的简要说明、国际外观设计分类表、产品的功能以及产品销售、实际使用的情况等因素。

《最高人民法院关于审理侵犯专利权纠纷案件应用法律若干问题的解释》第十条 人民法院应当以外观设计专利产品的一般消费者的知识水平和认知能力，判断外观设计是否相同或者近似。

《最高人民法院关于审理侵犯专利权纠纷案件应用法律若干问题的解释》第十一条第一款 人民法院认定外观设计是否相同或者近似时，应当根据授权外观设计、被诉侵权设计的设计特征，以外观设计的整体视觉效果进行综合判断；对于主要由技术功能决定的设计特征以及对整体视觉效果不产生影响的产品的材料、内部结构等特征，应当不予考虑。

【合规建议】

企业在利用专利进行技术研发的过程中，应当对所采用的核心技术进行全面审查，避免侵犯他人的专利权。技术型企业尤其应当积极建立相应的专利管理制度，防范专利纠纷诉讼风险。

2. 专利权被侵害时的证据收集

【条文链接】

《中华人民共和国专利法》第七十二条 专利权人或者利害关系人有证据证明他人正在实施或者即将实施侵犯专利权、妨碍其实现权利的行为，如不及时制止将会使其合法权益受到难以弥补的损害的，可以在起诉前依法向人民法院申请采取财产保全、责令作出一定行为或者禁止作出一定行为的措施。

《最高人民法院关于修改〈最高人民法院关于审理专利纠纷案件适用法律问题的若干规定〉的决定》第十三条 人民法院对专利权进行财产保全，应当向国务院专利行政部门发出协助执行通知书，载明要求协助执行的事项，以及对专利权保全的期限，并附人民法院作出的裁定书。

对专利权保全的期限一次不得超过六个月，自国务院专利行政部门收到协助执行通知书之日起计算。如果仍然需要对该专利权继续采取保全措施的，人民法院应当在保全期限届满前向国务院专利行政部门另行送达继续保全的协助执行通知书。保全期限届满前未送达的，视为自动解除对该专利权的财产保全。

人民法院对出质的专利权可以采取财产保全措施，质权人的优先受偿权不受保全措施的影响；专利权人与被许可人已经签订的独占实施许可合同，不影响人民法院对该专利权进行财产保全。

人民法院对已经进行保全的专利权，不得重复进行保全。

《中华人民共和国专利法》第七十三条 为了制止专利侵权行为，在证据可能灭失或者以后难以取得的情况下，专利权人或者利害关系人可以在起诉前依法向人民法院申请保全证据。

（三）假冒专利罪的刑事责任

【条文链接】

《中华人民共和国刑法》第二百一十六条 假冒他人专利，情节严重的，处三年以下有期徒刑或者拘役，并处或者单处罚金。

《最高人民法院 最高人民检察院关于办理侵犯知识产权刑事案件具体应用法律若干问题的解释》第四条 假冒他人专利，具有下列情形之一的，属于刑法第二百一十六条规定的“情节严重”，应当以假冒专利罪判处三年以下有期徒刑或者拘役，并处或者单处罚金：

（一）非法经营数额在二十万元以上或者违法所得数额在十万元以上的；

（二）给专利权人造成直接经济损失五十万元以上的；

（三）假冒两项以上他人专利，非法经营数额在十万元以上或者违法所得数额在五万元以上的；

（四）其他情节严重的情形。

【合规建议】

企业在制造、销售专利产品过程中，须注意防范以下风险：

（1）在未被授予专利权的产品或者其包装上标注专利标识，专利权被宣告无效后或者终止后继续在产品或者其包装上标注专利标识，或者未经许可在产品或者产品包装上标注他人的专利号。

（2）在产品说明书等材料中将未被授予专利权的技术或者设计称为专利技术或者专利设计，将专利申请称为专利，或者未经许可使用他人的专利号，使公众将所涉及的技术或者设计误认为是专利技术或者专利设计。

（3）伪造或者变造专利证书、专利文件或者专利申请文件。

（4）其他使公众混淆，将未被授予专利权的技术或者设计误认为是专利技术或者专利设计的行为。

三、著作权

著作权作为传统的知识产权，也是企业知识产权合规的重点领域，其合规风险主要包括五个部分：（1）权属确定的风险，涉及职务作品、委外创作、版权商等多个情景；（2）侵权风险，常见情形是不当使用作品素材侵犯他人著作权；（3）互联网信息网络传播权侵权；（4）著作权的许可使用与转让中所面临的合规风险；（5）著作权领域的刑事犯罪风险。

在数字经济时代，软件作为支撑计算、网络、数据的基础，发挥着至关重要的作用，例如在人工智能、通信、云计算、大数据、物联网等领域，均涉及大量的计算机软件。由于计算机软件与一般著作权客体的显著区别，以及计算机软件侵权案件自身的高度技术性，计算机软件著作权侵权已经成为著作权侵权司法实践中的难点问题。

（一）著作权的范围

【条文链接】

《中华人民共和国著作权法》第三条 本法所称的作品，是指文学、艺术和科学领域内具有独创性并能以一定形式表现的智力成果，包括：

（一）文字作品；

（二）口述作品；

（三）音乐、戏剧、曲艺、舞蹈、杂技艺术作品；

（四）美术、建筑作品；

（五）摄影作品；

（六）视听作品；

（七）工程设计图、产品设计图、地图、示意图等图形作品和模型作品；

（八）计算机软件；

（九）符合作品特征的其他智力成果。

《中华人民共和国著作权法实施条例》第二条 著作权法所称作品，是指文学、艺术和科学领域内具有独创性并能以某种有形形式复制的智力成果。

【案例链接】

著作权的保护范围如何确定？①

案情简介：2009年1月，原告左尚明舍家居用品（上海）有限公司（简称“左尚明舍公司”）设计了一款名称为“唐韵衣帽间家具”的家具图。同年7月，左尚明舍公司委托上海傲世摄影设计有限公司对其制作的系列家具拍摄照片。2011年9月、10月，左尚明舍公司先后在和家网、搜房网进行企业及产品介绍与宣传，同时展示了其生产的“唐韵衣帽间家具”产品照片。2013年12月10日，左尚明舍公司申请对“唐韵衣帽间组合柜”立体图案进行著作权登记。

被告南京梦阳家具销售中心（简称“梦阳销售中心”）为被告北京中融恒盛木业有限公司（简称“中融公司”）在南京地区的代理经销商。左尚明舍公司发现梦阳销售中心门店销售品牌为“越界”的“唐韵红木衣帽间”与“唐韵衣帽间组合柜”完全一致。左尚明舍公司认为，“唐韵衣帽间组合柜”属于实用艺术作品，中融公司侵犯了左尚明舍公司对该作品享有的复制权、发行权；梦阳销售中心侵犯了左尚明舍公司对该作品的发行权。2013年11月29日至2014年1月13日，左尚明舍公司对被诉侵权产品申请保全证据，并提起了本案诉讼。

将左尚明舍公司的“唐韵衣帽间家具”与被诉侵权产品“唐韵红木衣帽间”进行比对，二者相似之处在于：整体均呈L形，衣柜门板布局相似，配件装饰相同，板材花色纹路、整体造型相似等，上述相似部分主要体现在艺术方面；不同之处主要在于L

① 最高人民法院民事裁定书（2018）最高法民申6061号。本案系最高人民法院发布的第28批指导性案例。

形拐角角度和柜体内部空间分隔，体现于实用功能方面，且对整体视觉效果并无影响，不会使二者产生明显差异。

裁判结果：江苏省南京市中级人民法院于2014年12月16日作出（2014）宁知民初字第126号民事判决：驳回左尚明舍公司的诉讼请求。左尚明舍公司不服一审判决，提起上诉。江苏省高级人民法院于2016年8月30日作出（2015）苏知民终字第00085号民事判决：①撤销江苏省南京市中级人民法院（2014）宁知民初字第126号民事判决；②中融公司立即停止生产、销售侵害左尚明舍公司“唐韵衣帽间家具”作品著作权的产品的行为；③梦阳销售中心立即停止销售侵害左尚明舍公司“唐韵衣帽间家具”作品著作权的产品的行为；④中融公司于本判决生效之日起十日内赔偿左尚明舍公司经济损失（包括合理费用）30万元；⑤驳回左尚明舍公司的其他诉讼请求。中融公司不服，向最高人民法院申请再审。最高人民法院于2018年12月29日作出（2018）最高法民申6061号裁定，驳回中融公司的再审申请。

法院认为，对于具有独创性、艺术性、实用性、可复制性，且艺术性与实用性能够分离的实用艺术品，可以认定为实用艺术作品，并作为美术作品受著作权法的保护。受著作权法保护的实用艺术作品必须具有艺术性，著作权法保护的是实用艺术作品的艺术性而非实用性。

合规分析：我国著作权法所保护的是作品中作者具有独创性的表达，而不保护作品中所反映的思想本身。实用艺术品本身既具有实用性，又具有艺术性。实用功能属于思想范畴不应受著作权法保护，作为实用艺术作品受到保护的仅仅在于其艺术性，即保护实用艺术作品上具有独创性的艺术造型或艺术图案，亦即该艺术品的结构或形式。作为美术作品中受著作权法保护的实用艺术作品，除同时满足关于作品的一般构成要件及其美术作品的特殊构成条件外，还应满足其实用性与艺术性可以相互分离的条件。在实用艺术品的实用性与艺术性不能分离的情况下，不能成为受著作权法保护的美术作品。企业在进行产品设计时，若想落入著作权法的保护范围，需注意作品的艺术性，尽量使实用艺术品的实用性与艺术性可以分离。

【合规建议】

根据我国现行法律规定，受著作权法保护的作品需满足“独创性”和“以某种有形形式复制”两个要件。但我国法律并未对作品的独创性作出明确界定，学界也尚未对作品独创性的认定标准达成共识。目前我国司法实践中普遍采取“接触+实质性相似”为认定标准。根据这一标准，首先需判断侵权行为人是否有接触作品的可能性，然后再判断两个作品是否构成实质性相似。同时满足这两个条件即认定构成侵权。因此，企业应注意保证作品的独创性，做好作品的实质性审查工作，对创作过程中的沟通记录以及过程性文件进行备份，归档保存，以免陷入侵害著作权的纠纷。

（二）著作权的主体

【条文链接】

《中华人民共和国著作权法》第十一条 著作权属于作者，本法另有规定的除外。

创作作品的自然人是作者。

由法人或者非法人组织主持，代表法人或者非法人组织意志创作，并由法人或者非法人组织承担责任的作品，法人或者非法人组织视为作者。

《中华人民共和国著作权法》第十二条 在作品上署名的自然人、法人或者非法人组织为作者，且该作品上存在相应权利，但有相反证明的除外。

作者等著作权人可以向国家著作权主管部门认定的登记机构办理作品登记。

与著作权有关的权利参照适用前两款规定。

《中华人民共和国著作权法》第十三条 改编、翻译、注释、整理已有作品而产生的作品，其著作权由改编、翻译、注释、整理人享有，但行使著作权时不得侵犯原作品的著作权。

《中华人民共和国著作权法》第十四条 两人以上合作创作的作品，著作权由合作作者共同享有。没有参加创作的人，不能成为合作作者。

合作作品的著作权由合作作者通过协商一致行使；不能协商一致，又无正当理由的，任何一方不得阻止他方行使除转让、许可他人专有使用、出质以外的其他权利，但是所得收益应当合理分配给所有合作作者。

合作作品可以分割使用的，作者对各自创作的部分可以单独享有著作权，但行使著作权时不得侵犯合作作品整体的著作权。

《中华人民共和国著作权法》第十五条 汇编若干作品、作品的片段或者不构成作品的数据或者其他材料，对其内容的选择或者编排体现独创性的作品，为汇编作品，其著作权由汇编人享有，但行使著作权时，不得侵犯原作品的著作权。

《中华人民共和国著作权法》第十六条 使用改编、翻译、注释、整理、汇编已有作品而产生的作品进行出版、演出和制作录音录像制品，应当取得该作品的著作权人和原作品的著作权人许可，并支付报酬。

《中华人民共和国著作权法》第十七条 视听作品中的电影作品、电视剧作品的著作权由制作者享有，但编剧、导演、摄影、作词、作曲等作者享有署名权，并有权按照与制作者签订的合同获得报酬。

前款规定以外的视听作品的著作权归属由当事人约定；没有约定或者约定不明确的，由制作者享有，但作者享有署名权和获得报酬的权利。

视听作品中的剧本、音乐等可以单独使用的作品的作者有权单独行使其著作权。

《中华人民共和国著作权法》第十八条 自然人为完成法人或者非法人组织工作任务所创作的作品是职务作品，除本条第二款的规定以外，著作权由作者享有，但法人或者非法人组织有权在其业务范围内优先使用。作品完成两年内，未经单位同意，作者不得许可第三人以与单位使用的相同方式使用该作品。

有下列情形之一的职务作品，作者享有署名权，著作权的其他权利由法人或者非法人组织享有，法人或者非法人组织可以给予作者奖励：

（一）主要是利用法人或者非法人组织的物质技术条件创作，并由法人或者非法人组织承担责任的工程设计图、产品设计图、地图、示意图、计算机软件等职务作品；

（二）报社、期刊社、通讯社、广播电台、电视台的工作人员创作的职务作品；

（三）法律、行政法规规定或者合同约定著作权由法人或者非法人组织享有的职务作品。

《中华人民共和国著作权法》第十九条 受委托创作的作品，著作权的归属由委托人和受托人通过合同约定。合同未作明确约定或者没有订立合同的，著作权属于受托人。

《中华人民共和国著作权法》第二十条 作品原件所有权的转移，不改变作品著作权的归属，但美术、摄影作品原件的展览权由原件所有人享有。

作者将未发表的美术、摄影作品的原件所有权转让给他人，受让人展览该原件不构成对作者发表权的侵犯。

《中华人民共和国著作权法》第二十一条 著作权属于自然人的，自然人死亡后，其本法第十条第一款第五项至第十七项规定的权利在本法规定的保护期内，依法转移。

著作权属于法人或者非法人组织的，法人或者非法人组织变更、终止后，其本法第十条第一款第五项至第十七项规定的权利在本法规定的保护期内，由承受其权利义务的法人或者非法人组织享有；没有承受其权利义务的法人或者非法人组织的，由国家享有。

【案例链接】

软件著作权的归属？①

案情简介：政采公司作为原告向法院提起诉讼，起诉请求：①确认政采公司是诉争软件唯一的著作权人；②国信商通公司停止对诉争软件著作权的侵害并消除影响，即撤销就诉争软件的著作权登记；③国信商通公司赔偿政采公司经济损失50万元。事实和理由：政采公司自成立以来，长期从事招投标采购软件开发业务，2009年1月，政采公司与国信创新公司以货币出资方式共同设立国信商通公司。依据设立合同、公司章程、公司机关决议等，国信商通公司以运营“阳光易购采购交易平台”为主业，政采公司开发该平台构建、运营所需软件“阳光易购”软件，并以许可国信商通公司使用该软件著作权的方式，提供技术支持。国信商通公司于2016年8月10日，擅自将政采公司开发并享有著作权的诉争软件作为其自己的软件进行登记，该行为导致权属争议，且属于《计算机软件保护条例》第二十三条列明的侵权行为，故提起本案诉讼。

国信商通公司答辩称：国信商通公司的股东在国信商通公司成立时，对国信商通公司运营所需的项目软件所有权规定明确，应归属于国信商通公司。政采公司开发、维护诉争软件、提供技术支持等，均属于履行合资协议义务和国信商通公司决议的行为。相应的，政采公司关于国信商通公司存在侵权行为、应承担赔偿责任的主张不能成立。综上，请求驳回政采公司的全部诉讼请求。

裁判结果：《计算机软件保护条例》第九条规定，软件著作权属于软件开发者，本条例另有规定的除外。如无相反证明，在软件上署名的自然人、法人或者其他组织为开发者。一般而言，计算机软件著作权归属于开发者，当事人提交的登记证书等证据可以作为署名证据推定其为开发者，对该推定有异议应当提交相反证据。本案中，政采公司提交的多份证据材料，其用意即在于证明政采公司是诉争软件的实际开发者。

但是，《计算机软件保护条例》第九条确定的权属认定标准并非适用于所有情况。例如，《计算机软件保护条例》第十一条规定，接受他人委托开发的软件，其著作权的归属由委托人与受托人签订书面合同约定；无书面合同或者合同未作明确约定的，其著作权由受托人享有。可见，对合作作品、委托创作作品等作品的权属认定，应当优先以当事人之间的约定为准。

本案中，合资协议是国信创新公司与政采公司真实意思表示一致的结果，不违反

① 中华人民共和国最高人民法院民事判决书（2020）最高法知民终1238号。

法律、行政法规的规定，合法有效。国信商通公司系依据该合资协议设立的公司，合资协议对三方均有约束力。

根据合资协议的约定，国信创新公司与政采公司合资设立国信商通公司，合作目标是建设运营电子化新平台。国信商通公司成立后，搭建招投标、采购平台属于其重点工作。随着工作深入，电子化新平台的名称确定为“阳光易购电子竞价采购公共服务平台”，最后登记为诉争软件现有名称。由此可见，诉争软件即合资协议中所指的“电子化新平台”。合资协议第5.3条明确对诉争软件权属进行了约定：经过双方努力，项目建成测试正式通过并进入运营后，合作公司拥有作为最终产品的项目软件的所有权，乙方开发项目软件的技术平台及相关知识产权仍属乙方所有。因此，对诉争软件而言，其著作权权属的认定，应以合资协议中关于权属的约定为依据。

对上述约定的内容，政采公司认为，国信商通公司拥有诉争软件存储介质有体物的所有权，但是相关软件的知识产权仍归属政采公司。国信商通公司认为，“所有权”之前并未有任何限定条件，诉争软件的所有权就是指其著作权的所有权，因此诉争软件的著作权归属于国信商通公司。

由于政采公司与国信商通公司对合资协议第5.3条的理解存在争议，因此，需要确定该条款的真实意思。合资协议第5.3条对作为最终产品的项目软件的所有权与政采公司开发项目软件的技术平台及相关知识产权的权利归属区分约定，可见，对不同的客体，其权利归属是不同的。根据合资协议对双方现有资源的认定，在诉争软件存在之前，政采公司拥有相关软件半成品、成熟的模块，因此，合资协议所指的技术平台应指政采公司提供的用以开发诉争软件的软件，其相关知识产权属于政采公司。而合资协议提及所有权的客体，为“作为最终产品的项目软件”，由于合资协议明确表明合作目标即开发、运营诉争软件，因此，此处所有权的客体即诉争软件。严格从法律术语而言，所有权与知识产权所针对的客体是不同的，但合资协议并非法学论文，对其用语应当结合协议的具体约定进行理解。首先，合资协议并未在所有权之前写明“项目软件存储介质”等物。其次，如果国信商通公司获得的只是存储有诉争软件介质的所有权，实际上无法独立运营诉争软件，而从合资协议签订的目的看，设立国信商通公司即为了开发、研制、运营诉争软件。由此可见，合资协议此处所指所有权并非原物权法语境下“所有权”的含义，应指包括著作权在内的全部权利。

因此，合资协议约定了诉争软件的著作权归属于国信商通公司，政采公司应遵守该协议之约定，其关于确认诉争软件的唯一著作权人为政采公司的主张不能成立。相应的，政采公司基于其享有诉争软件著作权而提出的经济损失赔偿主张也不能成立。

合规分析：计算机软件的著作权一般情况下属于软件开发者，但若是委托开发或合作开发的软件，其著作权归属由委托人和受托人签订合同约定。因此，对于合作作品、委托作品等作品的权属认定，应当优先以当事人之间的约定为主。本案中，由于政采公司和国信创新公司签订有合资协议，协议中约定了双方投资设立的国信商通公司拥有软件著作权。所以，即便政采公司有理由证明其是软件开发者，也不能突破双方协议的限制而拥有软件著作权。

【合规建议】

与专利权、商标权不同，著作权自作品创作完成之日起即自动产生，一般不需要注册授权程序就可以享有权利。即便是需要进行著作权登记的软件，通常也不会要求登记软件作品完整的源代码。上述原因导致著作权的侵权行为可能更具隐蔽性。企业软件著作权保护的第一步，就是如何证明自己是软件的著作权人。企业在软件开发、销售和服务过程中，应当注意通过以下方式表明自己的著作权人身份，并注意留存相关证据：

（1）在软件源代码中通过注释、头文件等方式，进行著作权声明，表明软件的名称、版本、开发时间以及作者。

（2）在目标程序的用户界面、用户协议等处，再次进行著作权声明。

（3）在提供软件的链接、网页，以及销售平台、渠道中再次进行著作权声明。

（4）对于重要的软件，进行计算机软件著作权登记，获得计算机软件著作权证书。

（5）对于各个软件版本，企业最好可以自行通过时间戳等方式，固定和证明软件的内容、开发时间和权利人。

（6）保留软件开发过程记录，包括任务分配、开发调试过程、软件测试、软件发布上线等记录。

（7）对于经过第三方机构进行认证的软件，认证机构的证明也可以作为软件著作权的权属证据。

（8）对于许可或转让获得的软件，需要具有取得权利的合同。

（9）对于许可或转让获得的软件，也可以提供符合行业惯例的权利人声明。

对于上述证明企业享有软件著作权的证据，需要注意其署名方式应该符合该软件的特点和行业惯例，同时，也要注意软件的各个版本、证书等的署名应当保持一致。

（三）著作权的侵权

【条文链接】

《中华人民共和国著作权法》第二十四条 在下列情况下使用作品，可以不经著作权人许可，不向其支付报酬，但应当指明作者姓名或者名称、作品名称，并且不得影响该作品的正常使用，也不得不合理地损害著作权人的合法权益：

（一）为个人学习、研究或者欣赏，使用他人已经发表的作品；

（二）为介绍、评论某一作品或者说明某一问题，在作品中适当引用他人已经发表的作品；

（三）为报道新闻，在报纸、期刊、广播电台、电视台等媒体中不可避免地再现或者引用已经发表的作品；

（四）报纸、期刊、广播电台、电视台等媒体刊登或者播放其他报纸、期刊、广播电台、电视台等媒体已经发表的关于政治、经济、宗教问题的时事性文章，但著作权人声明不许刊登、播放的除外；

（五）报纸、期刊、广播电台、电视台等媒体刊登或者播放在公众集会上发表的讲话，但作者声明不许刊登、播放的除外；

（六）为学校课堂教学或者科学研究，翻译、改编、汇编、播放或者少量复制已经发表的作品，供教学或者科研人员使用，但不得出版发行；

（七）国家机关为执行公务在合理范围内使用已经发表的作品；

（八）图书馆、档案馆、纪念馆、博物馆、美术馆、文化馆等为陈列或者保存版本的需要，复制本馆收藏的作品；

（九）免费表演已经发表的作品，该表演未向公众收取费用，也未向表演者支付报酬，且不以营利为目的；

（十）对设置或者陈列在公共场所的艺术作品进行临摹、绘画、摄影、录像；

（十一）将中国公民、法人或者非法人组织已经发表的以国家通用语言文字创作的作品翻译成少数民族语言文字作品在国内出版发行；

（十二）以阅读障碍者能够感知的无障碍方式向其提供已经发表的作品；

（十三）法律、行政法规规定的其他情形。

前款规定适用于对与著作权有关的权利的限制。

《中华人民共和国著作权法》第二十五条 为实施义务教育和国家教育规划而编写出版教科书，可以不经著作权人许可，在教科书中汇编已经发表的作品片段或者短小的文字作品、音乐作品或者单幅的美术作品、摄影作品、图形作品，但应当按照规定向著作权人支付报酬，指明作者姓名或者名称、作品名称，并且不得侵犯著作权人依照本法享有的其他权利。

前款规定适用于对与著作权有关的权利的限制。

《中华人民共和国著作权法》第四十九条 为保护著作权和与著作权有关的权利，权利人可以采取技术措施。

未经权利人许可，任何组织或者个人不得故意避开或者破坏技术措施，不得以避开或者破坏技术措施为目的制造、进口或者向公众提供有关装置或者部件，不得故意为他人避开或者破坏技术措施提供技术服务。但是，法律、行政法规规定可以避开的情形除外。

本法所称的技术措施，是指用于防止、限制未经权利人许可浏览、欣赏作品、表演、录音录像制品或者通过信息网络向公众提供作品、表演、录音录像制品的有效技术、装置或者部件。

《中华人民共和国著作权法》第五十一条 未经权利人许可，不得进行下列行为：

（一）故意删除或者改变作品、版式设计、表演、录音录像制品或者广播、电视上的权利管理信息，但由于技术上的原因无法避免的除外；

（二）知道或者应当知道作品、版式设计、表演、录音录像制品或者广播、电视上的权利管理信息未经许可被删除或者改变，仍然向公众提供。

《中华人民共和国著作权法》第五十二条 有下列侵权行为的，应当根据情况，承担停止侵害、消除影响、赔礼道歉、赔偿损失等民事责任：

（一）未经著作权人许可，发表其作品的；

（二）未经合作作者许可，将与他人合作创作的作品当作自己单独创作的作品发表的；

（三）没有参加创作，为谋取个人名利，在他人作品上署名的；

（四）歪曲、篡改他人作品的；

（五）剽窃他人作品的；

（六）未经著作权人许可，以展览、摄制视听作品的方法使用作品，或者以改编、翻译、注释等方式使用作品的，本法另有规定的除外；

（七）使用他人作品，应当支付报酬而未支付的；

（八）未经视听作品、计算机软件、录音录像制品的著作权人、表演者或者录音录像制作者许可，出租其作品或者录音录像制品的原件或者复制件的，本法另有规定的除外；

（九）未经出版者许可，使用其出版的图书、期刊的版式设计的；

（十）未经表演者许可，从现场直播或者公开传送其现场表演，或者录制其表演的；

（十一）其他侵犯著作权以及与著作权有关的权利的行为。

《中华人民共和国著作权法》第五十四条 侵犯著作权或者与著作权有关的权利的，侵权人应当按照权利人因此受到的实际损失或者侵权人的违法所得给予赔偿；权利人的实际损失或者侵权人的违法所得难以计算的，可以参照该权利使用费给予赔偿。对故意侵犯著作权或者与著作权有关的权利，情节严重的，可以在按照上述方法确定数额的一倍以上五倍以下给予赔偿。

权利人的实际损失、侵权人的违法所得、权利使用费难以计算的，由人民法院根据侵权行为的情节，判决给予五百元以上五百万元以下的赔偿。

赔偿数额还应当包括权利人为制止侵权行为所支付的合理开支。

人民法院为确定赔偿数额，在权利人已经尽了必要举证责任，而与侵权行为相关的账簿、资料等主要由侵权人掌握的，可以责令侵权人提供与侵权行为相关的账簿、资料等；侵权人不提供，或者提供虚假的账簿、资料等的，人民法院可以参考权利人的主张和提供的证据确定赔偿数额。

人民法院审理著作权纠纷案件，应权利人请求，对侵权复制品，除特殊情况外，责令销毁；对主要用于制造侵权复制品的材料、工具、设备等，责令销毁，且不予补偿；或者在特殊情况下，责令禁止前述材料、工具、设备等进入商业渠道，且不予补偿。

《最高人民法院关于审理著作权民事纠纷案件适用法律若干问题的解释》第二十四条 权利人的实际损失，可以根据权利人因侵权所造成复制品发行减少量或者侵权复制品销售量与权利人发行该复制品单位利润乘积计算。发行减少量难以确定的，按照侵权复制品市场销售量确定。

《最高人民法院关于审理著作权民事纠纷案件适用法律若干问题的解释》第二十五条 权利人的实际损失或者侵权人的违法所得无法确定的，人民法院根据当事人的请求或者依职权适用著作权法第四十九条第二款的规定确定赔偿数额。

人民法院在确定赔偿数额时，应当考虑作品类型、合理使用费、侵权行为性质、后果等情节综合确定。

当事人按照本条第一款的规定就赔偿数额达成协议的，应当准许。

《最高人民法院关于审理著作权民事纠纷案件适用法律若干问题的解释》第二十六条 著作权法第四十九条第一款规定的制止侵权行为所支付的合理开支，包括权利人或者委托代理人对侵权行为进行调查、取证的合理费用。

人民法院根据当事人的诉讼请求和具体案情，可以将符合国家有关部门规定的律师费用计算在赔偿范围内。

【案例链接】

合理使用还是侵权？①

案情简介：电影《80后的独立宣言》由浙江新影年代文化传播有限公司投资制作，于2014年2月21日正式上映。为配合该电影的上映宣传，该公司制作了被控侵权海报，并提供给华谊兄弟上海影院管理有限公司，华谊公司在其官方微博上使用了该海报。在该海报上，上方三分之二的篇幅中突出男女主角人物形象及主演姓名，背景则零散分布着诸多美术形象，包括少先队员参加升旗仪式、黑白电视机、缝纫机、二八式自行车等。涉案的“葫芦娃”“黑猫警长”卡通形象分别居于男女主角的左右两侧，其他背景图案大小基本相同。

本案原告上海美术电影制片厂发现该海报后认为，根据已生效的法院判决，其对“葫芦娃”“黑猫警长”两个美术作品享有著作权。新影年代公司未经许可，使用两个角色形象构成对其修改权、复制权、发行权、信息网络传播权的侵犯。华谊兄弟公司在其新浪官方微博上发布了该电影的涉案海报，构成对其信息网络传播权的侵犯，并与新影年代公司构成共同侵权，请求判令两公司连带赔偿上美影厂经济损失及维权费用合计53万余元。

裁判结果：法院经审理认定新影年代公司在电影海报中对“葫芦娃”“黑猫警长”美术作品的使用属于著作权法所规定的合理使用，据此判决驳回上美影厂的诉讼请求。随后原告提出上诉，二审法院经审理，判决驳回上诉，维持原判。

本案涉及的情况是《中华人民共和国著作权法》合理使用制度中的第二种情况，即“为介绍、评论某一作品或者说明某一问题，在作品中适当引用他人已经发表的作品”。在判断这种情况下是否构成合理使用时，可分为两步。首先应综合考虑几大因素：被引用作品是否已经公开发表、引用他人作品的目的、被引用作品占整个作品的比例、是否会对原作品的正常使用或市场销售造成不良影响等。其次，在考察使用的目的和性质要素时应关注在使用过程中是否对原作品内容进行了转换，如果使原作品产生新的信息、新的美学、新的认识和理解，就属于典型的合理使用行为。

从综合考虑几大因素来看，本案中的“葫芦娃”和“黑猫警长”卡通形象早已在20世纪80年代播出的动画片中发表。而在该电影海报中使用两个卡通形象是为了将其与出现在海报中的其他具有时代特征的形象相组合，以突出说明电影主角的身份和年龄层，体现“80后”群体生长年代的时代特征。

从被引用作品占整个作品的比例来看，被引用作品的面积占海报面积较小，并未突出显示，只是属于辅助、配角、从属的地位。从引用是否会对原告作品的正常使用造成影响来看，除了海报中的使用，被告的电影宣传文案中未涉及“葫芦娃”“黑猫警长”内容，不至于吸引对该两个美术作品有特定需求的受众，与原告美影厂自身作品的正常使用没有冲突，在市场上未形成竞争关系，因此对原告作品的正常使用没有造成影响。

再从转换性使用的角度考虑，电影海报中引用“葫芦娃”“黑猫警长”美术作品不再是单纯的再现“葫芦娃”“黑猫警长”美术作品的艺术美感和功能，而是反映共同经

① 上海知识产权法院民事判决书（2015）沪知民终字第730号。

历20世纪80年代的电影主角的年龄特征。也就是说，两个美术作品均被注入了新的内容、含义和信息，呈现了完全不同的审美和艺术表达。其原有的艺术价值功能发生了转换，而且转换性程度较高，属于合理使用行为。

在考虑引用是否适度时，应结合包括“为介绍、评论某一作品或者说明某一问题”这一使用的目的和性质在内的相关因素，判断新作品是否对原作品进行转换性使用，而不是简单地替代。

在本案中，“葫芦娃”“黑猫警长”美术作品相对于电影主角来看，比例很小，符合背景图案的功能。同时两个作品与其他背景图案比例协调，并不存在相对于其他背景图案突出呈现且比例过大的情况。另外，这两个美术作品是20世纪80年代具有代表性的动画形象，其如今以美术作品单纯的欣赏性使用作为正常使用的情况不多。因此，相关公众对该作品的使用需求通常情况下不太可能通过观赏涉案电影海报就能满足，从而放弃对原有作品的选择使用。所以此案中的电影海报引用“葫芦娃”“黑猫警长”美术作品不会产生替代性使用，亦不会影响权利人的正常使用，应当认定为适当引用。

合规分析：任何权利的行使都存在一定的边界，权利的无限扩张必然导致垄断的产生，因此对权利进行合理的限制显得尤为必要。《中华人民共和国著作权法》中的合理使用制度就是这样一种对权利的限制，即保护作品作者权利的同时，对著作权进行限制，允许作品的使用者在不经作者许可的基础上有条件地使用作品。这种制度既保护了作者的智力成果，又促进了作品的传播，对科学文化发展起到了重要作用。

一直以来，合理使用制度被认为是一种平衡，即在著作权人的利益与使用人的需要之间保持平衡。一方面，我们要维护著作权人的利益，激发其创作热情；另一方面，我们又要对这种权利予以必要的限制，以保护社会利益。

【合规建议】

法院认定著作权侵权通常考虑三个因素：（1）是否有侵权的事实，即行为人未经著作权人许可，不按著作权法规定的使用条件，擅自使用著作权人的作品，以及表演、音像制品和广播电视节目等行为；（2）行为人的行为是否具有违法性；（3）行为人主观上是否存在过错。

企业应注意未经著作权人许可，不得在产品以及产品说明书、广告宣传册、企业网站上，使用他人享有著作权的图片、字体、文字说明等。在公司门户网站上，不得擅自上传或链接他人的音乐作品、电影、电视剧等。做好对所使用作品的实质审查工作，注意超出引用目的和必要程度的使用作品行为不构成合理使用。

企业还应注意把握著作权侵权案件赔偿数额的确定规则。按照《中华人民共和国著作权法》的规定，能确定实际损失或违法所得的，依照实际损失或违法所得数额赔偿，不能确定的可以参照权利使用费，都不能确定的由法院在500元至500万元之间裁量。《最高人民法院关于审理著作权民事纠纷案件适用法律若干问题的解释》第二十四条规定了实际损失的计算方式：“实际损失＝侵权造成的复制品发行减少量（或侵权复制品销售量）×权利人发行该复制品单位利润。”但需注意的是，实际损失数额由权利人举证证明。因此，企业应注意保存收集证据，例如保存经营过程中的相关合同和发票等。

（四）刑事责任

1. 侵犯著作权罪

【条文链接】

《中华人民共和国刑法》第二百一十七条 以营利为目的，有下列侵犯著作权或者与著作权有关的权利的情形之一，违法所得数额较大或者有其他严重情节的，处三年以下有期徒刑，并处或者单处罚金；违法所得数额巨大或者有其他特别严重情节的，处三年以上十年以下有期徒刑，并处罚金：

（一）未经著作权人许可，复制发行、通过信息网络向公众传播其文字作品、音乐、美术、视听作品、计算机软件及法律、行政法规规定的其他作品的；

（二）出版他人享有专有出版权的图书的；

（三）未经录音录像制作者许可，复制发行、通过信息网络向公众传播其制作的录音录像的；

（四）未经表演者许可，复制发行录有其表演的录音录像制品，或者通过信息网络向公众传播其表演的；

（五）制作、出售假冒他人署名的美术作品的；

（六）未经著作权人或者与著作权有关的权利人许可，故意避开或者破坏权利人为其作品、录音录像制品等采取的保护著作权或者与著作权有关的权利的技术措施的。

《最高人民法院 最高人民检察院关于办理侵犯知识产权刑事案件具体应用法律若干问题的解释》第五条 以营利为目的，实施刑法第二百一十七条所列侵犯著作权行为之一，违法所得数额在三万元以上的，属于"违法所得数额较大"；具有下列情形之一的，属于"有其他严重情节"，应当以侵犯著作权罪判处三年以下有期徒刑或者拘役，并处或者单处罚金：

（一）非法经营数额在五万元以上的；

（二）未经著作权人许可，复制发行其文字作品、音乐、电影、电视、录像作品、计算机软件及其他作品，复制品数量合计在一千张（份）以上的；

（三）其他严重情节的情形。

以营利为目的，实施刑法第二百一十七条所列侵犯著作权行为之一，违法所得数额在十五万元以上的，属于"违法所得数额巨大"；具有下列情形之一的，属于"有其他特别严重情节"，应当以侵犯著作权罪判处三年以上七年以下有期徒刑，并处罚金：

（一）非法经营数额在二十五万元以上的；

（二）未经著作权人许可，复制发行其文字作品、音乐、电影、电视、录像作品、计算机软件及其他作品，复制品数量合计在五千张（份）以上的；

（三）其他特别严重情节的情形。

《最高人民法院 最高人民检察院关于办理侵犯知识产权刑事案件具体应用法律若干问题的解释（二）》第二条 刑法第二百一十七条侵犯著作权罪中的"复制发行"，包括复制、发行或者既复制又发行的行为。

侵权产品的持有人通过广告、征订等方式推销侵权产品的，属于刑法第二百一十七条规定的"发行"。

非法出版、复制、发行他人作品，侵犯著作权构成犯罪的，按照侵犯著作权罪定罪处罚。

2. 销售侵权复制品罪

【条文链接】

《中华人民共和国刑法》第二百一十八条 以营利为目的，销售明知是本法第二百一十七条规定的侵权复制品，违法所得数额巨大或者有其他严重情节的，处五年以下有期徒刑，并处或者单处罚金。

《中华人民共和国刑法》第二百二十条 单位犯本节第二百一十三条至第二百一十九条之一规定之罪的，对单位判处罚金，并对其直接负责的主管人员和其他直接责任人员，依照本节各该条的规定处罚。

《最高人民法院 最高人民检察院关于办理侵犯知识产权刑事案件具体应用法律若干问题的解释》第六条 以营利为目的，实施刑法第二百一十八条规定的行为，违法所得数额在十万元以上的，属于"违法所得数额巨大"，应当以销售侵权复制品罪判处三年以下有期徒刑或者拘役，并处或者单处罚金。

《最高人民检察院 公安部关于公安机关管辖的刑事案件立案追诉标准的规定(一)》第二十七条 以营利为目的，销售明知是刑法第二百一十七条规定的侵权复制品，涉嫌下列情形之一的，应予立案追诉：

（一）违法所得数额十万元以上的；

（二）违法所得数额虽未达到上述数额标准，但尚未销售的侵权复制品货值金额达到三十万元以上的。

【合规建议】

企业开展以下业务应当取得著作权人授权：

（1）复制发行、通过信息网络向公众传播其文字作品、音乐、美术、视听作品、计算机软件及法律、行政法规规定的其他作品的。

（2）出版他人享有专有出版权的图书的。

（3）复制发行、通过信息网络向公众传播他人制作的录音录像的。

（4）复制发行录有他人表演的录音录像制品，或者通过信息网络向公众传播他人表演的。

（5）制作、出售假冒他人署名的美术作品的。

（6）未经著作权人或者与著作权有关的权利人许可，故意避开或者破坏权利人为其作品、录音录像制品等采取的保护著作权或者与著作权有关的权利的技术措施的。

四、商业秘密

商业秘密可分为技术信息和经营信息两类。构成商业秘密的相关信息需要满足非公知性、保密性、价值性三个要件。企业保护自身商业秘密的合规管理可分为以下三个方面：面向员工的企业内部合规管理，面向第三方（如外部合作方、供应商）的合规管理，以及针对商业间谍的风险防范。

（一）商业秘密保护

1. 商业秘密的界定

【条文链接】

《中华人民共和国反不正当竞争法》第九条第四款 本法所称的商业秘密，是指不为公众所知悉、具有商业价值并经权利人采取相应保密措施的技术信息、经营信息等商业信息。

《最高人民法院关于审理侵犯商业秘密民事案件适用法律若干问题的规定》第一条

与技术有关的结构、原料、组分、配方、材料、样品、样式、植物新品种繁殖材料、工艺、方法或其步骤、算法、数据、计算机程序及其有关文档等信息，人民法院可以认定构成反不正当竞争法第九条第四款所称的技术信息。

与经营活动有关的创意、管理、销售、财务、计划、样本、招投标材料、客户信息、数据等信息，人民法院可以认定构成反不正当竞争法第九条第四款所称的经营信息。前款所称的客户信息，包括客户的名称、地址、联系方式以及交易习惯、意向、内容等信息。

《最高人民法院关于审理侵犯商业秘密民事案件适用法律若干问题的规定》第二条

当事人仅以与特定客户保持长期稳定交易关系为由，主张该特定客户属于商业秘密的，人民法院不予支持。

客户基于对员工个人的信赖而与该员工所在单位进行交易，该员工离职后，能够证明客户自愿选择与该员工或者该员工所在的新单位进行交易的，人民法院应当认定该员工没有采用不正当手段获取权利人的商业秘密。

《最高人民法院关于审理侵犯商业秘密民事案件适用法律若干问题的规定》第三条

权利人请求保护的信息在被诉侵权行为发生时不为所属领域的相关人员普遍知悉和容易获得的，人民法院应当认定为反不正当竞争法第九条第四款所称的不为公众所知悉。

《最高人民法院关于审理侵犯商业秘密民事案件适用法律若干问题的规定》第四条

具有下列情形之一的，人民法院可以认定有关信息为公众所知悉：

（一）该信息在所属领域属于一般常识或者行业惯例的；

（二）该信息仅涉及产品的尺寸、结构、材料、部件的简单组合等内容，所属领域的相关人员通过观察上市产品即可直接获得的；

（三）该信息已经在公开出版物或者其他媒体上公开披露的；

（四）该信息已通过公开的报告会、展览等方式公开的；

（五）所属领域的相关人员从其他公开渠道可以获得该信息的。

将为公众所知悉的信息进行整理、改进、加工后形成的新信息，符合本规定第三条规定的，应当认定该新信息不为公众所知悉。

《最高人民法院关于审理侵犯商业秘密民事案件适用法律若干问题的规定》第五条

权利人为防止商业秘密泄露，在被诉侵权行为发生以前所采取的合理保密措施，人民法院应当认定为反不正当竞争法第九条第四款所称的相应保密措施。

人民法院应当根据商业秘密及其载体的性质、商业秘密的商业价值、保密措施的可识别程度、保密措施与商业秘密的对应程度以及权利人的保密意愿等因素，认定权利人是否采取了相应保密措施。

《最高人民法院关于审理侵犯商业秘密民事案件适用法律若干问题的规定》第六条

具有下列情形之一，在正常情况下足以防止商业秘密泄露的，人民法院应当认定权利人采取了相应保密措施：

（一）签订保密协议或者在合同中约定保密义务的；

（二）通过章程、培训、规章制度、书面告知等方式，对能够接触、获取商业秘密的员工、前员工、供应商、客户、来访者等提出保密要求的；

（三）对涉密的厂房、车间等生产经营场所限制来访者或者进行区分管理的；

（四）以标记、分类、隔离、加密、封存、限制能够接触或者获取的人员范围等方式，对商业秘密及其载体进行区分和管理的；

（五）对能够接触、获取商业秘密的计算机设备、电子设备、网络设备、存储设备、软件等，采取禁止或者限制使用、访问、存储、复制等措施的；

（六）要求离职员工登记、返还、清除、销毁其接触或者获取的商业秘密及其载体，继续承担保密义务的；

（七）采取其他合理保密措施的。

《最高人民法院关于审理侵犯商业秘密民事案件适用法律若干问题的规定》第七条

权利人请求保护的信息因不为公众所知悉而具有现实的或者潜在的商业价值的，人民法院经审查可以认定为反不正当竞争法第九条第四款所称的具有商业价值。

生产经营活动中形成的阶段性成果符合前款规定的，人民法院经审查可以认定该成果具有商业价值。

2. 商业秘密保护的主体

【条文链接】

《最高人民法院关于审理侵犯商业秘密民事案件适用法律若干问题的规定》第十条

当事人根据法律规定或者合同约定所承担的保密义务，人民法院应当认定属于反不正当竞争法第九条第一款所称的保密义务。

当事人未在合同中约定保密义务，但根据诚信原则以及合同的性质、目的、缔约过程、交易习惯等，被诉侵权人知道或者应当知道其获取的信息属于权利人的商业秘密的，人民法院应当认定被诉侵权人对其获取的商业秘密承担保密义务。

《最高人民法院关于审理侵犯商业秘密民事案件适用法律若干问题的规定》第十一条 法人、非法人组织的经营、管理人员以及具有劳动关系的其他人员，人民法院可以认定为反不正当竞争法第九条第三款所称的员工、前员工。

《最高人民法院关于审理侵犯商业秘密民事案件适用法律若干问题的规定》第十二条 人民法院认定员工、前员工是否有渠道或者机会获取权利人的商业秘密，可以考虑与其有关的下列因素：

（一）职务、职责、权限；

（二）承担的本职工作或者单位分配的任务；

（三）参与和商业秘密有关的生产经营活动的具体情形；

（四）是否保管、使用、存储、复制、控制或者以其他方式接触、获取商业秘密及其载体；

（五）需要考虑的其他因素。

（二）侵犯商业秘密的行为

【条文链接】

《中华人民共和国反不正当竞争法》第九条第一款、第二款、第三款 不得实施的侵犯商业秘密的行为有：

（一）以盗窃、贿赂、欺诈、胁迫、电子侵入或者其他不正当手段获取权利人的商业秘密；

（二）披露、使用或者允许他人使用以前项手段获取的权利人的商业秘密；

（三）违反保密义务或者违反权利人有关保守商业秘密的要求，披露、使用或者允许他人使用其所掌握的商业秘密；

（四）教唆、引诱、帮助他人违反保密义务或者违反权利人有关保守商业秘密的要求，获取、披露、使用或者允许他人使用权利人的商业秘密。

经营者以外的其他自然人、法人和非法人组织实施前款所列违法行为的，视为侵犯商业秘密。

第三人明知或者应知商业秘密权利人的员工、前员工或者其他单位、个人实施本条第一款所列违法行为，仍获取、披露、使用或者允许他人使用该商业秘密的，视为侵犯商业秘密。

《最高人民法院关于审理侵犯商业秘密民事案件适用法律若干问题的规定》第八条

被诉侵权人以违反法律规定或者公认的商业道德的方式获取权利人的商业秘密的，人民法院应当认定属于反不正当竞争法第九条第一款所称的以其他不正当手段获取权利人的商业秘密。

《最高人民法院关于审理侵犯商业秘密民事案件适用法律若干问题的规定》第九条

被诉侵权人在生产经营活动中直接使用商业秘密，或者对商业秘密进行修改、改进后使用，或者根据商业秘密调整、优化、改进有关生产经营活动的，人民法院应当认定属于反不正当竞争法第九条所称的使用商业秘密。

《最高人民法院关于审理侵犯商业秘密民事案件适用法律若干问题的规定》第十三条

被诉侵权信息与商业秘密不存在实质性区别的，人民法院可以认定被诉侵权信息与商业秘密构成反不正当竞争法第三十二条第二款所称的实质上相同。

人民法院认定是否构成前款所称的实质上相同，可以考虑下列因素：

（一）被诉侵权信息与商业秘密的异同程度；

（二）所属领域的相关人员在被诉侵权行为发生时是否容易想到被诉侵权信息与商业秘密的区别；

（三）被诉侵权信息与商业秘密的用途、使用方式、目的、效果等是否具有实质性差异；

（四）公有领域中与商业秘密相关信息的情况；

（五）需要考虑的其他因素。

（三）侵犯商业秘密罪的刑事责任

【条文链接】

《中华人民共和国刑法》第二百一十九条 有下列侵犯商业秘密行为之一，情节严重的，处三年以下有期徒刑，并处或者单处罚金；情节特别严重的，处三年以上十年以下有期徒刑，并处罚金：

（一）以盗窃、贿赂、欺诈、胁迫、电子侵入或者其他不正当手段获取权利人的商业秘密的；

（二）披露、使用或者允许他人使用以前项手段获取的权利人的商业秘密的；

（三）违反保密义务或者违反权利人有关保守商业秘密的要求，披露、使用或者允许他人使用其所掌握的商业秘密的。

明知前款所列行为，获取、披露、使用或者允许他人使用该商业秘密的，以侵犯商业秘密论。

本条所称权利人，是指商业秘密的所有人和经商业秘密所有人许可的商业秘密使用人。

《最高人民检察院 公安部关于修改侵犯商业秘密刑事案件立案追诉标准的决定》 侵犯商业秘密，涉嫌下列情形之一的，应予立案追诉：

（一）给商业秘密权利人造成损失数额在三十万元以上的；

（二）因侵犯商业秘密违法所得数额在三十万元以上的；

（三）直接导致商业秘密的权利人因重大经营困难而破产、倒闭的；

（四）其他给商业秘密权利人造成重大损失的情形。

《最高人民法院 最高人民检察院关于办理侵犯知识产权刑事案件具体应用法律若干问题的解释（三）》第三条 采取非法复制、未经授权或者超越授权使用计算机信息系统等方式窃取商业秘密的，应当认定为刑法第二百一十九条第一款第一项规定的“盗窃”。

以贿赂、欺诈、电子侵入等方式获取权利人的商业秘密的，应当认定为刑法第二百一十九条第一款第一项规定的“其他不正当手段”。

《最高人民法院 最高人民检察院关于办理侵犯知识产权刑事案件具体应用法律若干问题的解释（三）》第四条 实施刑法第二百一十九条规定的行为，具有下列情形之一的，应当认定为“给商业秘密的权利人造成重大损失”：

（一）给商业秘密的权利人造成损失数额或者因侵犯商业秘密违法所得数额在三十万元以上的；

（二）直接导致商业秘密的权利人因重大经营困难而破产、倒闭的；

（三）造成商业秘密的权利人其他重大损失的。

给商业秘密的权利人造成损失数额或者因侵犯商业秘密违法所得数额在二百五十万元以上的，应当认定为刑法第二百一十九条规定的“造成特别严重后果”。

《最高人民法院 最高人民检察院关于办理侵犯知识产权刑事案件具体应用法律若干问题的解释（三）》第五条 实施刑法第二百一十九条规定的行为造成的损失数额或者违法所得数额，可以按照下列方式认定：

（一）以不正当手段获取权利人的商业秘密，尚未披露、使用或者允许他人使用的，损失数额可以根据该项商业秘密的合理许可使用费确定；

（二）以不正当手段获取权利人的商业秘密后，披露、使用或者允许他人使用的，损失数额可以根据权利人因被侵权造成销售利润的损失确定，但该损失数额低于商业秘密合理许可使用费的，根据合理许可使用费确定；

（三）违反约定、权利人有关保守商业秘密的要求，披露、使用或者允许他人使用其所掌握的商业秘密的，损失数额可以根据权利人因被侵权造成销售利润的损失确定；

（四）明知商业秘密是不正当手段获取或者是违反约定、权利人有关保守商业秘密的要求披露、使用、允许使用，仍获取、使用或者披露的，损失数额可以根据权利人因被侵权造成销售利润的损失确定；

（五）因侵犯商业秘密行为导致商业秘密已为公众所知悉或者灭失的，损失数额可以根据该项商业秘密的商业价值确定。商业秘密的商业价值，可以根据该项商业秘密的研究开发成本、实施该项商业秘密的收益综合确定；

（六）因披露或者允许他人使用商业秘密而获得的财物或者其他财产性利益，应当认定为违法所得。

前款第二项、第三项、第四项规定的权利人因被侵权造成销售利润的损失，可以根据权利人因被侵权造成销售量减少的总数乘以权利人每件产品的合理利润确定；销售量减少的总数无法确定的，可以根据侵权产品销售量乘以权利人每件产品的合理利润确定；权利人因被侵权造成销售量减少的总数和每件产品的合理利润均无法确定的，可以根据侵权产品销售量乘以每件侵权产品的合理利润确定。商业秘密系用于服务等其他经营活动的，损失数额可以根据权利人因被侵权而减少的合理利润确定。

商业秘密的权利人为减轻对商业运营、商业计划的损失或者重新恢复计算机信息系统安全、其他系统安全而支出的补救费用，应当计入给商业秘密的权利人造成的损失。

五、知识产权惩罚性赔偿

（一）惩罚性赔偿的基本规定

【条文链接】

《中华人民共和国专利法》第七十一条 侵犯专利权的赔偿数额按照权利人因被侵权所受到的实际损失或者侵权人因侵权所获得的利益确定；权利人的损失或者侵权人获得的利益难以确定的，参照该专利许可使用费的倍数合理确定。对故意侵犯专利权，情节严重的，可以在按照上述方法确定数额的一倍以上五倍以下确定赔偿数额。

权利人的损失、侵权人获得的利益和专利许可使用费均难以确定的，人民法院可以根据专利权的类型、侵权行为的性质和情节等因素，确定给予三万元以上五百万元以下的赔偿。

赔偿数额还应当包括权利人为制止侵权行为所支付的合理开支。

人民法院为确定赔偿数额，在权利人已经尽力举证，而与侵权行为相关的账簿、资料主要由侵权人掌握的情况下，可以责令侵权人提供与侵权行为相关的账簿、资料；侵权人不提供或者提供虚假的账簿、资料的，人民法院可以参考权利人的主张和提供的证据判定赔偿数额。

《中华人民共和国著作权法》第五十四条 侵犯著作权或者与著作权有关的权利的，侵权人应当按照权利人因此受到的实际损失或者侵权人的违法所得给予赔偿；权利人的实际损失或者侵权人的违法所得难以计算的，可以参照该权利使用费给予赔偿。对故意侵犯著作权或者与著作权有关的权利，情节严重的，可以在按照上述方法确定数额的一倍以上五倍以下给予赔偿。

权利人的实际损失、侵权人的违法所得、权利使用费难以计算的，由人民法院根据侵权行为的情节，判决给予五百元以上五百万元以下的赔偿。

赔偿数额还应当包括权利人为制止侵权行为所支付的合理开支。

人民法院为确定赔偿数额，在权利人已经尽了必要举证责任，而与侵权行为相关的账簿、资料等主要由侵权人掌握的，可以责令侵权人提供与侵权行为相关的账簿、资料等；侵权人不提供，或者提供虚假的账簿、资料等的，人民法院可以参考权利人的主张和提供的证据确定赔偿数额。

人民法院审理著作权纠纷案件，应权利人请求，对侵权复制品，除特殊情况外，责令销毁；对主要用于制造侵权复制品的材料、工具、设备等，责令销毁，且不予补偿；或者在特殊情况下，责令禁止前述材料、工具、设备等进入商业渠道，且不予补偿。

《中华人民共和国商标法》第六十三条第一款 侵犯商标专用权的赔偿数额，按照权利人因被侵权所受到的实际损失确定；实际损失难以确定的，可以按照侵权人因侵权所获得的利益确定；权利人的损失或者侵权人获得的利益难以确定的，参照该商标许可使用费的倍数合理确定。对恶意侵犯商标专用权，情节严重的，可以在按照上述方法确定数额的一倍以上五倍以下确定赔偿数额。赔偿数额应当包括权利人为制止侵权行为所支付的合理开支。

《中华人民共和国民法典》第一千一百八十五条 故意侵害他人知识产权，情节严重的，被侵权人有权请求相应的惩罚性赔偿。

《中华人民共和国反不正当竞争法》第十七条 经营者违反本法规定，给他人造成损害的，应当依法承担民事责任。

经营者的合法权益受到不正当竞争行为损害的，可以向人民法院提起诉讼。

因不正当竞争行为受到损害的经营者的赔偿数额，按照其因被侵权所受到的实际损失确定；实际损失难以计算的，按照侵权人因侵权所获得的利益确定。经营者恶意实施侵犯商业秘密行为，情节严重的，可以在按照上述方法确定数额的一倍以上五倍以下确定赔偿数额。赔偿数额还应当包括经营者为制止侵权行为所支付的合理开支。

经营者违反本法第六条、第九条规定，权利人因被侵权所受到的实际损失、侵权人因侵权所获得的利益难以确定的，由人民法院根据侵权行为的情节判决给予权利人五百万元以下的赔偿。

（二）惩罚性赔偿的适用规则

1.“故意（恶意）”的认定

【条文链接】

《最高人民法院关于审理侵害知识产权民事案件适用惩罚性赔偿的解释》第一条第二款 本解释所称故意，包括商标法第六十三条第一款和反不正当竞争法第十七条第三款规定的恶意。

《最高人民法院关于审理侵害知识产权民事案件适用惩罚性赔偿的解释》第三条 对于侵害知识产权的故意的认定，人民法院应当综合考虑被侵害知识产权客体类型、权利状态和相关产品知名度、被告与原告或者利害关系人之间的关系等因素。

对于下列情形，人民法院可以初步认定被告具有侵害知识产权的故意：

（一）被告经原告或者利害关系人通知、警告后，仍继续实施侵权行为的；

（二）被告或其法定代表人、管理人是原告或者利害关系人的法定代表人、管理人、实际控制人的；

（三）被告与原告或者利害关系人之间存在劳动、劳务、合作、许可、经销、代理、代表等关系，且接触过被侵害的知识产权的；

（四）被告与原告或者利害关系人之间有业务往来或者为达成合同等进行过磋商，且接触过被侵害的知识产权的；

（五）被告实施盗版、假冒注册商标行为的；

（六）其他可以认定为故意的情形。

【案例链接】

如何认定侵犯他人注册商标的故意？①

案情简介：五粮液公司经商标注册人许可，独占使用注册商标。徐中华实际控制的店铺曾因销售假冒五粮液白酒及擅自使用“五粮液”字样的店招牌被行政处罚。徐中华等人因销售假冒的“五粮液”等白酒，构成销售假冒注册商标的商品罪，被判处有期徒刑等刑罚。

裁判结果：一审、二审法院考量被诉侵权行为模式、持续时间等因素，认定其基本以侵权为业，判令承担两倍的惩罚性赔偿责任。

合规分析：本案中，徐中华因侵权被行政处罚后再次实施相同或者类似侵权行为，后又被人民法院裁判承担刑事责任。一审、二审法院作出惩罚性赔偿的判决主要考虑的是被诉侵权行为持续时间等因素。企业在陷入侵犯他人知识产权的纠纷时，应主动自查，消除相关影响，及时停止侵权行为。企业应注意，在商标纠纷中，若因侵权被行政处罚后再次实施相同或者类似侵权行为，将会被法院认定构成故意侵权。

【合规建议】

实践中判断侵权人是否存在“恶意”通常会参考是否存在“事前知悉”和“事后继续”的情况。法官作出具体判断时，常常根据个案事实和证据以及社会经济状况、自身认知等因素对恶意的具体情形加以综合判定。因此企业可以从“事前”“事后”两个角度对相关行为进行规制，建立事前的全面审查机制与事后的应急处理措施，防止被认定为恶意侵权。

【案例链接】

专利侵权纠纷中销售者合法来源抗辩的“善意无过失”如何认定？②

案情简介：2009年7月7日，胡正宇向国家知识产权局申请名为“一种电连接插接件”的实用新型专利，于2010年3月3日授权公告，专利号为ZL20092004××××.8。该专利的权利要求1为一种电连接插接件，包括公头和母头，公头和母头内各设有一对适于插接相连的电极；其特征在于公头前端的一对电极孔之间设有防短路用的绝缘挡块，母头的前端内壁设有防反插用的限位块，在公头的侧壁上设有与该限位块相配合的凹槽。权利要求2为根据权利要求1所述的一种电连接插接件，其特征在于所述公头和母头中的电极延伸出公头和母头的后端，各对电极的焊线端具有背向设置的缺

① 浙江省杭州市中级人民法院民事判决书（2020）浙01民终5872号。本案系侵害知识产权民事案件适用惩罚性赔偿典型案例。

② 最高人民法院民事判决书（2019）最高法知民终896号。本案系最高人民法院公报案例。

口。权利要求3为根据权利要求2所述的一种电连接插接件，其特征在于所述公头和母头的后端与各电极的配合面之间设有用于设置绝缘套的环形间隙。权利要求4为根据权利要求1所述的一种电连接插接件，其特征在于所述公头和母头上设有用于防反插的梯形配合部。2019年7月6日，胡正宇涉案的ZL20092004××××.8“一种电连接插接件”实用新型专利权到期。胡正宇的委托代理人崔银春向江苏省南京市钟山公证处申请证据保全公证。2018年10月19日，该公证处公证人员签收运单号码为770××××4928的邮件一个。2018年10月25日，在公证人员的监督下，崔银春拆开上述邮件，内有电气插接连接器四袋、巴顿公司发货单一张，发货单上显示有“XT60/XT30各一百套”、货品名称XT 60母头转T插母头、数量100、单价0.52元/个、应收金额228元（其中包含运费10元）等信息，公证人员对邮件及其内物品进行拍照、封存，封存后由公证处保管。2018年10月26日，崔银春使用该公证处的电脑及网络，登录阿里巴巴账户，查看“已买到的货品”，点击查看订单号为228879207182935692、日期为2018-10-18 10:28:09的订单详情。订单信息显示的内容与上述发货单一致，且货品快照显示有“厂家直销”字样，崔银春点击确认收货并付款。江苏省南京市钟山公证处对上述保全证据公证过程出具了（2018）宁钟证经内字第9515号公证书。

巴顿公司在阿里巴巴网页店铺中被诉侵权产品的销售页面显示有产品名称XT60母头转T插母头，起批量100~4 999 999个时价格为0.52元/个，起批量≥5 000 000个时价格为0.38元/个，产品品牌PATON/巴顿电子，30天内29 160个成交，7条评论，88 073 537个可售，厂家直销等被诉侵权产品的详细信息。巴顿公司系有限责任公司，成立于2017年3月9日，注册资本为60万元，经营范围包含电子配件、电机配件、接线端子、气动元件、五金件、塑料件、模具制造、加工、销售以及货物进出口、技术进出口等。

胡正宇明确以涉案实用新型专利的权利要求1~4作为涉案实用新型专利权的保护范围。经比对，胡正宇认为被诉侵权产品技术特征与涉案实用新型专利构成相同，全部落入涉案实用新型专利权利要求1~4的保护范围。巴顿公司认为被诉侵权产品未落入涉案实用新型专利权利要求3的保护范围。

胡正宇于2016年9月10日针对无效宣告请求提交意见陈述书，修改了权利要求，删除了原权利要求1，将原权利要求2作为新的权利要求1。2017年2月4日，国家知识产权局专利复审委员会作出第31342号无效宣告请求审查决定，宣告ZL20092004××××.8号实用新型专利权部分无效，在权利人于2016年9月10日提交的权利要求1~3（原权利要求2~4）的基础上继续维持该专利有效。故胡正宇仅能基于涉案实用新型专利修改后的权利要求1~3请求专利权保护。另，巴顿公司当庭否认被诉侵权产品由其制造，确认被诉侵权产品由其销售。

裁判结果：浙江省杭州市中级人民法院一审判决巴顿公司赔偿胡正宇经济损失（包括为制止侵权所支出的合理费用）40 000元，于判决生效之日起十日内履行完毕。最高人民法院二审维持原判。

法院认为，专利侵权纠纷中销售者合法来源抗辩的主观要件为“善意无过失”。过失的证明责任负担应注意保护专利权和维护正常市场交易秩序之间的平衡，如结合销售者的注意能力、接触专利产品信息的可能性、专利产品的市场销售情况、销售行为的情节等因素，专利权人提供的证据能够初步证明销售者知道或应当知道所售产品系未经专利权人许可而制造并售出的事实，则销售者除需证明其遵循合法、正常的市场交易规则外，还应证明其已对所售产品是否经专利权人许可而制造并售出给予必要注意，否则应认定销售者主观上具有过失。

合规分析：企业在专利侵权纠纷中虽可以以“销售者合法来源”进行抗辩，但需注意本条的适用要求销售者“善意无过失”。企业易于证明其销售遵循合法、正常的市场交易规则，但难于证明其对已售产品给予了必要注意。因此，企业一方面应注意对生产销售的商品进行全面审查，预防侵权纠纷；另一方面应当注意证据的保存与收集，用以应对相关诉讼。

【合规建议】

当事人自行或者委托他人以订购、现场交易等方式购买侵权复制品而取得的实物、发票等，可以作为诉讼证据使用。公证人员在未向涉嫌侵权的一方当事人表明身份的情况下，如实对另一方当事人按照前款规定的方式取得的证据和取证过程出具的公证书，应当作为证据使用，但有相反证据的除外。因被诉专利侵权产品往往用于生产过程中，权利人不易取证，实践中可以申请法院保全证据。

2. 情节严重的认定

【条文链接】

《最高人民法院关于审理侵害知识产权民事案件适用惩罚性赔偿的解释》第四条

对于侵害知识产权情节严重的认定，人民法院应当综合考虑侵权手段、次数，侵权行为的持续时间、地域范围、规模、后果，侵权人在诉讼中的行为等因素。

被告有下列情形的，人民法院可以认定为情节严重：

（一）因侵权被行政处罚或者法院裁判承担责任后，再次实施相同或者类似侵权行为；

（二）以侵害知识产权为业；

（三）伪造、毁坏或者隐匿侵权证据；

（四）拒不履行保全裁定；

（五）侵权获利或者权利人受损巨大；

（六）侵权行为可能危害国家安全、公共利益或者人身健康；

（七）其他可以认定为情节严重的情形。

【合规建议】

司法实践中，法院对“情节严重”的考虑因素侧重于对侵权后果的考量。其考量因素主要包括：

（1）侵权手段是否恶劣以及侵权后果是否严重两个层面。

（2）是否属于侵权时间长、次数多或经行政处罚或者法院判决后再次侵权的情形。

（3）是否属于侵权方式多样、侵权规模大或涉及区域范围广的情形。

（4）侵权人从事的侵害行为是否对权利人产生巨大损害或消极影响。相应的，企业若不慎陷入可能导致惩罚性赔偿的诉讼时，应积极消除影响，主动采取补救措施。

3. 赔偿基数倍数的确定

【条文链接】

《最高人民法院关于审理侵害知识产权民事案件适用惩罚性赔偿的解释》第五条

人民法院确定惩罚性赔偿数额时，应当分别依照相关法律，以原告实际损失数额、被告违法所得数额或者因侵权所获得的利益作为计算基数。该基数不包括原告为制止侵权所支付的合理开支；法律另有规定的，依照其规定。

前款所称实际损失数额、违法所得数额、因侵权所获得的利益均难以计算的，人民法院依法参照该权利许可使用费的倍数合理确定，并以此作为惩罚性赔偿数额的计算基数。

人民法院依法责令被告提供其掌握的与侵权行为相关的账簿、资料，被告无正当理由拒不提供或者提供虚假账簿、资料的，人民法院可以参考原告的主张和证据确定惩罚性赔偿数额的计算基数。构成民事诉讼法第一百一十一条规定情形的，依法追究法律责任。

《最高人民法院关于审理侵害知识产权民事案件适用惩罚性赔偿的解释》第六条
人民法院依法确定惩罚性赔偿的倍数时，应当综合考虑被告主观过错程度、侵权行为的情节严重程度等因素。

因同一侵权行为已经被处以行政罚款或者刑事罚金且执行完毕，被告主张减免惩罚性赔偿责任的，人民法院不予支持，但在确定前款所称倍数时可以综合考虑。

【案例链接】

如何确定惩罚性赔偿的赔偿基数与倍数？①

案情简介：广州天赐公司、九江天赐公司主张华某、刘某、安徽纽曼公司、吴某某、胡某某、朱某某、彭某侵害其“卡波”制造工艺技术秘密，向广州知识产权法院提起诉讼，请求判令停止侵权、赔偿损失、赔礼道歉。

裁判结果：广州知识产权法院认定被诉侵权行为构成对涉案技术秘密的侵害，考虑侵权故意和侵权情节，适用了2.5倍的惩罚性赔偿。广州天赐公司、九江天赐公司和安徽纽曼公司、华某、刘某均不服一审判决，向最高人民法院提起上诉。最高人民法院二审认为，被诉侵权行为构成对涉案技术秘密的侵害，但一审判决在确定侵权赔偿数额时未充分考虑涉案技术秘密的贡献程度，确定惩罚性赔偿时未充分考虑侵权行为人的主观恶意程度和以侵权为业、侵权规模大、持续时间长、存在举证妨碍行为等严重情节，遂在维持一审判决关于停止侵权判项基础上，以顶格五倍计算适用惩罚性赔偿，改判安徽纽曼公司赔偿广州天赐公司、九江天赐公司经济损失3 000万元及合理开支40万元，华某、刘某、胡某某、朱某某对前述赔偿数额分别在500万元、3 000万元、100万元、100万元范围内承担连带责任。

合规分析：本案判决在适用惩罚性赔偿时，充分考虑了被诉侵权人的主观恶意、以侵权为业、举证妨碍行为以及被诉侵权行为的持续时间、侵权规模等因素。法定的惩罚性赔偿最高倍数（5倍）的赔偿数额的确定也是综合分析上述因素确定的。企业在防范知识产权领域惩罚性赔偿风险时，也可以参照上述因素。

【合规建议】

根据惩罚性赔偿适用的条文规定，司法实践中，法院确定赔偿数额时以“权利人的实际损失”“侵权人的获利”或“许可费”作为计算基数，再依据惩罚性因素在法定倍数范围内酌情裁量。由此启示企业，在知识产权相关权益受到侵犯时，应注意保存证据，通过合同、收据、发票等证明实际损失，收集侵权人的侵权证据，尽量在公证机关监督下取证。

---

① 最高人民法院民事判决书（2019）最高法知民终562号。本案系最高人民法院作出判决的首例知识产权侵权惩罚性赔偿案。

第四节　个人信息与数据合规

《中华人民共和国民法典》新增的人格权编中规定了“隐私权和个人信息保护”，明确自然人的个人信息受法律保护。2021 年《中华人民共和国个人信息保护法》的颁布健全了我国个人信息保护的法律体系。个人信息被誉为数字化时代企业最为核心的资产。推动个人信息的合理、合法收集和使用，保障个人和企业之间形成良好的互动关系，对于形成数字经济健康发展的制度环境至关重要。与此同时，大数据技术及相关产业的发展，正前所未有地改变着个人信息的收集和使用方式，对现有的个人信息保护制度带来新的问题和挑战。数据与个人信息不同，数据客观性更强，是人们对某种客观存在符号的描述。信息是数据反映的内容，数据是信息的表现形式。如何有效平衡个人信息与数据的利用与保护，是各类型企业所面临的共同问题。

一、个人信息保护

个人信息是指以电子或者其他方式记录的与已识别或者可识别的自然人有关的各种信息，不包括匿名化处理后的信息。个人信息的处理包括个人信息的收集、存储、使用、加工、传输、提供、公开、删除等。

（一）处理个人信息的合法依据

《中华人民共和国个人信息保护法》规定的企业处理个人信息的合法性基础中，用户同意为最主要且最常用的途径和手段，除此之外，仍规定了六种其他合法性依据。针对企业获得信息主体的有效同意，《中华人民共和国个人信息保护法》主要规定了同意的基本规则和特殊规则。

【条文链接】

《中华人民共和国个人信息保护法》第十三条　符合下列情形之一的，个人信息处理者方可处理个人信息：

（一）取得个人的同意；

（二）为订立、履行个人作为一方当事人的合同所必需，或者按照依法制定的劳动规章制度和依法签订的集体合同实施人力资源管理所必需；

（三）为履行法定职责或者法定义务所必需；

（四）为应对突发公共卫生事件，或者紧急情况下为保护自然人的生命健康和财产安全所必需；

（五）为公共利益实施新闻报道、舆论监督等行为，在合理的范围内处理个人信息；

（六）依照本法规定在合理的范围内处理个人自行公开或者其他已经合法公开的个人信息；

（七）法律、行政法规规定的其他情形。

依照本法其他有关规定，处理个人信息应当取得个人同意，但是有前款第二项至第七项规定情形的，不需取得个人同意。

《中华人民共和国个人信息保护法》第十四条 基于个人同意处理个人信息的，该同意应当由个人在充分知情的前提下自愿、明确作出。法律、行政法规规定处理个人信息应当取得个人单独同意或者书面同意的，从其规定。

个人信息的处理目的、处理方式和处理的个人信息种类发生变更的，应当重新取得个人同意。

《中华人民共和国个人信息保护法》第十五条 基于个人同意处理个人信息的，个人有权撤回其同意。个人信息处理者应当提供便捷的撤回同意的方式。

个人撤回同意，不影响撤回前基于个人同意已进行的个人信息处理活动的效力。

《中华人民共和国个人信息保护法》第二十三条 个人信息处理者向其他个人信息处理者提供其处理的个人信息的，应当向个人告知接收方的名称或者姓名、联系方式、处理目的、处理方式和个人信息的种类，并取得个人的单独同意。接收方应当在上述处理目的、处理方式和个人信息的种类等范围内处理个人信息。接收方变更原先的处理目的、处理方式的，应当依照本法规定重新取得个人同意。

《中华人民共和国个人信息保护法》第二十五条 个人信息处理者不得公开其处理的个人信息，取得个人单独同意的除外。

《中华人民共和国个人信息保护法》第二十六条 在公共场所安装图像采集、个人身份识别设备，应当为维护公共安全所必需，遵守国家有关规定，并设置显著的提示标识。所收集的个人图像、身份识别信息只能用于维护公共安全的目的，不得用于其他目的；取得个人单独同意的除外。

《中华人民共和国个人信息保护法》第二十九条 处理敏感个人信息应当取得个人的单独同意；法律、行政法规规定处理敏感个人信息应当取得书面同意的，从其规定。

【案例链接】

如何认定用户已“知情同意”？①

案情简介：2019年，北京的用户黄雪（化名）在使用“微信读书”软件（App）时，发现自己在“微信读书”App上关注了上百个好友，也有上百个好友关注她，但这些关注行为既非其个人操作，也没有得到她的授权。随后，她以侵犯隐私为由将深圳市腾讯计算机系统有限公司（简称“腾讯”）等告上法庭。

裁判结果：法院认为“微信读书”App收集黄雪微信好友列表并展示读书信息的行为不构成对隐私权的侵犯，但侵犯其个人信息权益，判决腾讯立即停止侵权行为并删除相应信息，对其赔礼道歉并赔偿公证费6 600元。

合规分析：腾讯公司未在服务许可中明确告知黄雪将采集并公开其读书信息，未获得其明确同意，因此侵害了当事人的个人信息权益。对企业而言，其收集、使用个人信息应遵循合法、正当、必要原则，在处理个人信息需要同时满足让用户知情、获得用户同意的条件。企业应注意，这种知情及同意不仅包括对信息内容的知情及同意，还包括对收集、使用的目的、方式和范围的知情及同意。而且，这种知情同意要明确，要达到一般理性用户在具体场景下，对信息处理主体处理特定信息的目的、方式和范围知晓的清晰程度，以及作出意愿表示的自主、具体、明确程度。

① 北京互联网法院民事判决书（2019）京0491民初16142号。

（二）处理个人信息的限制

个人信息一旦泄露或者被非法使用，容易导致自然人的人格尊严受到侵害，或人身、财产安全受到危害。正因如此，《中华人民共和国个人信息保护法》设专节针对企业处理个人信息尤其是敏感个人信息作出严格限制。而敏感个人信息，则具体包括了生物识别、宗教信仰、特定身份、医疗健康、金融账户、行踪轨迹等，此外，不满十四周岁未成年人的个人信息也被正式纳入敏感个人信息的范畴。

【条文链接】

《中华人民共和国个人信息保护法》第十七条 个人信息处理者在处理个人信息前，应当以显著方式、清晰易懂的语言真实、准确、完整地向个人告知下列事项：

（一）个人信息处理者的名称或者姓名和联系方式；

（二）个人信息的处理目的、处理方式，处理的个人信息种类、保存期限；

（三）个人行使本法规定权利的方式和程序；

（四）法律、行政法规规定应当告知的其他事项。

前款规定事项发生变更的，应当将变更部分告知个人。

个人信息处理者通过制定个人信息处理规则的方式告知第一款规定事项的，处理规则应当公开，并且便于查阅和保存。

《中华人民共和国个人信息保护法》第二十四条 个人信息处理者利用个人信息进行自动化决策，应当保证决策的透明度和结果公平、公正，不得对个人在交易价格等交易条件上实行不合理的差别待遇。

通过自动化决策方式向个人进行信息推送、商业营销，应当同时提供不针对其个人特征的选项，或者向个人提供便捷的拒绝方式。

通过自动化决策方式作出对个人权益有重大影响的决定，个人有权要求个人信息处理者予以说明，并有权拒绝个人信息处理者仅通过自动化决策的方式作出决定。

《中华人民共和国个人信息保护法》第三十条 个人信息处理者处理敏感个人信息的，除本法第十七条第一款规定的事项外，还应当向个人告知处理敏感个人信息的必要性以及对个人权益的影响；依照本法规定可以不向个人告知的除外。

《中华人民共和国个人信息保护法》第三十一条 个人信息处理者处理不满十四周岁未成年人个人信息的，应当取得未成年人的父母或者其他监护人的同意。

个人信息处理者处理不满十四周岁未成年人个人信息的，应当制定专门的个人信息处理规则。

（三）个人信息跨境流动

针对个人信息的跨境流动，《中华人民共和国个人信息保护法》体现了“以流动为原则、以不流动为例外”的促进个人信息有序流动的精神。除依据第三十九条需向个人信息主体告知并获取主体的单独同意作为必要前提条件外，第三十八条还规定了个人信息跨境流动的四项条件。值得一提的是，《中华人民共和国个人信息保护法》要求个人信息处理者采取必要措施，保障境外接收方处理个人信息的活动达到其规定的保护标准，并承诺按照中国缔结或者参加的国际条约、协定对向中国境外提供个人信息的条件等有规定的参照规定执行。同时，第四十条也针对数据本地化问题进行了细化规定。

【条文链接】

《中华人民共和国个人信息保护法》第三十八条 个人信息处理者因业务等需要，确需向中华人民共和国境外提供个人信息的，应当具备下列条件之一：

（一）依照本法第四十条的规定通过国家网信部门组织的安全评估；

（二）按照国家网信部门的规定经专业机构进行个人信息保护认证；

（三）按照国家网信部门制定的标准合同与境外接收方订立合同，约定双方的权利和义务；

（四）法律、行政法规或者国家网信部门规定的其他条件。

中华人民共和国缔结或者参加的国际条约、协定对向中华人民共和国境外提供个人信息的条件等有规定的，可以按照其规定执行。

个人信息处理者应当采取必要措施，保障境外接收方处理个人信息的活动达到本法规定的个人信息保护标准。

《中华人民共和国个人信息保护法》第三十九条 个人信息处理者向中华人民共和国境外提供个人信息的，应当向个人告知境外接收方的名称或者姓名、联系方式、处理目的、处理方式、个人信息的种类以及个人向境外接收方行使本法规定权利的方式和程序等事项，并取得个人的单独同意。

《中华人民共和国个人信息保护法》第四十条 关键信息基础设施运营者和处理个人信息达到国家网信部门规定数量的个人信息处理者，应当将在中华人民共和国境内收集和产生的个人信息存储在境内。确需向境外提供的，应当通过国家网信部门组织的安全评估；法律、行政法规和国家网信部门规定可以不进行安全评估的，从其规定。

（四）企业的个人信息保护义务

作为风险防范的源头和防线，企业必须时刻考虑如何在法律政策监管允许范围之内合规经营，因此如何在企业内部建立个人信息保护的合规体系制度，变得尤为重要。

针对从事个人信息处理活动的企业合规义务，《中华人民共和国个人信息保护法》第五章予以明确。其要求企业按照规定制定内部管理制度和操作规程、实行分级分类管理、采取相应的安全技术措施、明确操作权限并定期开展培训、制定实施安全事件应急预案；指定个人信息保护负责人对个人信息处理活动进行监督，定期对其个人信息活动进行合规审计，对高风险处理活动，进行事前风险评估。对于提供重要互联网平台服务、用户数量巨大、业务类型复杂的个人信息处理者，因涉及多方义务主体，且处理个人信息数量巨大等，《中华人民共和国个人信息保护法》第五十八条着重强调了其所应履行的个人信息保护义务，部分观点认为其是对“守门人”责任的落实。

【条文链接】

《中华人民共和国个人信息保护法》第五十一条 个人信息处理者应当根据个人信息的处理目的、处理方式、个人信息的种类以及对个人权益的影响、可能存在的安全风险等，采取下列措施确保个人信息处理活动符合法律、行政法规的规定，并防止未经授权的访问以及个人信息泄露、篡改、丢失：

（一）制定内部管理制度和操作规程；

（二）对个人信息实行分类管理；

（三）采取相应的加密、去标识化等安全技术措施；

（四）合理确定个人信息处理的操作权限，并定期对从业人员进行安全教育和培训；

（五）制定并组织实施个人信息安全事件应急预案；

（六）法律、行政法规规定的其他措施。

《中华人民共和国个人信息保护法》第五十二条 处理个人信息达到国家网信部门规定数量的个人信息处理者应当指定个人信息保护负责人，负责对个人信息处理活动以及采取的保护措施等进行监督。

个人信息处理者应当公开个人信息保护负责人的联系方式，并将个人信息保护负责人的姓名、联系方式等报送履行个人信息保护职责的部门。

《中华人民共和国个人信息保护法》第五十四条 个人信息处理者应当定期对其处理个人信息遵守法律、行政法规的情况进行合规审计。

《中华人民共和国个人信息保护法》第五十五条 有下列情形之一的，个人信息处理者应当事前进行个人信息保护影响评估，并对处理情况进行记录：

（一）处理敏感个人信息；

（二）利用个人信息进行自动化决策；

（三）委托处理个人信息、向其他个人信息处理者提供个人信息、公开个人信息；

（四）向境外提供个人信息；

（五）其他对个人权益有重大影响的个人信息处理活动。

《中华人民共和国个人信息保护法》第五十八条 提供重要互联网平台服务、用户数量巨大、业务类型复杂的个人信息处理者，应当履行下列义务：

（一）按照国家规定建立健全个人信息保护合规制度体系，成立主要由外部成员组成的独立机构对个人信息保护情况进行监督；

（二）遵循公开、公平、公正的原则，制定平台规则，明确平台内产品或者服务提供者处理个人信息的规范和保护个人信息的义务；

（三）对严重违反法律、行政法规处理个人信息的平台内的产品或者服务提供者，停止提供服务；

（四）定期发布个人信息保护社会责任报告，接受社会监督。

（五）法律责任

个人信息与数据合规最直接的目的在于防范企业承担法律责任。企业数据战略的实现、数据价值的保护和商誉的维护核心是避免触及法律责任的红线。在数据执法领域，严格的法律责任是一直以来的执行趋势，而《中华人民共和国个人信息保护法》最终也选择采取设置高额罚款等严厉的事后处罚机制倒逼企业实现对个人信息的全面保护：除《中华人民共和国个人信息保护法》继承了《中华人民共和国网络安全法》针对一般违法行为处以一百万元以下罚款以及对直接负责的主管人员和其他直接责任人员处以一万元以上十万元以下罚款的基本规定外，更为重要的是，《中华人民共和国个人信息保护法》新设了“情节严重”的处罚标准。

【条文链接】

《中华人民共和国个人信息保护法》第六十六条 违反本法规定处理个人信息，或者处理个人信息未履行本法规定的个人信息保护义务的，由履行个人信息保护职责的部门责令改正，给予警告，没收违法所得，对违法处理个人信息的应用程序，责令暂停或者终止提供服务；拒不改正的，并处一百万元以下罚款；对直接负责的主管人员和其他直接责任人员处一万元以上十万元以下罚款。

有前款规定的违法行为，情节严重的，由省级以上履行个人信息保护职责的部门责令改正，没收违法所得，并处五千万元以下或者上一年度营业额百分之五以下罚款，并可以责令暂停相关业务或者停业整顿、通报有关主管部门吊销相关业务许可或者吊销营业执照；对直接负责的主管人员和其他直接责任人员处十万元以上一百万元以下罚款，并可以决定禁止其在一定期限内担任相关企业的董事、监事、高级管理人员和个人信息保护负责人。

《中华人民共和国个人信息保护法》第六十九条 处理个人信息侵害个人信息权益造成损害，个人信息处理者不能证明自己没有过错的，应当承担损害赔偿等侵权责任。

前款规定的损害赔偿责任按照个人因此受到的损失或者个人信息处理者因此获得的利益确定；个人因此受到的损失和个人信息处理者因此获得的利益难以确定的，根据实际情况确定赔偿数额。

《中华人民共和国个人信息保护法》第七十条 个人信息处理者违反本法规定处理个人信息，侵害众多个人的权益的，人民检察院、法律规定的消费者组织和由国家网信部门确定的组织可以依法向人民法院提起诉讼。

二、数据处理

大数据等新技术的崛起和发展，使得个人信息成为最有价值的资源。企业在收集、分析、使用个人信息和数据的同时，也要防止对个人信息和数据的大规模侵权事件发生。为了保障数据安全，规范数据处理，我国自2019年起逐步踏入“数据强监管”时代。然而由于当前数据法律规范体系尚不完备，法律层面上尚未明确企业数据是一种权益还是权利，故企业在开展数据合规工作时，也应注意了解相应的权益救济机制。

企业数据合规要求数据处理全生命周期的合规，贯穿数据的收集、存储、使用、传输、删除等各个环节。《中华人民共和国数据安全法》《中华人民共和国网络安全法》中也明确要求企业对数据处理各个环节进行数据安全风险的监测、评估和防护，提出了企业数据处理的合规要求。本部分将沿着数据处理全生命周期的脉络，辅以典型场景的特殊要求，梳理相关法律规范。

（一）数据收集

数据收集是数据处理全流程的起点，是数据后续使用、开发的基础。企业收集数据的方式主要包括以下三种：（1）面向数据主体直接收集，如企业可通过自身运营的App收集用户的数据，包括个人身份信息、财产信息、地理位置信息等。（2）从其他网络平台爬取，如通过爬虫技术或应用程序编程接口（API）等技术方式从其他公开或半公开的互联网平台爬取数据。（3）从第三方处间接收集数据。

1. 向数据主体收集

【条文链接】

《中华人民共和国民法典》第一千零三十五条 处理个人信息的，应当遵循合法、正当、必要原则，不得过度处理，并符合下列条件：

（一）征得该自然人或者其监护人同意，但是法律、行政法规另有规定的除外；

（二）公开处理信息的规则；

（三）明示处理信息的目的、方式和范围；

（四）不违反法律、行政法规的规定和双方的约定。

个人信息的处理包括个人信息的收集、存储、使用、加工、传输、提供、公开等。

《中华人民共和国网络安全法》第四十一条 网络运营者收集、使用个人信息，应当遵循合法、正当、必要的原则，公开收集、使用规则，明示收集、使用信息的目的、方式和范围，并经被收集者同意。

网络运营者不得收集与其提供的服务无关的个人信息，不得违反法律、行政法规的规定和双方的约定收集、使用个人信息，并应当依照法律、行政法规的规定和与用户的约定，处理其保存的个人信息。

2. 从其他网络平台爬取

网络爬虫（Web Crawler）（简称"爬虫"）也称为网络蜘蛛，其本质是一种自动获取网页内容的程序，是搜索引擎的重要组成部分。网络爬虫一般分为通用爬虫和聚焦爬虫。比较典型的应用场景如，目前在金融借贷领域，金融机构可通过爬虫获取借贷人的信用评价，用于风控环节，以防范借款人的信用风险。再如，互联网门户网站可以通过爬虫抓取信息，进行新闻资讯的生成和推送等。

由此可见，爬虫业务合规是企业数据合规的焦点之一。通常情况下，爬虫可以搬运被爬取网站的内容，窃取被爬网站的流量，损害其正当利益，甚至导致更严重的个人信息安全问题。

【合规建议】

企业在进行数据处理活动时常常会通过第三方获取数据。参考《数据安全管理办法（征求意见稿）》第三十条的规定，此种情形下，如果发生数据安全事件对用户造成损失，除非企业能证明自己无过错，否则将承担部分或全部责任。故而在与第三方合作时，企业应当对第三方数据供应商进行资质及数据安全管理能力的审核，还应注意审查第三方数据来源合法的证明文件与授权协议等，留存相关记录，在合作协议中对责任的承担作出明确约定。

例如，约定"发生纠纷时由第三方承担企业因此遭受的一切损失"，也可以要求第三方数据供应商提供并签署数据未侵犯他人隐私、商业秘密及其他权益的承诺函。参照《信息安全技术-个人信息安全规范》（GB/T 35273—2020）规定的数据处理者与第三方产品或服务的提供者在个人信息处理方面的合作场景类型，企业从第三方获取数据也可能发生在"委托第三方处理个人信息""与第三方共同处理个人信息""第三方独自处理个人信息"的场景中。企业可参照《信息安全技术-个人信息安全规范》（GB/T 35273—2020）9.1、9.6、9.7 对应规定，履行相应义务。

【案例链接】

App 隐私协议需明示哪些内容？[①]

案情简介："印象笔记"App（版本号：10.5.5）的主要功能是提供多客户端同步的在线云笔记软件及个人效率工具，运营商为北京印象笔记科技有限公司。由于其涉

① 本案系公安网安部门所公布的违法收集公民个人信息十大案例，载《人民公安报》2020 年 5 月 16 日，第 2 版。

嫌违法违规收集公民个人信息，北京市公安局朝阳分局对其展开了调查。

处罚结果：经查，该款App隐私协议中未以显著位置、显著字体申明收集用户信息数据项，未明示各数据项收集用途。北京市公安局朝阳分局已依法责令该公司改正违法行为，并予以警告处罚。

合规分析：结合与本案同时公布的违法违规收集公民信息案例，企业应于隐私协议中明确说明其数据收集的范围、目的、使用方式等，在显著位置以显著字体注明，并获得用户的明示同意。企业未经授权同意收集用户数据信息，或者超范围收集数据信息的，可能会被予以行政处罚，有App被下架、停运的风险。对此，企业应格外注意。

【合规建议】

为规避不当收集个人信息而可能产生的合规风险，企业在运营App的过程中需要注意以下几个方面：

（1）收集信息应当遵循最小必要原则。App要求用户必须提供的个人信息不应超出必要个人信息范围（不收集无关的个人信息、不强制收集非必要但有关联的个人信息）。《常见类型移动互联网应用程序必要个人信息范围》规定了允许39类常见类型App收集的必要个人信息的范围，为最低必要性标准提供了参考。

（2）征得用户许可并公开告知用户。为了保护用户的个人权利，在收集个人信息前App必须取得用户明确授权同意，将用户同意作为App运营者进行相关信息收集操作的必要前提。建议形成隐私协议供用户签署，将需要收集的必要个人信息列入隐私协议，以不同字体、加粗、异色等方式提请用户注意，在较为明显的位置添加查询隐私政策的链接，方便用户在后续使用过程中随时查阅。App申请打开可收集个人信息权限时，同步告知用户其目的或明确告知用户收集个人信息的范围。App运营者应当尽可能详细地罗列出需要收集的个人信息，将自己的基本服务与附加服务进行区分，将收集到的个人信息与不同的服务类型一一对应，在征求用户许可时告知用户。

（3）不宜采用捆绑授权的方式获取权限。对于个人信息采集授权，不宜采用捆绑方式获取，授权事项应当具体明确，给予用户选择权：其一，不宜因用户拒绝、撤回同意提供非必要个人信息或关闭退出扩展业务功能，而拒绝用户使用该App的基本业务功能。其二，不宜通过捆绑不同类型服务、捆绑基本业务功能和扩展业务功能、批量申请授权等方式，诱导、强迫用户一次性同意个人信息收集请求。其三，当用户拒绝或撤回App个人信息收集、权限申请或业务功能使用的同意时，不应强制退出或者关闭App、不应拒绝提供App基本业务功能或影响其他无关的业务功能使用、不应频繁申请授权干扰用户正常使用。

（4）权限管理应以当前功能为限：其一，不应申请与App业务功能无关的系统权限，不应提前申请与当前业务功能无关的权限；其二，不应以捆绑方式要求用户一次性同意打开多个系统权限；其三，未经用户同意，不应更改用户的系统权限和业务功能设置；其四，App通过权限获得的个人信息和能力，不应在未经用户同意的情况下提供给App接入的第三方应用或嵌入的第三方软件开发工具包（SDK）使用。

（5）畅通用户的沟通反馈渠道。App运营商应维护用户可以复制和更新的个人资料页面，并显示App所收集的用户个人信息。建立易于查找的App的注销页面，用户注销后，其个人信息应从日常商业运营的数据库中删除。App应提供可专门用来处理用户个人信息问题的在线热线或电子邮件地址。

（6）注意特定类型个人信息的收集处理方式。针对敏感个人信息告知同意，需要满足取得个人的单独同意等特殊要求。收集不满14周岁未成年人个人信息，应制定专门的个人信息处理规则，并应取得未成年人的父母或者其他监护人的单独同意。

（7）注意其他禁止性要求。其一，定向推送信息和用户画像场景采用唯一设备识别码标识用户时，不应将其与用户身份信息或不可变更的唯一设备识别码关联；其二，不应在未取得用户同意的情况下，收集剪切板中包含的个人信息和公共存储区中的个人信息；其三，当App在静默状态或在后台运行，且未向用户提供服务时，不应收集用户个人信息；其四，在非服务所必需或者无合理场景下，不应自启动或者关联启动其他App；其五，不应通过积分、奖励、优惠、红包等方式，欺骗误导用户提供与App业务功能无关的个人信息或权限；其六，不收集不可变更的唯一设备识别码。

（二）数据使用合规

数据使用作为数据收集的直接目的，是数据处理全流程中至关重要的一环，这一环节的合规与否直接关乎数据价值的实现效果的好坏。企业在实践中对数据进行使用的场景及方式多种多样，各不相同，其中较多涉及数据使用场景的有数据访问、算法推荐等。本部分将在阐述数据使用基本原则的基础上，对前述数据使用场景下的使用要求及合规使用方式进行说明。

1. 数据使用

由于数据使用与数据收集都属于数据处理活动，因此数据处理的原则同样适用于数据使用。而“数据收集合规”一节中已详细梳理了数据处理原则的相关规定，故此处不再重复梳理法条相关规定。

【合规建议】

企业在使用数据时应当遵守合法、正当、必要的原则，确保其所使用的数据是合法取得的，其使用范围符合法律规定或者合同约定，符合其公示的使用规则所承诺的适用范围。企业应注意不得将收集的数据用于非法目的，不得以非法手段或者形式使用数据。同时，企业应注意保障数据主体的合法权利，例如知情权、同意权、访问权、删除权和修改权等。

2. 数据访问

《中华人民共和国网络安全法》第二十一条与《中华人民共和国个人信息保护法》第五十一条规定应防止未经授权的访问行为，这提示企业设置数据访问权限，在进行数据访问制度建设时，注意设置流程和人员的访问控制措施。一方面，企业应确保仅必要人员基于职责需求访问最小范围内的必要信息，确保其进行批量修改、拷贝、下载等活动均经过企业审批。另一方面，企业应加强对离岗人员和外部人员的管理，及时收回离岗人员的权限，限制外部人员访问数据的范围、途径和操作权限。

3. 算法推荐

随着数字化的发展，算法推荐已然成为企业重要的生产工具，被广泛应用于信息分发及媒体传播领域。但其背后也隐藏着风险和危机，算法歧视、算法滥用等问题层出不穷。

【条文链接】

《互联网信息服务算法推荐管理规定》第八条 算法推荐服务提供者应当定期审核、评估、验证算法机制机理、模型、数据和应用结果等，不得设置诱导用户沉迷、过度消费等违反法律法规或者违背伦理道德的算法模型。

《互联网信息服务算法推荐管理规定》第九条 算法推荐服务提供者应当加强信息安全管理，建立健全用于识别违法和不良信息的特征库，完善入库标准、规则和程序。发现未作显著标识的算法生成合成信息的，应当作出显著标识后，方可继续传输。

发现违法信息的，应当立即停止传输，采取消除等处置措施，防止信息扩散，保存有关记录，并向网信部门和有关部门报告。发现不良信息的，应当按照网络信息内容生态治理有关规定予以处置。

《互联网信息服务算法推荐管理规定》第十五条 算法推荐服务提供者不得利用算法对其他互联网信息服务提供者进行不合理限制，或者妨碍、破坏其合法提供的互联网信息服务正常运行，实施垄断和不正当竞争行为。

《互联网信息服务算法推荐管理规定》第十七条 算法推荐服务提供者应当向用户提供不针对其个人特征的选项，或者向用户提供便捷的关闭算法推荐服务的选项。用户选择关闭算法推荐服务的，算法推荐服务提供者应当立即停止提供相关服务。

算法推荐服务提供者应当向用户提供选择或者删除用于算法推荐服务的针对其个人特征的用户标签的功能。

算法推荐服务提供者应用算法对用户权益造成重大影响的，应当依法予以说明并承担相应责任。

《互联网信息服务算法推荐管理规定》第十八条 算法推荐服务提供者向未成年人提供服务的，应当依法履行未成年人网络保护义务，并通过开发适合未成年人使用的模式、提供适合未成年人特点的服务等方式，便利未成年人获取有益身心健康的信息。

算法推荐服务提供者不得向未成年人推送可能引发未成年人模仿不安全行为和违反社会公德行为、诱导未成年人不良嗜好等可能影响未成年人身心健康的信息，不得利用算法推荐服务诱导未成年人沉迷网络。

《互联网信息服务算法推荐管理规定》第十九条 算法推荐服务提供者向老年人提供服务的，应当保障老年人依法享有的权益，充分考虑老年人出行、就医、消费、办事等需求，按照国家有关规定提供智能化适老服务，依法开展涉电信网络诈骗信息的监测、识别和处置，便利老年人安全使用算法推荐服务。

《互联网信息服务算法推荐管理规定》第二十条 算法推荐服务提供者向劳动者提供工作调度服务的，应当保护劳动者取得劳动报酬、休息休假等合法权益，建立完善平台订单分配、报酬构成及支付、工作时间、奖惩等相关算法。

《互联网信息服务算法推荐管理规定》第二十一条 算法推荐服务提供者向消费者销售商品或者提供服务的，应当保护消费者公平交易的权利，不得根据消费者的偏好、交易习惯等特征，利用算法在交易价格等交易条件上实施不合理的差别待遇等违法行为。

【案例链接】

企业进行“大数据杀熟”将承担何种法律后果？[①]

案情简介：胡女士是携程的“钻石会员”，在携程平台上享受8.5折优惠价。但她发现自己花费2 889元的“钻石会员”优惠房，在酒店当日挂牌价仅1 300元。退房后，她与携程沟通，携程以其并非涉案订单的合同相对方等为由，仅退还了部分差价。胡女士以上海携程采集其个人非必要信息，进行“大数据杀熟”等为由诉至浙江省绍兴市柯桥区法院，要求退一赔三，并要求携程App为其增加不同意“服务协议”和“隐私政策”时仍可继续使用的选项，以避免被告采集其个人信息，掌握原告数据。

裁判结果：经审理，法院认定携程存在虚假宣传、价格欺诈和欺骗行为，支持原告“退一赔三”的诉讼请求。因此，法院判令被告携程赔偿原告未完全赔付的差价243.37元，及订房差价1 511.37元的三倍支付赔偿金，共计4 777.48元；且应在携程旅行App中为原告增加不同意其现有“服务协议”和“隐私政策”仍可继续使用的选项。

合规分析：“大数据杀熟”一般是指互联网平台利用大数据技术收集到的用户信息，分析用户的消费偏好、消费习惯、收入水平等信息，对消费者进行细分，预测消费者为商品或服务支付价格的意愿，为消费者购买商品和服务提供不同的价格。若适用《中华人民共和国电子商务法》第十八条和第七十七条的规定，电子商务经营者根据消费者的兴趣爱好、消费习惯等特征向其提供商品或者服务的搜索结果，应当同时向该消费者提供不针对其个人特征的选项，尊重和平等保护消费者合法权益。若违反相关规定，企业可能面临被市场监督管理部门责令限期改正，被没收违法所得的情况，同时可能被处以五万元以上二十万元以下的罚款；情节严重时，会被处以二十万元以上五十万元以下的罚款。对此，企业应谨慎使用数据，避免基于用户信息向消费者提供不同价格的商品，关注企业是否存在滥用市场支配地位的行为，是否在收集、存储、利用消费者个人信息时获得用户的同意。

【合规建议】

在算法推荐业务场景下，企业首先应当注意履行相应义务：

（1）履行数据的分类分级保护义务。

（2）履行算法策略披露义务，保障用户的知情权，注意在隐私政策中明确告知使用自动化决策技术的业务场景，注意在具体业务模块或者场景界面上，通过弹窗或者标签标注等形式，向用户明示算法推荐服务内容。

（3）保障用户的自主选择权，企业应注意并提供对算法应用的结果性选择和过程性选择，允许用户直接关闭算法推荐服务，允许用户删除或选择针对个人特征的用户标签。

（4）履行对未成年人、老年人、劳动者、消费者的一些特殊保护义务，开发未成年人模式、筛选向未成年人推送的信息，提供智能化适老服务保障老年人权益，对劳动者不得将最严算法作为考核标准，对消费者要注意区别待遇、大数据杀熟等。

（三）数据传输合规

企业数据传输合规制度的梳理可以从数据共享合规、数据交易合规与数据出境合

① 浙江省绍兴市中级人民法院民事判决书（2021）浙06民终3129号。

规三个角度展开。

1. 数据共享

关联企业间的个人数据共享应如何取得用户授权，存在较大争议。《信息安全技术-个人信息安全规范》（GB/T 35273—2020）第3.13款规定，共享是指个人信息控制者向其他控制者提供个人信息，且双方分别对个人信息拥有独立控制权的过程。在个人数据“共享”的法律概念里，提供方和接收方是彼此独立的数据控制者。另外，根据《中华人民共和国公司法》的相关规定，关联企业间虽存在直接或间接的控制关系，但法人有独立的财产，享有法人财产权并依法独立承担民事责任。换言之，除非关联企业间构成总分公司，否则仍应独立履行个人数据处理方面的合规义务。然而，实务中有观点认为关联企业间的个人数据流动可归为“委托处理”或“共同处理”，而无须取得用户单独同意。对此，为减少纠纷，企业仍应在将信息共享给第三方之前取得用户单独同意。

【条文链接】

《信息安全技术个人信息安全规范》（GB/T 35273—2020）

3.13 共享 sharing

个人信息控制者向其他控制者提供个人信息，且双方分别对个人信息拥有独立控制权的过程

9.2 个人信息共享、转让

个人信息控制者共享、转让个人信息时，应充分重视风险。共享、转让个人信息，非因收购、兼并、重组、破产原因的，应符合以下要求：

a）事先开展个人信息安全影响评估并依评估结果采取有效的保护个人信息主体的措施。

b）向个人信息主体告知共享、转让个人信息的目的、数据接收方的类型以及可能产生的后果，并事先征得个人信息主体的授权同意。共享、转让经去标识化处理的个人信息，且确保数据接收方无法重新识别或者关联个人信息主体的除外。

c）共享、转让个人敏感信息前，除b）中告知的内容外，还应向个人信息主体告知涉及的个人敏感信息类型、数据接收方的身份和数据安全能力，并事先征得个人信息主体的明示同意。

d）通过合同等方式规定数据接收方的责任和义务。

e）准确记录和存储个人信息的共享、转让情况，包括共享、转让的日期、规模、目的，以及数据接收方基本情况等。

f）个人信息控制者发现数据接收方违反法律法规要求或双方约定处理个人信息的，应立即要求数据接收方停止相关行为，且采取或要求数据接收方采取有效补救措施（如更改口令、回收权限、断开网络连接等）控制或消除个人信息面临的安全风险；必要时个人信息控制者应解除与数据接收方的业务关系，并要求数据接收方及时删除从个人信息控制者获得的个人信息。

g）因共享、转让个人信息发生安全事件而对个人信息主体合法权益造成损害的，个人信息控制者应承担相应的责任。

h）帮助个人信息主体了解数据接收方对个人信息的存储、使用等情况，以及个人信息主体的权利，例如，访问、更正、删除、注销账户等。

i）个人生物识别信息原则上不应共享、转让。因业务需要，确需共享、转让的，应单独向个人信息主体告知目的、涉及的个人生物识别信息类型、数据接收方的具体身份和数据安全能力等，并征得个人信息主体的明示同意。

【案例链接】

向关联公司提供数据信息是否构成侵权？①

案情简介：用户吴某在使用上海寻梦信息技术有限公司（简称“寻梦公司”）运营的“拼多多”平台服务时，意外发现当通过“多多钱包”填写个人姓名及身份证号信息，进入“免输卡号添加银行卡”功能页面时，“拼多多”平台并未通过弹窗提示等方式，就其共享用户个人信息至其关联第三方支付机构上海付费通信息服务有限公司（简称“付费通公司”，即“多多钱包”的运营主体）及相关银行一事，明确予以告知并单独征得用户授权同意，而是将相关的告知事项隐含于“服务协议”之中并默认同意。吴某认为寻梦公司的行为侵害其合法权益，故诉至法院。

裁判结果：杭州互联网法院经审理认为，根据知情同意规则，若未取得个人同意，即便信息处理者进行了充分、清晰的告知，信息处理者的信息处理行为亦构成对个人信息权益的侵害；且本案涉及处理敏感个人信息，信息处理者还应当获得个人的单独同意。本案中，寻梦公司未以任何形式明确或单独告知吴某并取得其同意，仅在相关隐私政策中作出模糊说明，不符合知情同意原则的要求，而付费通公司甚至未与吴某签订任何协议且致使用户误以为收集信息的主体系寻梦公司，故法院最终认定寻梦公司未经平台用户同意，擅自将用户个人信息传输给付费通公司的信息处理行为侵害用户的个人信息权益，责令立即删除该用户个人信息，以书面道歉信方式赔礼道歉，并赔偿合理维权损失 2 000 元。

合规分析：数据传输中，关联关系较为复杂，共享场景极为多样，共享信息也存在较多类型，如果企业仅仅通过“用户概括授权”的方式履行告知义务，在触发共享场景时并未再次取得用户同意，则用户作为数据主体根本无法明确知悉其个人数据的使用方式及范围，极大可能导致个人数据脱离于用户意志而被企业收集和使用，从而引起较多纠纷。因此，企业在判断其共享信息行为是否构成侵权时应着重审查其是否经用户授权，必要时，可以通过弹窗或其他形式再次取得用户同意。

【合规建议】

对于企业而言，数据共享是经营过程中无法避免的情形，既涉及企业与供应商之间的数据共享，也涉及企业集团内部（如关联公司之间）的数据共享。

（1）在共享数据前，企业应识别数据类型，若为重要数据，则需取得主管部门同意。

（2）企业应注意以书面形式与共享方明确约定数据共享的相关内容，如数据的范围、类型、期限、使用目的及各方权利义务、责任的分担等。

（3）企业应注意在事先于隐私政策中告知用户与关联方进行数据共享的目的、方式等必要信息，取得用户单独同意。

（4）在共享数据后，企业应注意留存相关记录，包括审批记录、日志记录等，若

① 本案系杭州互联网法院裁判的《拼多多向上海付费通信息服务有限公司提供数据信息案》，暂未公布裁判文书，案件详情来源于腾讯新闻报道，https://new.qq.com/rain/a/20211215A0A4SM00。

发现共享方出现违法违约行为，立即要求其整改，必要时终止传输，并要求其删除所获取的数据信息。

2. 数据交易

数据交易是指数据供给方和需求方之间以数据为对象进行的以货币交换数据商品，或者以数据商品交换数据商品的行为。数据商品包括原始数据或加工处理后的数据衍生产品。数据交易包括以大数据或衍生品作为数据商品的数据交易，也包括以传统数据或衍生品作为数据商品的数据交易。数据交易有利于充分实现数据价值，企业应注意该场景下的合规要求。

【条文链接】

《中华人民共和国数据安全法》第七条 国家保护个人、组织与数据有关的权益，鼓励数据依法合理有效利用，保障数据依法有序自由流动，促进以数据为关键要素的数字经济发展。

《中华人民共和国数据安全法》第十九条 国家建立健全数据交易管理制度，规范数据交易行为，培育数据交易市场。

《中华人民共和国数据安全法》第三十三条 从事数据交易中介服务的机构提供服务，应当要求数据提供方说明数据来源，审核交易双方的身份，并留存审核、交易记录。

《中华人民共和国数据安全法》第四十七条 从事数据交易中介服务的机构未履行本法第三十三条规定的义务的，由有关主管部门责令改正，没收违法所得，处违法所得一倍以上十倍以下罚款，没有违法所得或者违法所得不足十万元的，处十万元以上一百万元以下罚款，并可以责令暂停相关业务、停业整顿、吊销相关业务许可证或者吊销营业执照；对直接负责的主管人员和其他直接责任人员处一万元以上十万元以下罚款。

【合规建议】

（1）所交易的数据是合法的交易对象，是衍生数据而非底层、原始数据，即必须是通过清洗、分析、建模、可视化等方式对底层、原始数据进行加工形成的劳动成果。注意不得交易危害国家安全、公共利益、侵害个人隐私的数据，不得交易未经合法权利人授权同意的数据。

（2）注意审查交易方的资质、审查其数据来源、评估其数据安全保护能力。

（3）在进行数据交易时，可以以合同形式，明确数据的适用范围和限制。例如，是否排他使用，是否可以进一步提供给关联方或第三方，注意在合同中明确使用目的和使用方式、明确权利归属，避免后续产生权属纠纷。

从数据需要方的角度，其可采取的合规措施有：

（1）确保企业为一年内无重大数据类违法违规记录的合法组织机构。

（2）在参与数据交易业务前，完成在数据交易服务机构的注册，并经数据交易服务机构审核通过。

（3）保存相关证据和数据业务相关凭证，证明其具备安全交付数据的能力。

（4）向数据交易服务机构提供书面的安全承诺，内容包括但不限于：交易数据来源合法性证明材料、交易数据满足法律法规和政策要求、对交易数据质量评估说明、遵守数据交易安全原则、愿意接受数据交易服务机构安全监督、愿意对数据流通后果负责等。

（5）遵守数据交易服务机构的安全管理制度和流程。

从数据供应方的角度，企业可采取的合规措施有：

（1）确保企业为一年内无重大数据类违法违规记录的合法组织机构。

（2）在参与数据交易业务前，完成在数据交易服务机构的注册，并经数据交易服务机构审核通过。

（3）提供证据证明其具备对交易数据实施安全保护的能力。

（4）提供书面的数据交易和使用安全承诺，内容包括但不限于：满足法律法规和政策要求、遵守数据交易安全原则、愿意接受数据交易服务机构安全监督、遵守与数据供方约定的数据安全要求、对所持有数据提供充分的安全保护、未经明确授权不公开或转交数据给第三方等。

（5）确保按照供需双方约定的使用目的、范围、方式和期限使用数据，禁止进行个人信息的重新识别。

（6）在按照数据交易约定方式完成数据使用后，应及时销毁交易数据。

（7）遵守数据交易服务机构的安全管理制度和流程。

3. 数据出境

【条文链接】

《中华人民共和国数据安全法》第三十一条 关键信息基础设施的运营者在中华人民共和国境内运营中收集和产生的重要数据的出境安全管理，适用《中华人民共和国网络安全法》的规定；其他数据处理者在中华人民共和国境内运营中收集和产生的重要数据的出境安全管理办法，由国家网信部门会同国务院有关部门制定。

《数据出境安全评估办法》第四条 数据处理者向境外提供数据，有下列情形之一的，应当通过所在地省级网信部门向国家网信部门申报数据出境安全评估：

（一）数据处理者向境外提供重要数据；

（二）关键信息基础设施运营者和处理100万人以上个人信息的数据处理者向境外提供个人信息；

（三）自上年1月1日起累计向境外提供10万人个人信息或者1万人敏感个人信息的数据处理者向境外提供个人信息；

（四）国家网信部门规定的其他需要申报数据出境安全评估的情形。

《数据出境安全评估办法》第五条 数据处理者在申报数据出境安全评估前，应当开展数据出境风险自评估，重点评估以下事项：

（一）数据出境和境外接收方处理数据的目的、范围、方式等的合法性、正当性、必要性；

（二）出境数据的规模、范围、种类、敏感程度，数据出境可能对国家安全、公共利益、个人或者组织合法权益带来的风险；

（三）境外接收方承诺承担的责任义务，以及履行责任义务的管理和技术措施、能力等能否保障出境数据的安全；

（四）数据出境中和出境后遭到篡改、破坏、泄露、丢失、转移或者被非法获取、非法利用等的风险，个人信息权益维护的渠道是否通畅等；

（五）与境外接收方拟订立的数据出境相关合同或者其他具有法律效力的文件等（以下统称法律文件）是否充分约定了数据安全保护责任义务；

（六）其他可能影响数据出境安全的事项。

《数据出境安全评估办法》第九条 数据处理者应当在与境外接收方订立的法律文件中明确约定数据安全保护责任义务，至少包括以下内容：

（一）数据出境的目的、方式和数据范围，境外接收方处理数据的用途、方式等；

（二）数据在境外保存地点、期限，以及达到保存期限、完成约定目的或者法律文件终止后出境数据的处理措施；

（三）对于境外接收方将出境数据再转移给其他组织、个人的约束性要求；

（四）境外接收方在实际控制权或者经营范围发生实质性变化，或者所在国家、地区数据安全保护政策法规和网络安全环境发生变化以及发生其他不可抗力情形导致难以保障数据安全时，应当采取的安全措施；

（五）违反法律文件约定的数据安全保护义务的补救措施、违约责任和争议解决方式；

（六）出境数据遭到篡改、破坏、泄露、丢失、转移或者被非法获取、非法利用等风险时，妥善开展应急处置的要求和保障个人维护其个人信息权益的途径和方式。

《数据出境安全评估办法》第十四条 通过数据出境安全评估的结果有效期为2年，自评估结果出具之日起计算。在有效期内出现以下情形之一的，数据处理者应当重新申报评估：

（一）向境外提供数据的目的、方式、范围、种类和境外接收方处理数据的用途、方式发生变化影响出境数据安全的，或者延长个人信息和重要数据境外保存期限的；

（二）境外接收方所在国家或者地区数据安全保护政策法规和网络安全环境发生变化以及发生其他不可抗力情形、数据处理者或者境外接收方实际控制权发生变化、数据处理者与境外接收方法律文件变更等影响出境数据安全的；

（三）出现影响出境数据安全的其他情形。

有效期届满，需要继续开展数据出境活动的，数据处理者应当在有效期届满60个工作日前重新申报评估。

【合规建议】

企业数据出境的业务场景主要包括：（1）数据处理者将数据转移至我国境外。（2）虽未将数据转移至境外但接受主体为外籍主体。（3）虽未将数据转移至境外但将境内数据库的访问登录信息或接口提供给境外主体进行境外远程访问查看等。

在上述场景下，企业应注意履行数据出境的法定义务：在数据出境前通过国家网信部门组织的数据出境安全评估；注意数据传输双方均应通过网信部门认定的专业机构进行个人信息保护认证；注意应按照网信部门指定的关于标准合同规定与境外数据接收方订立合同，明确双方权利义务。另外，企业还应注意在报送网信部门进行安全评估之前可以首先进行风险自评估。

（四）数据删除合规

【条文链接】

《中华人民共和国民法典》第一千零三十七条 自然人可以依法向信息处理者查阅

或者复制其个人信息；发现信息有错误的，有权提出异议并请求及时采取更正等必要措施。

自然人发现信息处理者违反法律、行政法规的规定或者双方的约定处理其个人信息的，有权请求信息处理者及时删除。

《中华人民共和国网络安全法》第四十三条 个人发现网络运营者违反法律、行政法规的规定或者双方的约定收集、使用其个人信息的，有权要求网络运营者删除其个人信息；发现网络运营者收集、存储的其个人信息有错误的，有权要求网络运营者予以更正。网络运营者应当采取措施予以删除或者更正。

《中华人民共和国个人信息保护法》第四十七条 有下列情形之一的，个人信息处理者应当主动删除个人信息；个人信息处理者未删除的，个人有权请求删除：

（一）处理目的已实现、无法实现或者为实现处理目的不再必要；

（二）个人信息处理者停止提供产品或者服务，或者保存期限已届满；

（三）个人撤回同意；

（四）个人信息处理者违反法律、行政法规或者违反约定处理个人信息；

（五）法律、行政法规规定的其他情形。

法律、行政法规规定的保存期限未届满，或者删除个人信息从技术上难以实现的，个人信息处理者应当停止除存储和采取必要的安全保护措施之外的处理。

《中华人民共和国电子商务法》第二十四条 电子商务经营者应当明示用户信息查询、更正、删除以及用户注销的方式、程序，不得对用户信息查询、更正、删除以及用户注销设置不合理条件。

电子商务经营者收到用户信息查询或者更正、删除的申请的，应当在核实身份后及时提供查询或者更正、删除用户信息。用户注销的，电子商务经营者应当立即删除该用户的信息；依照法律、行政法规的规定或者双方约定保存的，依照其规定。

《儿童个人信息网络保护规定》第二十条 儿童或者其监护人要求网络运营者删除其收集、存储、使用、披露的儿童个人信息的，网络运营者应当及时采取措施予以删除，包括但不限于以下情形：

（一）网络运营者违反法律、行政法规的规定或者双方的约定收集、存储、使用、转移、披露儿童个人信息的；

（二）超出目的范围或者必要期限收集、存储、使用、转移、披露儿童个人信息的；

（三）儿童监护人撤回同意的；

（四）儿童或者其监护人通过注销等方式终止使用产品或者服务的。

《儿童个人信息网络保护规定》第二十三条 网络运营者停止运营产品或者服务的，应当立即停止收集儿童个人信息的活动，删除其持有的儿童个人信息，并将停止运营的通知及时告知儿童监护人。

《信息安全技术-个人信息安全规范》（GB/T 35273—2020）

8.3 个人信息删除

对个人信息控制者的要求包括：

a）符合以下情形，个人信息主体要求删除的，应及时删除个人信息：

1）个人信息控制者违反法律法规规定，收集、使用个人信息的；

2）个人信息控制者违反与个人信息主体的约定，收集、使用个人信息的。

b）个人信息控制者违反法律法规规定或违反与个人信息主体的约定向第三方共享、转让个人信息，且个人信息主体要求删除的，个人信息控制者应立即停止共享、转让的行为，并通知第三方及时删除。

c）个人信息控制者违反法律法规规定或违反与个人信息主体的约定，公开披露个人信息，且个人信息主体要求删除的，个人信息控制者应立即停止公开披露的行为，并发布通知要求相关接收方删除相应的信息。

《互联网个人信息安全保护指南》

6.4　删除

a）个人信息在超过保存时限之后应进行删除，经过处理无法识别特定个人且不能复原的除外；

b）个人信息持有者如有违反法律、行政法规的规定或者双方的约定收集、使用其个人信息时，个人信息主体要求删除其个人信息的，应采取措施予以删除；

c）个人信息相关存储设备，将存储的个人信息数据进行删除之后应采取措施防止通过技术手段恢复；

d）对存储过个人信息的设备在进行新信息的存储时，应将之前的内容全部进行删除；

e）废弃存储设备，应在进行删除后再进行处理。

【案例链接】

未明示数据信息注销删除规则需承担法律责任吗？①

案情简介： 2019 年 7 月 30 日，北京市昌平区市场监督管理局执法人员在检查北京美丽风科技有限公司的网站（www.x.com.cn）时发现当事人未在自建网站（www.x.com.cn）和“桔色”App 的首页显著位置，持续公示营业执照信息、与其经营业务有关的行政许可信息，或者上述信息的链接标识。当事人未在自建网站（www.x.com.cn）和“桔色”App 上明示用户信息删除以及用户注销的方式、程序，无法删除用户信息。

处罚结果： 2019 年 9 月 27 日，北京市昌平区市场监督管理局向当事人送达了《行政处罚告知书》，责令当事人在一个月内予以改正，决定作出行政处罚决定如下：罚款 2 000 元。

【合规建议】

企业删除数据或者个人信息，主要有以下情形：（1）违反法律、行政法规的规定或者双方的约定收集、使用、共享、转让、公开披露数据/个人信息。（2）超出目的范围或者必要期限收集、使用、共享、转让、公开披露数据/个人信息。（3）数据/个人信息主体撤回同意。（4）数据/个人信息主体通过注销等方式终止使用产品或者服务。（5）企业停止运营产品或者服务的。企业应注意在开展数据活动的过程中，为用户明确提供数据删除途径，在符合前述情形时，及时彻底删除数据。企业需注意，数据删除的效果必须是永久性的、不可恢复的。

企业在进行数据处理活动时应注意明确提供数据信息的删除途径，若未明示相应

① 北京市昌平区市场监督管理局京工商昌工处行政处罚决定书。

规则将受到行政处罚。同时，企业还应注意保障用户的信息数据删除权，在用户要求删除相关信息时，永久删除信息。

（五）刑事责任

1. 侵犯公民个人信息罪

【条文链接】

《中华人民共和国刑法》第二百五十三条之一 违反国家有关规定，向他人出售或者提供公民个人信息，情节严重的，处三年以下有期徒刑或者拘役，并处或者单处罚金；情节特别严重的，处三年以上七年以下有期徒刑，并处罚金。

违反国家有关规定，将在履行职责或者提供服务过程中获得的公民个人信息，出售或者提供给他人的，依照前款的规定从重处罚。

窃取或者以其他方法非法获取公民个人信息的，依照第一款的规定处罚。

单位犯前三款罪的，对单位判处罚金，并对其直接负责的主管人员和其他直接责任人员，依照各该款的规定处罚。

2. 非法侵入计算机信息系统罪

【条文链接】

《中华人民共和国刑法》第二百八十五条第一款 违反国家规定，侵入国家事务、国防建设、尖端科学技术领域的计算机信息系统的，处三年以下有期徒刑或者拘役。

3. 非法获取计算机信息系统数据、非法控制计算机信息系统罪

【条文链接】

《中华人民共和国刑法》第二百八十五条第二款 违反国家规定，侵入前款规定以外的计算机信息系统或者采用其他技术手段，获取该计算机信息系统中存储、处理或者传输的数据，或者对该计算机信息系统实施非法控制，情节严重的，处三年以下有期徒刑或者拘役，并处或者单处罚金；情节特别严重的，处三年以上七年以下有期徒刑，并处罚金。

4. 提供侵入、非法控制计算机信息系统程序、工具罪

【条文链接】

《中华人民共和国刑法》第二百八十五条第三款、第四款 提供专门用于侵入、非法控制计算机信息系统的程序、工具，或者明知他人实施侵入、非法控制计算机信息系统的违法犯罪行为而为其提供程序、工具，情节严重的，依照前款的规定处罚。

单位犯前三款罪的，对单位判处罚金，并对其直接负责的主管人员和其他直接责任人员，依照各该款的规定处罚。

5. 帮助信息网络犯罪活动罪

【条文链接】

《中华人民共和国刑法》第二百八十七条之二 明知他人利用信息网络实施犯罪，为其犯罪提供互联网接入、服务器托管、网络存储、通信传输等技术支持，或者提供广告推广、支付结算等帮助，情节严重的，处三年以下有期徒刑或者拘役，并处或者单处罚金。

单位犯前款罪的，对单位判处罚金，并对其直接负责的主管人员和其他直接责任

人员，依照第一款的规定处罚。

有前两款行为，同时构成其他犯罪的，依照处罚较重的规定定罪处罚。

三、数据安全

数据合规与数据安全的保障息息相关，保障数据安全是企业作为数据处理者的义务之一。具体而言，企业保障数据安全的制度措施主要包括对数据进行分类分级、对重要数据进行特别保护、建立数据安全审查制度、建立数据安全管理制度、进行风险监测等。由于风险监测主要是从企业角度制定相关政策，因此本节仅从数据的分类分级、重要数据的识别、数据安全审查与数据安全管理四个角度展开。

（一）数据的分类分级

随着数据安全上升到国家安全与国家战略层面，数据的分类分级已经成为企业开展数据安全治理的必选措施。《中华人民共和国数据安全法》明确提出了分类且分级的立法保护思路，不仅区分个人信息与重要数据两个层面进行监管，还基于数据的敏感性、重要性、被危害程度等因素划分对应的保护等级。企业应该根据分类分级结果在应用场景中采取不同的安全保护措施（如授权、脱敏、加密等），确保数据在各种应用场景中实现使用与保护之间的平衡，防止出现信息数据的泄露、滥用等情形。然而，我国虽已在技术标准与行业规范中提出了较为体系化的数据分类分级要求，但并未完整落实到法律层面。实务层面通常是参考相应规范方法，建立适合本企业的数据类别与级别体系。

【条文链接】

《中华人民共和国数据安全法》第二十一条 国家建立数据分类分级保护制度，根据数据在经济社会发展中的重要程度，以及一旦遭到篡改、破坏、泄露或者非法获取、非法利用，对国家安全、公共利益或者个人、组织合法权益造成的危害程度，对数据实行分类分级保护。国家数据安全工作协调机制统筹协调有关部门制定重要数据目录，加强对重要数据的保护。

关系国家安全、国民经济命脉、重要民生、重大公共利益等数据属于国家核心数据，实行更加严格的管理制度。

各地区、各部门应当按照数据分类分级保护制度，确定本地区、本部门以及相关行业、领域的重要数据具体目录，对列入目录的数据进行重点保护。

（二）重要数据的识别

重要数据的识别是国家在数据安全管理方面的重点工作，《中华人民共和国数据安全法》与《网络数据安全管理条例》都要求企业对重要数据实行重点保护。《网络数据安全管理条例（征求意见稿）》专章规定了重要数据处理者的义务。然而重要数据的概念尚未统一，企业对重要数据进行识别又是建立特殊保护机制的基础，故下文将基于现行法律规范，对重要数据的识别与企业的义务进行梳理。

1. 重要数据的识别因素

从国家层面来看，根据《重要数据识别指南（征求意见稿）》列出的重要数据识别因素，企业在识别时应考虑：①影响国家主权、政权安全、政治制度、意识形态安全、领土安全、军事安全以及经济安全等的数据；②重要场所位置的数据；③关系到国家竞争力的专业技术的数据等。又参考《网络数据安全管理条例（征求意见稿）》里所列举的重要数据类型，企业还应重点关注出口管制的数据、国家经济运行的数据，以及达到一定规模的人口、健康、自然资源等数据。

从行业层面来看，不同行业主管部门出台了适用于本行业的标准或规范，企业应根据所属行业不同，进行全面检索。例如汽车领域企业应重点查阅《汽车数据安全管理若干规定（试行）》，重点关注其中列举的5类重要数据，包括人脸信息、车牌信息等的车外视频、图像数据以及涉及个人信息主体超过10万人的个人信息等。金融领域企业，可以参考《金融数据安全数据安全分级指南》，按照指南中所述的数据特征识别重要数据。基础电信领域企业应关注《基础电信企业重要数据识别指南》，参照指南附录A的重要数据示例，关注网络与系统的建设与运行维护类数据、网络安全数据以及企业的管理数据（包括重大决策、发展战略等）。

互联网领域虽暂时还没有关于重要数据的明确规则或指南，但是可以参照其他行业规范，关注以下类型的数据：①企业的重大战略规划、重大事项决策、战略风险评估信息等数据；②能够反映所在领域总体经营发展情况的数据，预测行业未来的发展趋势的数据；③大规模用户的网络行为分析结果数据，大型企业的与网络规划建设、网络运维、安全保障相关的网络设施和信息系统数据等。简言之，企业需基于行业指南或标准持续关注自身是否拥有前述类型的重要数据，以便在后续的合规过程中及时地履行重要数据处理者的相关义务。

2. 企业识别的特殊义务

《网络数据安全管理条例（征求意见稿）》中专章规定了重要数据处理者的义务，结合其规定，企业应做到：

（1）明确数据安全负责人，成立数据安全管理机构。

（2）向设区的市级网信部门备案。

（3）制订数据安全培训计划，每年培训时间不少于20小时。

（4）优先采购安全可信的网络产品和服务。

（5）每年开展一次数据安全评估，并将年度报告报市级网信部门。

（6）共享、交易、委托处理重要数据，应当征得市级及以上主管部门同意。

（7）发生合并、重组、分立等情况的，涉及重要数据和一百万人以上个人信息的，应当向设区的市级主管部门报告。

（8）处理重要数据的系统原则上应当满足三级以上网络安全等级保护和关键信息基础设施安全保护要求。

（9）数据处理者应当使用密码对重要数据和核心数据进行保护。

（10）发生重要数据或者10万人以上数据安全事件时，应在8小时内报告事件信息，处置完毕5个工作日内提交调查评估报告。

（三）数据安全审查

【条文链接】

《中华人民共和国国家安全法》第二十五条 国家建设网络与信息安全保障体系，提升网络与信息安全保护能力，加强网络和信息技术的创新研究和开发应用，实现网络和信息核心技术、关键基础设施和重要领域信息系统及数据的安全可控；加强网络管理，防范、制止和依法惩治网络攻击、网络入侵、网络窃密、散布违法有害信息等网络违法犯罪行为，维护国家网络空间主权、安全和发展利益。

《中华人民共和国国家安全法》第五十九条 国家建立国家安全审查和监管的制度和机制，对影响或者可能影响国家安全的外商投资、特定物项和关键技术、网络信息技术产品和服务、涉及国家安全事项的建设项目，以及其他重大事项和活动，进行国家安全审查，有效预防和化解国家安全风险。

《中华人民共和国网络安全法》第三十五条 关键信息基础设施的运营者采购网络产品和服务，可能影响国家安全的，应当通过国家网信部门会同国务院有关部门组织的国家安全审查。

《中华人民共和国网络安全法》第六十五条 关键信息基础设施的运营者违反本法第三十五条规定，使用未经安全审查或者安全审查未通过的网络产品或者服务的，由有关主管部门责令停止使用，处采购金额一倍以上十倍以下罚款；对直接负责的主管人员和其他直接责任人员处一万元以上十万元以下罚款。

《中华人民共和国数据安全法》第二十四条 国家建立数据安全审查制度，对影响或者可能影响国家安全的数据处理活动进行国家安全审查。

依法作出的安全审查决定为最终决定。

《网络安全审查办法》第二条第一款 关键信息基础设施运营者采购网络产品和服务，网络平台运营者开展数据处理活动，影响或者可能影响国家安全的，应当按照本办法进行网络安全审查。

《网络安全审查办法》第五条 关键信息基础设施运营者采购网络产品和服务的，应当预判该产品和服务投入使用后可能带来的国家安全风险。影响或者可能影响国家安全的，应当向网络安全审查办公室申报网络安全审查。

关键信息基础设施安全保护工作部门可以制定本行业、本领域预判指南。

《网络安全审查办法》第六条 对于申报网络安全审查的采购活动，关键信息基础设施运营者应当通过采购文件、协议等要求产品和服务提供者配合网络安全审查，包括承诺不利用提供产品和服务的便利条件非法获取用户数据、非法控制和操纵用户设备，无正当理由不中断产品供应或者必要的技术支持服务等。

《网络安全审查办法》第七条 掌握超过100万用户个人信息的网络平台运营者赴国外上市，必须向网络安全审查办公室申报网络安全审查。

《网络安全审查办法》第十条 网络安全审查重点评估相关对象或者情形的以下国家安全风险因素：

（一）产品和服务使用后带来的关键信息基础设施被非法控制、遭受干扰或者破坏的风险；

（二）产品和服务供应中断对关键信息基础设施业务连续性的危害；

（三）产品和服务的安全性、开放性、透明性、来源的多样性，供应渠道的可靠性以及因为政治、外交、贸易等因素导致供应中断的风险；

（四）产品和服务提供者遵守中国法律、行政法规、部门规章情况；

（五）核心数据、重要数据或者大量个人信息被窃取、泄露、毁损以及非法利用、非法出境的风险；

（六）上市存在关键信息基础设施、核心数据、重要数据或者大量个人信息被外国政府影响、控制、恶意利用的风险，以及网络信息安全风险；

（七）其他可能危害关键信息基础设施安全、网络安全和数据安全的因素。

《网络安全审查办法》第十一条 网络安全审查办公室认为需要开展网络安全审查的，应当自向当事人发出书面通知之日起30个工作日内完成初步审查，包括形成审查结论建议和将审查结论建议发送网络安全审查工作机制成员单位、相关部门征求意见；情况复杂的，可以延长15个工作日。

《网络安全审查办法》第十六条 网络安全审查工作机制成员单位认为影响或者可能影响国家安全的网络产品和服务以及数据处理活动，由网络安全审查办公室按程序报中央网络安全和信息化委员会批准后，依照本办法的规定进行审查。

为了防范风险，当事人应当在审查期间按照网络安全审查要求采取预防和消减风险的措施。

《网络数据安全管理条例（征求意见稿）》第十三条 数据处理者开展以下活动，应当按照国家有关规定，申报网络安全审查：

（一）汇聚掌握大量关系国家安全、经济发展、公共利益的数据资源的互联网平台运营者实施合并、重组、分立，影响或者可能影响国家安全的；

（二）处理一百万人以上个人信息的数据处理者赴国外上市的；

（三）数据处理者赴香港上市，影响或者可能影响国家安全的；

（四）其他影响或者可能影响国家安全的数据处理活动。

大型互联网平台运营者在境外设立总部或者运营中心、研发中心，应当向国家网信部门和主管部门报告。

【案例链接】

网络安全审查审什么？①

案情简介：2021年7月，为防范国家数据安全风险，维护国家安全，保障公共利益，依据《中华人民共和国国家安全法》《中华人民共和国网络安全法》，网络安全审查办公室按照《网络安全审查办法》对滴滴公司实施网络安全审查。根据网络安全审查结论及发现的问题和线索，国家互联网信息办公室依法对滴滴公司涉嫌违法行为进行立案调查。为配合网络安全审查工作，防范风险扩大，审查期间“滴滴出行”停止新用户注册。

国家互联网信息办公室对滴滴公司所存在的16项违法事实进行认定，将其归纳为八个方面：第一，违法收集用户手机相册中的截图信息1 196.39万条；第二，过度收集用户剪切板信息、应用列表信息83.23亿条；第三，过度收集乘客人脸识别信息1.07亿条、年龄段信息5 350.92万条、职业信息1 633.56万条、亲情关系信息138.29万条、“家”和“公司”打车地址信息1.53亿条；第四，过度收集乘客评价代驾服务时、App后台运行时、手机连接桔视记录仪设备时的精准位置（经纬度）信息1.67亿条；第五，过度收集司机学历信息14.29万条，以明文形式存储司机身份证号信息5 780.26万条；第六，在未明确告知乘客情况下分析乘客出行意图信息539.76亿条、

① 参见《国家互联网信息办公室有关负责人就对滴滴全球股份有限公司依法作出网络安全审查相关行政处罚的决定答记者问》，http://www.cac.gov.cn/2022-07/21/c_1660021534364976.htm? prefer_safari=1&prefer_reader_view=1.

常驻城市信息15.38亿条、异地商务/异地旅游信息3.04亿条；第七，在乘客使用顺风车服务时频繁索取无关的“电话权限”；第八，未准确、清晰说明用户设备信息等19项个人信息处理目的。

另外，网络安全审查还发现，滴滴公司存在严重影响国家安全的数据处理活动，以及拒不履行监管部门的明确要求，阳奉阴违、恶意逃避监管等其他违法违规问题。滴滴公司违法违规运营给国家关键信息基础设施安全和数据安全带来严重安全风险隐患。因涉及国家安全，依法不公开。

处罚结果：国家互联网信息办公室依据《中华人民共和国网络安全法》《中华人民共和国数据安全法》《中华人民共和国个人信息保护法》《中华人民共和国行政处罚法》等法律法规，对滴滴全球股份有限公司处80.26亿元罚款，对滴滴全球股份有限公司董事长兼CEO程维、总经理柳青各处100万元罚款。

合规分析：本案给企业带来的数据合规启示主要分为网络安全审查合规与数据处理合规两方面。

网络安全审查角度，这启示企业不能忽视网络安全审查义务，应定期进行数据安全风险自评估，重点审查企业的数据处理活动是否存在有危害国家安全的可能性，重点评估以下方面：

（1）企业产品和服务使用后带来的关键信息基础设施被非法控制、干扰或者破坏的风险。

（2）产品和服务供应中断对关键信息基础设施业务所产生的连续性危害。

（3）产品和服务的安全性、开放性、透明性、来源的多样性，供应渠道的可靠性以及因为政治、外交、贸易等因素导致供应中断的风险。

（4）产品和服务提供者遵守中国法律、行政法规、部门规章情况。

（5）核心数据、重要数据或者大量个人信息被窃取、泄露、毁损以及非法利用、非法出境的风险。

（6）上市存在关键信息基础设施、核心数据、重要数据或者大量个人信息被外国政府影响、控制、恶意利用的风险，以及网络信息安全风险。对可能危害国家安全、损害公共利益及个人合法权益的数据处理活动给予高度重视，及时采取相应措施，主动向网络安全审查办公室申报网络安全审查。

数据处理合规方面，企业在开展数据处理活动时应做到数据处理全流程的合规。本案中，滴滴的违法行为主要表现在数据的收集和使用方面，这启示企业，应建立完善的数据合规管理体系，对数据全生命周期（收集、存储、使用、传输、删除等）进行合规管理。注意数据收集应取得用户的事先同意，应遵守合法、必要、正当原则，在最小范围内收集，保证数据在授权范围内使用。企业不能怀有侥幸心理，用模棱两可的话语诱导用户提供个人信息。一旦构成侵权，企业及相应主管人员极有可能面临高额罚款，严重影响企业的生产经营。

【合规建议】

《中华人民共和国国家安全法》建立国家安全审查与监管制度，《中华人民共和国数据安全法》第二十四条与《中华人民共和国网络安全法》第三十五条呼应《中华人民共和国国家安全法》，建立了我国数据领域的国家安全审查制度，其包含数据安全审查与网络安全审查两部分内容。数据安全审查制度的审查对象主要针对影响或可能影响国家安全的数据处理活动，但《中华人民共和国数据安全法》并未进一步明确数据安全审查制度具体实施细则。2021 年 12 月 28 日发布的《网络安全审查办法》将数据安全纳入网络安全审查的范围之内，对企业建立本企业的数据审查制度提供了指引。

企业在开展相关工作时，应当注意：（1）结合自身业务进行数据识别、梳理和盘点工作，对于可能涉及重要数据、国家核心数据、处理用户数量到达百万级别以上的产品和业务线进行重点关注，进行合规自查和整改。（2）持续关注关键信息基础设施的认定标准，评估自身适用的义务项。（3）宜主动开展数据安全自查工作，在满足网络安全审查申报条件时，主动向网络安全审查办公室申报。

（四）数据安全管理

【条文链接】

《中华人民共和国网络安全法》第二十一条 国家实行网络安全等级保护制度。网络运营者应当按照网络安全等级保护制度的要求，履行下列安全保护义务，保障网络免受干扰、破坏或者未经授权的访问，防止网络数据泄露或者被窃取、篡改：

（一）制定内部安全管理制度和操作规程，确定网络安全负责人，落实网络安全保护责任；

（二）采取防范计算机病毒和网络攻击、网络侵入等危害网络安全行为的技术措施；

（三）采取监测、记录网络运行状态、网络安全事件的技术措施，并按照规定留存相关的网络日志不少于六个月；

（四）采取数据分类、重要数据备份和加密等措施；

（五）法律、行政法规规定的其他义务。

《中华人民共和国网络安全法》第二十五条 网络运营者应当制定网络安全事件应急预案，及时处置系统漏洞、计算机病毒、网络攻击、网络侵入等安全风险；在发生危害网络安全的事件时，立即启动应急预案，采取相应的补救措施，并按照规定向有关主管部门报告。

《中华人民共和国网络安全法》第三十三条 建设关键信息基础设施应当确保其具有支持业务稳定、持续运行的性能，并保证安全技术措施同步规划、同步建设、同步使用。

《中华人民共和国网络安全法》第三十四条 除本法第二十一条的规定外，关键信息基础设施的运营者还应当履行下列安全保护义务：

（一）设置专门安全管理机构和安全管理负责人，并对该负责人和关键岗位的人员进行安全背景审查；

（二）定期对从业人员进行网络安全教育、技术培训和技能考核；

（二）对重要系统和数据库进行容灾备份；

（四）制定网络安全事件应急预案，并定期进行演练；

（五）法律、行政法规规定的其他义务。

《中华人民共和国网络安全法》第三十六条 关键信息基础设施的运营者采购网络产品和服务，应当按照规定与提供者签订安全保密协议，明确安全和保密义务与责任。

《中华人民共和国网络安全法》第三十八条 关键信息基础设施的运营者应当自行

或者委托网络安全服务机构对其网络的安全性和可能存在的风险每年至少进行一次检测评估，并将检测评估情况和改进措施报送相关负责关键信息基础设施安全保护工作的部门。

《中华人民共和国网络安全法》第四十八条 任何个人和组织发送的电子信息、提供的应用软件，不得设置恶意程序，不得含有法律、行政法规禁止发布或者传输的信息。

电子信息发送服务提供者和应用软件下载服务提供者，应当履行安全管理义务，知道其用户有前款规定行为的，应当停止提供服务，采取消除等处置措施，保存有关记录，并向有关主管部门报告。

《中华人民共和国网络安全法》第五十九条 网络运营者不履行本法第二十一条、第二十五条规定的网络安全保护义务的，由有关主管部门责令改正，给予警告；拒不改正或者导致危害网络安全等后果的，处一万元以上十万元以下罚款，对直接负责的主管人员处五千元以上五万元以下罚款。

关键信息基础设施的运营者不履行本法第三十三条、第三十四条、第三十六条、第三十八条规定的网络安全保护义务的，由有关主管部门责令改正，给予警告；拒不改正或者导致危害网络安全等后果的，处十万元以上一百万元以下罚款，对直接负责的主管人员处一万元以上十万元以下罚款。

《中华人民共和国网络安全法》第六十八条第二款 电子信息发送服务提供者、应用软件下载服务提供者，不履行本法第四十八条第二款规定的安全管理义务的，依照前款规定处罚。

《中华人民共和国数据安全法》第二十七条 开展数据处理活动应当依照法律、法规的规定，建立健全全流程数据安全管理制度，组织开展数据安全教育培训，采取相应的技术措施和其他必要措施，保障数据安全。利用互联网等信息网络开展数据处理活动，应当在网络安全等级保护制度的基础上，履行上述数据安全保护义务。

重要数据的处理者应当明确数据安全负责人和管理机构，落实数据安全保护责任。

【合规建议】

《中华人民共和国网络安全法》《中华人民共和国数据安全法》对企业的数据安全保护义务作了规定，企业如果不履行相应义务或者违反相关规定，可能承担警告、对企业和直接负责主管人员的双重罚款、暂停相关业务、停业整顿、吊销相关业务许可证或吊销营业执照等法律责任。其中，违反个人信息保护义务的直接负责人，将被禁止担任高管和个人信息保护负责人。因此，企业经营管理者应当充分了解企业业务、组织结构、规章制度，对照法律要求，从数据安全管理体系、安全人员体系、安全运营体系和持续化合规监管体系出发建立适合本企业的数据安全管理制度。

（1）从数据安全管理体系建设角度出发，企业可以建立数据内部管理制度、数据分类分级管理制度、数据安全负责人和/或特设机构制度、审批和访问权限制度。

（2）从数据安全人员设置角度出发，企业可以考虑搭建相应的人力资源管理制度和数据从业人员定期培训制度，使得相关人员具有该方面的合规敏感性和专业能力。

（3）从数据安全运营角度出发，企业应注意进行数据全流程的合规建设，进行特定情况下数据处理事前影响评估；就业务所涉数据处理各阶段法律上和实践中是否符合合法合规要点予以业务上线前和运营中的审查。持续安全合规方面，企业应建立风险监测方案、数据安全事件应急处置措施、定期合规评审、特定企业定期发布个人信息保护社会责任报告，同时确保与主管部门建立有效的沟通机制，方便在需要时做到及时备案、报告，保障数据合规的长效化。

第五节　生产经营合规

生产经营合规包含生产合规和经营合规。生产包含了作为第一产业的农业生产以及作为第二产业的加工业和第三产业中的部分食品生产活动。对农业生产进行管理和规制的法律法规包括《中华人民共和国农业法》《中华人民共和国种子法》《中华人民共和国畜牧法》以及《肥料登记管理办法》等。针对加工过程的规制既有《中华人民共和国安全生产法》作为一般法，又有如《中华人民共和国特种设备安全法》等特别法的强化管理。《中华人民共和国产品质量法》是对生产加工结果进行监管的一般法，根据产品的不同类别，《中华人民共和国食品安全法》《中华人民共和国药品管理法》等特别法亦会加以特殊规制。本书旨在为企业合规提供规则指引，第一产业中虽然也存在着大量的企业参与，但以企业为主体的经营行为更多还是发生在第二产业与第三产业中。因此，本节的生产合规将主要聚焦于加工生产环节。

经营是企业的核心活动，广义的经营自然包含了加工和生产。企业在经营中应主要避免三类违法行为：一是垄断行为，二是不正当竞争行为，三是不当价格行为。垄断行为和不正当竞争行为分别由《中华人民共和国反垄断法》和《中华人民共和国反不正当竞争法》加以规制。不当价格行为则可能受到上述两种竞争法和《中华人民共和国价格法》的规制。但需要注意的是，《中华人民共和国反不正当竞争法》在 2017 年修法时删除了对低价倾销行为的规制，《中华人民共和国反垄断法》对低价倾销行为的规制将市场支配地位作为前提。因此，集团企业或资本试图利用低价倾销的方式打入某一市场并谋求一定市场支配地位时，《中华人民共和国价格法》第十四条反而成了唯一的执法依据。

本节总结了企业在经营活动中的合规风险点，尤其重点梳理了生产过程中的合规注意事项；并在此基础上，有针对性地提出企业生产经营合规建议，以保证企业生产经营活动的顺利开展。

一、生产安全责任

生产合规，是指在生产经营活动中，为避免发生造成人员伤害和财产损失的事故，有效消除或控制危险和有害因素而采取一系列措施，使生产经营过程在符合规定的条件下进行，以保证从业人员的人身安全与健康、设备和设施免受损坏、环境免遭破坏，保证生产经营活动得以顺利进行的相关活动。

（一）生产活动中的安全生产责任

1. 生产经营单位的安全生产责任

生产经营单位为保障生产经营活动的安全进行，防止生产安全事故的发生，须在生产经营设施、管理制度、生产技术等方面达到相应要求，具备必要的安全生产条件。

生产经营单位应当建立安全生产责任制，将安全生产责任的落实情况与生产经营单位的奖惩措施挂钩。对于弄虚作假、未认真履行安全生产职责或者存在重大事故隐患、发生生产安全事故等不符合责任制考核标准要求的，生产经营单位应给予一定惩罚，以保证安全生产工作落到实处。

【条文链接】

《中华人民共和国安全生产法》第四条 生产经营单位必须遵守本法和其他有关安全生产的法律、法规，加强安全生产管理，建立健全全员安全生产责任制和安全生产规章制度，加大对安全生产资金、物资、技术、人员的投入保障力度，改善安全生产条件，加强安全生产标准化、信息化建设，构建安全风险分级管控和隐患排查治理双重预防机制，健全风险防范化解机制，提高安全生产水平，确保安全生产。

平台经济等新兴行业、领域的生产经营单位应当根据本行业、领域的特点，建立健全并落实全员安全生产责任制，加强从业人员安全生产教育和培训，履行本法和其他法律、法规规定的有关安全生产义务。

《中华人民共和国安全生产法》第二十二条 生产经营单位的全员安全生产责任制应当明确各岗位的责任人员、责任范围和考核标准等内容。

生产经营单位应当建立相应的机制，加强对全员安全生产责任制落实情况的监督考核，保证全员安全生产责任制的落实。

《中华人民共和国安全生产法》第一百一十三条 生产经营单位存在下列情形之一的，负有安全生产监督管理职责的部门应当提请地方人民政府予以关闭，有关部门应当依法吊销其有关证照。生产经营单位主要负责人五年内不得担任任何生产经营单位的主要负责人；情节严重的，终身不得担任本行业生产经营单位的主要负责人：

（一）存在重大事故隐患，一百八十日内三次或者一年内四次受到本法规定的行政处罚的；

（二）经停产停业整顿，仍不具备法律、行政法规和国家标准或者行业标准规定的安全生产条件的；

（三）不具备法律、行政法规和国家标准或者行业标准规定的安全生产条件，导致发生重大、特别重大生产安全事故的；

（四）拒不执行负有安全生产监督管理职责的部门作出的停产停业整顿决定的。

2. 主要负责人和安全生产管理人的设置

生产经营单位的安全生产管理人员应当具备安全生产知识和管理能力，危险程度较高企业的安全管理人员更应当由通过安监部门考核的人员来担任，任用条件应更加严格。

【条文链接】

《中华人民共和国安全生产法》第五条 生产经营单位的主要负责人是本单位安全生产第一责任人，对本单位的安全生产工作全面负责。其他负责人对职责范围内的安全生产工作负责。

《中华人民共和国安全生产法》第二十四条 矿山、金属冶炼、建筑施工、运输单位和危险物品的生产、经营、储存、装卸单位，应当设置安全生产管理机构或者配备专职安全生产管理人员。

前款规定以外的其他生产经营单位，从业人员超过一百人的，应当设置安全生产管理机构或者配备专职安全生产管理人员；从业人员在一百人以下的，应当配备专职或者兼职的安全生产管理人员。

《中华人民共和国安全生产法》第二十七条 生产经营单位的主要负责人和安全生产管理人员必须具备与本单位所从事的生产经营活动相应的安全生产知识和管理能力。

危险物品的生产、经营、储存、装卸单位以及矿山、金属冶炼、建筑施工、运输单位的主要负责人和安全生产管理人员，应当由主管的负有安全生产监督管理职责的部门对其安全生产知识和管理能力考核合格。考核不得收费。

危险物品的生产、储存、装卸单位以及矿山、金属冶炼单位应当有注册安全工程师从事安全生产管理工作。鼓励其他生产经营单位聘用注册安全工程师从事安全生产管理工作。注册安全工程师按专业分类管理，具体办法由国务院人力资源和社会保障部门、国务院应急管理部门会同国务院有关部门制定。

《中华人民共和国安全生产法》第九十七条 生产经营单位有下列行为之一的，责令限期改正，处十万元以下的罚款；逾期未改正的，责令停产停业整顿，并处十万元以上二十万元以下的罚款，对其直接负责的主管人员和其他直接责任人员处二万元以上五万元以下的罚款：

（一）未按照规定设置安全生产管理机构或者配备安全生产管理人员、注册安全工程师的；

（二）危险物品的生产、经营、储存、装卸单位以及矿山、金属冶炼、建筑施工、运输单位的主要负责人和安全生产管理人员未按照规定经考核合格的；

（三）未按照规定对从业人员、被派遣劳动者、实习学生进行安全生产教育和培训，或者未按照规定如实告知有关的安全生产事项的；

（四）未如实记录安全生产教育和培训情况的；

（五）未将事故隐患排查治理情况如实记录或者未向从业人员通报的；

（六）未按照规定制定生产安全事故应急救援预案或者未定期组织演练的；

（七）特种作业人员未按照规定经专门的安全作业培训并取得相应资格，上岗作业的。

【案例链接】

安全生产管理人不具有资质发生事故后，由谁承担责任？①

案情简介： 被告人叶某某是梅州市平远县某矿业有限公司法定代理人并全面负责公司各项工作，被告人古某某是该公司股东，担任该公司某铁矿矿长并负责铁矿安全生产工作，被告人温某某是该公司某铁矿副矿长并负责铁矿井下安全生产工作。该公司在明知被告人温某某未取得安全生产知识和管理能力考核合格证的情况下，仍安排其担任安全员。

2020年5月、7月，应急管理局在现场检查发现多个安全隐患并责令其限期整改，但该公司未及时进行整改。同年12月10日、13日，被告人古某某、温某某等人在例行巡查中发现该铁矿第二矿层一作业面存在安全隐患，古某某仅口头提出停止作业，未采取具体工作举措。2020年12月13日，工人在上述作业面违章进行凿岩作业时，

① 本案系广东省人民检察院、广东省应急管理厅联合发布的安全生产领域刑事犯罪和公益诉讼典型案例。

工作面边帮发生片帮，造成三人死亡。

裁判结果：以重大责任事故罪分别判处古某某有期徒刑二年五个月，缓刑三年；叶某某有期徒刑二年三个月，缓刑三年；温某某有期徒刑二年二个月，缓刑三年。

合规分析：企业任命安全生产管理人员须设置一定条件。根据《中华人民共和国安全生产法》第五条、第二十四条和第二十七条的规定，生产经营单位的主要负责人是本单位安全生产第一责任人，对本单位的安全生产工作全面负责。其他负责人对职责范围内的安全生产工作负责。矿山、金属冶炼、建筑施工、运输单位和危险物品的生产、经营、装卸单位，应当设置安全生产管理机构或配备专职安全生产管理人员，其主要负责人和安全生产管理人员，应当由主管的负有安全生产监督管理职责的部门对其安全生产知识和管理能力考核合格。同时依据该法第四十一条的规定，生产经营单位应当建立健全并落实生产安全事故隐患排查治理制度，采取技术、管理措施，及时发现并消除事故隐患。

本案中，古某某、叶某某、温某某依其职责均应对本单位安全生产负责。事故单位明知温某某未取得安全生产知识和管理能力考核合格证，仍安排其担任专职安全生产管理人员，对于发现的安全隐患未能及时有效整改消除，导致重大责任事故的发生，不仅违反了《中华人民共和国安全生产法》的规定，其行为还构成重大责任事故罪。

【合规建议】

生产经营活动的安全进行，除了必要的物质保障和制度保障之外，还要从人员上加以保障，建议如下：

（1）对于单位规模较大、安全生产风险较高的单位，应设置安全生产管理机构或者配备专职安全生产管理人员，在生产经营单位内部设立专门负责安全生产管理事务的独立部门。

（2）对于单位规模较小、有个别危险物品的经营单位，可配备专职或者兼职安全生产管理人员，具体人员配备与其安全生产工作相适应。

（3）生产经营单位的主要负责人必须具备与本单位所从事的生产经营活动相应的安全生产知识，同时具有领导安全生产工作和处理生产安全事故的能力。

（4）对特殊单位主要负责人和安全生产管理人员，依法进行安全生产知识和管理能力考核。

3. 生产安全事故的应急处置

（1）事故应急能力建设。

【条文链接】

《中华人民共和国安全生产法》第八十一条　生产经营单位应当制定本单位生产安全事故应急救援预案，与所在地县级以上地方人民政府组织制定的生产安全事故应急救援预案相衔接，并定期组织演练。

《中华人民共和国安全生产法》第八十二条　危险物品的生产、经营、储存单位以及矿山、金属冶炼、城市轨道交通运营、建筑施工单位应当建立应急救援组织；生产经营规模较小的，可以不建立应急救援组织，但应当指定兼职的应急救援人员。

危险物品的生产、经营、储存、运输单位以及矿山、金属冶炼、城市轨道交通运营、建筑施工单位应当配备必要的应急救援器材、设备和物资，并进行经常性维护、保养，保证正常运转。

《中华人民共和国突发事件应对法》第十八条 应急预案应当根据本法和其他有关法律、法规的规定，针对突发事件的性质、特点和可能造成的社会危害，具体规定突发事件应急管理工作的组织指挥体系与职责和突发事件的预防与预警机制、处置程序、应急保障措施以及事后恢复与重建措施等内容。

《生产安全事故应急条例》第六条第一款 生产安全事故应急救援预案应当符合有关法律、法规、规章和标准的规定，具有科学性、针对性和可操作性，明确规定应急组织体系、职责分工以及应急救援程序和措施。

《生产安全事故应急条例》第八条第二款 易燃易爆物品、危险化学品等危险物品的生产、经营、储存、运输单位，矿山、金属冶炼、城市轨道交通运营、建筑施工单位，以及宾馆、商场、娱乐场所、旅游景区等人员密集场所经营单位，应当至少每半年组织1次生产安全事故应急救援预案演练，并将演练情况报送所在地县级以上地方人民政府负有安全生产监督管理职责的部门。

《生产安全事故应急预案管理办法》第十四条 对于某一种或者多种类型的事故风险，生产经营单位可以编制相应的专项应急预案，或将专项应急预案并入综合应急预案。

专项应急预案应当规定应急指挥机构与职责、处置程序和措施等内容。

《生产安全事故应急预案管理办法》第三十八条 生产经营单位应当按照应急预案的规定，落实应急指挥体系、应急救援队伍、应急物资及装备，建立应急物资、装备配备及其使用档案，并对应急物资、装备进行定期检测和维护，使其处于适用状态。

（2）事故调查处理。

【条文链接】

《生产安全事故报告和调查处理条例》第三十六条 事故发生单位及其有关人员有下列行为之一的，对事故发生单位处100万元以上500万元以下的罚款；对主要负责人、直接负责的主管人员和其他直接责任人员处上一年年收入60%至100%的罚款；属于国家工作人员的，并依法给予处分；构成违反治安管理行为的，由公安机关依法给予治安管理处罚；构成犯罪的，依法追究刑事责任：

（一）谎报或者瞒报事故的；

（二）伪造或者故意破坏事故现场的；

（三）转移、隐匿资金、财产，或者销毁有关证据、资料的；

（四）拒绝接受调查或者拒绝提供有关情况和资料的；

（五）在事故调查中作伪证或者指使他人作伪证的；

（六）事故发生后逃匿的。

《生产安全事故报告和调查处理条例》第三十七条 事故发生单位对事故发生负有责任的，依照下列规定处以罚款：

（一）发生一般事故的，处10万元以上20万元以下的罚款；

（二）发生较大事故的，处20万元以上50万元以下的罚款；

（三）发生重大事故的，处50万元以上200万元以下的罚款；

（四）发生特别重大事故的，处200万元以上500万元以下的罚款。

【合规建议】

生产单位在事故发生后，相关负责人要积极配合事故调查小组对事故进行调查，积极应对事故的发生，认识到事故发生后自己作为负责人应当承担责任，不得擅离职守，应积极接受事故调查小组的询问，提供相应的情况和资料。

4. 安全生产教育和培训

生产经营活动中需要参加安全生产培训的人员包括以下三类：

（1）安全监管监察人员，主要是指县级以上各级人民政府安全生产监督管理部门、各级煤矿安全监察机构从事安全监管监察、行政执法的安全生产监管人员和煤矿安全监察人员。

（2）生产经营单位从业人员，主要是指生产经营单位主要负责人、安全生产管理人员、特种作业人员及其他从业人员。

（3）从事安全生产工作的相关人员，主要是指从事安全教育培训工作的教师、危险化学品登记机构的登记人员和承担安全评价、咨询、检测、检验的人员及注册安全工程师、安全生产应急救援人员等。

安全生产培训既包括企业安全保障制度的完善和规范，又涵盖了对员工安全意识、技能的教育引导。企业负责人应听从安全生产监督管理机构的安排，积极参加安全培训。

【条文链接】

《中华人民共和国安全生产法》第二十八条　生产经营单位应当对从业人员进行安全生产教育和培训，保证从业人员具备必要的安全生产知识，熟悉有关的安全生产规章制度和安全操作规程，掌握本岗位的安全操作技能，了解事故应急处理措施，知悉自身在安全生产方面的权利和义务。未经安全生产教育和培训合格的从业人员，不得上岗作业。

生产经营单位使用被派遣劳动者的，应当将被派遣劳动者纳入本单位从业人员统一管理，对被派遣劳动者进行岗位安全操作规程和安全操作技能的教育和培训。劳务派遣单位应当对被派遣劳动者进行必要的安全生产教育和培训。

生产经营单位接收中等职业学校、高等学校学生实习的，应当对实习学生进行相应的安全生产教育和培训，提供必要的劳动防护用品。学校应当协助生产经营单位对实习学生进行安全生产教育和培训。

生产经营单位应当建立安全生产教育和培训档案，如实记录安全生产教育和培训的时间、内容、参加人员以及考核结果等情况。

《中华人民共和国安全生产法》第二十九条　生产经营单位采用新工艺、新技术、新材料或者使用新设备，必须了解、掌握其安全技术特性，采取有效的安全防护措施，并对从业人员进行专门的安全生产教育和培训。

《中华人民共和国安全生产法》第九十七条　生产经营单位有下列行为之一的，责令限期改正，处十万元以下的罚款；逾期未改正的，责令停产停业整顿，并处十万元以上二十万元以下的罚款，对其直接负责的主管人员和其他直接责任人员处二万元以上五万元以下的罚款：

（一）未按照规定设置安全生产管理机构或者配备安全生产管理人员、注册安全工程师的；

（二）危险物品的生产、经营、储存、装卸单位以及矿山、金属冶炼、建筑施工、运输单位的主要负责人和安全生产管理人员未按照规定经考核合格的；

（三）未按照规定对从业人员、被派遣劳动者、实习学生进行安全生产教育和培训，或者未按照规定如实告知有关的安全生产事项的；

（四）未如实记录安全生产教育和培训情况的；

（五）未将事故隐患排查治理情况如实记录或者未向从业人员通报的；

（六）未按照规定制定生产安全事故应急救援预案或者未定期组织演练的；

（七）特种作业人员未按照规定经专门的安全作业培训并取得相应资格，上岗作业的。

《中华人民共和国民法典》第一千一百九十一条 用人单位的工作人员因执行工作任务造成他人损害的，由用人单位承担侵权责任。用人单位承担侵权责任后，可以向有故意或者重大过失的工作人员追偿。

劳务派遣期间，被派遣的工作人员因执行工作任务造成他人损害的，由接受劳务派遣的用工单位承担侵权责任；劳务派遣单位有过错的，承担相应的责任。

【合规建议】

劳务派遣人员的安全生产教育和培训应当由用工单位和劳务派遣机构共同负责承担，其中任何一方不履行教育和培训劳务派遣人员的责任，都应当由相关部门对其进行责令停产、停业整顿、罚款等相应的处罚。

5. 安全警示标志设置

安全警示标志的设置是生产经营单位安全生产管理工作的重要内容。生产经营单位在生产经营活动中存在安全隐患的地方，设置安全警示标志，有利于增强从业人员的安全生产意识，防止和减少生产安全事故的发生。实践中，生产经营场所或者有关设备、设施存在安全隐患时，从业人员或其他人员不知情或忽视，是造成严重后果的重要原因之一。

【条文链接】

《中华人民共和国安全生产法》第三十五条 生产经营单位应当在有较大危险因素的生产经营场所和有关设施、设备上，设置明显的安全警示标志。

《中华人民共和国安全生产法》第九十九条 生产经营单位有下列行为之一的，责令限期改正，处五万元以下的罚款；逾期未改正的，处五万元以上二十万元以下的罚款，对其直接负责的主管人员和其他直接责任人员处一万元以上二万元以下的罚款；情节严重的，责令停产停业整顿；构成犯罪的，依照刑法有关规定追究刑事责任：

（一）未在有较大危险因素的生产经营场所和有关设施、设备上设置明显的安全警示标志的；

（二）安全设备的安装、使用、检测、改造和报废不符合国家标准或者行业标准的；

（三）未对安全设备进行经常性维护、保养和定期检测的；

（四）关闭、破坏直接关系生产安全的监控、报警、防护、救生设备、设施，或者篡改、隐瞒、销毁其相关数据、信息的；

（五）未为从业人员提供符合国家标准或者行业标准的劳动防护用品的；

（六）危险物品的容器、运输工具，以及涉及人身安全、危险性较大的海洋石油开采特种设备和矿山井下特种设备未经具有专业资质的机构检测、检验合格，取得安全使用证或者安全标志，投入使用的；

（七）使用应当淘汰的危及生产安全的工艺、设备的；

（八）餐饮等行业的生产经营单位使用燃气未安装可燃气体报警装置的。

【案例链接】

生产企业必须设置安全警示标志吗？①

案情简介：2021年3月31日，丁某某驾驶货船停靠在江苏省启东市吕四港镇大洋桥南侧华强码头，华祥公司安排持有吊机操作资格证的陆某某操作吊机将该货船运载的黄沙进行卸货。在卸货作业即将结束时，丁某某前往船边准备挪动梯子以便货仓底部人员出仓，期间被吊机配重撞倒受伤。事故发生后，启东市吕四港镇人民政府对华祥公司作出行政处罚决定，认定华祥公司未在有较大危险因素的生产经营场所和有关设施、设备上设置明显的安全警示标志，违反了安全生产法及相关作业规范，决定给予1.5万元罚款的行政处罚。

裁判结果：南京海事法院经审理后认为，华祥公司作为港口作业方，未在操作区域以及操作设备上设置明显的安全警示标志，未安排专人在作业区域进行安全管理，未能尽到足够的安全管理义务，对丁某某的损失存在过错，应当承担赔偿责任；丁某某明知装卸作业尚未完成，擅自进入操作区域，在吊机驾驶员视觉盲区未注意避让正在移动的吊机，未能对自身安全尽到足够的注意义务，放任危险的发生，其对自身的受伤亦存在过错，可以减轻华祥公司的赔偿责任。

合规分析：根据《中华人民共和国安全生产法》第三十五条的规定，生产经营单位应当在有较大危险因素的生产经营场所和有关设施、设备上设置明显的安全警示标志。如果生产经营单位未设定相应的标志，有关机关有权依据《中华人民共和国安全生产法》第九十九条的规定对生产经营单位予以处罚，包括责令限期改正、责令停产停业整顿、罚款的处罚；构成犯罪的，还要依照刑法的有关规定追究刑事责任。

本案中，华祥公司作为港口作业方，未在操作区域以及操作设备上设置明显的安全警示标志，未安排专人在作业区域进行安全管理，未能尽到足够的安全管理义务，对丁某某的损失存在过错，华祥公司应当承担事故的赔偿责任，还要承担相关部门的行政处罚责任。

6. 安全风险管控和事故隐患排查

生产经营单位建立安全风险管控制度及事故隐患排查治理制度，把风险控制在隐患形成之前，是预防和减少生产安全事故的关键举措。具体包括三个方面：

（1）要求生产经营单位建立风险分级管控制度，采取风险管控措施。

（2）增加生产安全事故隐患“双报告”要求。

（3）要求负有安全生产监督管理职责的部门将重大事故隐患纳入相关信息系统。

---

① 南京海事法院民事判决书（2021）苏72民初683号。本案系南京海事法院发布“我为群众办实事”十大典型案例。

【条文链接】

《中华人民共和国安全生产法》第四十一条 生产经营单位应当建立安全风险分级管控制度，按照安全风险分级采取相应的管控措施。

生产经营单位应当建立健全并落实生产安全事故隐患排查治理制度，采取技术、管理措施，及时发现并消除事故隐患。事故隐患排查治理情况应当如实记录，并通过职工大会或者职工代表大会、信息公示栏等方式向从业人员通报。其中，重大事故隐患排查治理情况应当及时向负有安全生产监督管理职责的部门和职工大会或者职工代表大会报告。

县级以上地方各级人民政府负有安全生产监督管理职责的部门应当将重大事故隐患纳入相关信息系统，建立健全重大事故隐患治理督办制度，督促生产经营单位消除重大事故隐患。

《中华人民共和国安全生产法》第九十七条 生产经营单位有下列行为之一的，责令限期改正，处十万元以下的罚款；逾期未改正的，责令停产停业整顿，并处十万元以上二十万元以下的罚款，对其直接负责的主管人员和其他直接责任人员处二万元以上五万元以下的罚款：

（一）未按照规定设置安全生产管理机构或者配备安全生产管理人员、注册安全工程师的；

（二）危险物品的生产、经营、储存、装卸单位以及矿山、金属冶炼、建筑施工、运输单位的主要负责人和安全生产管理人员未按照规定经考核合格的；

（三）未按照规定对从业人员、被派遣劳动者、实习学生进行安全生产教育和培训，或者未按照规定如实告知有关的安全生产事项的；

（四）未如实记录安全生产教育和培训情况的；

（五）未将事故隐患排查治理情况如实记录或者未向从业人员通报的；

（六）未按照规定制定生产安全事故应急救援预案或者未定期组织演练的；

（七）特种作业人员未按照规定经专门的安全作业培训并取得相应资格，上岗作业的。

《中华人民共和国安全生产法》第一百零一条 生产经营单位有下列行为之一的，责令限期改正，处十万元以下的罚款；逾期未改正的，责令停产停业整顿，并处十万元以上二十万元以下的罚款，对其直接负责的主管人员和其他直接责任人员处二万元以上五万元以下的罚款；构成犯罪的，依照刑法有关规定追究刑事责任：

（一）生产、经营、运输、储存、使用危险物品或者处置废弃危险物品，未建立专门安全管理制度、未采取可靠的安全措施的；

（二）对重大危险源未登记建档，未进行定期检测、评估、监控，未制定应急预案，或者未告知应急措施的；

（三）进行爆破、吊装、动火、临时用电以及国务院应急管理部门会同国务院有关部门规定的其他危险作业，未安排专门人员进行现场安全管理的；

（四）未建立安全风险分级管控制度或者未按照安全风险分级采取相应管控措施的；

（五）未建立事故隐患排查治理制度，或者重大事故隐患排查治理情况未按照规定报告的。

7. 不真正义务的履行

【条文链接】

《中华人民共和国民法典》第五百九十一条 当事人一方违约后，对方应当采取适当措施防止损失的扩大；没有采取适当措施致使损失扩大的，不得就扩大的损失请求赔偿。

当事人因防止损失扩大而支出的合理费用，由违约方负担。

8. 特种设备安全法

为了加强特种设备安全工作，预防特种设备事故，保障人身和财产安全，促进经济社会发展，在总结我国特种设备安全监管实践经验的基础上，制定出一部适合我国国情和国际通行做法的《中华人民共和国特种设备安全法》。它也是新中国历史上第一部对各类特种设备安全管理作出统一、全面规范的法律。

【条文链接】

《中华人民共和国特种设备安全法》第十八条 国家按照分类监督管理的原则对特种设备生产实行许可制度。特种设备生产单位应当具备下列条件，并经负责特种设备安全监督管理的部门许可，方可从事生产活动：

（一）有与生产相适应的专业技术人员；

（二）有与生产相适应的设备、设施和工作场所；

（三）有健全的质量保证、安全管理和岗位责任等制度。

《中华人民共和国特种设备安全法》第十九条 特种设备生产单位应当保证特种设备生产符合安全技术规范及相关标准的要求，对其生产的特种设备的安全性能负责。不得生产不符合安全性能要求和能效指标以及国家明令淘汰的特种设备。

《中华人民共和国特种设备安全法》第二十条 锅炉、气瓶、氧舱、客运索道、大型游乐设施的设计文件，应当经负责特种设备安全监督管理的部门核准的检验机构鉴定，方可用于制造。

特种设备产品、部件或者试制的特种设备新产品、新部件以及特种设备采用的新材料，按照安全技术规范的要求需要通过型式试验进行安全性验证的，应当经负责特种设备安全监督管理的部门核准的检验机构进行型式试验。

《中华人民共和国特种设备安全法》第二十一条 特种设备出厂时，应当随附安全技术规范要求的设计文件、产品质量合格证明、安装及使用维护保养说明、监督检验证明等相关技术资料和文件，并在特种设备显著位置设置产品铭牌、安全警示标志及其说明。

《中华人民共和国特种设备安全法》第二十二条 电梯的安装、改造、修理，必须由电梯制造单位或者其委托的依照本法取得相应许可的单位进行。电梯制造单位委托其他单位进行电梯安装、改造、修理的，应当对其安装、改造、修理进行安全指导和监控，并按照安全技术规范的要求进行校验和调试。电梯制造单位对电梯安全性能负责。

《中华人民共和国特种设备安全法》第二十三条 特种设备安装、改造、修理的施工单位应当在施工前将拟进行的特种设备安装、改造、修理情况书面告知直辖市或者设区的市级人民政府负责特种设备安全监督管理的部门。

《中华人民共和国特种设备安全法》第二十四条 特种设备安装、改造、修理竣工后，安装、改造、修理的施工单位应当在验收后三十日内将相关技术资料和文件移交特种设备使用单位。特种设备使用单位应当将其存入该特种设备的安全技术档案。

《中华人民共和国特种设备安全法》第二十五条 锅炉、压力容器、压力管道元件等特种设备的制造过程和锅炉、压力容器、压力管道、电梯、起重机械、客运索道、大型游乐设施的安装、改造、重大修理过程，应当经特种设备检验机构按照安全技术规范的要求进行监督检验；未经监督检验或者监督检验不合格的，不得出厂或者交付使用。

《中华人民共和国特种设备安全法》第二十六条 国家建立缺陷特种设备召回制度。因生产原因造成特种设备存在危及安全的同一性缺陷的，特种设备生产单位应当立即停止生产，主动召回。

国务院负责特种设备安全监督管理的部门发现特种设备存在应当召回而未召回的情形时，应当责令特种设备生产单位召回。

《中华人民共和国特种设备安全法》第二十七条 特种设备销售单位销售的特种设备，应当符合安全技术规范及相关标准的要求，其设计文件、产品质量合格证明、安装及使用维护保养说明、监督检验证明等相关技术资料和文件应当齐全。

特种设备销售单位应当建立特种设备检查验收和销售记录制度。

禁止销售未取得许可生产的特种设备，未经检验和检验不合格的特种设备，或者国家明令淘汰和已经报废的特种设备。

《中华人民共和国特种设备安全法》第二十八条 特种设备出租单位不得出租未取得许可生产的特种设备或者国家明令淘汰和已经报废的特种设备，以及未按照安全技术规范的要求进行维护保养和未经检验或者检验不合格的特种设备。

《中华人民共和国特种设备安全法》第二十九条 特种设备在出租期间的使用管理和维护保养义务由特种设备出租单位承担，法律另有规定或者当事人另有约定的除外。

《中华人民共和国特种设备安全法》第三十条 进口的特种设备应当符合我国安全技术规范的要求，并经检验合格；需要取得我国特种设备生产许可的，应当取得许可。

进口特种设备随附的技术资料和文件应当符合本法第二十一条的规定，其安装及使用维护保养说明、产品铭牌、安全警示标志及其说明应当采用中文。

特种设备的进出口检验，应当遵守有关进出口商品检验的法律、行政法规。

《中华人民共和国特种设备安全法》第三十一条 进口特种设备，应当向进口地负责特种设备安全监督管理的部门履行提前告知义务。

（二）就业人员的安全生产权利

1. 从业人员紧急情况的处理权

【条文链接】

《中华人民共和国安全生产法》第五十五条 从业人员发现直接危及人身安全的紧急情况时，有权停止作业或者在采取可能的应急措施后撤离作业场所。

生产经营单位不得因从业人员在前款紧急情况下停止作业或者采取紧急撤离措施而降低其工资、福利等待遇或者解除与其订立的劳动合同。

《使用有毒物品作业场所劳动保护条例》第三十七条 从事使用有毒物品作业的劳动者在存在威胁生命安全或者身体健康危险的情况下，有权通知用人单位并从使用有毒物品造成的危险现场撤离。

用人单位不得因劳动者依据前款规定行使权利，而取消或者减少劳动者在正常工作时享有的工资、福利待遇。

《建筑施工特种作业人员管理规定》第十八条 在施工中发生危及人身安全的紧急情况时，建筑施工特种作业人员有权立即停止作业或者撤离危险区域，并向施工现场专职安全生产管理人员和项目负责人报告。

2. 从业人员的社会保险和民事赔偿权利

【条文链接】

《中华人民共和国安全生产法》第五十一条 生产经营单位必须依法参加工伤保险，为从业人员缴纳保险费。

国家鼓励生产经营单位投保安全生产责任保险；属于国家规定的高危行业、领域的生产经营单位，应当投保安全生产责任保险。具体范围和实施办法由国务院应急管理部门会同国务院财政部门、国务院保险监督管理机构和相关行业主管部门制定。

《中华人民共和国安全生产法》第五十六条 生产经营单位发生生产安全事故后，应当及时采取措施救治有关人员。

因生产安全事故受到损害的从业人员，除依法享有工伤保险外，依照有关民事法律尚有获得赔偿的权利的，有权提出赔偿要求。

《中华人民共和国社会保险法》第三十三条 职工应当参加工伤保险，由用人单位缴纳工伤保险费，职工不缴纳工伤保险费。

《工伤保险条例》第三十条 职工因工作遭受事故伤害或者患职业病进行治疗，享受工伤医疗待遇。

职工治疗工伤应当在签订服务协议的医疗机构就医，情况紧急时可以先到就近的医疗机构急救。

治疗工伤所需费用符合工伤保险诊疗项目目录、工伤保险药品目录、工伤保险住院服务标准的，从工伤保险基金支付。工伤保险诊疗项目目录、工伤保险药品目录、工伤保险住院服务标准，由国务院社会保险行政部门会同国务院卫生行政部门、食品药品监督管理部门等部门规定。

职工住院治疗工伤的伙食补助费，以及经医疗机构出具证明，报经办机构同意，工伤职工到统筹地区以外就医所需的交通、食宿费用从工伤保险基金支付，基金支付的具体标准由统筹地区人民政府规定。

工伤职工治疗非工伤引发的疾病，不享受工伤医疗待遇，按照基本医疗保险办法处理。

工伤职工到签订服务协议的医疗机构进行工伤康复的费用，符合规定的，从工伤保险基金支付。

【合规建议】

因发生安全事故而受到伤害的工作人员，在依法获得工伤保险赔付的前提下，如仍不足以弥补其在事故中遭受的损失，可以向其所在单位在合理的范围内提出经济赔偿。

二、反垄断与不正当竞争

企业在经营的过程中不断成长、逐步扩大经营范围并占领市场份额，但在此过程中应当注意其经营行为合规。本部分将通过介绍企业经营中常出现的垄断行为、不正当竞争行为、不正当价格行为以及虚假宣传行为以及相关的法律，即《中华人民共和国反垄断法》《中华人民共和国反不正当竞争法》《中华人民共和国价格法》以及《中华人民共和国广告法》等，从而为企业的经营活动提供指引。

（一）避免垄断行为

1. 垄断协议

垄断协议，即常说的卡特尔，是由经营者通过协议、一致行动计划或其他合同等形式来相互约束各自的经济活动，在一定的交易领域内排除、限制竞争的行为。垄断协议可以由两家或两家以上的经营者签署，旨在达成共同的目标，如控制市场份额或抬高价格，从而使这些企业或垄断者获得更高的利润。垄断协议，特别是具有竞争关系的经营者之间达成的垄断协议，是经济领域对市场公平竞争危害最为严重的行为之一。签订协议的方式有合同、决议以及一致行为；签订协议的主体包含了经营者、行业协会以及平台等；对协议的规制范围不但包含正式实施的协议，对于未实施的协议也要受到《中华人民共和国反垄断法》的规制。

垄断协议分为横向垄断协议、纵向垄断协议以及轴辐协议。横向垄断协议是指两个或两个以上因生产或销售同一类产品、提供同一类服务，而处于竞争关系中的经营者，通过共谋而实施的限制竞争行为；纵向垄断协议是指两个或两个以上在同一产业中处于不同阶段而有买卖关系的企业，通过共谋而实施的限制竞争行为，《中华人民共和国反垄断法》从法律层面创设了纵向垄断协议安全港规则，即对第十八条第一、二款经营者能够证明其不具有排除、限制竞争效果的、在相关市场的市场份额低于国务院反垄断法执法机构规定的其他条件的，不予禁止；轴辐协议也可以称为“轴辐共谋”，是处于产业链条不同层级的经营者为了追求共同的非法利益而设计的商业方案，对于轴辐协议的归责例外，《中华人民共和国反垄断法》第二十条设置了豁免规则。

【条文链接】

《中华人民共和国反垄断法》第十六条 本法所称垄断协议，是指排除、限制竞争的协议、决定或者其他协同行为。

《中华人民共和国反垄断法》第十七条 禁止具有竞争关系的经营者达成下列垄断协议：

（一）固定或者变更商品价格；

（二）限制商品的生产数量或者销售数量；

（三）分割销售市场或者原材料采购市场；

（四）限制购买新技术、新设备或者限制开发新技术、新产品；

（五）联合抵制交易；

（六）国务院反垄断执法机构认定的其他垄断协议。

《中华人民共和国反垄断法》第十八条 禁止经营者与交易相对人达成下列垄断协议：

（一）固定向第三人转售商品的价格；

（二）限定向第三人转售商品的最低价格；

（三）国务院反垄断执法机构认定的其他垄断协议。

对前款第一项和第二项规定的协议，经营者能够证明其不具有排除、限制竞争效果的，不予禁止。

经营者能够证明其在相关市场的市场份额低于国务院反垄断执法机构规定的标准，并符合国务院反垄断执法机构规定的其他条件的，不予禁止。

《中华人民共和国反垄断法》第十九条 经营者不得组织其他经营者达成垄断协议或者为其他经营者达成垄断协议提供实质性帮助。

《中华人民共和国反垄断法》第二十条 经营者能够证明所达成的协议属于下列情形之一的，不适用本法第十七条、第十八条第一款、第十九条的规定：

（一）为改进技术、研究开发新产品的；

（二）为提高产品质量、降低成本、增进效率，统一产品规格、标准或者实行专业化分工的；

（三）为提高中小经营者经营效率，增强中小经营者竞争力的；

（四）为实现节约能源、保护环境、救灾救助等社会公共利益的；

（五）因经济不景气，为缓解销售量严重下降或者生产明显过剩的；

（六）为保障对外贸易和对外经济合作中的正当利益的；

（七）法律和国务院规定的其他情形。

属于前款第一项至第五项情形，不适用本法第十七条、第十八条第一款、第十九条规定的，经营者还应当证明所达成的协议不会严重限制相关市场的竞争，并且能够使消费者分享由此产生的利益。

【合规建议】

（1）企业在参与行业协会组织的活动或者使用中介机构提供的服务时，需要注意避免参与行业协会、中介机构组织帮助达成的垄断协议，避免行业协会、中介机构传递、交换竞争敏感信息，并随后采取一致行动。

（2）企业在与经销商签订的协议中具有一致的条款本身并不属于违法行为，构成组织帮助经销商达成垄断协议，还需要具有传递信息、参与协调等附加行为要素，企业应避免组织和帮助经销商相互之间达成横向垄断协议。

2. 滥用市场支配地位

（1）市场支配地位的认定。

认定滥用市场支配地位首先需要明确何为市场支配地位。市场支配地位是指经营者在相关市场内能够控制商品或者服务的价格、数量等交易条件，或者具有阻碍、影响其他经营者进入相关市场能力的市场地位。

其次，需要对该商品或服务的相关市场进行认定。相关市场是指经营者在一定时期内就特定商品或服务进行竞争的商品范围和地域范围。相关市场又包含了相关产品市场以及相关地域市场：相关产品市场是指相互可替代的所有产品所构成的特定市场，即具有竞争关系的所有产品所构成的市场范围；相关地域市场是指消费者能够有效地选择各类可竞争商品，供应商能够有效供应商品的一定地理区域。

支配地位的确定存在一般判断规则和推定规则。《中华人民共和国反垄断法》第二十三条明确了判断市场支配地位的一般规则，主要从市场份额以及相关市场的竞争状况、在销售市场或者原材料采购市场的影响力、财力和技术条件、交易相对方的依赖性以及其他经营者进入相关市场的难易程度等方面判断。为了操作方便，《中华人民共和国反垄断法》第二十四条第一款还规定了推定市场支配地位的情形，即一个经营者在相关市场的市场份额达到二分之一的；两个经营者在相关市场的市场份额合计达到三分之二的；三个经营者在相关市场的市场份额合计达到四分之三的，可以推定经营者具有市场支配地位；第二十四条第二款、第三款规定了不应当被推定为具备市场地位的情形，即有前款第二项、第三项规定的情形，其中有的经营者市场份额不足十分之一的，不应当推定该经营者具有市场支配地位；被推定具有市场支配地位的经营者，有证据证明不具有市场支配地位的，不应当认定其具有市场支配地位。

（2）滥用行为的主要方式。

对于滥用行为，《中华人民共和国反垄断法》第二十二条具体规定：以不公平的高价销售商品或者以不公平的低价购买商品；没有正当理由，以低于成本的价格销售商品；没有正当理由，拒绝与交易相对人进行交易；没有正当理由，限定交易相对人只能与其进行交易或者只能与其指定的经营者进行交易；没有正当理由搭售商品，或者在交易时附加其他不合理的交易条件；没有正当理由，对条件相同的交易相对人在交易价格等交易条件上实行差别待遇；国务院反垄断执法机构认定的其他滥用市场支配地位的行为。

（3）滥用市场支配地位的正当理由豁免。

《禁止滥用市场支配地位行为规定》列举了正当理由的豁免情形。

低于成本价格销售的正当情形包括：降价处理鲜活商品、季节性商品、有效期限即将到期的商品和积压商品的；因清偿债务、转产、歇业降价销售商品的；为推广新产品进行促销的；能够证明行为具有正当性的其他理由。

低于成本销售的正当理由包括：降价处理鲜活商品、季节性商品、有效期限即将到期的商品或者积压商品的；因清偿债务、转产、歇业降价销售商品的；在合理期限内为推广新商品进行促销的；能够证明行为具有正当性的其他理由。

拒绝交易的正当理由包括：因不可抗力等客观原因无法进行交易；交易相对人有不良信用记录或者出现经营状况恶化等情况，影响交易安全；与交易相对人进行交易将使经营者利益发生不当减损；交易相对人明确表示或者实际不遵守公平、合理、无歧视的平台规则；能够证明行为具有正当性的其他理由。

强制交易的正当理由包括：为满足产品安全要求所必需；为保护知识产权、商业秘密或者数据安全所必需；为保护针对交易进行的特定投资所必需；为维护平台合理的经营模式所必需；能够证明行为具有正当性的其他理由。

搭售商品的正当理由包括：符合正当的行业惯例和交易习惯；为满足产品安全要求所必需；为实现特定技术所必需；为保护交易相对人和消费者利益所必需；能够证明行为具有正当性的其他理由。

实行差别待遇的正当理由包括：根据交易相对人实际需求且符合正当的交易习惯和行业惯例，实行不同交易条件；针对新用户的首次交易在合理期限内开展的优惠活动；基于公平、合理、无歧视的平台规则实施的随机性交易；能够证明行为具有正当性的其他理由。

【条文链接】

《中华人民共和国反垄断法》第二十二条 禁止具有市场支配地位的经营者从事下列滥用市场支配地位的行为：

（一）以不公平的高价销售商品或者以不公平的低价购买商品；

（二）没有正当理由，以低于成本的价格销售商品；

（三）没有正当理由，拒绝与交易相对人进行交易；

（四）没有正当理由，限定交易相对人只能与其进行交易或者只能与其指定的经营者进行交易；

（五）没有正当理由搭售商品，或者在交易时附加其他不合理的交易条件；

（六）没有正当理由，对条件相同的交易相对人在交易价格等交易条件上实行差别待遇；

（七）国务院反垄断执法机构认定的其他滥用市场支配地位的行为。

具有市场支配地位的经营者不得利用数据和算法、技术以及平台规则等从事前款规定的滥用市场支配地位的行为。

本法所称市场支配地位，是指经营者在相关市场内具有能够控制商品价格、数量或者其他交易条件，或者能够阻碍、影响其他经营者进入相关市场能力的市场地位。

《中华人民共和国反垄断法》第二十三条 认定经营者具有市场支配地位，应当依据下列因素：

（一）该经营者在相关市场的市场份额，以及相关市场的竞争状况；

（二）该经营者控制销售市场或者原材料采购市场的能力；

（三）该经营者的财力和技术条件；

（四）其他经营者对该经营者在交易上的依赖程度；

（五）其他经营者进入相关市场的难易程度；

（六）与认定该经营者市场支配地位有关的其他因素。

《中华人民共和国反垄断法》第二十四条 有下列情形之一的，可以推定经营者具有市场支配地位：

（一）一个经营者在相关市场的市场份额达到二分之一的；

（二）两个经营者在相关市场的市场份额合计达到三分之二的；

（三）三个经营者在相关市场的市场份额合计达到四分之三的。

有前款第二项、第三项规定的情形，其中有的经营者市场份额不足十分之一的，不应当推定该经营者具有市场支配地位。

被推定具有市场支配地位的经营者，有证据证明不具有市场支配地位的，不应当认定其具有市场支配地位。

【合规建议】

①市场支配地位的依据是相关市场的份额、竞争情况，该经营者控制销售市场或者原材料采购市场的能力、该经营者的财力和技术条件，以及其他经营者对该经营者在交易上的依赖程度、进入相关市场的难易程度。

②在一个经营者在相关市场的市场份额达到二分之一、两个经营者在相关市场的市场份额合计达到三分之二、三个经营者在相关市场的市场份额合计达到四分之三的情形下，可以推定其具有市场支配地位。后两种情况下存在部分经营者的市场份额不

足十分之一的，不应当推定该经营者具有市场支配地位；被推定具有市场支配地位的经营者，有证据证明不具有市场支配地位的，也不应当认定其具有市场支配地位。

3. 经营者集中

经营者集中，是指两个或者两个以上的企业相互合并，或者一个或多个个人或企业对其他企业全部或部分获得控制，从而导致相互关系上的持久变迁的行为，包括公司合并、股权收购、协议控制等行为。具有或可能具有排除、限制竞争效果的经营者集中属于《中华人民共和国反垄断法》规定的垄断行为。区别于前两者的行为主义立法模式，对经营者集中的审查属于结构主义立法模式的要求。

经营者集中包括以下情形：经营者合并；经营者通过取得股权或者资产的方式取得对其他经营者的控制权；经营者通过合同等方式取得对其他经营者的控制权或者能够对其他经营者施加决定性影响。

经营者集中的申报标准如下：参与集中的所有经营者上一会计年度在全球范围内的营业额合计超过 100 亿元人民币，并且其中至少两个经营者上一会计年度在中国境内的营业额均超过 4 亿元人民币；参与集中的所有经营者上一会计年度在中国境内的营业额合计超过 20 亿元人民币，并且其中至少两个经营者上一会计年度在中国境内的营业额均超过 4 亿元人民币。

经营者集中有下列情形之一的，可以不向国务院反垄断执法机构申报：参与集中的一个经营者拥有其他每个经营者百分之五十以上有表决权的股份或者资产的；参与集中的每个经营者百分之五十以上有表决权的股份或者资产被同一个未参与集中的经营者拥有的。

经营者违反规定实施集中的，由国务院反垄断执法机构责令停止实施集中、限期处分股份或者资产、限期转让营业以及采取其他必要措施恢复到集中前的状态，可以处五十万元以下的罚款。

【条文链接】

《中华人民共和国反垄断法》第二十五条 经营者集中是指下列情形：

（一）经营者合并；

（二）经营者通过取得股权或者资产的方式取得对其他经营者的控制权；

（三）经营者通过合同等方式取得对其他经营者的控制权或者能够对其他经营者施加决定性影响。

《中华人民共和国反垄断法》第二十六条 经营者集中达到国务院规定的申报标准的，经营者应当事先向国务院反垄断执法机构申报，未申报的不得实施集中。

经营者集中未达到国务院规定的申报标准，但有证据证明该经营者集中具有或者可能具有排除、限制竞争效果的，国务院反垄断执法机构可以要求经营者申报。

经营者未依照前两款规定进行申报的，国务院反垄断执法机构应当依法进行调查。

《中华人民共和国反垄断法》第二十七条 经营者集中有下列情形之一的，可以不向国务院反垄断执法机构申报：

（一）参与集中的一个经营者拥有其他每个经营者百分之五十以上有表决权的股份或者资产的；

（二）参与集中的每个经营者百分之五十以上有表决权的股份或者资产被同一个未参与集中的经营者拥有的。

【合规建议】

（1）经营者集中的主要情形是通过经营者合并、取得股权或者资产的方式取得对其他经营者的控制权以及经营者通过合同等方式取得对其他经营者的控制权或者能够对其他经营者施加决定性影响。

（2）对于经营者集中达到国务院规定的申报标准的，经营者应当事先向国务院反垄断执法机构申报，未申报的不得实施集中。

（3）参与集中的一个经营者拥有其他每个经营者百分之五十以上有表决权的股份或者资产的，或者参与集中的每个经营者百分之五十以上有表决权的股份或资产被同一个未参与集中的经营者拥有的，可以不向国务院反垄断执法机构申报。

（二）避免不正当竞争行为

不正当竞争是指经营者违反《中华人民共和国反不正当竞争法》的规定，扰乱市场竞争秩序，损害其他经营者或者消费者的合法权益的行为。

《中华人民共和国反不正当竞争法》对不正当竞争行为的规制分为一般条款和特别条款两个层次。第二章的特别条款规定了混淆行为、商业贿赂行为、虚假宣传行为、侵犯商业秘密行为、不当奖售行为、诋毁商誉行为、网络不正当竞争行为七种具体的不正当竞争行为。其中，混淆行为、侵犯商业秘密行为、诋毁他人商誉行为同时可能构成民法中的侵权行为。除上述具体的不正当竞争行为外，若经营者的经营行为违反诚信原则以及商业道德，符合《中华人民共和国反不正当竞争法》第二条一般条款规定的，也会被认定为不正当竞争行为而承担相应的法律责任。

本部分将从以上七个行为出发，通过介绍相关的法律条文帮助企业更好地避免在经营的过程中出现类似的行为。

1. 混淆行为

混淆行为，是指假借和冒充其他经营者或其商品的名称、商标、质量和产地标志等，以使人混淆、产生误解的行为。混淆行为包含擅自使用、引人误解、有一定影响力三个要件。

【条文链接】

《中华人民共和国反不正当竞争法》第六条 经营者不得实施下列混淆行为，引人误认为是他人商品或者与他人存在特定联系：

（一）擅自使用与他人有一定影响的商品名称、包装、装潢等相同或者近似的标识；

（二）擅自使用他人有一定影响的企业名称（包括简称、字号等）、社会组织名称（包括简称等）、姓名（包括笔名、艺名、译名等）；

（三）擅自使用他人有一定影响的域名主体部分、网站名称、网页等；

（四）其他足以引人误认为是他人商品或者与他人存在特定联系的混淆行为。

【案例链接】

商标抢注行为的认定？①

案情简介：原告艾默生公司是食物垃圾处理器经营者，该公司申请注册“In-Sink-Erator”“爱適易”“图片”“图片”“爱适易”等商标。被告王某某通过其实际控制的和美泉公司和海纳百川公司从2010年至2019年，先后在多个类别的商品或服务上注册

① 本案系福建省高级人民法院发布的2021年知识产权司法保护十大案例。

合计48个与艾默生公司涉案权利商标相同或近似的商标。艾默生公司对上述商标先后通过提起商标异议、申请宣告无效及提起行政诉讼等方式维护自身的合法权益。在北京市高级人民法院生效行政判决认定被告抢注部分涉案商标构成恶意抢注的情况下，被告仍继续申请注册“爱适易”系列商标。和美泉公司曾在其控制的网站上使用某一抢注商标。除涉案商标外，王某某及其实际控制的两家公司还在多个类别的商品上申请注册与他人知名品牌相近似的几百件商标。被告兴浚公司为商标注册代理机构，持续为上述商标注册提供代理服务。艾默生公司认为，各被告的行为构成不正当竞争，请求判令停止侵权、消除影响并共同赔偿其经济损失及合理支出共计500万元。

裁判结果：厦门市中级人民法院一审认为，和美泉公司、海纳百川公司恶意抢注商标的行为构成不正当竞争。王某某与和美泉公司、海纳百川公司构成共同侵权，应承担连带责任。兴浚公司在明知委托人所委托注册商标违反商标法规定，系不以使用为目的的恶意申请商标注册的情况下仍接受委托，其行为构成帮助侵权。故判决各被告停止侵权、赔偿损失并在全国公开发行的媒体上刊登声明，消除影响。

合规分析：在裁判规则方面，本案涉及持续批量恶意抢注商标的行为是否构成不正当竞争的判定。尽管商标抢注行为并不属于反不正当竞争法明文列举的不正当竞争行为类型，但考虑到王某某先后通过其实际控制的和美泉公司、海纳百川公司在多个商品类别与服务上长期批量恶意申请注册与艾默生公司权利商标相同或近似的商标，并曾将其中某一申请注册商标用于公司网站，侵权主观恶意明显，导致艾默生公司不断通过采取提起商标异议、申请无效宣告乃至行政诉讼等方式维护自身合法权益，付出大量人力物力成本，在一定程度上干扰了艾默生公司正常的生产经营，违背诚实信用原则，扰乱市场竞争秩序，损害艾默生公司的合法权益，属于反不正当竞争法第二条所规制的不正当竞争行为。

2. 商业贿赂

商业贿赂是指经营者采用财物或者其他手段进行贿赂以谋取交易机会或者竞争优势的行为。贿赂的对象可以是交易相对方的工作人员，也可以是受交易相对方委托办理相关事务的单位或者个人。贿赂的方法通常是直接或间接给予利益，也可能是利用职权或者影响力影响交易的单位或者个人。

商业贿赂的对象包含工作人员、有管理权或有影响力的人、委托代理人等；商业贿赂的方式广泛，并不仅限于金钱方式；针对折扣和佣金问题，允许双入账豁免，非双入账则就会构成商业贿赂。

【条文链接】

《中华人民共和国反不正当竞争法》第七条 经营者不得采用财物或者其他手段贿赂下列单位或者个人，以谋取交易机会或者竞争优势：

（一）交易相对方的工作人员；

（二）受交易相对方委托办理相关事务的单位或者个人；

（三）利用职权或者影响力影响交易的单位或者个人。

经营者在交易活动中，可以以明示方式向交易相对方支付折扣，或者向中间人支付佣金。经营者向交易相对方支付折扣、向中间人支付佣金的，应当如实入账。接受折扣、佣金的经营者也应当如实入账。

经营者的工作人员进行贿赂的，应当认定为经营者的行为；但是，经营者有证据证明该工作人员的行为与为经营者谋取交易机会或者竞争优势无关的除外。

3. 虚假宣传

虚假宣传行为是指经营者利用广告或者其他方法，对商品的性能、功能、质量、销售状况、用户评价、曾获荣誉等做虚假或引人误解的宣传，欺骗、误导消费者的行为。针对虚假宣传，《中华人民共和国广告法》进一步规定了广告生产者、广告刊登或播放者、代言人的责任。另外需要注意电子商务交易中的刷单行为和组织刷单行为亦构成虚假宣传。《中华人民共和国反不正当竞争法》新增规定，经营者不得通过组织虚假交易等方式，帮助其他经营者进行虚假或者引人误解的商业宣传。

【条文链接】

《中华人民共和国反不正当竞争法》第八条 经营者不得对其商品的性能、功能、质量、销售状况、用户评价、曾获荣誉等作虚假或者引人误解的商业宣传，欺骗、误导消费者。

经营者不得通过组织虚假交易等方式，帮助其他经营者进行虚假或者引人误解的商业宣传。

4. 广告宣传合规

在市场经济的发展过程中，广告对于公司、企业的对外宣传和市场运作具有十分重要的作用。广告运用得好，可以帮助企业树立品牌，提升知名度，刺激销售量、推荐新产品以及传递其他信息。要达到以上效果，就要求企业发布的广告内容真实、合法，符合社会主义精神文明建设的要求，不得含有虚假的内容，不得欺骗和误导消费者。否则，不但会给企业造成声誉、名誉上的损失，引发民事赔偿或者行政处罚的风险，还可能引发诸如虚假广告罪的刑事风险。因此，为规避构成虚假广告罪的法律风险，企业从事广告宣传时应注意以下情形。

（1）一般规定。

【条文链接】

《中华人民共和国广告法》第八条 广告中对商品的性能、功能、产地、用途、质量、成分、价格、生产者、有效期限、允诺等或者对服务的内容、提供者、形式、质量、价格、允诺等有表示的，应当准确、清楚、明白。

广告中表明推销的商品或者服务附带赠送的，应当明示所附带赠送商品或者服务的品种、规格、数量、期限和方式。

法律、行政法规规定广告中应当明示的内容，应当显著、清晰表示。

《中华人民共和国消费者权益保护法》第二十八条 采用网络、电视、电话、邮购等方式提供商品或者服务的经营者，以及提供证券、保险、银行等金融服务的经营者，应当向消费者提供经营地址、联系方式、商品或者服务的数量和质量、价款或者费用、履行期限和方式、安全注意事项和风险警示、售后服务、民事责任等信息。

【案例链接】

如何判定限时优惠广告是否构成虚假宣传行为？①

案情简介：2019 年 7 月 18 日，区市场监督管理局对创新公司作出行政处罚决定，主要内容为：创新公司于 2018 年 7 月 18 日在其网店销售智能扫地机器人。在该商品的

① 北京市第三中级人民法院行政判决书（2020）京 03 行终 1024 号。

宣传页面上，有“豪礼限时赠送”“送原装配件仅限今日”“0首付0利息仅限今日”的宣传内容。经调查发现，创新公司在2018年7月18日至7月24日、2018年7月29日至8月2日均举行了上述活动，并非其宣传的“仅限今日”，与宣传不符。上述宣传的广告费用无法计算。创新公司的上述行为违反了《中华人民共和国广告法》的规定，属于发布虚假广告的行为，责令创新公司在相应的范围内消除影响，决定对创新公司处以罚款200 000元。创新公司复议未果，遂提起诉。

裁判结果：北京市朝阳区人民法院经审理认为创新公司的行为构成虚假广告。

合规分析：《中华人民共和国广告法》第四条规定，广告不得含有虚假或者引人误解的内容，不得欺骗、误导消费者，广告主应当对广告内容的真实性负责。同时，该法第二十八条第二款第二项的规定对具体认定的虚假广告的情形作出了列举：商品的性能、功能、产地、用途、质量、规格、成分、价格、生产者、有效期限、销售状况、曾获荣誉等信息，或者服务的内容、提供者、形式、质量、价格、销售状况、曾获荣誉等信息，以及与商品或者服务有关的允诺等信息与实际情况不符，对购买行为有实质性影响的，为虚假广告。不难看出，只要是对购买行为产生实质性影响的内容，就属于广告法规制的范围。

本案中，创新公司于2018年7月18日在其网店中销售涉案商品时，宣传内容中明确优惠活动仅限当日；但区市场监督管理局提交的证据均可证实，2018年7月18日至7月24日及2018年7月29日至8月2日期间，创新公司在销售涉案商品的宣传页面中均使用上述宣传内容，存在对涉案商品的宣传信息与实际情况不符合的情形。此外，创新公司是在网店销售涉案商品时发布了上述宣传信息，是通过广告宣传达到让消费者购买涉案商品的目的。从区市场监督管理局调取的订单交易信息显示，在上述期间内创新公司多次实际销售涉案商品，已经对购买行为产生实质影响。无论是从主观还是客观的角度来看，创新公司的行为均符合虚假广告的一般认定规制。

（2）广告内容的禁止性规定。

【条文链接】

《中华人民共和国广告法》第九条　广告不得有下列情形：

（一）使用或者变相使用中华人民共和国的国旗、国歌、国徽，军旗、军歌、军徽；

（二）使用或者变相使用国家机关、国家机关工作人员的名义或者形象；

（三）使用“国家级”“最高级”“最佳”等用语；

（四）损害国家的尊严或者利益，泄露国家秘密；

（五）妨碍社会安定，损害社会公共利益；

（六）危害人身、财产安全，泄露个人隐私；

（七）妨碍社会公共秩序或者违背社会良好风尚；

（八）含有淫秽、色情、赌博、迷信、恐怖、暴力的内容；

（九）含有民族、种族、宗教、性别歧视的内容；

（十）妨碍环境、自然资源或者文化遗产保护；

（十一）法律、行政法规规定禁止的其他情形。

《中华人民共和国消费者权益保护法》第五十五条　经营者提供商品或者服务有欺诈行为的，应当按照消费者的要求增加赔偿其受到的损失，增加赔偿的金额为消费者购买商品的价款或者接受服务的费用的三倍；增加赔偿的金额不足五百元的，为五百元。法律另有规定的，依照其规定。

经营者明知商品或者服务存在缺陷，仍然向消费者提供，造成消费者或者其他受害人死亡或者健康严重损害的，受害人有权要求经营者依照本法第四十九条、第五十一条等法律规定赔偿损失，并有权要求所受损失二倍以下的惩罚性赔偿。

【案例链接】

使用“最高级”“最佳”等用语是否违反广告法？①

案情简介：上海大易云计算股份有限公司（简称“大易公司”）主要经营人力资源软件开发服务业务。2018年12月13日，上海市浦东新区市场监督管理局（简称“浦东新区市监局”）作出行政处罚决定，认定大易公司于2018年4月1日起在其自设网站（www.dayee.com）上发布广告。该广告在荣誉奖项部分含有“2017—2018大中华区最佳招聘管理软件服务商”“连续三年（2013—2016）蝉联‘大中华区最佳招聘管理软件服务商’”等获奖内容并贴有相应的获奖证书图片。上述奖项名称中含有“最佳”用语。大易公司上述行为违反《中华人民共和国广告法》第九条第三项“使用‘国家级’‘最高级’‘最佳’等用语”的规定，对其罚款100 000元。大易公司不服，诉至上海市静安区人民法院，要求撤销浦东新区市监局作出的上述行政处罚决定，并返还大易公司已缴纳的罚款100 000元。

裁判结果：上海市静安区人民法院一审判决撤销浦东新区市监局作出的行政处罚决定，浦东新区市监局自判决生效之日起60日内返还大易公司已缴纳罚款100 000元。

本案争议焦点是，大易公司的广告活动是否违反了《中华人民共和国广告法》的规定，是否应实施行政处罚。大易公司使用“最佳”用语的情形，系置于“公司简介”栏目下，如实介绍该公司曾经获得过的荣誉奖项，无法推断出大易公司主观上具有贬低其他竞争对手、误导消费者的恶意。从客观后果来看，大易公司展示的荣誉证书图片下方的文字即证书中所获奖项的名称，文字与图片内容具有一致性，尺寸大小亦相互适应，并未突出使用含“最佳”用语的文字，故图文应视为一个整体，共同承担介绍大易公司所获奖项的功能。该奖项是由市场上独立的机构经过一定程序、以一定标准、设定一定时限后评选获得的奖项，具有明显的个体主观性和时空限定性，并不意味着普通大众对大易公司的评价是“最佳”，更不代表大易公司客观上就是“最佳”。因此，大易公司使用“最佳”用语的情形，不属于贬低竞争对手的排他性宣传，也不可能造成受众误解，不存在扰乱市场秩序、侵害潜在消费者合法权益的危害后果。

合规分析：如何在依法维护正常的市场秩序和保护公平竞争环境的同时，避免机械适用法律条文而导致的过罚失当，损害市场主体的利益，是实践中需要正确把握的问题。《中华人民共和国广告法》第九条第三项规定，广告不得使用“国家级”“最高级”“最佳”等用语。经营者在宣传其所获荣誉时，奖项名称中包含“最佳”等绝对化用语，是否违反上述规定，司法审查中应当结合具体案情，以是否产生误导消费者、引起不正当竞争的危害后果作为认定是否构成违法行为的要件。本案中，大易公司使用“最佳”用语的情形，不属于贬低竞争对手的排他性宣传，也不可能造成受众误解，不存在扰乱市场秩序、侵害潜在消费者合法权益的危害后果。因此，大易公司不应受

---

① 上海市第二中级人民法院民事判决书（2019）沪02行终366号。本案系上海市高级人民法院发布的2019年上海法院行政审判十大典型案例。

到行政处罚。

（3）法律责任。

①民事责任。

【条文链接】

《中华人民共和国广告法》第五十六条 违反本法规定，发布虚假广告，欺骗、误导消费者，使购买商品或者接受服务的消费者的合法权益受到损害的，由广告主依法承担民事责任。广告经营者、广告发布者不能提供广告主的真实名称、地址和有效联系方式的，消费者可以要求广告经营者、广告发布者先行赔偿。

关系消费者生命健康的商品或者服务的虚假广告，造成消费者损害的，其广告经营者、广告发布者、广告代言人应当与广告主承担连带责任。

前款规定以外的商品或者服务的虚假广告，造成消费者损害的，其广告经营者、广告发布者、广告代言人，明知或者应知广告虚假仍设计、制作、代理、发布或者作推荐、证明的，应当与广告主承担连带责任。

②行政责任。

【条文链接】

《中华人民共和国广告法》第二十八条 广告以虚假或者引人误解的内容欺骗、误导消费者的，构成虚假广告。

广告有下列情形之一的，为虚假广告：

（一）商品或者服务不存在的；

（二）商品的性能、功能、产地、用途、质量、规格、成分、价格、生产者、有效期限、销售状况、曾获荣誉等信息，或者服务的内容、提供者、形式、质量、价格、销售状况、曾获荣誉等信息，以及与商品或者服务有关的允诺等信息与实际情况不符，对购买行为有实质性影响的；

（三）使用虚构、伪造或者无法验证的科研成果、统计资料、调查结果、文摘、引用语等信息作证明材料的；

（四）虚构使用商品或者接受服务的效果的；

（五）以虚假或者引人误解的内容欺骗、误导消费者的其他情形。

广告违法行为的行政责任主要包括：

（1）责令停止发布广告。广告监督管理机关对社会危害性严重的违法广告依法作出停止发布广告的行政处罚。

（2）责令广告主在相应范围内消除影响。广告监督管理机关对社会危害性严重的违法广告依法作出由广告主在相应范围内公开更正、消除影响的行政处罚。

（3）通报批评。通报批评是《广告管理条例》及《广告管理条例施行细则》规定的行政责任方式，由广告监督管理机关对发布违法广告，情节较轻的广告主、广告经营者、广告发布者依法作出在行业内或一定社会范围予以书面批评的行政处罚。

（4）暂停广告发布。暂停广告发布是广告监督管理机关对发布违法广告情节严重的广告发布者依法作出暂时停止广告发布资格的行政处罚。

（5）没收广告费用。没收广告费用是广告监督管理机关对违法广告依法作出没收广告主支付的广告设计、制作、发布、代理费的全额的行政处罚。

（6）罚款。罚款是广告监督管理机关依法对违法广告作出一定数额、一定比例金额缴纳的行政处罚。

（7）停业整顿。停业整顿是《广告管理条例》规定的行政责任方式，是广告监督管理机关对发布违法广告情节较严重的广告经营者、广告发布者依法作出暂停一段时间广告经营、发布资格的行政处罚。

（8）吊销营业执照。吊销广告发布登记证，撤销广告审查批准文件、一年内不受理其广告审查申请，吊销诊疗科目或者吊销医疗机构执业许可证。发布虚假广告或社会危害性严重的违禁广告，除以上行政处罚外，广告审查机关撤销广告审查批准文件、一年内不受理其广告审查申请。医疗机构有前款规定违法行为，情节严重的，除由市场监督管理部门依照本法处罚外，卫生行政部门可以吊销其诊疗科目或者吊销其医疗机构执业许可证。

《中华人民共和国食品安全法》第一百四十条 违反本法规定，在广告中对食品作虚假宣传，欺骗消费者，或者发布未取得批准文件、广告内容与批准文件不一致的保健食品广告的，依照《中华人民共和国广告法》的规定给予处罚。

广告经营者、发布者设计、制作、发布虚假食品广告，使消费者的合法权益受到损害的，应当与食品生产经营者承担连带责任。

社会团体或者其他组织、个人在虚假广告或者其他虚假宣传中向消费者推荐食品，使消费者的合法权益受到损害的，应当与食品生产经营者承担连带责任。

违反本法规定，食品安全监督管理等部门、食品检验机构、食品行业协会以广告或者其他形式向消费者推荐食品，消费者组织以收取费用或者其他牟取利益的方式向消费者推荐食品的，由有关主管部门没收违法所得，依法对直接负责的主管人员和其他直接责任人员给予记大过、降级或者撤职处分；情节严重的，给予开除处分。

对食品作虚假宣传且情节严重的，由省级以上人民政府食品安全监督管理部门决定暂停销售该食品，并向社会公布；仍然销售该食品的，由县级以上人民政府食品安全监督管理部门没收违法所得和违法销售的食品，并处二万元以上五万元以下罚款。

③虚假广告罪的刑事责任。

【条文链接】

《中华人民共和国刑法》第二百二十二条 广告主、广告经营者、广告发布者违反国家规定，利用广告对商品或者服务作虚假宣传，情节严重的，处二年以下有期徒刑或者拘役，并处或者单处罚金。

《中华人民共和国刑法》第二百三十一条 单位犯本节第二百二十一条至第二百三十条规定之罪的，对单位判处罚金，并对其直接负责的主管人员和其他直接责任人员，依照本节各该条的规定处罚。

5. 侵犯商业秘密

商业秘密是指不为公众所知悉、能为权利人带来经济利益，具有实用性并经权利人采取保密措施的技术信息和经营信息。

侵犯商业秘密行为是指经营者通过不正当手段，违法获取、披露、使用或者允许他人使用权利人的商业秘密的行为。所谓商业秘密，是指不为公众所知悉，具有商业价值，并经权利人采取相应保密措施的技术信息和经营信息。

侵犯商业秘密所采取的不正当手段包括：以盗窃、贿赂、欺诈、胁迫或者其他不正当手段获取权利人的商业秘密；披露、使用或者允许他人使用前项手段获取的权利人的商业秘密；违反约定或者违反权利人有关保守商业秘密的要求，披露、使用或者允许他人使用其所掌握的商业秘密。

第三人明知或者应知商业秘密权利人的员工、前员工或者其他单位、个人实施上述违法行为，仍获取、披露、使用或者允许他人使用该商业秘密的，视为侵犯商业秘密。

【条文链接】

《中华人民共和国反不正当竞争法》第九条 经营者不得实施下列侵犯商业秘密的行为：

（一）以盗窃、贿赂、欺诈、胁迫、电子侵入或者其他不正当手段获取权利人的商业秘密；

（二）披露、使用或者允许他人使用以前项手段获取的权利人的商业秘密；

（三）违反保密义务或者违反权利人有关保守商业秘密的要求，披露、使用或者允许他人使用其所掌握的商业秘密；

（四）教唆、引诱、帮助他人违反保密义务或者违反权利人有关保守商业秘密的要求，获取、披露、使用或者允许他人使用权利人的商业秘密。

经营者以外的其他自然人、法人和非法人组织实施前款所列违法行为的，视为侵犯商业秘密。

第三人明知或者应知商业秘密权利人的员工、前员工或者其他单位、个人实施本条第一款所列违法行为，仍获取、披露、使用或者允许他人使用该商业秘密的，视为侵犯商业秘密。

本法所称的商业秘密，是指不为公众所知悉、具有商业价值并经权利人采取相应保密措施的技术信息、经营信息等商业信息。

《最高人民法院关于适用〈中华人民共和国反不正当竞争法〉若干问题的解释》第九条 市场主体登记管理部门依法登记的企业名称，以及在中国境内进行商业使用的境外企业名称，人民法院可以认定为反不正当竞争法第六条第二项规定的“企业名称”。

有一定影响的个体工商户、农民专业合作社（联合社）以及法律、行政法规规定的其他市场主体的名称（包括简称、字号等），人民法院可以依照反不正当竞争法第六条第二项予以认定。

《最高人民法院关于适用〈中华人民共和国反不正当竞争法〉若干问题的解释》第十条 在中国境内将有一定影响的标识用于商品、商品包装或者容器以及商品交易文书上，或者广告宣传、展览以及其他商业活动中，用于识别商品来源的行为，人民法院可以认定为反不正当竞争法第六条规定的“使用”。

《最高人民法院关于适用〈中华人民共和国反不正当竞争法〉若干问题的解释》第十一条 经营者擅自使用与他人有一定影响的企业名称（包括简称、字号等）、社会组织名称（包括简称等）、姓名（包括笔名、艺名、译名等）、域名主体部分、网站名称、网页等近似的标识，引人误认为是他人商品或者与他人存在特定联系，当事人主张属于反不正当竞争法第六条第二项、第三项规定的情形的，人民法院应予支持。

《中华人民共和国民法典》第五百零一条 当事人在订立合同过程中知悉的商业秘

密或者其他应当保密的信息，无论合同是否成立，不得泄露或者不正当地使用；泄露、不正当地使用该商业秘密或者信息，造成对方损失的，应当承担赔偿责任。

《中华人民共和国刑法》第二百一十九条 有下列侵犯商业秘密行为之一，情节严重的，处三年以下有期徒刑，并处或者单处罚金；情节特别严重的，处三年以上十年以下有期徒刑，并处罚金：

（一）以盗窃、贿赂、欺诈、胁迫、电子侵入或者其他不正当手段获取权利人的商业秘密的；

（二）披露、使用或者允许他人使用以前项手段获取的权利人的商业秘密的；

（三）违反保密义务或者违反权利人有关保守商业秘密的要求，披露、使用或者允许他人使用其所掌握的商业秘密的。

明知前款所列行为，获取、披露、使用或者允许他人使用该商业秘密的，以侵犯商业秘密论。

本条所称权利人，是指商业秘密的所有人和经商业秘密所有人许可的商业秘密使用人。

【合规建议】

企业在产品研发过程中，应特别注意对商业秘密的保护，以避免他人利用企业的研究成果抢先完成产品研发，抢先申请专利。在产品研发完成后，企业应及时通过申请专利或采取保密措施保护商业秘密，否则可能导致企业的技术信息被公开，或被他人抢先申请专利，造成损失。在生产过程中，企业应注意对涉及商业秘密的技术信息资料加以保护，以防因保密意识不强导致泄密。委托他人加工时，企业应与对方签订保密协议进行约束。

【案例链接】

企业客户名单一定属于商业秘密吗？①

案情简介：咪贝康公司主要从事母婴用品销售业务，客户来源于广告引流，引流成本是80元/人，即以80元/人的价格从广告平台上买到客户信息。咪贝康公司的业务手机上存储了大量客户名单，咪贝康公司的业务员通过业务手机的微信与客户联络，向客户传授育儿经验，同时售卖咪贝康公司的产品。

咪贝康公司与吕某签订劳动合同书及保密协议，约定：

“保密信息：咪贝康公司的交易秘密。其包括但不仅限于：销售方案、物流配送、产品价格、产品包装、电商销售数据、网络渠道、客户信息、买卖意向、成交或商谈的价格，商品性能、质量、数量、交货日期、推广活动、涉及商业秘密的业务函电等；吕某在咪贝康公司工作期间涉及到咪贝康公司项目的所有资料、数据和信息，包括营销模式、营销思路、营销模板、营销素材、推广方案、培训PPT、项目实施追踪资料、客户提交原始资料等多种类型的数据和信息……保密义务：（1）吕某在其和咪贝康公司的劳动关系存续期间和双方劳动关系解除或终止后，不向第三方透露咪贝康公司的商业秘密，无论该透露是有偿还是无偿的。（2）吕某同时承诺在其和咪贝康公司的劳动关系存续期间和双方劳动关系解除或终止后，不私自使用且也不许可第三方使用咪

---

① 湖北省武汉东湖新技术开发区人民法院民事判决书（2021）鄂0192知民初44号。本案系湖北法院2021年知识产权司法保护十大典型案例。

贝康公司的商业秘密……。”

吕某入职后，主要工作内容是使用咪贝康公司提供的业务手机同该手机上2 000多个微信好友聊天，推销产品，促成交易。吕某工作仅一年后从咪贝康公司处离职，开始从事人寿保险工作。咪贝康公司从客户处了解到，吕某离职后用私人微信添加了咪贝康公司业务手机中的4名客户，还在聊天中对客户说：“咪贝康公司小，就是个小工厂”“卖的精油399元，其实员工价只有300元”。

咪贝康公司认为吕某侵害了自己的商业秘密，遂提起本案诉讼，请求判令吕某赔偿客户引流广告费用221 600元、支付违反保密义务违约金500 000元，并在朋友圈公开发布道歉声明。庭审中，咪贝康公司明确其主张的商业秘密是其业务手机上的2 770个客户，信息包括客户微信号、部分客户手机号、客户的地址。

裁判结果：武汉东湖高新技术开发区人民法院审理认为：商业秘密，是指不为公众所知悉、具有商业价值并经权利人采取相应保密措施的技术信息、经营信息等商业信息。商业秘密中的客户名单，一般是指客户的名称、地址、联系方式以及交易的习惯、意向、内容等构成的区别于相关公知信息的特殊客户信息。

本案中，咪贝康公司有多位销售人员，也有多部业务手机，每部业务手机都有成百上千个微信好友，咪贝康公司的工作人员通过与这些微信好友聊天来推销产品，仅有一部分有购买意向的微信好友才会真正成为咪贝康公司的“客户”，咪贝康公司业务手机内的微信好友有相当一部分并非真正意义上的“客户”，仅仅是不特定的产品推销对象而已，而且据咪贝康公司自己所称，这些微信好友是咪贝康公司从广告平台上以80元/人的成本获得的，即这些信息是可以通过公开渠道获得的，不符合商业秘密的构成要件，故咪贝康公司关于其“业务手机上的2 770个微信客户”构成商业秘密的主张，缺乏事实和法律依据，法院不予支持。

合规分析：企业不会仅因被告整理、汇总相关客户名单就获得商业秘密保护。企业应从以下方面审查相关信息是否受到商业秘密保护：

（1）相关经营信息是否被相关领域内从业人员普遍知悉。

（2）企业是否采取了保密措施。

（3）相关信息是否包含客户需求、交易习惯、经营规律、价格承受能力、采购意向等深度内容。

6. 不当有奖销售行为

不当奖售行为，是指经营者进行的不正当有奖销售行为。行为形式包含虚设奖项和不当高额奖项两种。

不正当的有奖销售，不仅会损害同业竞争者的利益，而且会损害消费者的利益以及市场环境。

【条文链接】

《中华人民共和国反不正当竞争法》第十条 经营者进行有奖销售不得存在下列情形：

（一）所设奖的种类、兑奖条件、奖金金额或者奖品等有奖销售信息不明确，影响兑奖；

（二）采用谎称有奖或者故意让内定人员中奖的欺骗方式进行有奖销售；

（三）抽奖式的有奖销售，最高奖的金额超过五万元。

【案例链接】

如何判定是否构成不当奖售行为？①

案情简介：优幼公司在微信公众号“趣游亲子游泳俱乐部”举办抽奖活动，参与者需要填写个人信息，如转发朋友圈邀请他人报名还可获得额外抽奖机会。王某夫妻抽中终极大奖，但领奖后发现奖品实物与公众号发布的图片不一致，且差距较大，故向江苏省苏州市吴江区市场监督管理局举报。

裁判结果：江苏省苏州市吴江区市场监督管理局调查后认定，优幼公司兑奖宣传页面未明确奖品的价格、品牌等具体信息，导致消费者对奖品实际价格认知产生分歧，优幼公司的行为违反《中华人民共和国反不正当竞争法》第十条第一项规定，遂责令其停止违法行为并处以罚款。优幼公司不服处罚决定，提起行政诉讼。江苏省苏州市吴江区人民法院判决认为，优幼公司举办的微信抽奖活动虽不以消费为前提，但目的在于扩大公司知名度，宣传商品或服务，发掘潜在客户、获取更大利润，实质上是一种有奖销售活动，应当受到反不正当竞争法规制。市场监管部门认定优幼公司举办的微信抽奖活动属于有奖销售并无不当，遂判决驳回优幼公司的诉讼请求。

合规分析：根据《中华人民共和国反不正当竞争法》第十条的规定，经营者进行有奖销售不得存在所设奖的种类、兑奖条件、奖金金额或者奖品等有奖销售信息不明确而影响兑奖。本案中，优幼公司举办的微信抽奖活动的目的在于扩大公司知名度，宣传商品或服务，发掘潜在客户、获取更大利润，实质上是一种有奖销售活动，应当受到反不正当竞争法规制。判决立足反不正当竞争法的立法目的，认定以截取流量、获取竞争优势为目的的微信抽奖活动属于有奖销售，并依法支持行政机关对奖品信息不明确、实际奖品与发布的图片不一致的欺诈消费者的有奖销售行为认定为不正当竞争行为并进行行政处罚，对建立诚实信用、公平有序的互联网服务市场秩序，保护消费者利益具有积极意义。

7. 网络不正当竞争

网络不正当竞争行为，是指经营者利用技术手段，通过影响用户选择或者其他方式妨碍、破坏其他经营者合法提供的网络产品或者服务正常运行的行为。

《中华人民共和国反不正当竞争法》第十二条第一款针对的是前六种不正当竞争行为在网络上的运用。除虚假宣传条款已经增加对刷单行为的具体规制规则外，在网络空间实施的其余不正当竞争行为可依据第十二条第一款加以引致适用。第十二条第二款具体列举了三种新型互联网不正当竞争行为。需要注意的是，第十二条第二款第四项作为兜底条款与《中华人民共和国反不正当竞争法》第二条的一般条款存在适用冲突，应以兜底条款引致到第二条来具体判断网络经营行为是否为不正当竞争行为。事实上，在我国当前未对数据财产权进行确权的情况下，数据权益的保护多基于《反不正竞争法》第十二条第二款第四项的兜底条款及第二条的一般条款作出。

【条文链接】

《中华人民共和国反不正当竞争法》第十二条 经营者利用网络从事生产经营活动，应当遵守本法的各项规定。

---

① 江苏省苏州市吴江区人民法院民事判决书（2021）苏0509行初44号。

经营者不得利用技术手段，通过影响用户选择或者其他方式，实施下列妨碍、破坏其他经营者合法提供的网络产品或者服务正常运行的行为：

（一）未经其他经营者同意，在其合法提供的网络产品或者服务中，插入链接、强制进行目标跳转；

（二）误导、欺骗、强迫用户修改、关闭、卸载其他经营者合法提供的网络产品或者服务；

（三）恶意对其他经营者合法提供的网络产品或者服务实施不兼容；

（四）其他妨碍、破坏其他经营者合法提供的网络产品或者服务正常运行的行为。

【案例链接】

如何判定是否构成互联网不正当竞争行为？[①]

案情简介：支付宝公司系“支付宝”App支付功能的运营主体。经许可，支付宝公司在经营活动中使用“alipay”注册商标，并以www. alipay. com作为其官方网站的网址。斑马公司系“家政加”App的运营主体。支付宝公司认为，斑马公司无正当理由，在其开发、运营的“家政加”App中设置与“支付宝”App一致的链接，导致用户选择通过“支付宝”App进行付款结算时将被跳转至“家政加”App，该不正当竞争行为损害了支付宝公司的经济利益及商业信誉。支付宝公司遂诉至法院，请求判令斑马公司消除影响并赔偿经济损失及合理费用。

裁判结果：上海市浦东新区人民法院认定斑马公司实施的上述行为构成不正当竞争，判令其承担消除影响及赔偿经济损失与合理支出共计48万余元的民事责任。斑马公司提起上诉后又撤回上诉，一审判决即生效。

合规分析：根据《中华人民共和国反不正当竞争法》第十二条第二款第一项的规定，经营者不得利用技术手段，未经其他经营者同意，在其合法提供的网络产品或者服务中，插入链接、强制进行目标跳转。本案中，斑马公司无正当理由，在其开发、运营的“家政加”App中设置与“支付宝”App一致的链接，导致用户选择通过“支付宝”App进行付款结算时将被跳转至“家政加”App，该不正当竞争行为损害了支付宝公司的经济利益及商业信誉。秉持对经营者利益、消费者利益及社会公共利益应当予以一体保护的精神，应当依法认定斑马公司的行为构成不正当竞争。

（三）不正当价格行为

对于不正当价格行为主要通过《中华人民共和国价格法》规制。不正当价格行为主要有操纵市场价格、低价倾销、哄抬价格、价格欺骗、价格歧视、变相提价和压价以及牟取暴利等若干行为。

不当价格行为一般在《中华人民共和国反垄断法》垄断协议和滥用市场支配地位中有所规制，适用相应的反垄断特别法即可。需要注意的是，2017年《中华人民共和国反不正当竞争法》删除对低价倾销行为的规制后，利用低廉价格打入市场，力求获取市场份额甚至市场支配地位的行为只能够依据《中华人民共和国价格法》第十四条第二款的规则来加以限制。

① 上海市浦东新区人民法院民事判决书（2020）沪0115民初87715号。

1. 经营者的权利与义务

《中华人民共和国价格法》第十一条规定了经营者享有的权利，第十二条简要概括了经营者应当履行的义务。我国《中华人民共和国价格法》规定的价格机制除了执行政府定价与政府指导价的负面清单外，绝大多数的商品与服务均由经营者自由定价，但不得违背《中华人民共和国价格法》与《中华人民共和国反垄断法》规制不当价格行为的强制性规则。

【条文链接】

《中华人民共和国价格法》第十一条 经营者进行价格活动，享有下列权利：

（一）自主制定属于市场调节的价格；

（二）在政府指导价规定的幅度内制定价格；

（三）制定属于政府指导价、政府定价产品范围内的新产品的试销价格，特定产品除外；

（四）检举、控告侵犯其依法自主定价权利的行为。

《中华人民共和国价格法》第十二条 经营者进行价格活动，应当遵守法律、法规，执行依法制定的政府指导价、政府定价和法定的价格干预措施、紧急措施。

2. 明码标价

明码标价不等于明码实价，消费者的还价并不被否定。明码标价要求标价即可，虽然不论标价是否高于成本价，但是先以较低价格标价诱骗消费者购买，待消费者决定购买后再加价或者增加服务费是不允许的。

【条文链接】

《中华人民共和国价格法》第十三条 经营者销售、收购商品和提供服务，应当按照政府价格主管部门的规定明码标价，注明商品的品名、产地、规格、等级、计价单位、价格或者服务的项目、收费标准等有关情况。

经营者不得在标价之外加价出售商品，不得收取任何未予标明的费用。

3. 不正当价格行为列举

【条文链接】

《中华人民共和国价格法》第十四条 经营者不得有下列不正当价格行为：

（一）相互串通，操纵市场价格，损害其他经营者或者消费者的合法权益；

（二）在依法降价处理鲜活商品、季节性商品、积压商品等商品外，为了排挤竞争对手或者独占市场，以低于成本的价格倾销，扰乱正常的生产经营秩序，损害国家利益或者其他经营者的合法权益；

（三）捏造、散布涨价信息，哄抬价格，推动商品价格过高上涨的；

（四）利用虚假的或者使人误解的价格手段，诱骗消费者或者其他经营者与其进行交易；

（五）提供相同商品或者服务，对具有同等交易条件的其他经营者实行价格歧视；

（六）采取抬高等级或者压低等级等手段收购、销售商品或者提供服务，变相提高或者压低价格；

（七）违反法律、法规的规定牟取暴利；

（八）法律、行政法规禁止的其他不正当价格行为。

第六节　环境保护合规

党的十八大以来，我国将“生态文明建设”放在治国理政的重要战略地位，《中华人民共和国民法典》也新增“绿色原则”作为一项基本原则，要求所有民事主体从事民事活动，均应当有利于节约资源、保护生态环境。同时，《中华人民共和国环境保护法》第六条规定，一切单位和个人都有保护环境的义务。企业事业单位和其他生产经营者应当防止、减少环境污染和生态破坏，对所造成的损害依法承担责任。对于生产型企业而言，其若一旦被定性为环保违规，很可能面临的是大额罚款甚至停产整顿，因此环保合规与否成为决定污染企业“生死”或能否可持续发展的重中之重。

一、环境信息披露义务

环境信息披露是指企业将其环境影响及环境表现相关的信息向外界公开，并受到社会组织和公众监督的过程。公开披露的环境信息不仅直接影响着投资者、债权人等利益相关者的行为和决策，也是政府对市场进行宏观把握与调控的坚实基础，更是社会公众参与国家环境保护体系的关键依据。

（一）应当披露环境信息的企业

【条文链接】

《企业环境信息依法披露管理办法》第七条　下列企业应当按照本办法的规定披露环境信息：

（一）重点排污单位；

（二）实施强制性清洁生产审核的企业；

（三）符合本办法第八条规定的上市公司及合并报表范围内的各级子公司（简称上市公司）；

（四）符合本办法第八条规定的发行企业债券、公司债券、非金融企业债务融资工具的企业（简称发债企业）；

（五）法律法规规定的其他应当披露环境信息的企业。

《企业环境信息依法披露管理办法》第八条　上一年度有下列情形之一的上市公司和发债企业，应当按照本办法的规定披露环境信息：

（一）因生态环境违法行为被追究刑事责任的；

（二）因生态环境违法行为被依法处以十万元以上罚款的；

（三）因生态环境违法行为被依法实施按日连续处罚的；

（四）因生态环境违法行为被依法实施限制生产、停产整治的；

（五）因生态环境违法行为被依法吊销生态环境相关许可证件的；

（六）因生态环境违法行为，其法定代表人、主要负责人、直接负责的主管人员或者其他直接责任人员被依法处以行政拘留的。

（二）应当披露的环境信息

【条文链接】

《企业环境信息依法披露管理办法》第十二条 企业年度环境信息依法披露报告应当包括以下内容：

（一）企业基本信息，包括企业生产和生态环境保护等方面的基础信息；

（二）企业环境管理信息，包括生态环境行政许可、环境保护税、环境污染责任保险、环保信用评价等方面的信息；

（三）污染物产生、治理与排放信息，包括污染防治设施，污染物排放，有毒有害物质排放，工业固体废物和危险废物产生、贮存、流向、利用、处置，自行监测等方面的信息；

（四）碳排放信息，包括排放量、排放设施等方面的信息；

（五）生态环境应急信息，包括突发环境事件应急预案、重污染天气应急响应等方面的信息；

（六）生态环境违法信息；

（七）本年度临时环境信息依法披露情况；

（八）法律法规规定的其他环境信息。

《企业环境信息依法披露管理办法》第十三条 重点排污单位披露年度环境信息时，应当披露本办法第十二条规定的环境信息。

《企业环境信息依法披露管理办法》第十四条 实施强制性清洁生产审核的企业披露年度环境信息时，除了披露本办法第十二条规定的环境信息外，还应当披露以下信息：

（一）实施强制性清洁生产审核的原因；

（二）强制性清洁生产审核的实施情况、评估与验收结果。

《企业环境信息依法披露管理办法》第十五条 上市公司和发债企业披露年度环境信息时，除了披露本办法第十二条规定的环境信息外，还应当按照以下规定披露相关信息：

（一）上市公司通过发行股票、债券、存托凭证、中期票据、短期融资券、超短期融资券、资产证券化、银行贷款等形式进行融资的，应当披露年度融资形式、金额、投向等信息，以及融资所投项目的应对气候变化、生态环境保护等相关信息；

（二）发债企业通过发行股票、债券、存托凭证、可交换债、中期票据、短期融资券、超短期融资券、资产证券化、银行贷款等形式融资的，应当披露年度融资形式、金额、投向等信息，以及融资所投项目的应对气候变化、生态环境保护等相关信息。

上市公司和发债企业属于强制性清洁生产审核企业的，还应当按照本办法第十四条的规定披露相关环境信息。

《企业环境信息依法披露管理办法》第十七条 企业应当自收到相关法律文书之日起五个工作日内，以临时环境信息依法披露报告的形式，披露以下环境信息：

（一）生态环境行政许可准予、变更、延续、撤销等信息；

（二）因生态环境违法行为受到行政处罚的信息；

（三）因生态环境违法行为，其法定代表人、主要负责人、直接负责的主管人员和其他直接责任人员被依法处以行政拘留的信息；

（四）因生态环境违法行为，企业或者其法定代表人、主要负责人、直接负责的主管人员和其他直接责任人员被追究刑事责任的信息；

（五）生态环境损害赔偿及协议信息。

企业发生突发环境事件的，应当依照有关法律法规规定披露相关信息。

（三）法律责任

【条文链接】

《企业环境信息依法披露管理办法》第二十七条 法律法规对企业环境信息公开或者披露规定了法律责任的，依照其规定执行。

《企业环境信息依法披露管理办法》第二十八条 企业违反本办法的规定，不披露环境信息，或者披露的环境信息不真实、不准确的，由设区的市级以上生态环境主管部门责令改正，通报批评，并可以处一万元以上十万元以下的罚款。

《企业环境信息依法披露管理办法》第二十九条 企业违反本办法规定，有下列行为之一的，由设区的市级以上生态环境主管部门责令改正，通报批评，并可以处五万元以下的罚款：

（一）披露环境信息不符合准则要求的；

（二）披露环境信息超过规定时限的；

（三）未将环境信息上传至企业环境信息依法披露系统的。

【案例链接】

企业未披露其犯罪信息是否违反信息披露义务？①

案情简介：2017年4月11日，诸暨市环保局会同诸暨市公安局对上峰水泥重要子公司上峰建材进行联合检查，发现其全资子公司上峰建材涉嫌污染环境犯罪，诸暨市环保局于2017年4月12日将该案移交诸暨市公安局，诸暨市公安局当日对上峰建材副总经理俞云灿等四人立案侦查，并采取刑事强制措施。但公司董事俞小峰知悉上述事件后，未及时向上峰水泥董事会报告，董事长兼总经理俞锋、副总经理兼董事会秘书瞿辉知悉上述事件后，未履行信息披露义务，导致上峰水泥未以临时报告的方式公告该事件。

判决结果：根据当事人违法行为的事实、性质、情节与社会危害程度，依据规定，甘肃证监局决定对上峰水泥责令改正，给予警告，并处以40万元罚款。对俞锋、瞿辉分别给予警告，并处以10万元罚款。对俞小峰给予警告，并处8万元罚款。

合规分析：上峰水泥公司违反了相关规定，构成上市公司未按照规定披露信息的情形。对上峰水泥的违法行为，俞锋作为上峰水泥董事长兼总经理，瞿辉作为上峰水泥副总经理兼董事会秘书，为直接负责的主管人员。俞小峰作为上峰水泥董事，为其他直接责任人员。而上峰水泥公司并未对其全资子公司上峰建材涉嫌污染环境罪的相关信息进行披露，违反了法律所规定的企业应当披露其生态违法信息的相关规定，故行政机关对其作出了相应惩罚。

【合规建议】

环境信息依法披露是重要的企业环境管理制度，同样也是生态文明制度体系的基

① 案件来源于证监会发布的《证监会严肃整治上市公司环保信息披露违法行为》。

础性内容。在“碳达峰、碳中和”的“双碳”目标及ESG（environment social governance，环境、社会及公司治理）投资盛行的大背景下，企业环境信息披露制度改革是我国生态文明制度体系建设的必经之路。对企业而言，建立健全企业环境信息披露制度，及时关注环境保护相关法律法规的变化，加强环保法律培训，合法合规开展企业环境信息披露工作，才是谋求企业绿色发展、可持续发展的应有之义，否则将会面临法律责任的承担，对企业的发展造成不良影响。

二、废物管理

（一）排污许可

1. 排污许可制度

排污许可制度是指单位和个人经营者，只有在事先向生态环境主管部门申请排污许可证，经生态环境主管部门批准发予排污许可证之后，方被允许向环境排放污染物的制度。根据相关规定，除上述依法申领排污许可证之外，企业还应做好排污许可证后管理，自觉履行排污自行监测、环境管理台账记录以及公开污染物排放信息等义务，属于排污许可制度的延伸要求。

【条文链接】

《排污许可管理条例》第二条 依照法律规定实行排污许可管理的企业事业单位和其他生产经营者（以下称排污单位），应当依照本条例规定申请取得排污许可证；未取得排污许可证的，不得排放污染物。

根据污染物产生量、排放量、对环境的影响程度等因素，对排污单位实行排污许可分类管理：

（一）污染物产生量、排放量或者对环境的影响程度较大的排污单位，实行排污许可重点管理；

（二）污染物产生量、排放量和对环境的影响程度都较小的排污单位，实行排污许可简化管理。

实行排污许可管理的排污单位范围、实施步骤和管理类别名录，由国务院生态环境主管部门拟订并报国务院批准后公布实施。制定实行排污许可管理的排污单位范围、实施步骤和管理类别名录，应当征求有关部门、行业协会、企业事业单位和社会公众等方面的意见。

2. 排污许可义务

（1）排污许可证申领义务。

【条文链接】

《中华人民共和国环境保护法》第四十五条 国家依照法律规定实行排污许可管理制度。

实行排污许可管理的企业事业单位和其他生产经营者应当按照排污许可证的要求排放污染物；未取得排污许可证的，不得排放污染物。

《中华人民共和国水污染防治法》第二十一条 直接或者间接向水体排放工业废水和医疗污水以及其他按照规定应当取得排污许可证方可排放的废水、污水的企业事业单位和其他生产经营者，应当取得排污许可证；城镇污水集中处理设施的运营单位，也应当取得排污许可证。排污许可证应当明确排放水污染物的种类、浓度、总量和排放去向等要求。排污许可的具体办法由国务院规定。

禁止企业事业单位和其他生产经营者无排污许可证或者违反排污许可证的规定向水体排放前款规定的废水、污水。

《城镇排水与污水处理条例》第二十一条 从事工业、建筑、餐饮、医疗等活动的企业事业单位、个体工商户（以下称排水户）向城镇排水设施排放污水的，应当向城镇排水主管部门申请领取污水排入排水管网许可证。城镇排水主管部门应当按照国家有关标准，重点对影响城镇排水与污水处理设施安全运行的事项进行审查。

排水户应当按照污水排入排水管网许可证的要求排放污水。

《固定污染源排污许可分类管理名录》第二条 国家根据排放污染物的企业事业单位和其他生产经营者（简称排污单位）污染物产生量、排放量、对环境的影响程度等因素，实行排污许可重点管理、简化管理和登记管理。

对污染物产生量、排放量或者对环境的影响程度较大的排污单位，实行排污许可重点管理；对污染物产生量、排放量和对环境的影响程度较小的排污单位，实行排污许可简化管理。对污染物产生量、排放量和对环境的影响程度很小的排污单位，实行排污登记管理。

实行登记管理的排污单位，不需要申请取得排污许可证，应当在全国排污许可证管理信息平台填报排污登记表，登记基本信息、污染物排放去向、执行的污染物排放标准以及采取的污染防治措施等信息。

《中华人民共和国大气污染防治法》第十九条 排放工业废气或者本法第七十八条规定名录中所列有毒有害大气污染物的企业事业单位、集中供热设施的燃煤热源生产运营单位以及其他依法实行排污许可管理的单位，应当取得排污许可证。排污许可的具体办法和实施步骤由国务院规定。

（2）续期、变更、重新申领义务。

【条文链接】

《排污许可管理条例》第十四条 排污许可证有效期为5年。

排污许可证有效期届满，排污单位需要继续排放污染物的，应当于排污许可证有效期届满60日前向审批部门提出申请。审批部门应当自受理申请之日起20日内完成审查；对符合条件的予以延续，对不符合条件的不予延续并书面说明理由。

排污单位变更名称、住所、法定代表人或者主要负责人的，应当自变更之日起30日内，向审批部门申请办理排污许可证变更手续。

《排污许可管理条例》第十五条 在排污许可证有效期内，排污单位有下列情形之一的，应当重新申请取得排污许可证：

（一）新建、改建、扩建排放污染物的项目；

（二）生产经营场所、污染物排放口位置或者污染物排放方式、排放去向发生变化；

（三）污染物排放口数量或者污染物排放种类、排放量、排放浓度增加。

《排污许可管理条例》第十六条 排污单位适用的污染物排放标准、重点污染物总量控制要求发生变化，需要对排污许可证进行变更的，审批部门可以依法对排污许可证相应事项进行变更。

（3）规范化污染物排放口建设义务。

【条文链接】

《排污许可管理条例》第十八条 排污单位应当按照生态环境主管部门的规定建设规范化污染物排放口，并设置标志牌。

污染物排放口位置和数量、污染物排放方式和排放去向应当与排污许可证规定相符。

实施新建、改建、扩建项目和技术改造的排污单位，应当在建设污染防治设施的同时，建设规范化污染物排放口。

（4）自行监测义务。

【条文链接】

《排污许可管理条例》第十九条 排污单位应当按照排污许可证规定和有关标准规范，依法开展自行监测，并保存原始监测记录。原始监测记录保存期限不得少于5年。

排污单位应当对自行监测数据的真实性、准确性负责，不得篡改、伪造。

《排污许可管理条例》第二十条 实行排污许可重点管理的排污单位，应当依法安装、使用、维护污染物排放自动监测设备，并与生态环境主管部门的监控设备联网。

排污单位发现污染物排放自动监测设备传输数据异常的，应当及时报告生态环境主管部门，并进行检查、修复。

《中华人民共和国水污染防治法》第二十二条 向水体排放污染物的企业事业单位和其他生产经营者，应当按照法律、行政法规和国务院环境保护主管部门的规定设置排污口；在江河、湖泊设置排污口的，还应当遵守国务院水行政主管部门的规定。

《中华人民共和国水污染防治法》第二十三条 实行排污许可管理的企业事业单位和其他生产经营者应当按照国家有关规定和监测规范，对所排放的水污染物自行监测，并保存原始监测记录。重点排污单位还应当安装水污染物排放自动监测设备，与环境保护主管部门的监控设备联网，并保证监测设备正常运行。具体办法由国务院环境保护主管部门规定。

应当安装水污染物排放自动监测设备的重点排污单位名录，由设区的市级以上地方人民政府环境保护主管部门根据本行政区域的环境容量、重点水污染物排放总量控制指标的要求以及排污单位排放水污染物的种类、数量和浓度等因素，商同级有关部门确定。

《中华人民共和国水污染防治法》第二十四条 实行排污许可管理的企业事业单位和其他生产经营者应当对监测数据的真实性和准确性负责。

环境保护主管部门发现重点排污单位的水污染物排放自动监测设备传输数据异常，应当及时进行调查。

《中华人民共和国大气污染防治法》第二十四条 企业事业单位和其他生产经营者应当按照国家有关规定和监测规范，对其排放的工业废气和本法第七十八条规定名录中所列有毒有害大气污染物进行监测，并保存原始监测记录。其中，重点排污单位应当安装、使用大气污染物排放自动监测设备，与生态环境主管部门的监控设备联网，保证监测设备正常运行并依法公开排放信息。监测的具体办法和重点排污单位的条件由国务院生态环境主管部门规定。

重点排污单位名录由设区的市级以上地方人民政府生态环境主管部门按照国务院生态环境主管部门的规定，根据本行政区域的大气环境承载力、重点大气污染物排放总量控制指标的要求以及排污单位排放大气污染物的种类、数量和浓度等因素，商有关部门确定，并向社会公布。

《中华人民共和国大气污染防治法》第二十五条 重点排污单位应当对自动监测数据的真实性和准确性负责。生态环境主管部门发现重点排污单位的大气污染物排放自动监测设备传输数据异常，应当及时进行调查。

（5）环境管理台账记录义务。

【条文链接】

《排污许可管理条例》第二十一条 排污单位应当建立环境管理台账记录制度，按照排污许可证规定的格式、内容和频次，如实记录主要生产设施、污染防治设施运行情况以及污染物排放浓度、排放量。环境管理台账记录保存期限不得少于5年。

排污单位发现污染物排放超过污染物排放标准等异常情况时，应当立即采取措施消除、减轻危害后果，如实进行环境管理台账记录，并报告生态环境主管部门，说明原因。超过污染物排放标准等异常情况下的污染物排放计入排污单位的污染物排放量。

（6）排污许可证执行报告提交义务。

【条文链接】

《排污许可管理条例》第二十二条 排污单位应当按照排污许可证规定的内容、频次和时间要求，向审批部门提交排污许可证执行报告，如实报告污染物排放行为、排放浓度、排放量等。

排污许可证有效期内发生停产的，排污单位应当在排污许可证执行报告中如实报告污染物排放变化情况并说明原因。

排污许可证执行报告中报告的污染物排放量可以作为年度生态环境统计、重点污染物排放总量考核、污染源排放清单编制的依据。

（7）污染物排放信息公开义务。

【条文链接】

《排污许可管理条例》第二十三条 排污单位应当按照排污许可证规定，如实在全国排污许可证管理信息平台上公开污染物排放信息。

污染物排放信息应当包括污染物排放种类、排放浓度和排放量，以及污染防治设施的建设运行情况、排污许可证执行报告、自行监测数据等；其中，水污染物排入市政排水管网的，还应当包括污水接入市政排水管网位置、排放方式等信息。

《中华人民共和国环境保护法》第五十五条 重点排污单位应当如实向社会公开其主要污染物的名称、排放方式、排放浓度和总量、超标排放情况，以及防治污染设施的建设和运行情况，接受社会监督。

《中华人民共和国环境保护法》第五十六条 对依法应当编制环境影响报告书的建设项目，建设单位应当在编制时向可能受影响的公众说明情况，充分征求意见。

负责审批建设项目环境影响评价文件的部门在收到建设项目环境影响报告书后，除涉及国家秘密和商业秘密的事项外，应当全文公开；发现建设项目未充分征求公众意见的，应当责成建设单位征求公众意见。

《中华人民共和国大气污染防治法》第十八条 企业事业单位和其他生产经营者建设对大气环境有影响的项目，应当依法进行环境影响评价、公开环境影响评价文件；向大气排放污染物的，应当符合大气污染物排放标准，遵守重点大气污染物排放总量控制要求。

（8）生态环境监督检查配合义务。

【条文链接】

《排污许可管理条例》第二十六条 排污单位应当配合生态环境主管部门监督检查，如实反映情况，并按照要求提供排污许可证、环境管理台账记录、排污许可证执行报告、自行监测数据等相关材料。

禁止伪造、变造、转让排污许可证。

（二）固体废物管理

固体废物是指在生产、生活和其他活动中产生的丧失原有利用价值或者虽未丧失利用价值但被抛弃或者放弃的固态、半固态和置于容器中的液态或气态废物的物品、物质，以及法律、行政法规规定纳入固体废物管理的物品、物质。

1. 固废管理义务

（1）产生、收集、贮存管理固体废物义务。

【条文链接】

《中华人民共和国固体废物污染环境防治法》第五条 固体废物污染环境防治坚持污染担责的原则。

产生、收集、贮存、运输、利用、处置固体废物的单位和个人，应当采取措施，防止或者减少固体废物对环境的污染，对所造成的环境污染依法承担责任。

（2）运输、利用、处置固体废物义务。

【条文链接】

《中华人民共和国固体废物污染环境防治法》第二十条 产生、收集、贮存、运输、利用、处置固体废物的单位和其他生产经营者，应当采取防扬散、防流失、防渗漏或者其他防止污染环境的措施，不得擅自倾倒、堆放、丢弃、遗撒固体废物。

禁止任何单位或者个人向江河、湖泊、运河、渠道、水库及其最高水位线以下的滩地和岸坡以及法律法规规定的其他地点倾倒、堆放、贮存固体废物。

《中华人民共和国固体废物污染环境防治法》第二十一条 在生态保护红线区域、永久基本农田集中区域和其他需要特别保护的区域内，禁止建设工业固体废物、危险废物集中贮存、利用、处置的设施、场所和生活垃圾填埋场。

《关于全面禁止进口固体废物有关事项的公告》 一、禁止以任何方式进口固体废物。禁止我国境外的固体废物进境倾倒、堆放、处置。

（3）其他义务。

【条文链接】

《中华人民共和国固体废物污染环境防治法》第十一条 国家机关、社会团体、企业事业单位、基层群众性自治组织和新闻媒体应当加强固体废物污染环境防治宣传教育和科学普及，增强公众固体废物污染环境防治意识。

学校应当开展生活垃圾分类以及其他固体废物污染环境防治知识普及和教育。

《中华人民共和国固体废物污染环境防治法》第十九条 收集、贮存、运输、利用、处置固体废物的单位和其他生产经营者，应当加强对相关设施、设备和场所的管理和维护，保证其正常运行和使用。

《中华人民共和国固体废物污染环境防治法》第二十九条第二款 产生、收集、贮存、运输、利用、处置固体废物的单位，应当依法及时公开固体废物污染环境防治信息，主动接受社会监督。

2. 固体废物的分类管理

（1）工业固体废物。

【条文链接】

《中华人民共和国固体废物污染环境防治法》第三十六条 产生工业固体废物的单位应当建立健全工业固体废物产生、收集、贮存、运输、利用、处置全过程的污染环境防治责任制度，建立工业固体废物管理台账，如实记录产生工业固体废物的种类、数量、流向、贮存、利用、处置等信息，实现工业固体废物可追溯、可查询，并采取防治工业固体废物污染环境的措施。

禁止向生活垃圾收集设施中投放工业固体废物。

《中华人民共和国固体废物污染环境防治法》第三十七条 产生工业固体废物的单位委托他人运输、利用、处置工业固体废物的，应当对受托方的主体资格和技术能力进行核实，依法签订书面合同，在合同中约定污染防治要求。

受托方运输、利用、处置工业固体废物，应当依照有关法律法规的规定和合同约定履行污染防治要求，并将运输、利用、处置情况告知产生工业固体废物的单位。

产生工业固体废物的单位违反本条第一款规定的，除依照有关法律法规的规定予以处罚外，还应当与造成环境污染和生态破坏的受托方承担连带责任。

《中华人民共和国固体废物污染环境防治法》第三十八条 产生工业固体废物的单位应当依法实施清洁生产审核，合理选择和利用原材料、能源和其他资源，采用先进的生产工艺和设备，减少工业固体废物的产生量，降低工业固体废物的危害性。

《中华人民共和国固体废物污染环境防治法》第三十九条 产生工业固体废物的单位应当取得排污许可证。排污许可的具体办法和实施步骤由国务院规定。

产生工业固体废物的单位应当向所在地生态环境主管部门提供工业固体废物的种类、数量、流向、贮存、利用、处置等有关资料，以及减少工业固体废物产生、促进综合利用的具体措施，并执行排污许可管理制度的相关规定。

《中华人民共和国固体废物污染环境防治法》第四十条 产生工业固体废物的单位应当根据经济、技术条件对工业固体废物加以利用；对暂时不利用或者不能利用的，应当按照国务院生态环境等主管部门的规定建设贮存设施、场所，安全分类存放，或者采取无害化处置措施。贮存工业固体废物应当采取符合国家环境保护标准的防护措施。

建设工业固体废物贮存、处置的设施、场所，应当符合国家环境保护标准。

《中华人民共和国固体废物污染环境防治法》第四十一条 产生工业固体废物的单位终止的，应当在终止前对工业固体废物的贮存、处置的设施、场所采取污染防治措施，并对未处置的工业固体废物作出妥善处置，防止污染环境。

产生工业固体废物的单位发生变更的，变更后的单位应当按照国家有关环境保护的规定对未处置的工业固体废物及其贮存、处置的设施、场所进行安全处置或者采取有效措施保证该设施、场所安全运行。变更前当事人对工业固体废物及其贮存、处置的设施、场所的污染防治责任另有约定的，从其约定；但是，不得免除当事人的污染防治义务。

对2005年4月1日前已经终止的单位未处置的工业固体废物及其贮存、处置的设施、场所进行安全处置的费用，由有关人民政府承担；但是，该单位享有的土地使用权依法转让的，应当由土地使用权受让人承担处置费用。当事人另有约定的，从其约定；但是，不得免除当事人的污染防治义务。

《中华人民共和国固体废物污染环境防治法》第四十二条 矿山企业应当采取科学的开采方法和选矿工艺，减少尾矿、煤矸石、废石等矿业固体废物的产生量和贮存量。

国家鼓励采取先进工艺对尾矿、煤矸石、废石等矿业固体废物进行综合利用。

尾矿、煤矸石、废石等矿业固体废物贮存设施停止使用后，矿山企业应当按照国家有关环境保护等规定进行封场，防止造成环境污染和生态破坏。

（2）生活垃圾。

从事城市新区开发、旧区改建和住宅小区开发建设、村镇建设的企业，以及机场、码头、车站、公园、商场、体育场馆等公共设施、场所的经营管理的企业，均应当及时清扫、收集、运输、处理生活垃圾，依法履行生活垃圾源头减量和分类投放义务，承担生活垃圾产生者责任。

【条文链接】

《中华人民共和国固体废物污染环境防治法》第四十九条 产生生活垃圾的单位、家庭和个人应当依法履行生活垃圾源头减量和分类投放义务，承担生活垃圾产生者责任。

任何单位和个人都应当依法在指定的地点分类投放生活垃圾。禁止随意倾倒、抛撒、堆放或者焚烧生活垃圾。

机关、事业单位等应当在生活垃圾分类工作中起示范带头作用。

已经分类投放的生活垃圾，应当按照规定分类收集、分类运输、分类处理。

《中华人民共和国固体废物污染环境防治法》第五十条 清扫、收集、运输、处理城乡生活垃圾，应当遵守国家有关环境保护和环境卫生管理的规定，防止污染环境。

从生活垃圾中分类并集中收集的有害垃圾，属于危险废物的，应当按照危险废物管理。

《中华人民共和国固体废物污染环境防治法》第五十一条 从事公共交通运输的经营单位，应当及时清扫、收集运输过程中产生的生活垃圾。

《中华人民共和国固体废物污染环境防治法》第五十三条第一款 从事城市新区开发、旧区改建和住宅小区开发建设、村镇建设的单位，以及机场、码头、车站、公园、商场、体育场馆等公共设施、场所的经营管理单位，应当按照国家有关环境卫生的规定，配套建设生活垃圾收集设施。

《中华人民共和国固体废物污染环境防治法》第五十四条 从生活垃圾中回收的物质应当按照国家规定的用途、标准使用，不得用于生产可能危害人体健康的产品。

《中华人民共和国固体废物污染环境防治法》第五十五条 建设生活垃圾处理设

施、场所，应当符合国务院生态环境主管部门和国务院住房城乡建设主管部门规定的环境保护和环境卫生标准。

鼓励相邻地区统筹生活垃圾处理设施建设，促进生活垃圾处理设施跨行政区域共建共享。

禁止擅自关闭、闲置或者拆除生活垃圾处理设施、场所；确有必要关闭、闲置或者拆除的，应当经所在地的市、县级人民政府环境卫生主管部门商所在地生态环境主管部门同意后核准，并采取防止污染环境的措施。

《中华人民共和国固体废物污染环境防治法》第五十六条 生活垃圾处理单位应当按照国家有关规定，安装使用监测设备，实时监测污染物的排放情况，将污染排放数据实时公开。监测设备应当与所在地生态环境主管部门的监控设备联网。

（3）危险废物。

【条文链接】

《中华人民共和国固体废物污染环境防治法》第七十八条 产生危险废物的单位，应当按照国家有关规定制定危险废物管理计划；建立危险废物管理台账，如实记录有关信息，并通过国家危险废物信息管理系统向所在地生态环境主管部门申报危险废物的种类、产生量、流向、贮存、处置等有关资料。

前款所称危险废物管理计划应当包括减少危险废物产生量和降低危险废物危害性的措施以及危险废物贮存、利用、处置措施。危险废物管理计划应当报产生危险废物的单位所在地生态环境主管部门备案。

产生危险废物的单位已经取得排污许可证的，执行排污许可管理制度的规定。

《中华人民共和国固体废物污染环境防治法》第七十九条 产生危险废物的单位，应当按照国家有关规定和环境保护标准要求贮存、利用、处置危险废物，不得擅自倾倒、堆放。

《中华人民共和国固体废物污染环境防治法》第八十条 从事收集、贮存、利用、处置危险废物经营活动的单位，应当按照国家有关规定申请取得许可证。许可证的具体管理办法由国务院制定。

禁止无许可证或者未按照许可证规定从事危险废物收集、贮存、利用、处置的经营活动。

禁止将危险废物提供或者委托给无许可证的单位或者其他生产经营者从事收集、贮存、利用、处置活动。

《中华人民共和国固体废物污染环境防治法》第八十一条 收集、贮存危险废物，应当按照危险废物特性分类进行。禁止混合收集、贮存、运输、处置性质不相容而未经安全性处置的危险废物。

贮存危险废物应当采取符合国家环境保护标准的防护措施。禁止将危险废物混入非危险废物中贮存。

从事收集、贮存、利用、处置危险废物经营活动的单位，贮存危险废物不得超过一年；确需延长期限的，应当报经颁发许可证的生态环境主管部门批准；法律、行政法规另有规定的除外。

《中华人民共和国固体废物污染环境防治法》第八十二条 转移危险废物的，应当按照国家有关规定填写、运行危险废物电子或者纸质转移联单。

跨省、自治区、直辖市转移危险废物的，应当向危险废物移出地省、自治区、直辖市人民政府生态环境主管部门申请。移出地省、自治区、直辖市人民政府生态环境主管部门应当及时商经接受地省、自治区、直辖市人民政府生态环境主管部门同意后，在规定期限内批准转移该危险废物，并将批准信息通报相关省、自治区、直辖市人民政府生态环境主管部门和交通运输主管部门。未经批准的，不得转移。

危险废物转移管理应当全程管控、提高效率，具体办法由国务院生态环境主管部门会同国务院交通运输主管部门和公安部门制定。

《中华人民共和国固体废物污染环境防治法》第八十三条 运输危险废物，应当采取防止污染环境的措施，并遵守国家有关危险货物运输管理的规定。

禁止将危险废物与旅客在同一运输工具上载运。

《中华人民共和国固体废物污染环境防治法》第八十四条 收集、贮存、运输、利用、处置危险废物的场所、设施、设备和容器、包装物及其他物品转作他用时，应当按照国家有关规定经过消除污染处理，方可使用。

《中华人民共和国固体废物污染环境防治法》第八十五条 产生、收集、贮存、运输、利用、处置危险废物的单位，应当依法制定意外事故的防范措施和应急预案，并向所在地生态环境主管部门和其他负有固体废物污染环境防治监督管理职责的部门备案；生态环境主管部门和其他负有固体废物污染环境防治监督管理职责的部门应当进行检查。

《中华人民共和国固体废物污染环境防治法》第八十六条 因发生事故或者其他突发性事件，造成危险废物严重污染环境的单位，应当立即采取有效措施消除或者减轻对环境的污染危害，及时通报可能受到污染危害的单位和居民，并向所在地生态环境主管部门和有关部门报告，接受调查处理。

《中华人民共和国固体废物污染环境防治法》第八十九条 禁止经中华人民共和国过境转移危险废物。

（4）其他固体废物。

①建筑垃圾。

【条文链接】

《中华人民共和国固体废物污染环境防治法》第六十三条 工程施工单位应当编制建筑垃圾处理方案，采取污染防治措施，并报县级以上地方人民政府环境卫生主管部门备案。

工程施工单位应当及时清运工程施工过程中产生的建筑垃圾等固体废物，并按照环境卫生主管部门的规定进行利用或者处置。

工程施工单位不得擅自倾倒、抛撒或者堆放工程施工过程中产生的建筑垃圾。

②农业固体废物。

【条文链接】

《中华人民共和国固体废物污染环境防治法》第六十五条 产生秸秆、废弃农用薄膜、农药包装废弃物等农业固体废物的单位和其他生产经营者，应当采取回收利用和其他防止污染环境的措施。

从事畜禽规模养殖应当及时收集、贮存、利用或者处置养殖过程中产生的畜禽粪污等固体废物，避免造成环境污染。

禁止在人口集中地区、机场周围、交通干线附近以及当地人民政府划定的其他区域露天焚烧秸秆。

国家鼓励研究开发、生产、销售、使用在环境中可降解且无害的农用薄膜。

③电子产品。

【条文链接】

《中华人民共和国固体废物污染环境防治法》第六十六条第二款和第三款 电器电子、铅蓄电池、车用动力电池等产品的生产者应当按照规定以自建或者委托等方式建立与产品销售量相匹配的废旧产品回收体系，并向社会公开，实现有效回收和利用。

国家鼓励产品的生产者开展生态设计，促进资源回收利用。

《中华人民共和国固体废物污染环境防治法》第六十七条 国家对废弃电器电子产品等实行多渠道回收和集中处理制度。

禁止将废弃机动车船等交由不符合规定条件的企业或者个人回收、拆解。

拆解、利用、处置废弃电器电子产品、废弃机动车船等，应当遵守有关法律法规的规定，采取防止污染环境的措施。

④产品和包装物。

【条文链接】

《中华人民共和国固体废物污染环境防治法》第六十八条 产品和包装物的设计、制造，应当遵守国家有关清洁生产的规定。国务院标准化主管部门应当根据国家经济和技术条件、固体废物污染环境防治状况以及产品的技术要求，组织制定有关标准，防止过度包装造成环境污染。

生产经营者应当遵守限制商品过度包装的强制性标准，避免过度包装。县级以上地方人民政府市场监督管理部门和有关部门应当按照各自职责，加强对过度包装的监督管理。

生产、销售、进口依法被列入强制回收目录的产品和包装物的企业，应当按照国家有关规定对该产品和包装物进行回收。

电子商务、快递、外卖等行业应当优先采用可重复使用、易回收利用的包装物，优化物品包装，减少包装物的使用，并积极回收利用包装物。县级以上地方人民政府商务、邮政等主管部门应当加强监督管理。

国家鼓励和引导消费者使用绿色包装和减量包装。

⑤一次性用品。

【条文链接】

《中华人民共和国固体废物污染环境防治法》第六十九条 国家依法禁止、限制生产、销售和使用不可降解塑料袋等一次性塑料制品。

商品零售场所开办单位、电子商务平台企业和快递企业、外卖企业应当按照国家有关规定向商务、邮政等主管部门报告塑料袋等一次性塑料制品的使用、回收情况。

国家鼓励和引导减少使用、积极回收塑料袋等一次性塑料制品，推广应用可循环、易回收、可降解的替代产品。

《中华人民共和国固体废物污染环境防治法》第七十条 旅游、住宿等行业应当按照国家有关规定推行不主动提供一次性用品。

机关、企业事业单位等的办公场所应当使用有利于保护环境的产品、设备和设施，减少使用一次性办公用品。

⑥污泥。

【条文链接】

《中华人民共和国固体废物污染环境防治法》第七十一条 城镇污水处理设施维护运营单位或者污泥处理单位应当安全处理污泥，保证处理后的污泥符合国家有关标准，对污泥的流向、用途、用量等进行跟踪、记录，并报告城镇排水主管部门、生态环境主管部门。

县级以上人民政府城镇排水主管部门应当将污泥处理设施纳入城镇排水与污水处理规划，推动同步建设污泥处理设施与污水处理设施，鼓励协同处理，污水处理费征收标准和补偿范围应当覆盖污泥处理成本和污水处理设施正常运营成本。

《中华人民共和国固体废物污染环境防治法》第七十二条 禁止擅自倾倒、堆放、丢弃、遗撒城镇污水处理设施产生的污泥和处理后的污泥。

禁止重金属或者其他有毒有害物质含量超标的污泥进入农用地。

从事水体清淤疏浚应当按照国家有关规定处理清淤疏浚过程中产生的底泥，防止污染环境。

《中华人民共和国固体废物污染环境防治法》第七十三条 各级各类实验室及其设立单位应当加强对实验室产生的固体废物的管理，依法收集、贮存、运输、利用、处置实验室固体废物。实验室固体废物属于危险废物的，应当按照危险废物管理。

（三）法律责任

1. 行政责任

【条文链接】

《生态环境行政处罚办法》第八条 根据法律、行政法规，生态环境行政处罚的种类包括：

（一）警告、通报批评；

（二）罚款、没收违法所得、没收非法财物；

（三）暂扣许可证件、降低资质等级、吊销许可证件、一定时期内不得申请行政许可；

（四）限制开展生产经营活动、责令停产整治、责令停产停业、责令关闭、限制从业、禁止从业；

（五）责令限期拆除；

（六）行政拘留；

（七）法律、行政法规规定的其他行政处罚种类。

《中华人民共和国大气污染防治法》第九十九条 违反本法规定，有下列行为之一的，由县级以上人民政府生态环境主管部门责令改正或者限制生产、停产整治，并处十万元以上一百万元以下的罚款；情节严重的，报经有批准权的人民政府批准，责令停业、关闭：

（一）未依法取得排污许可证排放大气污染物的；

（二）超过大气污染物排放标准或者超过重点大气污染物排放总量控制指标排放大气污染物的；

（三）通过逃避监管的方式排放大气污染物的。

《中华人民共和国水污染防治法》第八十三条 违反本法规定，有下列行为之一的，由县级以上人民政府环境保护主管部门责令改正或者责令限制生产、停产整治，并处十万元以上一百万元以下的罚款；情节严重的，报经有批准权的人民政府批准，责令停业、关闭：

（一）未依法取得排污许可证排放水污染物的；

（二）超过水污染物排放标准或者超过重点水污染物排放总量控制指标排放水污染物的；

（三）利用渗井、渗坑、裂隙、溶洞，私设暗管，篡改、伪造监测数据，或者不正常运行水污染防治设施等逃避监管的方式排放水污染物的；

（四）未按照规定进行预处理，向污水集中处理设施排放不符合处理工艺要求的工业废水的。

《中华人民共和国固体废物污染环境防治法》第一百零四条 违反本法规定，未依法取得排污许可证产生工业固体废物的，由生态环境主管部门责令改正或者限制生产、停产整治，处十万元以上一百万元以下的罚款；情节严重的，报经有批准权的人民政府批准，责令停业或者关闭。

《排污管理许可条例》第三十三条 违反本条例规定，排污单位有下列行为之一的，由生态环境主管部门责令改正或者限制生产、停产整治，处20万元以上100万元以下的罚款；情节严重的，报经有批准权的人民政府批准，责令停业、关闭：

（一）未取得排污许可证排放污染物；

（二）排污许可证有效期届满未申请延续或者延续申请未经批准排放污染物；

（三）被依法撤销、注销、吊销排污许可证后排放污染物；

（四）依法应当重新申请取得排污许可证，未重新申请取得排污许可证排放污染物。

《排污管理许可条例》第三十四条 违反本条例规定，排污单位有下列行为之一的，由生态环境主管部门责令改正或者限制生产、停产整治，处20万元以上100万元以下的罚款；情节严重的，吊销排污许可证，报经有批准权的人民政府批准，责令停业、关闭：

（一）超过许可排放浓度、许可排放量排放污染物；

（二）通过暗管、渗井、渗坑、灌注或者篡改、伪造监测数据，或者不正常运行污染防治设施等逃避监管的方式违法排放污染物。

《排污管理许可条例》第三十五条 违反本条例规定，排污单位有下列行为之一的，由生态环境主管部门责令改正，处5万元以上20万元以下的罚款；情节严重的，处20万元以上100万元以下的罚款，责令限制生产、停产整治：

（一）未按照排污许可证规定控制大气污染物无组织排放；

（二）特殊时段未按照排污许可证规定停止或者限制排放污染物。

《排污管理许可条例》第三十六条 违反本条例规定，排污单位有下列行为之一的，由生态环境主管部门责令改正，处2万元以上20万元以下的罚款；拒不改正的，责令停产整治：

（一）污染物排放口位置或者数量不符合排污许可证规定；

（二）污染物排放方式或者排放去向不符合排污许可证规定；

（三）损毁或者擅自移动、改变污染物排放自动监测设备；

（四）未按照排污许可证规定安装、使用污染物排放自动监测设备并与生态环境主管部门的监控设备联网，或者未保证污染物排放自动监测设备正常运行；

（五）未按照排污许可证规定制定自行监测方案并开展自行监测；

（六）未按照排污许可证规定保存原始监测记录；

（七）未按照排污许可证规定公开或者不如实公开污染物排放信息；

（八）发现污染物排放自动监测设备传输数据异常或者污染物排放超过污染物排放标准等异常情况不报告；

（九）违反法律法规规定的其他控制污染物排放要求的行为。

《排污管理许可条例》第三十七条 违反本条例规定，排污单位有下列行为之一的，由生态环境主管部门责令改正，处每次5千元以上2万元以下的罚款；法律另有规定的，从其规定：

（一）未建立环境管理台账记录制度，或者未按照排污许可证规定记录；

（二）未如实记录主要生产设施及污染防治设施运行情况或者污染物排放浓度、排放量；

（三）未按照排污许可证规定提交排污许可证执行报告；

（四）未如实报告污染物排放行为或者污染物排放浓度、排放量。

《排污管理许可条例》第三十八条 排污单位违反本条例规定排放污染物，受到罚款处罚，被责令改正的，生态环境主管部门应当组织复查，发现其继续实施该违法行为或者拒绝、阻挠复查的，依照《中华人民共和国环境保护法》的规定按日连续处罚。

《排污管理许可条例》第三十九条 排污单位拒不配合生态环境主管部门监督检查，或者在接受监督检查时弄虚作假的，由生态环境主管部门责令改正，处2万元以上20万元以下的罚款。

《排污管理许可条例》第四十条 排污单位以欺骗、贿赂等不正当手段申请取得排污许可证的，由审批部门依法撤销其排污许可证，处20万元以上50万元以下的罚款，3年内不得再次申请排污许可证。

《排污管理许可条例》第四十一条 违反本条例规定，伪造、变造、转让排污许可证的，由生态环境主管部门没收相关证件或者吊销排污许可证，处10万元以上30万元以下的罚款，3年内不得再次申请排污许可证。

《排污管理许可条例》第四十四条 排污单位有下列行为之一，尚不构成犯罪的，除依照本条例规定予以处罚外，对其直接负责的主管人员和其他直接责任人员，依照《中华人民共和国环境保护法》的规定处以拘留：

（一）未取得排污许可证排放污染物，被责令停止排污，拒不执行；

（二）通过暗管、渗井、渗坑、灌注或者篡改、伪造监测数据，或者不正常运行污染防治设施等逃避监管的方式违法排放污染物。

《中华人民共和国环境保护法》第六十三条 企业事业单位和其他生产经营者有下列行为之一，尚不构成犯罪的，除依照有关法律法规规定予以处罚外，由县级以上人民政府环境保护主管部门或者其他有关部门将案件移送公安机关，对其直接负责的主管人员和其他直接责任人员，处十日以上十五日以下拘留；情节较轻的，处五日以上十日以下拘留：

（一）建设项目未依法进行环境影响评价，被责令停止建设，拒不执行的；

（二）违反法律规定，未取得排污许可证排放污染物，被责令停止排污，拒不执行的；

（三）通过暗管、渗井、渗坑、灌注或者篡改、伪造监测数据，或者不正常运行防治污染设施等逃避监管的方式违法排放污染物的；

（四）生产、使用国家明令禁止生产、使用的农药，被责令改正，拒不改正的。

2. 民事责任

【条文链接】

《中华人民共和国民法典》第一千二百二十九条 因污染环境、破坏生态造成他人损害的，侵权人应当承担侵权责任。

《中华人民共和国民法典》第一千二百三十二条 侵权人违反法律规定故意污染环境、破坏生态造成严重后果的，被侵权人有权请求相应的惩罚性赔偿。

《中华人民共和国民法典》第一千二百三十四条 违反国家规定造成生态环境损害，生态环境能够修复的，国家规定的机关或者法律规定的组织有权请求侵权人在合理期限内承担修复责任。侵权人在期限内未修复的，国家规定的机关或者法律规定的组织可以自行或者委托他人进行修复，所需费用由侵权人负担。

《中华人民共和国民法典》第一千二百三十五条 违反国家规定造成生态环境损害的，国家规定的机关或者法律规定的组织有权请求侵权人赔偿下列损失和费用：

（一）生态环境受到损害至修复完成期间服务功能丧失导致的损失；

（二）生态环境功能永久性损害造成的损失；

（三）生态环境损害调查、鉴定评估等费用；

（四）清除污染、修复生态环境费用；

（五）防止损害的发生和扩大所支出的合理费用。

3. 刑事责任

（1）污染环境罪。

【条文链接】

《中华人民共和国刑法》第三百三十八条 违反国家规定，排放、倾倒或者处置有放射性的废物、含传染病病原体的废物、有毒物质或者其他有害物质，严重污染环境的，处三年以下有期徒刑或者拘役，并处或者单处罚金；情节严重的，处三年以上七年以下有期徒刑，并处罚金；有下列情形之一的，处七年以上有期徒刑，并处罚金：

（一）在饮用水水源保护区、自然保护地核心保护区等依法确定的重点保护区域排放、倾倒、处置有放射性的废物、含传染病病原体的废物、有毒物质，情节特别严重的；

（二）向国家确定的重要江河、湖泊水域排放、倾倒、处置有放射性的废物、含传染病病原体的废物、有毒物质，情节特别严重的；

（三）致使大量永久基本农田基本功能丧失或者遭受永久性破坏的；

（四）致使多人重伤、严重疾病，或者致人严重残疾、死亡的。

有前款行为，同时构成其他犯罪的，依照处罚较重的规定定罪处罚。

（2）非法处置进口的固体废物罪。

【条文链接】

《中华人民共和国刑法》第三百三十九条第一款 违反国家规定，将境外的固体废物进境倾倒、堆放、处置的，处五年以下有期徒刑或者拘役，并处罚金；造成重大环境污染事故，致使公私财产遭受重大损失或者严重危害人体健康的，处五年以上十年以下有期徒刑，并处罚金；后果特别严重的，处十年以上有期徒刑，并处罚金。

（3）擅自进口固体废物罪。

【条文链接】

《中华人民共和国刑法》第三百三十九条第二款 未经国务院有关主管部门许可，擅自进口固体废物用作原料，造成重大环境污染事故，致使公私财产遭受重大损失或者严重危害人体健康的，处五年以下有期徒刑或者拘役，并处罚金；后果特别严重的，处五年以上十年以下有期徒刑，并处罚金。

（4）非法占用农用地罪。

【条文链接】

《中华人民共和国刑法》第三百四十二条 违反土地管理法规，非法占用耕地、林地等农用地，改变被占用土地用途，数量较大，造成耕地、林地等农用地大量毁坏的，处五年以下有期徒刑或者拘役，并处或者单处罚金。

【案例链接】

企业能够通过私设暗管等逃避监管的方式来达标排放吗？①

案情简介：陈德龙系个体工商户龙泉驿区大面街道办德龙加工厂业主，自2011年3月开始加工生产钢化玻璃。2012年11月2日，成都市成华区环境保护局（简称“成华区环保局”）在德龙加工厂位于成都市成华区的厂房检查时，发现该厂涉嫌私自设置暗管偷排污水。成华区环保局经立案调查后，依照相关法定程序，认定陈德龙的行为违反原《中华人民共和国水污染防治法（2008年修正）》第二十二条第二款（现《中华人民共和国水污染防治法》第三十九条）规定，遂根据原《中华人民共和国水污染防治法（2008年修正）》第七十五条第二款（现《中华人民共和国水污染防治法》第八十三条）规定，作出责令立即拆除暗管，并处罚款10万元的处罚决定。陈德龙不服，遂诉至法院，请求撤销该处罚决定。

裁判结果：一、二审法院均驳回陈德龙的诉讼请求。2014年10月21日，陈德龙向成都市中级人民法院申请对本案进行再审，该院作出（2014）成行监字第131号裁定书，裁定不予受理陈德龙的再审申请。

合规分析：本案中，虽然成都市成华区环境监测站于2012年5月22日出具的《检测报告》，认为德龙加工厂排放的废水符合排放污水的相关标准，但德龙加工厂私设暗管排放的仍旧属于污水，违反了原《中华人民共和国水污染防治法（2008年修正）》

---

① 四川省成都市中级人民法院民事裁定书（2014）成行监字第131号。本案系最高人民法院第138号指导案例。

第二十二条第二款（现《中华人民共和国水污染防治法》第三十九条）的规定；德龙加工厂曾因实施“未办理环评手续、环保设施未验收即投入生产”的违法行为受到过行政处罚，本案违法行为系二次违法行为，成华区环保局在原《中华人民共和国水污染防治法（2008年修正）》第七十五条第二款（现《中华人民共和国水污染防治法》第八十三条）所规定的幅度内，综合考虑德龙加工厂系二次违法等事实，对德龙加工厂作出罚款10万元的行政处罚并无不妥。

【合规建议】

企业应当建立废水防治管理制度，明确废水防治管理的部门与责任人；明确废水排放指标，建立废水收集、处理设施管理台账，加强废水处理设施的现场管理。除被允许的情况外，企业应实现生产废水、生活污水、清下水“三水”分开，规范收集、运营和排放，定期监测废水排放情况，对照相关排放标准做合规性评价，确保废水稳定达标排放。企业还应当注意的是，不得利用渗井、渗坑、裂隙、溶洞，私设暗管，篡改、伪造监测数据，或者以不正常运行水污染防治设施等逃避监管的方式排放水污染物。

三、碳排放

应对气候变化已经成为各国关心的问题，国际上也相继提出了一些应对气候变化的政策框架，主要包括产业政策，碳税、碳排放交易等碳定价政策，以及绿色金融。目前，全球已经有超过120个国家和地区提出碳中和目标，如英国、加拿大、日本、新西兰等国家计划在2050年前实现碳中和。

2020年9月，习近平总书记在联合国大会宣布“中国二氧化碳排放力争在2030年前达到峰值，努力争取2060年前实现碳中和”。为了实现该目标，我国需要在产业结构、能源结构、生产生活方式上深刻变革。我国碳排放的最大来源是电力和供热部门在生产环节中化石燃料的燃烧。碳排放权，即核证减排量（certification emission reduction，CER）。2005年《京都议定书》生效，碳排放权正式成为国际商品。碳排放权交易的标的为“核证减排量（CER）”。碳交易，即把二氧化碳排放权作为一种商品，买方通过向卖方支付一定金额从而获得一定数量的二氧化碳排放权，从而形成了二氧化碳排放权的交易。

（一）被列为温室气体重点排放单位的企业

【条文链接】

《碳排放权交易管理办法（试行）》第八条 温室气体排放单位符合下列条件的，应当列入温室气体重点排放单位（简称“重点排放单位”）名录：

（一）属于全国碳排放权交易市场覆盖行业；

（二）年度温室气体排放量达到2.6万吨二氧化碳当量。

（二）重点排放单位应履行的主要合规义务

【条文链接】

《碳排放权交易管理办法（试行）》第十条 重点排放单位应当控制温室气体排放，报告碳排放数据，清缴碳排放配额，公开交易及相关活动信息，并接受生态环境主管部门的监督管理。

《碳排放权交易管理办法（试行）》第二十五条 重点排放单位应当根据生态环

境部制定的温室气体排放核算与报告技术规范，编制该单位上一年度的温室气体排放报告，载明排放量，并于每年3月31日前报生产经营场所所在地的省级生态环境主管部门。排放报告所涉数据的原始记录和管理台账应当至少保存五年。

重点排放单位对温室气体排放报告的真实性、完整性、准确性负责。

重点排放单位编制的年度温室气体排放报告应当定期公开，接受社会监督，涉及国家秘密和商业秘密的除外。

《碳排放权交易管理办法（试行）》第二十七条 重点排放单位对核查结果有异议的，可以自被告知核查结果之日起七个工作日内，向组织核查的省级生态环境主管部门申请复核；省级生态环境主管部门应当自接到复核申请之日起十个工作日内，作出复核决定。

《碳排放权交易管理办法（试行）》第二十八条 重点排放单位应当在生态环境部规定的时限内，向分配配额的省级生态环境主管部门清缴上年度的碳排放配额。清缴量应当大于等于省级生态环境主管部门核查结果确认的该单位上年度温室气体实际排放量。

《碳排放权交易管理办法（试行）》第二十九条 重点排放单位每年可以使用国家核证自愿减排量抵销碳排放配额的清缴，抵销比例不得超过应清缴碳排放配额的5%。相关规定由生态环境部另行制定。

用于抵销的国家核证自愿减排量，不得来自纳入全国碳排放权交易市场配额管理的减排项目。

（三）法律责任

【条文链接】

《碳排放权交易管理办法（试行）》第三十四条 交易主体违反本办法关于碳排放权注册登记、结算或者交易相关规定的，全国碳排放权注册登记机构和全国碳排放权交易机构可以按照国家有关规定，对其采取限制交易措施。

《碳排放权交易管理办法（试行）》第三十九条 重点排放单位虚报、瞒报温室气体排放报告，或者拒绝履行温室气体排放报告义务的，由其生产经营场所所在地设区的市级以上地方生态环境主管部门责令限期改正，处一万元以上三万元以下的罚款。逾期未改正的，由重点排放单位生产经营场所所在地的省级生态环境主管部门测算其温室气体实际排放量，并将该排放量作为碳排放配额清缴的依据；对虚报、瞒报部分，等量核减其下一年度碳排放配额；

《碳排放权交易管理办法（试行）》第四十条 重点排放单位未按时足额清缴碳排放配额的，由其生产经营场所所在地设区的市级以上地方生态环境主管部门责令限期改正，处二万元以上三万元以下的罚款；逾期未改正的，对欠缴部分，由重点排放单位生产经营场所所在地的省级生态环境主管部门等量核减其下一年度碳排放配额。

【案例链接】

企业未及时足额清缴碳排放配额的法律后果？①

案情简介：伊犁州某热电有限公司是新疆维吾尔自治区生态环境厅确定的温室气

① 本案系2022年新疆维吾尔自治区生态环境保护综合行政执法第三批典型案例。

体重点排放单位。2022 年 1 月 17 日生态环境执法人员对该热电公司进行现场检查，发现全国碳排放权注册登记结算系统显示该公司第一个履约周期（2019 年和 2020 年）应履约量 339 万余吨，已履约量 297 万余吨，未履约量 42 万余吨。该公司存在未按时足额清缴碳排放配额的行为，违反了《碳排放权交易管理办法（试行）》第二十八条的规定。

处理结果：对伊犁州某热电有限公司未按时足额清缴碳排放配额的生态环境违法行为，行政机关依据《碳排放权交易管理办法（试行）》第四十条的规定，且参照《新疆维吾尔自治区环境行政处罚自由裁量实施办法》，处罚人民币 2 万余元，同时责令其限期改正违法行为。

【合规建议】

国家对重点排放单位的处罚措施趋于严格，且碳排放监管力度日益加大。伴随被纳入重点排污单位范围的扩大，企业在充分研习法律规定和监管要求的前提下，应制定符合企业发展需求的综合性合规方案，重视碳排放合规义务。在碳排放权交易的过程中，企业应当严格遵守《碳排放权交易管理办法（试行）》的相关规定，防止因违规行为遭受行政处罚，从而对企业的信用评级与综合发展评价产生不利影响。

四、建设项目环境影响评价

环境影响评价是指对规划和建设项目实施后可能造成的环境影响进行分析、预测和评估，提出预防或者减轻不良环境影响的对策和措施，进行跟踪监测的方法与制度。我国的环境影响评价包括规划环境影响评价和建设项目环境影响评价。其中，规划环境影响评价是指国务院有关部门、设区的市级以上地方人民政府及其有关部门，对其组织编制的土地利用等规划及相关自然资源的建设等专项规划，在规划编制过程中及专项规划草案上报审批前组织进行的环境影响评价；对于企业环境合规而言，涉及的环境影响评价通常是指建设项目的环境影响评价。

（一）环境影响评价概述

1. 建设项目环境影响评价分类

【条文链接】

《建设项目环境影响评价分类管理名录》第二条 根据建设项目特征和所在区域的环境敏感程度，综合考虑建设项目可能对环境产生的影响，对建设项目的环境影响评价实行分类管理。

建设单位应当按照本名录的规定，分别组织编制建设项目环境影响报告书、环境影响报告表或者填报环境影响登记表。

《建设项目环境影响评价分类管理名录》第三条 本名录所称环境敏感区是指依法设立的各级各类保护区域和对建设项目产生的环境影响特别敏感的区域，主要包括下列区域：

（一）国家公园、自然保护区、风景名胜区、世界文化和自然遗产地、海洋特别保护区、饮用水水源保护区；

（二）除（一）外的生态保护红线管控范围，永久基本农田、基本草原、自然公园（森林公园、地质公园、海洋公园等）、重要湿地、天然林，重点保护野生动物栖息地，重点保护野生植物生长繁殖地，重要水生生物的自然产卵场、索饵场、越冬场和洄游通道，天然渔场，水土流失重点预防区和重点治理区、沙化土地封禁保护区、封闭及半封闭海域；

（三）以居住、医疗卫生、文化教育、科研、行政办公为主要功能的区域，以及文物保护单位。

环境影响报告书、环境影响报告表应当就建设项目对环境敏感区的影响做重点分析。

《建设项目环境影响评价分类管理名录》第四条 建设单位应当严格按照本名录确定建设项目环境影响评价类别，不得擅自改变环境影响评价类别。

建设内容涉及本名录中两个及以上项目类别的建设项目，其环境影响评价类别按照其中单项等级最高的确定。

建设内容不涉及主体工程的改建、扩建项目，其环境影响评价类别按照改建、扩建的工程内容确定。

《建设项目环境影响评价分类管理名录》第五条 本名录未作规定的建设项目，不纳入建设项目环境影响评价管理；省级生态环境主管部门对本名录未作规定的建设项目，认为确有必要纳入建设项目环境影响评价管理的，可以根据建设项目的污染因子、生态影响因子特征及其所处环境的敏感性质和敏感程度等，提出环境影响评价分类管理的建议，报生态环境部认定后实施。

2. 环境影响文件的编制

【条文链接】

《中华人民共和国环境影响评价法》第十六条第二款、第三款 建设单位应当按照下列规定组织编制环境影响报告书、环境影响报告表或者填报环境影响登记表（以下统称环境影响评价文件）：

（一）可能造成重大环境影响的，应当编制环境影响报告书，对产生的环境影响进行全面评价；

（二）可能造成轻度环境影响的，应当编制环境影响报告表，对产生的环境影响进行分析或者专项评价；

（三）对环境影响很小、不需要进行环境影响评价的，应当填报环境影响登记表。

建设项目的环境影响评价分类管理名录，由国务院生态环境主管部门制定并公布。

《中华人民共和国环境影响评价法》第十七条 建设项目的环境影响报告书应当包括下列内容：

（一）建设项目概况；

（二）建设项目周围环境现状；

（三）建设项目对环境可能造成影响的分析、预测和评估；

（四）建设项目环境保护措施及其技术、经济论证；

（五）建设项目对环境影响的经济损益分析；

（六）对建设项目实施环境监测的建议；

（七）环境影响评价的结论。

环境影响报告表和环境影响登记表的内容和格式，由国务院生态环境主管部门制定。

《中华人民共和国环境影响评价法》第十八条 建设项目的环境影响评价，应当避免与规划的环境影响评价相重复。

作为一项整体建设项目的规划，按照建设项目进行环境影响评价，不进行规划的环境影响评价。

已经进行了环境影响评价的规划包含具体建设项目的，规划的环境影响评价结论应当作为建设项目环境影响评价的重要依据，建设项目环境影响评价的内容应当根据规划的环境影响评价审查意见予以简化。

《中华人民共和国环境影响评价法》第十九条 建设单位可以委托技术单位对其建设项目开展环境影响评价，编制建设项目环境影响报告书、环境影响报告表；建设单位具备环境影响评价技术能力的，可以自行对其建设项目开展环境影响评价，编制建设项目环境影响报告书、环境影响报告表。

编制建设项目环境影响报告书、环境影响报告表应当遵守国家有关环境影响评价标准、技术规范等规定。

国务院生态环境主管部门应当制定建设项目环境影响报告书、环境影响报告表编制的能力建设指南和监管办法。

接受委托为建设单位编制建设项目环境影响报告书、环境影响报告表的技术单位，不得与负责审批建设项目环境影响报告书、环境影响报告表的生态环境主管部门或者其他有关审批部门存在任何利益关系。

3. 对环境影响评价的内容负责

【条文链接】

《中华人民共和国环境影响评价法》第二十条 建设单位应当对建设项目环境影响报告书、环境影响报告表的内容和结论负责，接受委托编制建设项目环境影响报告书、环境影响报告表的技术单位对其编制的建设项目环境影响报告书、环境影响报告表承担相应责任。

设区的市级以上人民政府生态环境主管部门应当加强对建设项目环境影响报告书、环境影响报告表编制单位的监督管理和质量考核。

负责审批建设项目环境影响报告书、环境影响报告表的生态环境主管部门应当将编制单位、编制主持人和主要编制人员的相关违法信息记入社会诚信档案，并纳入全国信用信息共享平台和国家企业信用信息公示系统向社会公布。

任何单位和个人不得为建设单位指定编制建设项目环境影响报告书、环境影响报告表的技术单位。

4. 企业应将环境影响评价文件依法报批或备案

【条文链接】

《中华人民共和国环境影响评价法》第二十二条 建设项目的环境影响报告书、报告表，由建设单位按照国务院的规定报有审批权的生态环境主管部门审批。

海洋工程建设项目的海洋环境影响报告书的审批，依照《中华人民共和国海洋环境保护法》的规定办理。

审批部门应当自收到环境影响报告书之日起六十日内，收到环境影响报告表之日起三十日内，分别作出审批决定并书面通知建设单位。

国家对环境影响登记表实行备案管理。

审核、审批建设项目环境影响报告书、报告表以及备案环境影响登记表，不得收取任何费用。

《中华人民共和国环境影响评价法》第二十四条 建设项目的环境影响评价文件经批准后，建设项目的性质、规模、地点、采用的生产工艺或者防治污染、防止生态破坏的措施发生重大变动的，建设单位应当重新报批建设项目的环境影响评价文件。

建设项目的环境影响评价文件自批准之日起超过五年，方决定该项目开工建设的，其环境影响评价文件应当报原审批部门重新审核；原审批部门应当自收到建设项目环境影响评价文件之日起十日内，将审核意见书面通知建设单位。

《中华人民共和国环境影响评价法》第二十五条 建设项目的环境影响评价文件未依法经审批部门审查或者审查后未予批准的，建设单位不得开工建设。

《中华人民共和国环境影响评价法》第二十六条 建设项目建设过程中，建设单位应当同时实施环境影响报告书、环境影响报告表以及环境影响评价文件审批部门审批意见中提出的环境保护对策措施。

《中华人民共和国环境影响评价法》第二十七条 在项目建设、运行过程中产生不符合经审批的环境影响评价文件的情形的，建设单位应当组织环境影响的后评价，采取改进措施，并报原环境影响评价文件审批部门和建设项目审批部门备案；原环境影响评价文件审批部门也可以责成建设单位进行环境影响的后评价，采取改进措施。

（二）法律责任

【条文链接】

《中华人民共和国环境影响评价法》第二十九条 规划编制机关违反本法规定，未组织环境影响评价，或者组织环境影响评价时弄虚作假或者有失职行为，造成环境影响评价严重失实的，对直接负责的主管人员和其他直接责任人员，由上级机关或者监察机关依法给予行政处分。

《中华人民共和国环境影响评价法》第三十一条 建设单位未依法报批建设项目环境影响报告书、报告表，或者未依照本法第二十四条的规定重新报批或者报请重新审核环境影响报告书、报告表，擅自开工建设的，由县级以上生态环境主管部门责令停止建设，根据违法情节和危害后果，处建设项目总投资额百分之一以上百分之五以下的罚款，并可以责令恢复原状；对建设单位直接负责的主管人员和其他直接责任人员，依法给予行政处分。

建设项目环境影响报告书、报告表未经批准或者未经原审批部门重新审核同意，建设单位擅自开工建设的，依照前款的规定处罚、处分。

建设单位未依法备案建设项目环境影响登记表的，由县级以上生态环境主管部门责令备案，处五万元以下的罚款。

海洋工程建设项目的建设单位有本条所列违法行为的，依照《中华人民共和国海洋环境保护法》的规定处罚。

《中华人民共和国环境影响评价法》第三十二条 建设项目环境影响报告书、环境影响报告表存在基础资料明显不实，内容存在重大缺陷、遗漏或者虚假，环境影响评价结论不正确或者不合理等严重质量问题的，由设区的市级以上人民政府生态环境主管部门对建设单位处五十万元以上二百万元以下的罚款，并对建设单位的法定代表人、主要负责人、直接负责的主管人员和其他直接责任人员，处五万元以上二十万元以下的罚款。

接受委托编制建设项目环境影响报告书、环境影响报告表的技术单位违反国家有关环境影响评价标准和技术规范等规定，致使其编制的建设项目环境影响报告书、环境影响报告表存在基础资料明显不实，内容存在重大缺陷、遗漏或者虚假，环境影响评价结论不正确或者不合理等严重质量问题的，由设区的市级以上人民政府生态环境主管部门对技术单位处所收费用三倍以上五倍以下的罚款；情节严重的，禁止从事环境影响报告书、环境影响报告表编制工作；有违法所得的，没收违法所得。

编制单位有本条第一款、第二款规定的违法行为的，编制主持人和主要编制人员五年内禁止从事环境影响报告书、环境影响报告表编制工作；构成犯罪的，依法追究刑事责任，并终身禁止从事环境影响报告书、环境影响报告表编制工作。

【案例链接】

企业能否因其非适格主体而不履行环评报批义务？①

案情简介：2002 年，创元公司经湖南省电力公司批准，投资建设从鼎城区灌溪铁山 220 千伏变电站至创元公司自建 220 千伏变电站的 220 千伏铁创 II 线输变电工程。由湖南省电力开发总公司具体承建，2007 年 9 月 21 日完成验收并投入使用，但一直未进行环境影响评价文件的报批。2019 年 6 月，常德市鼎城区环境保护局接到群众对案涉铁创 II 线输变电项目的信访投诉。经行政执法人员的现场检查，创元公司未能提供该铁创 II 线输变电工程项目的相关环评、验收手续以及检测数据等资料。

处理结果：2019 年 10 月 24 日，常德市环保局予以立案，认定：根据《建设项目环境影响评价分类管理名录》（原环境保护部令第 44 号）之规定，创元公司 220 千伏铁创 II 线工程属于核与辐射类输变电工程应当编制环境影响报告表的建设项目，但自 2007 年 9 月投入使用至今未办理环保审批手续，违反了《中华人民共和国环境影响评价法》第二十五条、《建设项目环境保护条例》第十九条第一款的规定，遂依据《中华人民共和国环境影响评价法》第三十一条第一款、《建设项目环境保护条例》第二十三条第一款的规定，作出常环责改字（2019）33 号《责令改正违法行为决定书》，责令创元公司收到本决定之日起立即改正违法行为，在配套建设的环境保护设施未验收合格前，220 千伏输变电工程项目不得投入生产或使用。

合规分析：首先，铁创 II 线输变电工程是项目建设环境法律责任主体。根据《中华人民共和国环境影响评价法》的规定，办理环保审批手续的法律责任主体是建设单位。建设单位不能仅狭义地理解为建设行为人，还应当包括所有权人，否则会出现推诿甚至无视环评报批义务和环境保护配套设施建设的法律义务。另外，从环境法律责任履行的便利角度，由实际管理者或者所有者承担办理环评审批的法律义务也更为适当。本案中，湖南电力建设开发总公司将铁创 II 线输变电工程建成后即移交给创元公司投入使用至今，创元公司即铁创 II 线输变电工程项目的投资建设主体，也是该项目资产所有人，创元公司对该项目工程的管理和合法运营及管理使用具有控制支配的权利，相应地也就负有按照环境保护行政管理法律法规的规定履行环境保护的法定义务

---

① 湖南省常德市鼎城区人民法院行政判决书（2020）湘 0703 行初 125 号。

及依法建设和使用的义务。

其次，铁创II线输变电工程项目需要履行环评报批手续。案涉铁创II线输变电工程项目于2002年取得电力主管部门审批。依据1978年原国家计委、国家建委、财政部《关于基本建设项目和大中型划分标准的规定》，电压220千伏（22万伏）的送变电工程项目属于中型建设项目，也就属于1999年《建设项目环境保护分类管理名录》（试行）中对生态环境有一定影响但不改变生态环境结构和功能的中等规模以下的建设项目，即对环境可能造成轻度影响的建设项目，应当编制环境影响报告表。此外，依据2007年开工建设时有效的2002年《建设项目环境保护分类管理名录》（原国家环保总局14号令）的规定，“500千伏以下，非敏感区；直流输电的，需要编制环境影响报告表”。此处的“500千伏以下，非敏感区”与“直流输电”是二者择一即可的选择性的限制条件，故案涉项目即属于“500千伏以下，非敏感区”这一范围，应根据该《名录》的规定编制环境影响报告表。

最后，由于创元公司从2007年开始建设至今未按照上述规定履行办理环评审批手续的义务，根据《建设项目环境影响评价分类管理名录》（原环境保护部令第44号），亦能确定案涉项目属于应当编制环境影响报告表的范围。因此创元公司应按照上述名录的要求办理编制环境影响报告表并履行审批的法律义务。综上，创元公司作为建设单位，应当办理环评报批手续，而其一直不履行义务应当受到行政处罚。

【合规建议】

《中华人民共和国环境影响评价法》主要规制企业“未批先建”的违法行为，大幅加大了行政处罚的幅度，增加了企业的违法成本，使建设项目的行政处罚与项目总投资直接相关。对此，企业应当关注建设项目环境影响评价，依照法律规定，分别组织编制建设项目环境影响报告书、环境影响报告表或者填报环境影响登记表，及时将环境影响评价文件报批或备案，降低法律风险，避免由此引发的一些行政责任。

五、突发环境事件应急处理

突发环境事件是指污染物排放或者自然灾害、生产安全事故等导致污染物或者放射性物质等有毒有害物质进入大气、水体、土壤等环境介质，突然造成或者可能造成环境质量下降，危及公众身体健康和财产安全，或者造成生态环境破坏，或者危害公共安全，需要采取紧急措施予以应对的事件。

（一）需要关注突发环境事件的企业

【条文链接】

《企业事业单位突发环境事件应急预案备案管理办法（试行）》第三条 环境保护主管部门对以下企业环境应急预案备案的指导和管理，适用本办法：

（一）可能发生突发环境事件的污染物排放企业，包括污水、生活垃圾集中处理设施的运营企业；

（二）生产、储存、运输、使用危险化学品的企业；

（三）产生、收集、贮存、运输、利用、处置危险废物的企业；

（四）尾矿库企业，包括湿式堆存工业废渣库、电厂灰渣库企业；

（五）其他应当纳入适用范围的企业。

核与辐射环境应急预案的备案不适用本办法。

省级环境保护主管部门可以根据实际情况，发布应当依法进行环境应急预案备案的企业名录。

（二）突发环境事件的应急应对

1. 制定应急预案

【条文链接】

《企业事业单位突发环境事件应急预案备案管理办法（试行）》第八条 企业是制定环境应急预案的责任主体，根据应对突发环境事件的需要，开展环境应急预案制定工作，对环境应急预案内容的真实性和可操作性负责。

企业可以自行编制环境应急预案，也可以委托相关专业技术服务机构编制环境应急预案。委托相关专业技术服务机构编制的，企业指定有关人员全程参与。

《企业事业单位突发环境事件应急预案备案管理办法（试行）》第十条 企业按照以下步骤制定环境应急预案：

（一）成立环境应急预案编制组，明确编制组组长和成员组成、工作任务、编制计划和经费预算。

（二）开展环境风险评估和应急资源调查。环境风险评估包括但不限于：分析各类事故衍化规律、自然灾害影响程度，识别环境危害因素，分析与周边可能受影响的居民、单位、区域环境的关系，构建突发环境事件及其后果情景，确定环境风险等级。应急资源调查包括但不限于：调查企业第一时间可调用的环境应急队伍、装备、物资、场所等应急资源状况和可请求援助或协议援助的应急资源状况。

（三）编制环境应急预案。按照本办法第九条要求，合理选择类别，确定内容，重点说明可能的突发环境事件情景下需要采取的处置措施、向可能受影响的居民和单位通报的内容与方式、向环境保护主管部门和有关部门报告的内容与方式，以及与政府预案的衔接方式，形成环境应急预案。编制过程中，应征求员工和可能受影响的居民和单位代表的意见。

（四）评审和演练环境应急预案。企业组织专家和可能受影响的居民、单位代表对环境应急预案进行评审，开展演练进行检验。

评审专家一般应包括环境应急预案涉及的相关政府管理部门人员、相关行业协会代表、具有相关领域经验的人员等。

（五）签署发布环境应急预案。环境应急预案经企业有关会议审议，由企业主要负责人签署发布。

2. 突发环境事件的分类应急应对

（1）水污染突发事件。

【条文链接】

《中华人民共和国水污染防治法》第七十八条第一款 企业事业单位发生事故或者其他突发性事件，造成或者可能造成水污染事故的，应当立即启动本单位的应急方案，采取隔离等应急措施，防止水污染物进入水体，并向事故发生地的县级以上地方人民政府或者环境保护主管部门报告。环境保护主管部门接到报告后，应当及时向本级人民政府报告，并抄送有关部门。

《中华人民共和国水污染防治法》第七十九条第三款 饮用水水源发生水污染事故，或者发生其他可能影响饮用水安全的突发性事件，饮用水供水单位应当采取应急处理措施，向所在地市、县级人民政府报告，并向社会公开。有关人民政府应当根据情况及时启动应急预案，采取有效措施，保障供水安全。

（2）大气类突发环境事件。

【条文链接】

《中华人民共和国大气污染防治法》第九十七条 发生造成大气污染的突发环境事件，人民政府及其有关部门和相关企业事业单位，应当依照《中华人民共和国突发事件应对法》《中华人民共和国环境保护法》的规定，做好应急处置工作。生态环境主管部门应当及时对突发环境事件产生的大气污染物进行监测，并向社会公布监测信息。

（3）固体废物污染突发环境事件。

【条文链接】

《中华人民共和国固体废物污染环境防治法》第八十六条 因发生事故或者其他突发性事件，造成危险废物严重污染环境的单位，应当立即采取有效措施消除或者减轻对环境的污染危害，及时通报可能受到污染危害的单位和居民，并向所在地生态环境主管部门和有关部门报告，接受调查处理。

（4）土壤污染突发环境事件。

【条文链接】

《中华人民共和国土壤污染防治法》第二十二条第二款 土壤污染重点监管单位拆除设施、设备或者建筑物、构筑物的，应当制定包括应急措施在内的土壤污染防治工作方案，报地方人民政府生态环境、工业和信息化主管部门备案并实施。

《中华人民共和国土壤污染防治法》第四十四条 发生突发事件可能造成土壤污染的，地方人民政府及其有关部门和相关企业事业单位以及其他生产经营者应当立即采取应急措施，防止土壤污染，并依照本法规定做好土壤污染状况监测、调查和土壤污染风险评估、风险管控、修复等工作。

（三）法律责任

【条文链接】

《突发环境事件应急管理办法》第三十七条 企业事业单位违反本办法规定，导致发生突发环境事件，《中华人民共和国突发事件应对法》《中华人民共和国水污染防治法》《中华人民共和国大气污染防治法》《中华人民共和国固体废物污染环境防治法》等法律法规已有相关处罚规定的，依照有关法律法规执行。

较大、重大和特别重大突发环境事件发生后，企业事业单位未按要求执行停产、停排措施，继续违反法律法规规定排放污染物的，环境保护主管部门应当依法对造成污染物排放的设施、设备实施查封、扣押。

《突发环境事件应急管理办法》第三十八条 企业事业单位有下列情形之一的，由县级以上环境保护主管部门责令改正，可以处一万元以上三万元以下罚款：

（一）未按规定开展突发环境事件风险评估工作，确定风险等级的；

（二）未按规定开展环境安全隐患排查治理工作，建立隐患排查治理档案的；

（三）未按规定将突发环境事件应急预案备案的；

（四）未按规定开展突发环境事件应急培训，如实记录培训情况的；

（五）未按规定储备必要的环境应急装备和物资；

（六）未按规定公开突发环境事件相关信息的。

【案例链接】

企业未履行环境安全隐患排查治理规定，造成环境污染的法律后果？①

案情简介：2018年4月28日，贵州欧瑞欣合环保股份有限公司与三穗县城市管理综合执法大队签订“三穗县城市生活垃圾卫生填埋场委托运营技术服务合同”，约定将投入使用的三穗县城市生活垃圾卫生填埋场交由欧瑞公司托管运营。托管运营期间，欧瑞欣合公司未对临时应急收集池进行巡查，未发现该池存在渗滤液渗漏，未采取措施将该池的渗滤液抽回调节池，导致该池漏出的渗滤液流入小溪，造成环境污染。2018年11月29日，原三穗县环保局通过现场检查发现三穗县城市生活垃圾卫生填埋场外的临时应急收集池存在渗滤液，渗漏的黑水流入小溪污染了环境。经检测渗漏出来的黑水水体氨氮超标10.2倍，化学需氧量超标3.6倍。随即向欧瑞欣合公司作出了《责令改正违法行为决定书》，责令原告改正违法行为。后又于2019年2月21日作出穗环罚字〔2019〕3号《行政处罚决定书》。

裁判结果：一审判决驳回原告贵州欧瑞欣合环保股份有限公司的诉讼请求。二审判决驳回上诉，维持原判。

合规分析：依据《突发环境事件应急管理办法》第三十八条第二项的规定，虽然欧瑞欣合公司与三穗县城市管理综合执法大队签订的《三穗县城市生活垃圾卫生填埋场委托运营技术服务合同》中，仅约定将投入使用的三穗县城市生活垃圾卫生填埋场交由欧瑞欣合公司托管运营，但在托管运营的过程中，该填埋场存在渗滤液渗漏，三穗县城市综合管理执法大队又在该填埋场外修建临时应急收集池，防止填埋场外漏的渗滤液，造成环境污染，故三穗县城市综合管理执法大队所修建的临时应急收集池，属三穗县城市生活垃圾卫生填埋场的附属设施，也属于欧瑞欣合公司进行托管运营的范围。同时，该公司安排了具体的员工，对临时应急收集池内所收集的渗滤液，抽回到填埋场的调节池进行处理。因此，欧瑞欣合公司应将修建的临时应急收集池，纳入环境安全隐患排查治理工作的范围，并对该收集池建立隐患排查治理档案。

【合规建议】

突发环境事件是突发公共事件中事故灾难的一个分支，它具有很强的公共属性，不及时处理会引发社会恐慌，演化成社会安全事件。但突发环境事件的发生往往始于某些看似微小的隐患，造成的严重后果又多是企业应急能力不足所导致。因此，企业应当严格遵守《企业事业单位突发环境事件应急预案备案管理办法（试行）》的相关规定，以污染预防为管理原则，排查环境事件隐患，高度重视风险控制、应急准备、应急处置和信息公开能力的提升，做到最大程度地降低突发环境事件发生的可能性和损害的严重性。

六、ESG合规

2004年，联合国在发布的《在乎者即赢家》（*Who Cares Wins*）报告中首次提出了

① 贵州省黔东南苗族侗族自治州中级人民法院行政判决书（2020）黔26行终9号。

环境、社会责任与公司治理（environment、social responsibility、corporate governance，ESG）的概念，并将其作为投资决策、企业经营等活动的评价标准和重要参考。此后，ESG 理念在全球迅速发展开来，对社会、金融市场以及个人投资组合等产生了深远的积极影响。与此同时，ESG 合规也成为了一个重要的专项合规领域，对企业合规管理提出了新的要求。

根据联合国《在乎者即赢家》报告，环境（E）主要涉及气候变化和相关风险、减少有毒物质释放和浪费、环境污染防治、减污降碳、环境责任等议题；社会（S）主要涉及工作场所健康与安全、政府和社区关系、人权等议题；公司治理（G）主要涉及董事会结构和问责制、会计与信息披露、审计委员会结构和审计师独立性、高管薪酬、腐败和贿赂治理等议题。可见，ESG 反映了人们对环境、社会责任及公司治理的深切关切。

为落实新发展理念的要求，2021 年 6 月 28 日，证监会颁布的《年报/半年报格式准则》中新增了环境和社会责任章节。2022 年颁布并实施的《上市公司投资者关系管理指引》也在上市公司与投资者沟通的内容中增加了公司的环境保护、社会责任和公司治理（ESG）信息。由此可见，ESG 的重要性在不断提升。此外，各地方国资委通过制定相关政策、发布指导意见等方式指导国有企业开展社会责任工作。例如，云南省国资委印发《关于国有企业履行社会责任（ESG）的意见》，为完善云南国资国企社会责任管理体系，提高云南国有企业履行社会责任的能力，进一步提升云南国有企业可持续发展水平提供了明确的指引。

【条文链接】

《公开发行证券的公司信息披露内容与格式准则第 2 号—年度报告的内容与格式（2021 年修订）》第四十一条 属于环境保护部门公布的重点排污单位的公司或其主要子公司，应当根据法律、行政法规、部门规章及规范性文件的规定披露以下主要环境信息：

（一）排污信息。包括但不限于主要污染物及特征污染物的名称、排放方式、排放口数量和分布情况、排放浓度和总量、超 标排放情况、执行的污染物排放标准、核定的排放总量。

（二）防治污染设施的建设和运行情况。

（三）建设项目环境影响评价及其他环境保护行政许可情况。

（四）突发环境事件应急预案。

（五）环境自行监测方案。

（六）报告期内因环境问题受到行政处罚的情况。

（七）其他应当公开的环境信息。

重点排污单位之外的公司应当披露报告期内因环境问题受到行政处罚的情况，并可以参照上述要求披露其他环境信息，若不披露其他环境信息，应当充分说明原因。

鼓励公司自愿披露有利于保护生态、防治污染、履行环境责任的相关信息。环境信息核查机构、鉴证机构、评价机构、指数公司等第三方机构对公司环境信息存在核查、鉴定、评价的，鼓励公司披露相关信息。

鼓励公司自愿披露在报告期内为减少其碳排放所采取的措施及效果。

（一）ESG 合规与不合规风险

ESG 合规意味着企业要遵守有关法律、最佳实践和期望。其中，遵守有关法律是指遵守有关法律和监管等强制性要求；遵守最佳实践和期望是指，在没有明确法律和监管要求的情况下，自愿遵守国内外较为成熟的最佳实践做法，以满足越来越高的外界期望。

2019 年欧盟《可持续财务披露条例》是涉及 ESG 的立法，对企业而言是强制性要求，如果不遵守就将面临 ESG 合规风险；而 2006 年《联合国责任投资原则》、2016 年《联合国 2030 永续发展议程》以及各国际评级机构提出的评级指标体系属于最佳实践做法，企业可以自愿选择是否遵守。

值得注意的是，欧盟《可持续财务披露条例》为企业提供了两种履行 ESG 合规义务的路径：一是完成所有的《可持续财务披露条例》报告要求，二是 500 人以下的企业可以选择对其 ESG 政策与 SFDR 要求之间的差距作出解释。这就显著降低了企业的 ESG 不合规风险。

（二）ESG 合规要点

在加强 ESG 合规管理时，首先可以参考国际标准化组织（ISO）发布的有关国际标准，特别是 ISO31000：2009《风险管理—原则与指南》（Risk management-Principles and guidelines）、ISO37301：2021《合规管理体系—要求及使用指南》（Compliance management systems-Requirements with guidance for use）。我国企业尤其是中小企业可以参考的国内标准还有《中小企业合规管理体系有效性评价》团体标准，企业可以采取的措施至少有以下几种：

（1）由适当的企业合规管理部门或人员承担 ESG 合规工作，在及时有效识别 ESG 合规义务基础上，制定 ESG 合规政策与管理流程，管控 ESG 合规风险，并保障 ESG 合规目标的实现。

（2）在识别 ESG 合规义务的基础上，对 ESG 风险进行识别、评估和应对。ESG 风险识别是指识别出与企业业务活动、产品和服务相关的强制性义务和自愿性义务。ESG 风险评估是指根据 ESG 风险发生的概率和影响程度，对 ESG 合规风险进行分析和分级，确定 ESG 风险的等级和优先管理次序及措施。ESG 风险应对是指通过采取日常监测、举报机制、报告机制等对 ESG 合规风险进行管控。ESG 风险识别、评估和应对是持续进行的，需要根据实际情况和需要不断开展。

（3）建设 ESG 合规文化。具体措施包括：企业主要负责人和高级管理层对 ESG 合规作出承诺与支持；有关员工作出合规承诺，并对其合规职责进行绩效考核；就 ESG 合规信息进行内外部沟通和传达，包括 ESG 合规知识和观念的宣传、培训、沟通等。其中，企业主要负责人和高级管理层应从自身做起，率先垂范，倡导 ESG 合规价值和理念，从上而下建设合规文化，并将 ESG 合规贯穿始终。

【条文链接】

《关于国有企业更好履行社会责任的指导意见》

（十二）探索建立社会责任指标体系。参照国内外标准，结合行业特征和企业实际，建立完善涵盖经济、社会、环境的社会责任指标体系。加强与国内外先进企业的责任指标对标，查找弱项和短板，不断加以改进。探索社会责任绩效评价，引导企业不断提升社会责任绩效水平。

（十三）建立健全社会责任报告制度。参照国际国内标准，建立健全社会责任报告发布制度，定期发布报告，不断改进和提高报告质量。有条件的企业可以针对社会关注的热点问题，发布专项报告。国际业务较多的企业要积极探索发布社会责任国别报告，加强与当地利益相关方的沟通。

（十四）加强社会责任日常信息披露。综合运用传统媒体和新型媒体等手段，通过多种方式加强社会责任日常信息披露，及时与利益相关方沟通，争取社会各界的理解和支持。

（十五）推动利益相关方参与。建立健全利益相关方参与机制，积极采取职代会、信息告知、研讨会、对话交流、共同行动等多种方式，推动利益相关方参与企业有关重大决策和相关活动。

第七节　资源开发利用合规

大自然中的山脉、水体、空气、土地、森林、草原、矿物、动物等，因其能够被人类开发利用，给人类社会的发展提供源源不断的生产和生活要素而被定义为自然资源。对自然资源进行保护的终极目的在于更有效、更合理地开发利用。本节主要就林木资源利用合规、矿产资源开采、勘探合规及生态保护合规三个部分，通过对法条的梳理，兼顾以案释法，提出相应合规建议。企业力求在合理合法的情形下，既对自然资源进行保护，又使得自然资源开发利用最大化。

一、林木资源

（一）林木采伐

为合理利用和保护森林资源，我国严格限制林木采伐，实行林木采伐许可管理制度。企业如有砍伐需求，须向当地县级以上人民政府林业主管部门申请采伐许可证。此外，企业要进一步增强保护和发展森林资源的紧迫感和责任感，积极完善措施，依法加强管理，不断巩固林业生态建设成果，确保森林资源得到有效保护，促进森林保有量、蓄积量和覆盖率持续稳步增长。

【条文链接】

《中华人民共和国森林法》第三十七条　矿藏勘查、开采以及其他各类工程建设，应当不占或者少占林地；确需占用林地的，应当经县级以上人民政府林业主管部门审核同意，依法办理建设用地审批手续。

占用林地的单位应当缴纳森林植被恢复费。森林植被恢复费征收使用管理办法由国务院财政部门会同林业主管部门制定。

县级以上人民政府林业主管部门应当按照规定安排植树造林，恢复森林植被，植树造林面积不得少于因占用林地而减少的森林植被面积。上级林业主管部门应当定期督促下级林业主管部门组织植树造林、恢复森林植被，并进行检查。

《中华人民共和国森林法》第三十八条 需要临时使用林地的，应当经县级以上人民政府林业主管部门批准；临时使用林地的期限一般不超过二年，并不得在临时使用的林地上修建永久性建筑物。

临时使用林地期满后一年内，用地单位或者个人应当恢复植被和林业生产条件。

《中华人民共和国森林法》第三十九条 禁止毁林开垦、采石、采砂、采土以及其他毁坏林木和林地的行为。

禁止向林地排放重金属或者其他有毒有害物质含量超标的污水、污泥，以及可能造成林地污染的清淤底泥、尾矿、矿渣等。

禁止在幼林地砍柴、毁苗、放牧。

禁止擅自移动或者损坏森林保护标志。

《中华人民共和国森林法》第五十一条 商品林由林业经营者依法自主经营。在不破坏生态的前提下，可以采取集约化经营措施，合理利用森林、林木、林地，提高商品林经济效益。

《中华人民共和国森林法》第五十二条 在林地上修筑下列直接为林业生产经营服务的工程设施，符合国家有关部门规定的标准的，由县级以上人民政府林业主管部门批准，不需要办理建设用地审批手续；超出标准需要占用林地的，应当依法办理建设用地审批手续：

（一）培育、生产种子、苗木的设施；

（二）贮存种子、苗木、木材的设施；

（三）集材道、运材道、防火巡护道、森林步道；

（四）林业科研、科普教育设施；

（五）野生动植物保护、护林、林业有害生物防治、森林防火、木材检疫的设施；

（六）供水、供电、供热、供气、通信基础设施；

（七）其他直接为林业生产服务的工程设施。

《中华人民共和国森林法》第五十五条 采伐森林、林木应当遵守下列规定：

（一）公益林只能进行抚育、更新和低质低效林改造性质的采伐。但是，因科研或者实验、防治林业有害生物、建设护林防火设施、营造生物防火隔离带、遭受自然灾害等需要采伐的除外。

（二）商品林应当根据不同情况，采取不同采伐方式，严格控制皆伐面积，伐育同步规划实施。

（三）自然保护区的林木，禁止采伐。但是，因防治林业有害生物、森林防火、维护主要保护对象生存环境、遭受自然灾害等特殊情况必须采伐的和实验区的竹林除外。

省级以上人民政府林业主管部门应当根据前款规定，按照森林分类经营管理、保护优先、注重效率和效益等原则，制定相应的林木采伐技术规程。

《中华人民共和国森林法》第五十六条 采伐林地上的林木应当申请采伐许可证，并按照采伐许可证的规定进行采伐；采伐自然保护区以外的竹林，不需要申请采伐许可证，但应当符合林木采伐技术规程。

农村居民采伐自留地和房前屋后个人所有的零星林木，不需要申请采伐许可证。

非林地上的农田防护林、防风固沙林、护路林、护岸护堤林和城镇林木等的更新采伐，由有关主管部门按照有关规定管理。

采挖移植林木按照采伐林木管理。具体办法由国务院林业主管部门制定。

禁止伪造、变造、买卖、租借采伐许可证。

《中华人民共和国森林法》第五十八条 申请采伐许可证，应当提交有关采伐的地点、林种、树种、面积、蓄积、方式、更新措施和林木权属等内容的材料。超过省级以上人民政府林业主管部门规定面积或者蓄积量的，还应当提交伐区调查设计材料。

《中华人民共和国森林法》第六十一条 采伐林木的组织和个人应当按照有关规定完成更新造林。更新造林的面积不得少于采伐的面积，更新造林应当达到相关技术规程规定的标准。

《中华人民共和国森林法》第六十四条 林业经营者可以自愿申请森林认证，促进森林经营水平提高和可持续经营。

《中华人民共和国森林法》第六十五条 木材经营加工企业应当建立原料和产品出入库台账。任何单位和个人不得收购、加工、运输明知是盗伐、滥伐等非法来源的林木。

（二）法律责任

1. 行政责任

【条文链接】

《中华人民共和国森林法》第七十一条 违反本法规定，侵害森林、林木、林地的所有者或者使用者的合法权益的，依法承担侵权责任。

《中华人民共和国森林法》第七十二条 违反本法规定，国有林业企业事业单位未履行保护培育森林资源义务、未编制森林经营方案或者未按照批准的森林经营方案开展森林经营活动的，由县级以上人民政府林业主管部门责令限期改正，对直接负责的主管人员和其他直接责任人员依法给予处分。

《中华人民共和国森林法》第七十三条 违反本法规定，未经县级以上人民政府林业主管部门审核同意，擅自改变林地用途的，由县级以上人民政府林业主管部门责令限期恢复植被和林业生产条件，可以处恢复植被和林业生产条件所需费用三倍以下的罚款。

虽经县级以上人民政府林业主管部门审核同意，但未办理建设用地审批手续擅自占用林地的，依照《中华人民共和国土地管理法》的有关规定处罚。

在临时使用的林地上修建永久性建筑物，或者临时使用林地期满后一年内未恢复植被或者林业生产条件的，依照本条第一款规定处罚。

《中华人民共和国森林法》第七十四条 违反本法规定，进行开垦、采石、采砂、采土或者其他活动，造成林木毁坏的，由县级以上人民政府林业主管部门责令停止违法行为，限期在原地或者异地补种毁坏株数一倍以上三倍以下的树木，可以处毁坏林木价值五倍以下的罚款；造成林地毁坏的，由县级以上人民政府林业主管部门责令停止违法行为，限期恢复植被和林业生产条件，可以处恢复植被和林业生产条件所需费用三倍以下的罚款。

违反本法规定，在幼林地砍柴、毁苗、放牧造成林木毁坏的，由县级以上人民政府林业主管部门责令停止违法行为，限期在原地或者异地补种毁坏株数一倍以上三倍以下的树木。

向林地排放重金属或者其他有毒有害物质含量超标的污水、污泥，以及可能造成林地污染的清淤底泥、尾矿、矿渣等的，依照《中华人民共和国土壤污染防治法》的有关规定处罚。

《中华人民共和国森林法》第七十五条 违反本法规定，擅自移动或者毁坏森林保护标志的，由县级以上人民政府林业主管部门恢复森林保护标志，所需费用由违法者承担。

《中华人民共和国森林法》第七十六条 盗伐林木的，由县级以上人民政府林业主管部门责令限期在原地或者异地补种盗伐株数一倍以上五倍以下的树木，并处盗伐林木价值五倍以上十倍以下的罚款。

滥伐林木的，由县级以上人民政府林业主管部门责令限期在原地或者异地补种滥伐株数一倍以上三倍以下的树木，可以处滥伐林木价值三倍以上五倍以下的罚款。

《中华人民共和国森林法》第七十七条 违反本法规定，伪造、变造、买卖、租借采伐许可证的，由县级以上人民政府林业主管部门没收证件和违法所得，并处违法所得一倍以上三倍以下的罚款；没有违法所得的，可以处二万元以下的罚款。

《中华人民共和国森林法》第七十八条 违反本法规定，收购、加工、运输明知是盗伐、滥伐等非法来源的林木的，由县级以上人民政府林业主管部门责令停止违法行为，没收违法收购、加工、运输的林木或者变卖所得，可以处违法收购、加工、运输林木价款三倍以下的罚款。

《中华人民共和国森林法》第七十九条 违反本法规定，未完成更新造林任务的，由县级以上人民政府林业主管部门责令限期完成；逾期未完成的，可以处未完成造林任务所需费用二倍以下的罚款；对直接负责的主管人员和其他直接责任人员，依法给予处分。

《中华人民共和国森林法》第八十条 违反本法规定，拒绝、阻碍县级以上人民政府林业主管部门依法实施监督检查的，可以处五万元以下的罚款，情节严重的，可以责令停产停业整顿。

《中华人民共和国森林法》第八十一条 违反本法规定，有下列情形之一的，由县级以上人民政府林业主管部门依法组织代为履行，代为履行所需费用由违法者承担：

（一）拒不恢复植被和林业生产条件，或者恢复植被和林业生产条件不符合国家有关规定；

（二）拒不补种树木，或者补种不符合国家有关规定。

恢复植被和林业生产条件、树木补种的标准，由省级以上人民政府林业主管部门制定。

《中华人民共和国森林法》第八十二条 公安机关按照国家有关规定，可以依法行使本法第七十四条第一款、第七十六条、第七十七条、第七十八条规定的行政处罚权。

违反本法规定，构成违反治安管理行为的，依法给予治安管理处罚；构成犯罪的，依法追究刑事责任。

2. 刑事责任

为了严惩各类破坏林木资源的违法行为，《中华人民共和国刑法》规定了盗伐林木罪、滥伐林木罪及非法收购、运输盗伐、滥伐的林木罪。因此，企业须做好林木采伐合规管理，在开展林木采伐工作中严格遵守《中华人民共和国森林法》等相关法律，严守林地保护“红线”。

【条文链接】

《中华人民共和国刑法》第三百四十五条 盗伐森林或者其他林木，数量较大的，处三年以下有期徒刑、拘役或者管制，并处或者单处罚金；数量巨大的，处三年以上七年以下有期徒刑，并处罚金；数量特别巨大的，处七年以上有期徒刑，并处罚金。

违反森林法的规定，滥伐森林或者其他林木，数量较大的，处三年以下有期徒刑、拘役或者管制，并处或者单处罚金；数量巨大的，处三年以上七年以下有期徒刑，并处罚金。

非法收购、运输明知是盗伐、滥伐的林木，情节严重的，处三年以下有期徒刑、拘役或者管制，并处或者单处罚金；情节特别严重的，处三年以上七年以下有期徒刑，并处罚金。

盗伐、滥伐国家级自然保护区内的森林或者其他林木的，从重处罚。

《中华人民共和国刑法》第三百四十六条 单位犯本节第三百三十八条至第三百四十五条规定之罪的，对单位判处罚金，并对其直接负责的主管人员和其他直接责任人员，依照本节各该条的规定处罚。

《最高人民法院关于审理破坏森林资源刑事案件适用法律若干问题的解释》第三条

以非法占有为目的，具有下列情形之一的，应当认定为刑法第三百四十五条第一款规定的“盗伐森林或者其他林木”：

（一）未取得采伐许可证，擅自采伐国家、集体或者他人所有的林木的；

（二）违反森林法第五十六条第三款的规定，擅自采伐国家、集体或者他人所有的林木的；

（三）在采伐许可证规定的地点以外采伐国家、集体或者他人所有的林木的。

不以非法占有为目的，违反森林法的规定，进行开垦、采石、采砂、采土或者其他活动，造成国家、集体或者他人所有的林木毁坏，符合刑法第二百七十五条规定的，以故意毁坏财物罪定罪处罚。

《最高人民法院关于审理破坏森林资源刑事案件适用法律若干问题的解释》第四条

盗伐森林或者其他林木，涉案林木具有下列情形之一的，应当认定为刑法第三百四十五条第一款规定的“数量较大”：

（一）立木蓄积五立方米以上的；

（二）幼树二百株以上的；

（三）数量虽未分别达到第一项、第二项规定标准，但按相应比例折算合计达到有关标准的；

（四）价值二万元以上的。

实施前款规定的行为，达到第一项至第四项规定标准十倍、五十倍以上的，应当分别认定为刑法第三百四十五条第一款规定的“数量巨大”“数量特别巨大”。

实施盗伐林木的行为，所涉林木系风倒、火烧、水毁或者林业有害生物等自然原因死亡或者严重毁损的，在决定应否追究刑事责任和裁量刑罚时，应当从严把握；情节显著轻微危害不大的，不作为犯罪处理。

《最高人民法院关于审理破坏森林资源刑事案件适用法律若干问题的解释》第五条

具有下列情形之一的，应当认定为刑法第三百四十五条第二款规定的“滥伐森林或者其他林木”：

（一）未取得采伐许可证，或者违反采伐许可证规定的时间、地点、数量、树种、方式，任意采伐本单位或者本人所有的林木的；

（二）违反森林法第五十六条第三款的规定，任意采伐本单位或者本人所有的林木的；

（三）在采伐许可证规定的地点，超过规定的数量采伐国家、集体或者他人所有的林木的。

林木权属存在争议，一方未取得采伐许可证擅自砍伐的，以滥伐林木论处。

《最高人民法院关于审理破坏森林资源刑事案件适用法律若干问题的解释》第六条

滥伐森林或者其他林木，涉案林木具有下列情形之一的，应当认定为刑法第三百四十五条第二款规定的“数量较大”：

（一）立木蓄积二十立方米以上的；

（二）幼树一千株以上的；

（三）数量虽未分别达到第一项、第二项规定标准，但按相应比例折算合计达到有关标准的；

（四）价值五万元以上的。

实施前款规定的行为，达到第一项至第四项规定标准五倍以上的，应当认定为刑法第三百四十五条第二款规定的“数量巨大”。

实施滥伐林木的行为，所涉林木系风倒、火烧、水毁或者林业有害生物等自然原因死亡或者严重毁损的，一般不以犯罪论处；确有必要追究刑事责任的，应当从宽处理。

《最高人民法院关于审理破坏森林资源刑事案件适用法律若干问题的解释》第七条

认定刑法第三百四十五条第三款规定的“明知是盗伐、滥伐的林木”，应当根据涉案林木的销售价格、来源以及收购、运输行为违反有关规定等情节，结合行为人的职业要求、经历经验、前科情况等作出综合判断。

具有下列情形之一的，可以认定行为人明知是盗伐、滥伐的林木，但有相反证据或者能够作出合理解释的除外：

（一）收购明显低于市场价格出售的林木的；

（二）木材经营加工企业伪造、涂改产品或者原料出入库台账的；

（三）交易方式明显不符合正常习惯的；

（四）逃避、抗拒执法检查的；

（五）其他足以认定行为人明知的情形。

《最高人民法院关于审理破坏森林资源刑事案件适用法律若干问题的解释》第八条

非法收购、运输明知是盗伐、滥伐的林木，具有下列情形之一的，应当认定为刑法第三百四十五条第三款规定的“情节严重”：

（一）涉案林木立木蓄积二十立方米以上的；

（二）涉案幼树一千株以上的；

（三）涉案林木数量虽未分别达到第一项、第二项规定标准，但按相应比例折算合计达到有关标准的；

（四）涉案林木价值五万元以上的；

（五）其他情节严重的情形。

实施前款规定的行为，达到第一项至第四项规定标准五倍以上或者具有其他特别严重情节的，应当认定为刑法第三百四十五条第三款规定的“情节特别严重”。

《最高人民法院关于审理破坏森林资源刑事案件适用法律若干问题的解释》第九条

多次实施本解释规定的行为，未经处理，且依法应当追诉的，数量、数额累计计算。

《最高人民法院关于审理破坏森林资源刑事案件适用法律若干问题的解释》第十条

伪造、变造、买卖采伐许可证，森林、林地、林木权属证书以及占用或者征用林地审核同意书等国家机关批准的林业证件、文件构成犯罪的，依照刑法第二百八十条第一款的规定，以伪造、变造、买卖国家机关公文、证件罪定罪处罚。

买卖允许进出口证明书等经营许可证明，同时构成刑法第二百二十五条、第二百八十条规定之罪的，依照处罚较重的规定定罪处罚。

《最高人民法院关于审理破坏森林资源刑事案件适用法律若干问题的解释》第十一条

下列行为，符合刑法第二百六十四条规定的，以盗窃罪定罪处罚：

（一）盗窃国家、集体或者他人所有并已经伐倒的树木的；

（二）偷砍他人在自留地或者房前屋后种植的零星树木的。

非法实施采种、采脂、掘根、剥树皮等行为，符合刑法第二百六十四条规定的，以盗窃罪论处。在决定应否追究刑事责任和裁量刑罚时，应当综合考虑对涉案林木资源的损害程度以及行为人获利数额、行为动机、前科情况等情节；认为情节显著轻微危害不大的，不作为犯罪处理。

《最高人民法院关于审理破坏森林资源刑事案件适用法律若干问题的解释》第十三条

单位犯刑法第三百四十二条、第三百四十四条、第三百四十五条规定之罪的，依照本解释规定的相应自然人犯罪的定罪量刑标准，对直接负责的主管人员和其他直接责任人员定罪处罚，并对单位判处罚金。

【案例链接】

企业未办理林木采伐许可证私自砍伐林木将承担什么法律责任？[①]

案情简介：2019 年 9 月底至 10 月初，云南银塔电力建设有限公司文山工作站在输电线路隐患排查工作中发现位于砚山县Ⅱ回线#026-#029 塔、砚路Ⅲ回线#034 塔线路通道内的林木与导线的距离存在安全隐患，被告人李建磊（系该公司文山工作站直接负责的主管人员）联系劳务派遣公司与文山工作站巡检员朱某对接工作。2019 年 10 月 13 日至 15 日，云南银塔电力建设有限公司文山工作站在未办理林木采伐许可证手续的情况下，雇工砍伐位于砚山县“龙山”“扣手以古”“是拉针嫁”“烂铁冲”四座山上的林木。经鉴定，被砍伐的林木树种为云南松和滇油杉，数量 139 株，立木蓄积共计 21.073 2 立方米，原木材积共计 15.079 2 立方米，木材价值共计 5 267 元。案发后，砚山县森林公安局电话通知被告人李建磊到砚山县森林公安局接受调查，李建磊于 2019 年 10 月 30 日到砚山县森林公安局接受调查，并如实供述自己的犯罪事实，李建磊有自首情节。云南银塔电力建设有限公司与王某、梁某、胡某达成赔偿协议，赔偿王某 42 850 元、赔偿梁某 2 850 元、赔偿胡某 14 900 元，共计 10 600 元。

裁判结果：法院判决：①被告单位云南银塔电力建设有限公司犯滥伐林木罪，判

① 云南省砚山县人民法院刑事判决书（2020）云 2622 刑初 55 号。

处罚金5 000元。②被告人李建磊犯滥伐林木罪，判处有期徒刑六个月，缓刑一年，并处罚金2 000元。

合规分析：本案中，被告单位云南银塔电力建设有限公司、被告人李建磊违反森林法的规定，在未办理林木采伐许可证手续的情况下，滥伐林木21.073 2立方米，数量较大，犯罪事实清楚，证据充分，被告单位云南银塔电力建设有限公司、被告人李建磊的行为已触犯《中华人民共和国刑法》第三百四十五条第二款、第三百四十六条的规定，构成滥伐林木罪。且云南银塔电力建设有限公司以及李建磊砍伐林木的行为，不符合法律规定的紧急避险行为，根据法律规定，紧急避险是指“为了使国家、公共利益、本人或者他人的人身、财产和其他权利免受正在发生的危险，不得已采取的紧急避险行为”，在本案中，输电线旁边的林木离输电线较近，只是存在安全隐患，不是正在发生的危险，云南银塔电力建设有限公司和李建磊砍伐林木的行为，不属于紧急避险。

【合规建议】

森林资源既有经济意义，又具有重要的环境价值。森林资源不仅能够提供大量的木材产品，保证林区居民的基本生活需要，还能为国家的经济建设做出巨大贡献，促进社会稳定发展。因此，企业在对林木资源进行开发时，应当遵守《中华人民共和国森林法》等森林资源保护法律的规定，及时办理各项手续，确保在获得林业局批准并核发《林木采伐许可证》后开展业务，项目运营要在许可的范围内，对于行政机关需要定期上报的信息要及时上报。此外，企业还可以请求林业局等主管部门共享数据，加强对现场的勘察，加强与林业部门的联动，以更好地防范合规风险。

二、矿产资源

（一）矿产资源的勘查与开采

矿业企业的主营业务是矿产资源开发和利用。从矿产资源赋存特殊属性以及开发利用监管等不同角度考量，矿业开发的全流程均属于合规管理的高风险领域。为促进矿业企业高效、优质的发展，各矿产企业应在依据《中华人民共和国矿产资源法》等相关法律做好合规管理的基础上，不断优化管理模式、技术方法等，为更好地勘查、开发、利用矿产资源提供有力保障。

1. 资质

【条文链接】

《中华人民共和国矿产资源法》第十五条 设立矿山企业，必须符合国家规定的资质条件，并依照法律和国家有关规定，由审批机关对其矿区范围、矿山设计或者开采方案、生产技术条件、安全措施和环境保护措施等进行审查；审查合格的，方予批准。

2. 审批

【条文链接】

《中华人民共和国矿产资源法》第十二条 国家对矿产资源勘查实行统一的区块登记管理制度。矿产资源勘查登记工作，由国务院地质矿产主管部门负责；特定矿种的矿产资源勘查登记工作，可以由国务院授权有关主管部门负责。矿产资源勘查区块登记管理办法由国务院制定。

《中华人民共和国矿产资源法》第十六条 开采下列矿产资源的，由国务院地质矿产主管部门审批，并颁发采矿许可证：

（一）国家规划矿区和对国民经济具有重要价值的矿区内的矿产资源；

（二）前项规定区域以外可供开采的矿产储量规模在大型以上的矿产资源；

（三）国家规定实行保护性开采的特定矿种；

（四）领海及中国管辖的其他海域的矿产资源；

（五）国务院规定的其他矿产资源。

开采石油、天然气、放射性矿产等特定矿种的，可以由国务院授权的有关主管部门审批，并颁发采矿许可证。

开采第一款、第二款规定以外的矿产资源，其可供开采的矿产的储量规模为中型的，由省、自治区、直辖市人民政府地质矿产主管部门审批和颁发采矿许可证。

开采第一款、第二款和第三款规定以外的矿产资源的管理办法，由省、自治区、直辖市人民代表大会常务委员会依法制定。

依照第三款、第四款的规定审批和颁发采矿许可证的，由省、自治区、直辖市人民政府地质矿产主管部门汇总向国务院地质矿产主管部门备案。

矿产储量规模的大型、中型的划分标准，由国务院矿产储量审批机构规定。

3. 勘探程序

【条文链接】

《中华人民共和国矿产资源法》第二十三条 区域地质调查按照国家统一规划进行。区域地质调查的报告和图件按照国家规定验收，提供有关部门使用。

《中华人民共和国矿产资源法》第二十四条 矿产资源普查在完成主要矿种普查任务的同时，应当对工作区内包括共生或者伴生矿产的成矿地质条件和矿床工业远景作出初步综合评价。

《中华人民共和国矿产资源法》第二十五条 矿床勘探必须对矿区内具有工业价值的共生和伴生矿产进行综合评价，并计算其储量。未作综合评价的勘探报告不予批准。但是，国务院计划部门另有规定的矿床勘探项目除外。

《中华人民共和国矿产资源法》第二十六条 普查、勘探易损坏的特种非金属矿产、流体矿产、易燃易爆易溶矿产和含有放射性元素的矿产，必须采用省级以上人民政府有关主管部门规定的普查、勘探方法，并有必要的技术装备和安全措施。

《中华人民共和国矿产资源法》第二十七条 矿产资源勘查的原始地质编录和图件，岩矿心、测试样品和其他实物标本资料，各种勘查标志，应当按照有关规定保护和保存。

《中华人民共和国矿产资源法》第二十八条 矿床勘探报告及其他有价值的勘查资料，按照国务院规定实行有偿使用。

4. 开采程序

【条文链接】

《中华人民共和国矿产资源法》第二十条 非经国务院授权的有关主管部门同意，不得在下列地区开采矿产资源：

（一）港口、机场、国防工程设施圈定地区以内；

（二）重要工业区、大型水利工程设施、城镇市政工程设施附近一定距离以内；

（三）铁路、重要公路两侧一定距离以内；

（四）重要河流、堤坝两侧一定距离以内；

（五）国家划定的自然保护区、重要风景区，国家重点保护的不能移动的历史文物和名胜古迹所在地；

（六）国家规定不得开采矿产资源的其他地区。

《中华人民共和国矿产资源法》第二十一条 关闭矿山，必须提出矿山闭坑报告及有关采掘工程、不安全隐患、土地复垦利用、环境保护的资料，并按照国家规定报请审查批准。

《中华人民共和国矿产资源法》第二十二条 勘查、开采矿产资源时，发现具有重大科学文化价值的罕见地质现象以及文化古迹，应当加以保护并及时报告有关部门。

《中华人民共和国矿产资源法》第二十九条 开采矿产资源，必须采取合理的开采顺序、开采方法和选矿工艺。矿山企业的开采回采率、采矿贫化率和选矿回收率应当达到设计要求。

《中华人民共和国矿产资源法》第三十条 在开采主要矿产的同时，对具有工业价值的共生和伴生矿产应当统一规划，综合开采，综合利用，防止浪费；对暂时不能综合开采或者必须同时采出而暂时还不能综合利用的矿产以及含有有用组分的尾矿，应当采取有效的保护措施，防止损失破坏。

《中华人民共和国矿产资源法》第三十一条 开采矿产资源，必须遵守国家劳动安全卫生规定，具备保障安全生产的必要条件。

《中华人民共和国矿产资源法》第三十二条 开采矿产资源，必须遵守有关环境保护的法律规定，防止污染环境。

开采矿产资源，应当节约用地。耕地、草原、林地因采矿受到破坏的，矿山企业应当因地制宜地采取复垦利用、植树种草或者其他利用措施。

开采矿产资源给他人生产、生活造成损失的，应当负责赔偿，并采取必要的补救措施。

《中华人民共和国矿产资源法》第三十三条 在建设铁路、工厂、水库、输油管道、输电线路和各种大型建筑物或者建筑群之前，建设单位必须向所在省、自治区、直辖市地质矿产主管部门了解拟建工程所在地区的矿产资源分布和开采情况。非经国务院授权的部门批准，不得压覆重要矿床。

《中华人民共和国矿产资源法》第三十四条 国务院规定由指定的单位统一收购的矿产品，任何其他单位或者个人不得收购；开采者不得向非指定单位销售。

5. 转让

探矿权是指在依法取得的勘查许可证规定的范围内勘查矿产资源的权利。采矿权是指在依法取得的采矿许可证规定的范围内开采矿产资源和获得所开采的矿产品的权利。探矿权、采矿权是从矿产资源所有权所派生出来的与财产所有权相关的财产权、用益物权，国家作为所有权人，可以将该财产权、用益物权让渡给其他主体行使，并从中获利。

【条文链接】

《探矿权采矿权转让管理办法》第三条 除按照下列规定可以转让外，探矿权、采矿权不得转让：

（一）探矿权人有权在划定的勘查作业区内进行规定的勘查作业，有权优先取得勘查作业区内矿产资源的采矿权。探矿权人在完成规定的最低勘查投入后，经依法批准，可以将探矿权转让他人。

（二）已经取得采矿权的矿山企业，因企业合并、分立，与他人合资、合作经营，或者因企业资产出售以及有其他变更企业资产产权的情形，需要变更采矿权主体的，经依法批准，可以将采矿权转让他人采矿。

《探矿权采矿权转让管理办法》第五条 转让探矿权，应当具备下列条件：

（一）自颁发勘查许可证之日起满2年，或者在勘查作业区内发现可供进一步勘查或者开采的矿产资源；

（二）完成规定的最低勘查投入；

（三）探矿权属无争议；

（四）按照国家有关规定已经缴纳探矿权使用费、探矿权价款；

（五）国务院地质矿产主管部门规定的其他条件。

《探矿权采矿权转让管理办法》第六条 转让采矿权，应当具备下列条件：

（一）矿山企业投入采矿生产满1年；

（二）采矿权属无争议；

（三）按照国家有关规定已经缴纳采矿权使用费、采矿权价款、矿产资源补偿费和资源税；

（四）国务院地质矿产主管部门规定的其他条件。

国有矿山企业在申请转让采矿权前，应当征得矿山企业主管部门的同意。

《探矿权采矿权转让管理办法》第七条 探矿权或者采矿权转让的受让人，应当符合《矿产资源勘查区块登记管理办法》或者《矿产资源开采登记管理办法》规定的有关探矿权申请人或者采矿权申请人的条件。

《探矿权采矿权转让管理办法》第八条 探矿权人或者采矿权人在申请转让探矿权或者采矿权时，应当向审批管理机关提交下列资料：

（一）转让申请书；

（二）转让人与受让人签订的转让合同；

（三）受让人资质条件的证明文件；

（四）转让人具备本办法第五条或者第六条规定的转让条件的证明；

（五）矿产资源勘查或者开采情况的报告；

（六）审批管理机关要求提交的其他有关资料。

国有矿山企业转让采矿权时，还应当提交有关主管部门同意转让采矿权的批准文件。

《探矿权采矿权转让管理办法》第九条 转让国家出资勘查所形成的探矿权、采矿权的，必须进行评估。

国家出资勘查形成的探矿权、采矿权价款，由具有矿业权评估资质的评估机构进行评估；评估报告报探矿权、采矿权登记管理机关备案。

《探矿权采矿权转让管理办法》第十条 申请转让探矿权、采矿权的，审批管理机关应当自收到转让申请之日起40日内，作出准予转让或者不准转让的决定，并通知转让人和受让人。

准予转让的，转让人和受让人应当自收到批准转让通知之日起60日内，到原发证机关办理变更登记手续；受让人按照国家规定缴纳有关费用后，领取勘查许可证或者采矿许可证，成为探矿权人或者采矿权人。

批准转让的，转让合同自批准之日起生效。

不准转让的，审批管理机关应当说明理由。

《探矿权采矿权转让管理办法》第十一条 审批管理机关批准转让探矿权、采矿权后，应当及时通知原发证机关。

《探矿权采矿权转让管理办法》第十二条 探矿权、采矿权转让后，探矿权人、采矿权人的权利、义务随之转移。

《探矿权采矿权转让管理办法》第十三条 探矿权、采矿权转让后，勘查许可证、采矿许可证的有效期限，为原勘查许可证、采矿许可证的有效期减去已经进行勘查、采矿的年限的剩余期限。

《探矿权采矿权转让管理办法》第十四条 未经审批管理机关批准，擅自转让探矿权、采矿权的，由登记管理机关责令改正，没收违法所得，处10万元以下的罚款；情节严重的，由原发证机关吊销勘查许可证、采矿许可证。

（二）法律责任

1. 行政责任

【条文链接】

《中华人民共和国矿产资源法》第三十九条 违反本法规定，未取得采矿许可证擅自采矿的，擅自进入国家规划矿区、对国民经济具有重要价值的矿区范围采矿的，擅自开采国家规定实行保护性开采的特定矿种的，责令停止开采、赔偿损失，没收采出的矿产品和违法所得，可以并处罚款；拒不停止开采，造成矿产资源破坏的，依照刑法有关规定对直接责任人员追究刑事责任。

单位和个人进入他人依法设立的国有矿山企业和其他矿山企业矿区范围内采矿的，依照前款规定处罚。

《中华人民共和国矿产资源法》第四十条 超越批准的矿区范围采矿的，责令退回本矿区范围内开采、赔偿损失，没收越界开采的矿产品和违法所得，可以并处罚款；拒不退回本矿区范围内开采，造成矿产资源破坏的，吊销采矿许可证，依照刑法有关规定对直接责任人员追究刑事责任。

《中华人民共和国矿产资源法》第四十一条 盗窃、抢夺矿山企业和勘查单位的矿产品和其他财物的，破坏采矿、勘查设施的，扰乱矿区和勘查作业区的生产秩序、工作秩序的，分别依照刑法有关规定追究刑事责任；情节显著轻微的，依照治安管理处罚法有关规定予以处罚。

《中华人民共和国矿产资源法》第四十二条 买卖、出租或者以其他形式转让矿产资源的，没收违法所得，处以罚款。

违反本法第六条的规定将探矿权、采矿权倒卖牟利的，吊销勘查许可证、采矿许可证，没收违法所得，处以罚款。

《中华人民共和国矿产资源法》第四十五条 本法第三十九条、第四十条、第四十二条规定的行政处罚，由县级以上人民政府负责地质矿产管理工作的部门按照国务院地质矿产主管部门规定的权限决定。第四十三条规定的行政处罚，由县级以上人民政府工商行政管理部门决定。第四十四条规定的行政处罚，由省、自治区、直辖市人民政府地质矿产主管部门决定。给予吊销勘查许可证或者采矿许可证处罚的，须由原发证机关决定。

依照第三十九条、第四十条、第四十二条、第四十四条规定应当给予行政处罚而不给予行政处罚的，上级人民政府地质矿产主管部门有权责令改正或者直接给予行政处罚。

《中华人民共和国矿产资源法》第四十六条 当事人对行政处罚决定不服的，可以依法申请复议，也可以依法直接向人民法院起诉。

当事人逾期不申请复议也不向人民法院起诉，又不履行处罚决定的，由作出处罚决定的机关申请人民法院强制执行。

《中华人民共和国矿产资源法》第四十七条 负责矿产资源勘查、开采监督管理工作的国家工作人员和其他有关国家工作人员徇私舞弊、滥用职权或者玩忽职守，违反本法规定批准勘查、开采矿产资源和颁发勘查许可证、采矿许可证，或者对违法采矿行为不依法予以制止、处罚，构成犯罪的，依法追究刑事责任；不构成犯罪的，给予行政处分。违法颁发的勘查许可证、采矿许可证，上级人民政府地质矿产主管部门有权予以撤销。

《中华人民共和国矿产资源法》第四十八条 以暴力、威胁方法阻碍从事矿产资源勘查、开采监督管理工作的国家工作人员依法执行职务的，依照刑法有关规定追究刑事责任；拒绝、阻碍从事矿产资源勘查、开采监督管理工作的国家工作人员依法执行职务未使用暴力、威胁方法的，由公安机关依照治安管理处罚法的规定处罚。

《中华人民共和国矿产资源法》第四十九条 矿山企业之间的矿区范围的争议，由当事人协商解决，协商不成的，由有关县级以上地方人民政府根据依法核定的矿区范围处理；跨省、自治区、直辖市的矿区范围的争议，由有关省、自治区、直辖市人民政府协商解决，协商不成的，由国务院处理。

《探矿权采矿权转让管理办法》第十五条 违反本办法第三条第（二）项的规定，以承包等方式擅自将采矿权转给他人进行采矿的，由县级以上人民政府负责地质矿产管理工作的部门按照国务院地质矿产主管部门规定的权限，责令改正，没收违法所得，处10万元以下的罚款；情节严重的，由原发证机关吊销采矿许可证。

《探矿权采矿权转让管理办法》第十六条 审批管理机关工作人员徇私舞弊、滥用职权、玩忽职守，构成犯罪的，依法追究刑事责任；尚不构成犯罪的，依法给予行政处分。

2. 刑事责任

《中华人民共和国矿产资源法》禁止无证勘探和开采矿产资源。矿业企业在勘察许可证或者采矿许可证到期后，依旧进行开采或者越界进行开采的，则有可能涉及非法采矿罪、破坏性采矿罪。

【条文链接】

《中华人民共和国矿产资源法》第四十三条 违反本法规定收购和销售国家统一收购的矿产品的，没收矿产品和违法所得，可以并处罚款；情节严重的，依照刑法有关规定，追究刑事责任。

《中华人民共和国矿产资源法》第四十四条 违反本法规定，采取破坏性的开采方法开采矿产资源的，处以罚款，可以吊销采矿许可证；造成矿产资源严重破坏的，依照刑法有关规定对直接责任人员追究刑事责任。

《中华人民共和国刑法》第三百四十三条 违反矿产资源法的规定，未取得采矿许可证擅自采矿，擅自进入国家规划矿区、对国民经济具有重要价值的矿区和他人矿区范围采矿，或者擅自开采国家规定实行保护性开采的特定矿种，情节严重的，处三年以下有期徒刑、拘役或者管制，并处或者单处罚金；情节特别严重的，处三年以上七年以下有期徒刑，并处罚金。

违反矿产资源法的规定，采取破坏性的开采方法开采矿产资源，造成矿产资源严重破坏的，处五年以下有期徒刑或者拘役，并处罚金。

【案例链接】

企业未取得采矿许可证进行开采将承担什么法律责任？①

案情简介：2010年9月14日，民乐县利新建材经营部经祁连县政府常务会议研究批复同意在八宝河流域开办砂石厂。2011年8月25日，设立利新公司。同年10月24日，该公司通过青海省国土资源厅矿业权交易中心挂牌拍卖取得祁连县峨堡地区八宝河流域黑沟河段砂石矿采矿权。10月26日祁连县国土局向其颁发证号为×××的采矿许可证，有效期限三年（自2011年10月26日至2014年10月26日）。后因越界开采、非法采金及无证开采等违法行为，祁连县国土局根据《中华人民共和国矿产资源法》及《青海省矿产资源管理条例》等相关法律规定，对利新公司分别于2013年5月27日、9月2日、2014年8月18日三次进行了行政处罚，于2014年8月14日、2015年8月22日、2016年6月7日、2016年8月23日四次下达了《责令停止违法行为通知书》。同时，祁连县生态保护与环境治理领导小组办公室根据青海省委、省政府要求，针对其存在生态恢复治理问题，于2015年8月25日向其下发祁政环治（2015）81号《关于限期完成生态恢复治理工作的通知》；于2016年6月2日下发祁政环治（2016）13号《关于祁连县利新砂石料场生态恢复治理工作的整改通知》。由于利新公司一直没有完成生态恢复治理整改内容及以上事实，祁连县国土局、祁连县环保局、祁连县水利局、祁连县农牧局联合下发了祁水利发（2016）54号《关于祁连县利新砂石料场生态恢复治理问题整改的通知》（简称《通知》），以“利新砂石料场供砂主体兰新铁路、峨祁公路均已完工；利新砂石料场未按生态恢复治理方案完成治理任务；采矿许可证已到期”等理由，决定取缔利新砂石料场。利新公司组织机构代码证、营业执照企业名称、采矿许可证企业名称及公司印章均为“祁连利新沙石料加工有限公司”，起诉状及行政机关作出的《通知》等处出现的砂石料场系指该企业。

裁判结果：一审判决驳回利新沙石公司的诉讼请求。二审判决驳回上诉，维持原判。

合规分析：《中华人民共和国矿产资源法》第三条第三款规定：“勘查、开采矿产资源，必须依法分别申请、经批准取得探矿权、采矿权，并办理登记。”《河道管理条例》第二十五条规定：“在河道管理范围内进行下列活动，必须报经河道主管机关批准；涉及其他部门的，由河道主管机关会同有关部门批准：（一）采砂、取土、淘金、

---

① 青海省高级人民法院行政判决书（2017）青行终27号。

弃置砂石或者淤泥。”因此，在河道内开采矿产资源必须依法向河道主管机关和地质开采主管部门申请批准，经有权机关批准方取得开采权。《中华人民共和国矿产资源法》第十六条第四款规定：“开采第一款、第二款和第三款规定以外的矿产资源的管理办法，由省、自治区、直辖市人民代表大会常务委员会依法制定。”《青海省矿产资源管理条例》第二十五条第三款规定：“县级人民政府地质矿产主管部门审批登记前两款规定以外的其他可供开采的矿产储量规模为小型、零星分散的矿产资源和只能用作普通建筑材料的砂、石、粘土。”《青海省河道管理实施办法》第四条规定：“规定由省或州管理的河道采砂许可证，除省或州（地、市）河道主管机关另有规定外，由该河段所在地县（市）的河道主管机关负责审批发放。”那么，对普通建筑材料的砂、石的开采审批登记，由县级地质开采主管部门和河道主管部门负责。本案中，2014 年 10 月之前利新公司在青海省××县河段开采砂石，向祁连县国土局和祁连县水利局申请批准并取得采矿许可证和采砂许可证，属于合法开采。2014 年 10 月以后在两证不全的情况下开采砂石，属于擅自开采。

对未经批准擅自开采砂石的行为，按照原《无照经营查处取缔办法（2003 年）》第十七条“许可审批部门查处本办法第四条第一款第（一）项、第（五）项规定的违法行为，应当依照相关法律、法规的规定处罚；相关法律、法规对违法行为的处罚没有规定的，许可审批部门应当依照本办法第十四条、第十五条、第十六条的规定处罚”的规定，许可审批部门可以取缔。综上所述，除经批准获得采矿的单位和个人外，任何单位或者个人的采矿行为都是法律禁止的，相关许可审批部门有权予以查处。

【案例链接】

矿许可证载矿种与实际开采矿种名不副实将承担什么法律责任？①

案情简介：2011 年至 2018 年间，被告人吴某斌为获取非法利益，在贵州省黔西县注册成立某生物有机肥公司，公司业务所涉矿产资源为泥炭矿，由吴某斌担任公司法定代表人，被告人李某军担任公司副总经理并负责管理公司日常事务、协调办理泥炭矿手续事宜。公司成立后，吴某斌向毕节市国土资源局原局长王某某（另案处理）行贿，取得黔西金马骆岩泥炭矿等 5 家矿山的采矿许可证。之后，吴某斌先后注册成立 5 家泥炭矿公司，以发包、转让、合作开采等方式，分别将 5 家泥炭矿公司的采矿权交由被告人杨某等人经营。吴某斌、李某军、杨某等人在没有依法办理土地使用手续、没有依法取得煤炭采矿许可证的情况下，以开采泥炭为幌子，越过浅层地表大肆盗采煤炭资源并销售。为逃避国土部门对非法采矿的监管，吴某斌授意李某军多次向黔西县国土资源局原局长罗某某和黔西县国土资源局执法监察大队原大队长汤某（均另案处理）行贿。2019 年，因泥炭矿公司被省委巡视组发现有盗采矿产、破坏环境等系列违法犯罪，吴某斌寻求时任贵州省纪委省监委原正处级监察员广某（另案处理）的帮助，并向广某行贿。经查，吴某斌等人非法销售煤炭数量 267 万余吨，销售总金额逾 3.6 亿元；非法占用项目用地 2 714 亩，造成其中的 1 378 亩农用地严重破坏，无法恢复原耕种条件；为牟取不正当利益，向王某某、罗某某、汤某、广某行贿 383 万余元现金和价值 29 万余元的茅台酒。

---

① 最高人民检察院发布 4 件依法惩治盗采矿产资源犯罪典型案例。

裁判结果： 2021年12月16日，黔西市人民法院以杨某犯非法采矿罪，判处其有期徒刑三年六个月；2022年5月9日，黔西市人民法院以吴某斌和李某军犯非法采矿罪、行贿罪，数罪并罚，分别判处有期徒刑十五年六个月和有期徒刑八年；对三名被告人合计判处罚金980万元，追缴全部违法所得2.69亿余元。一审宣判后，吴某斌、李某军以量刑过重为由，提出上诉。二审开庭后，吴某斌撤回上诉。2022年7月6日，毕节市中级人民法院裁定驳回李某军上诉，维持原判。

合规分析： 本案中，被告人以获取非法利益为目的，成立某生物有机肥公司，并且以行贿的方式获得采矿许可证，此后，以开采泥炭为幌子越过浅层地表大肆盗采煤炭资源并销售。违反了《中华人民共和国刑法》第三百四十三条第一款的规定，构成非法采矿罪。

【合规建议】

（1）探矿权是矿业企业的核心资产，探矿权存续期间既涉及遵守勘查规范、地质资料汇交、勘查矿种变更等勘查行业方面监管义务，也可能存在探矿权延续、探矿权分立、探矿权保留、探矿权转让等行政许可事项。

（2）矿业企业行使采矿权时，既涉及遵守开采范围、开采期限、生产规模等矿山开采方面监管义务，也存在采矿权延续、主矿种变更、采矿权转让等行政许可事项，不同的领域和环节均存在合规风险点。为有效防控采矿权管理中的合规风险，矿业企业应按照合规管理法律政策要求，充分结合企业实际情况，建立专业化和体系化的采矿权合规管理机制，增强矿业企业合规管理的有效性。

三、水域

（一）生态保护

生态环境合规对于企业（尤其是生产建设型企业）经营具有至关重要的影响。一旦企业的不合规情形被查实，轻则被取消优惠待遇、罚款等，重则涉嫌刑事犯罪。《中华人民共和国长江保护法》《中华人民共和国黄河保护法》作为我国生态环境领域的重要立法，对于企业做好生态环境合规提出了新的要求，建议长江、黄河流域沿岸企业注意加强学习，并将相关新要求尽快融入企业环境合规体系建设中，以变应变。

【条文链接】

《中华人民共和国长江保护法》第二十七条第二款 禁止船舶在划定的禁止航行区域内航行。因国家发展战略和国计民生需要，在水生生物重要栖息地禁止航行区域内航行的，应当由国务院交通运输主管部门商国务院农业农村主管部门同意，并应当采取必要措施，减少对重要水生生物的干扰。

基于上述的规定，建议可能涉及长江航运的企业，在运营己方船舶时，应当关注有关部门发布的长江禁行或限航区域，必要时向有关部门咨询，在取得肯定答复后再航行。对于确需在水生生物重要栖息地等禁止航行区域内航行的情形，在航行前必须先取得国务院交通运输主管部门和国务院农业农村主管部门的批准，且严格按照批准所需采取的措施，采取必要措施的情况下进行航行。

（二）法律责任

1. 行政责任

【条文链接】

《中华人民共和国长江保护法》第八十四条 违反本法规定，有下列行为之一的，由有关主管部门按照职责分工，责令停止违法行为，给予警告，并处一万元以上十万元以下罚款；情节严重的，并处十万元以上五十万元以下罚款：

（一）船舶在禁止航行区域内航行的；

（二）经同意在水生生物重要栖息地禁止航行区域内航行，未采取必要措施减少对重要水生生物干扰的；

（三）水利水电、航运枢纽等工程未将生态用水调度纳入日常运行调度规程的；

（四）具备岸电使用条件的船舶未按照国家有关规定使用岸电的。

《中华人民共和国长江保护法》第八十五条 违反本法规定，在长江流域开放水域养殖、投放外来物种或者其他非本地物种种质资源的，由县级以上人民政府农业农村主管部门责令限期捕回，处十万元以下罚款；造成严重后果的，处十万元以上一百万元以下罚款；逾期不捕回的，由有关人民政府农业农村主管部门代为捕回或者采取降低负面影响的措施，所需费用由违法者承担。

《中华人民共和国长江保护法》第八十六条 违反本法规定，在长江流域水生生物保护区内从事生产性捕捞，或者在长江干流和重要支流、大型通江湖泊、长江河口规定区域等重点水域禁捕期间从事天然渔业资源的生产性捕捞的，由县级以上人民政府农业农村主管部门没收渔获物、违法所得以及用于违法活动的渔船、渔具和其他工具，并处一万元以上五万元以下罚款；采取电鱼、毒鱼、炸鱼等方式捕捞，或者有其他严重情节的，并处五万元以上五十万元以下罚款。

收购、加工、销售前款规定的渔获物的，由县级以上人民政府农业农村、市场监督管理等部门按照职责分工，没收渔获物及其制品和违法所得，并处货值金额十倍以上二十倍以下罚款；情节严重的，吊销相关生产经营许可证或者责令关闭。

《中华人民共和国长江保护法》第八十七条 违反本法规定，非法侵占长江流域河湖水域，或者违法利用、占用河湖岸线的，由县级以上人民政府水行政、自然资源等主管部门按照职责分工，责令停止违法行为，限期拆除并恢复原状，所需费用由违法者承担，没收违法所得，并处五万元以上五十万元以下罚款。

《中华人民共和国长江保护法》第八十八条 违反本法规定，有下列行为之一的，由县级以上人民政府生态环境、自然资源等主管部门按照职责分工，责令停止违法行为，限期拆除并恢复原状，所需费用由违法者承担，没收违法所得，并处五十万元以上五百万元以下罚款，对直接负责的主管人员和其他直接责任人员处五万元以上十万元以下罚款；情节严重的，报经有批准权的人民政府批准，责令关闭：

（一）在长江干支流岸线一公里范围内新建、扩建化工园区和化工项目的；

（二）在长江干流岸线三公里范围内和重要支流岸线一公里范围内新建、改建、扩建尾矿库的；

（三）违反生态环境准入清单的规定进行生产建设活动的。

《中华人民共和国长江保护法》第八十九条 长江流域磷矿开采加工、磷肥和含磷农药制造等企业违反本法规定，超过排放标准或者总量控制指标排放含磷水污染物的，由县级以上人民政府生态环境主管部门责令停止违法行为，并处二十万元以上二百万元以下罚款，对直接负责的主管人员和其他直接责任人员处五万元以上十万元以下罚款；情节严重的，责令停产整顿，或者报经有批准权的人民政府批准，责令关闭。

《中华人民共和国长江保护法》第九十条 违反本法规定，在长江流域水上运输剧毒化学品和国家规定禁止通过内河运输的其他危险化学品的，由县级以上人民政府交通运输主管部门或者海事管理机构责令改正，没收违法所得，并处二十万元以上二百万元以下罚款，对直接负责的主管人员和其他直接责任人员处五万元以上十万元以下罚款；情节严重的，责令停业整顿，或者吊销相关许可证。

《中华人民共和国长江保护法》第九十一条 违反本法规定，在长江流域未依法取得许可从事采砂活动，或者在禁止采砂区和禁止采砂期从事采砂活动的，由国务院水行政主管部门有关流域管理机构或者县级以上地方人民政府水行政主管部门责令停止违法行为，没收违法所得以及用于违法活动的船舶、设备、工具，并处货值金额二倍以上二十倍以下罚款；货值金额不足十万元的，并处二十万元以上二百万元以下罚款；已经取得河道采砂许可证的，吊销河道采砂许可证。

《中华人民共和国长江保护法》第九十二条 对破坏长江流域自然资源、污染长江流域环境、损害长江流域生态系统等违法行为，本法未作行政处罚规定的，适用有关法律、行政法规的规定。

《中华人民共和国黄河保护法》第一百一十条 违反本法规定，在黄河流域禁止开垦坡度以上陡坡地开垦种植农作物的，由县级以上地方人民政府水行政主管部门或者黄河流域管理机构及其所属管理机构责令停止违法行为，采取退耕、恢复植被等补救措施；按照开垦面积，可以对单位处每平方米一百元以下罚款、对个人处每平方米二十元以下罚款。

违反本法规定，在黄河流域损坏、擅自占用淤地坝的，由县级以上地方人民政府水行政主管部门或者黄河流域管理机构及其所属管理机构责令停止违法行为，限期治理或者采取补救措施，处十万元以上一百万元以下罚款；逾期不治理或者不采取补救措施的，代为治理或者采取补救措施，所需费用由违法者承担。

违反本法规定，在黄河流域从事生产建设活动造成水土流失未进行治理，或者治理不符合国家规定的相关标准的，由县级以上地方人民政府水行政主管部门或者黄河流域管理机构及其所属管理机构责令限期治理，对单位处二万元以上二十万元以下罚款，对个人可以处二万元以下罚款；逾期不治理的，代为治理，所需费用由违法者承担。

《中华人民共和国黄河保护法》第一百一十二条 违反本法规定，禁渔期内在黄河流域重点水域从事天然渔业资源生产性捕捞的，由县级以上地方人民政府农业农村主管部门没收渔获物、违法所得以及用于违法活动的渔船、渔具和其他工具，并处一万元以上五万元以下罚款；采用电鱼、毒鱼、炸鱼等方式捕捞，或者有其他严重情节的，并处五万元以上五十万元以下罚款。

违反本法规定，在黄河流域开放水域养殖、投放外来物种或者其他非本地物种种质资源的，由县级以上地方人民政府农业农村主管部门责令限期捕回，处十万元以下罚款；造成严重后果的，处十万元以上一百万元以下罚款；逾期不捕回的，代为捕回或者采取降低负面影响的措施，所需费用由违法者承担。

违反本法规定，在三门峡、小浪底、故县、陆浑、河口村水库库区采用网箱、围网或者拦河拉网方式养殖，妨碍水沙调控和防洪的，由县级以上地方人民政府农业农村主管部门责令停止违法行为，拆除网箱、围网或者拦河拉网，处十万元以下罚款；造成严重后果的，处十万元以上一百万元以下罚款。

《中华人民共和国黄河保护法》第一百一十三条 违反本法规定，未经批准擅自取水，或者未依照批准的取水许可规定条件取水的，由县级以上地方人民政府水行政主管部门或者黄河流域管理机构及其所属管理机构责令停止违法行为，限期采取补救措施，处五万元以上五十万元以下罚款；情节严重的，吊销取水许可证。

《中华人民共和国黄河保护法》第一百一十六条 违反本法规定，黄河流域农业灌溉取用深层地下水的，由县级以上地方人民政府水行政主管部门或者黄河流域管理机构及其所属管理机构责令限期整改，可以处十万元以下罚款；情节严重的，处十万元以上五十万元以下罚款，吊销取水许可证。

《中华人民共和国黄河保护法》第一百一十八条 违反本法规定，有下列行为之一的，由县级以上地方人民政府水行政主管部门或者黄河流域管理机构及其所属管理机构责令停止违法行为，限期拆除违法建筑物、构筑物或者恢复原状，处五万元以上五十万元以下罚款；逾期不拆除或者不恢复原状的，强制拆除或者代为恢复原状，所需费用由违法者承担：

（一）在河道、湖泊管理范围内建设妨碍行洪的建筑物、构筑物或者从事影响河势稳定、危害河岸堤防安全和其他妨碍河道行洪的活动；

（二）违法利用、占用黄河流域河道、湖泊水域和岸线；

（三）建设跨河、穿河、穿堤、临河的工程设施，降低行洪和调蓄能力或者缩小水域面积，未建设等效替代工程或者采取其他功能补救措施；

（四）侵占黄河备用入海流路。

2. 民事责任

【条文链接】

《中华人民共和国长江保护法》第九十三条 因污染长江流域环境、破坏长江流域生态造成他人损害的，侵权人应当承担侵权责任。

违反国家规定造成长江流域生态环境损害的，国家规定的机关或者法律规定的组织有权请求侵权人承担修复责任、赔偿损失和有关费用。

《中华人民共和国黄河保护法》第一百一十九条 违反本法规定，在黄河流域破坏自然资源和生态、污染环境、妨碍防洪安全、破坏文化遗产等造成他人损害的，侵权人应当依法承担侵权责任。

违反本法规定，造成黄河流域生态环境损害的，国家规定的机关或者法律规定的组织有权请求侵权人承担修复责任、赔偿损失和相关费用。

3. 刑事责任

【条文链接】

《中华人民共和国长江保护法》第九十四条 违反本法规定，构成犯罪的，依法追究刑事责任。

《中华人民共和国黄河保护法》第一百二十条 违反本法规定，构成犯罪的，依法追究刑事责任。

第八节　劳动人事合规

在企业经营管理中，企业劳动人事合规是极其重要的环节，能够最大限度地保护用人单位以及劳动者的合法利益，提高生产效率，尽可能地避免劳动纠纷的产生。反之，如果企业劳动用工不合规、不合法，则会产生大量的法律纠纷，甚至碰触刑事底线。本节介绍劳动用工过程中涉及劳动合同的订立、变更、解除以及用人单位赔偿等重点内容，提出合规建议，以便用人单位在用工过程中能明晰自身法定义务，完善劳动用工合规管理，依法保障劳动者的合法权益，从而建立起健康有序的用工关系。

一、劳动合同

（一）劳动合同的订立

劳动合同是用人单位与劳动者之间建立劳动关系的协议，同时是保障劳动者合法权益的一种凭证。劳动合同可以在不违反法律规定的基础上自主确定相关条款或事项的内容，但一般应当包含以下方面：合同期限、工作内容、劳动条件和劳动保护、劳动纪律、合同终止条件、违反合同的责任等。在用人单位和劳动者发生争议时，劳动合同可以作为劳动关系事项的证明。

【条文链接】

《中华人民共和国劳动法》第十九条　劳动合同应当以书面形式订立，并具备以下条款：

（一）劳动合同期限；

（二）工作内容；

（三）劳动保护和劳动条件；

（四）劳动报酬；

（五）劳动纪律；

（六）劳动合同终止的条件；

（七）违反劳动合同的责任。

劳动合同除前款规定的必备条款外，当事人可以协商约定其他内容。

《中华人民共和国劳动合同法》第七条　用人单位自用工之日起即与劳动者建立劳动关系。用人单位应当建立职工名册备查。

《中华人民共和国劳动合同法》第十条　建立劳动关系，应当订立书面劳动合同。

已建立劳动关系，未同时订立书面劳动合同的，应当自用工之日起一个月内订立书面劳动合同。

用人单位与劳动者在用工前订立劳动合同的，劳动关系自用工之日起建立。

【案例链接】

缺少必备条款能否认定为劳动合同？①

案情简介：聂某与北京甲公司签订了“合作设立茶叶经营项目的协议”，并在合同中约定了如下内容：聘任聂某为项目经理，由聂某负责公司的管理和经营；待项目启动后，双方相继共同设立公司，聂某可享有管理股份；在公司设立之前，乙方按基本工资加业绩方式取酬。公司设立之后，按双方的持股比例进行分配。乙方负责管理和经营，取酬方式：基本工资+业绩、奖励+股份分红。该协议签订后，聂某到该项目上工作且甲公司法定代表人林某按照每月基本工资10 000元的标准，每月15日通过银行转账向聂某发放上一自然月工资。聂某请假需经林某批准，且实际出勤天数影响工资的实发数额。随后甲公司通知聂某终止合作协议。

合规分析：根据《中华人民共和国劳动法》第十九条的规定，劳动合同应以书面形式订立，并具备以下内容：（一）劳动合同期限；（二）工作内容；（三）劳动保护和劳动条件；（四）劳动报酬；（五）劳动纪律；（六）劳动合同终止的条件；（七）违反劳动合同的责任。在本案中，聂某与甲公司的合同虽然名为“合作设立茶叶经营项目的协议”，但在其中出现了“聘任”聂某为项目经理并负责公司的管理、运营。甲公司法定代表人林某向聂某所发放的工资也符合用人单位向劳动者支付劳动报酬的要求。因此，“合作设立茶叶经营项目的协议”的性质为劳动合同。

对用人单位而言，在订立劳动合同的过程中，即便是缺少了部分必备条款但只要合同在履行的过程中出现了实际的雇佣关系则可能将该合同认定为劳动合同并确立合同双方的劳动关系。

【合规建议】

用人单位制定格式劳动合同或针对特定劳动者订立的劳动合同，应当对合同内容各项条款进行明确或者予以解释，以避免因为内容不清而产生的劳动争议。例如，对于固定期限的劳动合同，要注明劳动者进行劳动的起止时间；对于劳动报酬，要明确支付日期及支付周期。

（二）劳动合同的变更

劳动合同的变更，指劳动合同依法订立后，在合同尚未履行或者尚未履行完毕之前，经用人单位与劳动者协商同意，对劳动合同的部分内容进行重新约定的法律行为。双方通过对劳动合同的部分条款进行修改、补充或删减，将双方权利义务关系重新进行调整和规定，使劳动合同适应变化了的新情况，从而保证劳动合同的继续履行。

1. 主体变更

实践中经常会发生用人单位合并或分立的情况，但是由于原劳动合同的履行、劳动者工作年限的计算等因素无法做“切割”处理，此时，原用人单位的权利和义务就由承继其权利和义务的新的用人单位承继。因此，用人单位名称变更不影响劳动合同履行，用人单位合并或分立的，原劳动合同继续有效，由新用人单位继续履行。

【条文链接】

《中华人民共和国劳动合同法》第三十三条 用人单位变更名称、法定代表人、主

---

① 北京市高级人民法院民事判决书（2019）京民申986号。

要负责人或者投资人等事项，不影响劳动合同的履行。

《中华人民共和国劳动合同法》第三十四条 用人单位发生合并或者分立等情况，原劳动合同继续有效，劳动合同由承继其权利和义务的用人单位继续履行。

【合规建议】

（1）用人单位变更名称、法定代表人、主要负责人或者投资人等事项，不影响劳动合同的履行。原劳动合同还是继续有效，按照原劳动合同继续履行。

（2）用人单位发生合并或者分立等情况，原劳动合同继续有效，劳动合同由承继其权利和义务的用人单位继续履行。

（3）劳动者的国籍变更不必然导致劳动合同变更、劳动合同无效。主要的问题在于“外国人”是否满足在中国就业的许可条件，如果没有办理“外国人就业证”就属于非法就业。

2. 内容变更

依法签订的劳动合同是具有法律效力的，签订合同的双方当事人应当全面履行自己的义务。没有法定的变更事由，也没有经过双方当事人协商，任何一方都不能随意变更合同的内容。例如工作职位是劳动合同中十分重要的一项内容，也是劳动合同的必备条款之一，更改工作职位可以视为对合同的变更，用人单位不能随便调换劳动者的职位。

【条文链接】

《中华人民共和国劳动法》第十七条 订立和变更劳动合同，应当遵循平等自愿、协商一致的原则，不得违反法律、行政法规的规定。

劳动合同依法订立即具有法律约束力，当事人必须履行劳动合同规定的义务。

《中华人民共和国劳动法》第二十六条 有下列情形之一的，用人单位可以解除劳动合同，但是应当提前三十日以书面形式通知劳动者本人：

（一）劳动者患病或者非因工负伤，医疗期满后，不能从事原工作也不能从事由用人单位另行安排的工作的；

（二）劳动者不能胜任工作，经过培训或者调整工作岗位，仍不能胜任工作的；

（三）劳动合同订立时所依据的客观情况发生重大变化，致使原劳动合同无法履行，经当事人协商不能就变更劳动合同达成协议的。

《中华人民共和国劳动合同法》第三十五条 用人单位与劳动者协商一致，可以变更劳动合同约定的内容。变更劳动合同，应当采用书面形式。

变更后的劳动合同文本由用人单位和劳动者各执一份。

【合规建议】

（1）劳动合同的内容变更必须具备“协商一致”和“书面形式”两个法定条件。变更的内容主要包括岗位、工作地点、薪资待遇等调整和变化。

（2）狭义上的调岗，仅指单位内部工作岗位调整或工作职责、工作内容的变动，用人单位和劳动者达成合意而调整工作岗位。建议用人单位通过劳动合同、岗位协议等事先约定调岗的条件，如对岗位期限的明确约定，以避免在岗位期限届满后，进行调岗处理时引发争议。

（3）工作地点关乎劳动者的切身利益，建议用人单位在招聘或录用条件中，明确告知应聘的劳动者，在后续的工作过程中，工作地点会根据单位需要而调整。同时，在单位内部通过相关规章制度对部分需要经常调整工作地点的岗位进行具体管理规定。

（4）针对可预期性的岗位或工作地点变更，建议在劳动合同中进行明确约定。比如，劳动合同可以作如下约定："双方确认，乙方的工作岗位属于甲方定期或不定调岗、轮岗的岗位序列。乙方对此已知悉，并愿意遵照履行。"

（三）劳动合同的解除

劳动合同的解除标志着用人单位与劳动者之间劳动关系的终结，也意味着双方不再受劳动合同的约束，不需要继续履行劳动合同所约定的义务。实践中，绝大部分劳动争议发生在劳动者离职阶段，并且与劳动合同的解除或终止有关。因此，防控了离职阶段的法律风险，就防控了绝大部分的劳动用工风险。

1. 协商解除

劳动合同解除分为单方解除和双方解除，其中双方解除即劳资双方协商解除，协商解除劳动合同成本低、风险小，且实务操作空间极大，对用人单位来说，协商解除劳动合同优势明显。无论何种劳动者，甚至是工伤员工、医疗期员工、"三期"女员工等均可以协商解除，但必须是劳动者真实的意思表示。这是协商解除劳动合同的前提条件，也是确保协商解除劳动合同协议书有效性的前提和基础。

【条文链接】

《中华人民共和国劳动合同法》第三十六条 用人单位与劳动者协商一致，可以解除劳动合同。

【案例链接】

协商解除劳动合同后员工否认如何处理？①

案情简介： X某于2014年10月13日入职上海某日资企业担任品质保证高级经理，后担任制造部门工厂长，2016年5月23日被任命为施工管理部部长兼安装管理课长。双方最后一次签订劳动合同的期限为2015年10月14日至2018年10月13日。X某离职前工资标准为每月20 200元。X某最后工作至2017年6月30日，当日公司向其出具"劳动合同解除协议书"，载明："经甲（公司）乙（X某）双方平等友好协商，达成一致意见……甲乙双方所订立的劳动合同至2017年6月30日解除。甲方支付乙方经济补偿金（含税）78 736元，乙方对此表示同意。本协议自双方签字之日起生效。"协议下方，公司在甲方代表处签字盖章，X某在乙方签字的横线下方书写"收到"并签署姓名及日期（一式两份，X某签字后公司再盖章；下同）。同日，公司向X某出具"保密协议"，其首部载明"鉴于：甲乙双方经充分协商就解除劳动合同事宜达成一致，并已经签署'劳动合同解除协议书'……"协议下方，公司在甲方处签字盖章，X某在乙方处下方书写"收到了"并签署姓名及日期。同日，X某在员工离职移交清册上签字并办理工作交接，公司于当日向其开具上海市单位退工证明。是日，距X某达到法定退休年龄还有一年半。

2017年7月5日，公司人事部长通过微信询问X某在协议上的"签字是什么意思"，称"不同意的话公司就不能支付（经济补偿金）"。X某未予回复。

---

① 上海市第一中级人民法院民事判决书（2018）沪01民终3964号。

2017 年 7 月 13 日，X 某向上海市劳动人事争议仲裁委员会申请仲裁，请求：公司自 2017 年 6 月 30 日起恢复与其的劳动关系，支付该日至仲裁裁决之日的工资，支付一年间的“出差津贴”2 万元（此项“一裁二审”均未支持）。

2017 年 9 月 30 日，公司向 X 某支付 78 736 元经济补偿金。

裁判结果：一审法院支持公司要求不恢复与 X 某劳动关系的诉讼请求，公司无须支付 2017 年 7 月 13 日至同年 9 月 14 日（仲裁裁决日）的工资 4.1 万余元，驳回 X 某的全部诉讼请求。

合规分析：《中华人民共和国劳动合同法》第三十六条规定：“用人单位与劳动者协商一致，可以解除劳动合同。”协商解除劳动合同一般应由双方签订书面协议书。若员工提出解除劳动合同，用人单位通常不宜按协商解除劳动合同处理，而应要求员工提交本人签字的书面辞呈（辞职书），辞呈应意思表示明确，不应让员工随意附加条件，否则容易引发争议。

本案中，X 某关于其是否同意“劳动合同解除协议书”内容的“前后陈述矛盾”，上述 X 某的行为来看，双方已就协商解除劳动合同达成了一致意见并已签订书面协议。因此，双方签订的“劳动合同解除协议书”已经生效。

【合规建议】

（1）协商过程应“留痕”，即要有具体协商过程的相关表单。

（2）建议在协商解除劳动合同协议书的条款设计上，增加“无欺诈承诺条款”“违约责任条款”和“追索返还条款”。

（3）协商解除劳动合同协议书的内容条款不能违反法律、行政法规的强制性规定，是保证其合法性的关键。常见的争议条款有两种：一是“弃权承诺”条款——如“乙方放弃追究甲方未缴纳社保的权利”；二是“无争议承诺”条款——如“甲、乙自本协议签订履行后，再无任何争议”。

2. 用人单位解除

用人单位可以通过在单位内部制定规章制度管理劳动者。对严重违反用人单位的规章制度的，用人单位有权单方解除劳动合同。

（1）过失性辞退。

过失性辞退是指基于劳动者的过错行为，法律赋予用人单位即时解除劳动合同的权利。在过失性辞退中，劳动者因自身意愿造成其不符合用人单位的要求，或者违反法律规定给用人单位带来重大损害，用人单位无须向劳动者进行经济性补偿便可以直接单方解除劳动合同。因此劳动法律法规对用人单位的过失性辞退的适用进行了更为严格的限制。

【条文链接】

《中华人民共和国劳动法》第四条 用人单位应当依法建立和完善规章制度，保障劳动者享有劳动权利和履行劳动义务。

《中华人民共和国劳动合同法》第三十九条 劳动者有下列情形之一的，用人单位可以解除劳动合同：

（一）在试用期间被证明不符合录用条件的；

（二）严重违反用人单位的规章制度的；

（三）严重失职，营私舞弊，给用人单位造成重大损害的；

（四）劳动者同时与其他用人单位建立劳动关系，对完成本单位的工作任务造成严重影响，或者经用人单位提出，拒不改正的；

（五）因本法第二十六条第一款第一项规定的情形致使劳动合同无效的；

（六）被依法追究刑事责任的。

【案例链接】

过失性辞退应当如何判定？①

案情简介：M与某知名互联网公司上海分公司（从事电子商务）工作签订劳动合同至2013年2月2日。合同约定M某担任销售专员工作，同时约定根据经营需要公司可制定规章制度，M某应严格遵守；M某违反规章制度，公司有权根据规章制度进行处分，包括但不限于警告、记过、直至解除劳动合同。

根据公司于2009年7月10日修订的《（准）黑名单客户管理规定》（以下简称《管理规定》），要求专员跟进客户时提高警觉性，与新客户签单前必须上门拜访其办公场所，疑似非诚信客户一律不得签单；明知客户生产或销售假冒伪劣商品或其他侵权商品的，一律不得签单；被公司列入（准）黑名单的客户，一律不允许再与其签单，包括该客户转介绍、重新注册的公司等。另据公司于2009年5月1日修订的《销售处分规定》，明知客户生产或销售假冒伪劣商品或其他侵权商品，或已经被公司诚信安全部列入（准）黑名单仍与其签单，或者与上述客户转介绍的公司、另行注册的公司等有关联的公司签单，属于严重违规行为之一，由公司辞退。

2010年9月21日，公司通过电子邮件向M某发出终止服务预通知，告知M某，其此前多次拜访的上海某商贸公司被列为黑名单。M某在仲裁期间认可邮箱地址属其使用。2010年11月17日，上海某国际贸易公司与本案公司签约，合同显示M某为本案公司联系人。M某的拜访记录显示，上述上海某国际贸易公司的联系人之一与上述上海某商贸公司的联系人之一均系史某（同一人）。

此外，M某还与香港、上海等地多家问题客户（指被本案公司严重警告和“限权”的客户）或黑名单客户签约或续订合同。其间，公司多次以电子邮件等方式发出提示。由此导致公司对M某扣款及罚款共计3.8万余元。

2011年2月28日，公司以M某存在严重失职行为为由，通知其解除劳动合同。

2011年3月22日，M某向上海市长宁区劳动争议仲裁委员会申请仲裁，要求公司支付违法解除劳动合同赔偿金等。

裁判结果：一审判决：（1）驳回M某的诉讼请求（其中一项是要求公司支付其7年间的休息日加班工资共计46万余元）；（2）公司返还M某（部分）扣款3.6万余元；（3）支持公司不支付M某解除劳动合同赔偿金16万余元的诉讼请求（第四项系关于年休假工资，法院支持了公司）。二审法院认为原审事实认定无误，依法予以确认。遂于2012年4月18日判决驳回上诉，维持原判。

合规分析：本案是一起因企业对员工予以过失性辞退（以严重违反用人单位规章制度为由单方解除劳动合同）导致的劳动争议。企业劳动用工的合法性在一定程度上取决于用人单位的实际操作。公司已在内部局域网上公布《销售处分规定》，明文规定

---

① 上海市第一中级人民法院民事判决书（2012）沪一中民三（民）终字第157号。

与黑名单公司或其关联公司签约的，将导致辞退（解除劳动合同）的后果，M某作为公司老员工，不可能不知晓上述规定。M某（与黑名单客户关联公司签约）的行为“违反了诚信原则”，公司根据《销售处分规定》对其作出辞退决定，并未违反法律规定。

【合规建议】

用人单位以劳动者存在过失为由辞退劳动者，为了更好的减低辞退的成本，结合《中华人民共和国劳动合同法》第三十九条的要求，用人单位应该做到以下几点：

①对于第一种情形，用人单位要对“录用条件”事先进行明确界定并公示，并做好试用期内的考核工作。在试用期内一经发现劳动者不符合录用条件，用人单位应即时解除劳动合同。

②对于第二、三、四种情形，用人单位对于哪些情形属于“严重违反”“严重失职”“重大损害”“严重影响”等要在其内部规章制度中予以规定并公示，让劳动者清楚明白地知道单位有哪些规定是属于即时被辞退的情形，从而降低用人单位在以后可能发生的仲裁或诉讼中的败诉率。

③对于第五种情形，即劳动者以欺诈、胁迫的手段或者乘人之危，使用人单位在违背真实意思的情况下订立或者变更劳动合同，该劳动合同无效。对于这种无效有争议的，由劳动争议仲裁机构或者人民法院确认。无效确认后，用人单位也才享有即时解除劳动合同的权利。

④对于最后一种情形，用人单位要了解何谓“被追究刑事责任”，即被人民检察院免于起诉的、被人民法院判处刑罚的、被人民法院依据刑法第三十二条免于刑事处分的。

（2）无过失性辞退与经济性裁员。

无过失性辞退是指劳动者没有实质过失，但因其他原因造成无法继续履行劳动合同时，用人单位可以通过法律规定的流程并给予劳动者一定的经济性补偿后与劳动者解除劳动合同。

经济性裁员则是指用人单位因具有法律规定的情形需要裁减部分劳动者时而通过法律规定的程序向工会或者全体职工说明情况，听取工会或者职工的意见后，裁减人员方案经向劳动行政部门报告，可以裁减人员。

无过失性辞退与经济性裁员的共同点在于都要向被解除劳动合同的劳动者进行一定的经济性补偿，并且要受到其他法律的限制不能对特定的劳动者行使该项权利。

【条文链接】

《中华人民共和国劳动合同法》第四十条 有下列情形之一的，用人单位提前三十日以书面形式通知劳动者本人或者额外支付劳动者一个月工资后，可以解除劳动合同：

（一）劳动者患病或者非因工负伤，在规定的医疗期满后不能从事原工作，也不能从事由用人单位另行安排的工作的；

（二）劳动者不能胜任工作，经过培训或者调整工作岗位，仍不能胜任工作的；

（三）劳动合同订立时所依据的客观情况发生重大变化，致使劳动合同无法履行，经用人单位与劳动者协商，未能就变更劳动合同内容达成协议的。

《中华人民共和国劳动合同法》第四十一条 有下列情形之一，需要裁减人员二十人以上或者裁减不足二十人但占企业职工总数百分之十以上的，用人单位提前三十日向工会或者全体职工说明情况，听取工会或者职工的意见后，裁减人员方案经向劳动行政部门报告，可以裁减人员：

（一）依照企业破产法规定进行重整的；

（二）生产经营发生严重困难的；

（三）企业转产、重大技术革新或者经营方式调整，经变更劳动合同后，仍需裁减人员的；

（四）其他因劳动合同订立时所依据的客观经济情况发生重大变化，致使劳动合同无法履行的。

裁减人员时，应当优先留用下列人员：

（一）与本单位订立较长期限的固定期限劳动合同的；

（二）与本单位订立无固定期限劳动合同的；

（三）家庭无其他就业人员，有需要扶养的老人或者未成年人的。

用人单位依照本条第一款规定裁减人员，在六个月内重新招用人员的，应当通知被裁减的人员，并在同等条件下优先招用被裁减的人员。

【案例链接】

用人单位内部组织架构改变属于客观情况发生重大变化吗？①

案情简介：原告邱某于2006年8月入职被告某公司。2014年9月25日，双方签订了无固定期限劳动合同。2014年下半年开始，某公司对组织架构进行调整，邱某的职务由东北大区经理变更为总经理办公室项目协调经理，工作地点由长春市变更至上海市，职务等级和工资待遇保持不变。

2015年4月28日至5月5日，双方多次就劳动合同的变更与劳动关系的解除进行商谈，但没有达成一致。某公司于2015年5月8日发出解除劳动合同通知，以订立劳动合同时所依据的客观情况发生重大变化为由与邱某解除了劳动关系，并向其支付了经济补偿金。邱某于2015年向仲裁委提出申请，请求：某公司向邱某支付违法解除劳动关系经济赔偿金。长春市朝阳区仲裁委员会于2015年11月3日下达了长朝劳人仲裁字2015第69号仲裁裁决书，裁决对邱某的仲裁请求不予支持。邱某遂提起诉讼。

裁判结果：法院认为，客观情况发生重大变化应当是指用人单位面临的外部环境发生了其自身无法改变或者不能控制的重大变故，变更劳动者岗位或者与其解除劳动合同是用人单位不得不面对的事实，具有很强的被动性。而本案某公司进行自身内部结构调整是为了追求更高利润，将东北大区和西北大区合并，择优选择西北大区的负责人接替邱某的工作岗位，其单方面变更双方签订的劳动合同中的工作地点和工作岗位，违反了劳动合同法的规定，不应认定为某公司客观情况发生重大变化。故某公司解除与邱某间的劳动关系系违法解除。

合规分析：根据《中华人民共和国劳动合同法》第四十条第三项的规定，劳动合同订立时所依据的客观情况发生重大变化，是劳动合同变更的一个重要事由。所谓“劳动合同订立时所依据的客观情况发生重大变化”，主要是指：（1）订立劳动合同所依据的法律、法规已经修改或者废止。（2）用人单位方面的原因。用人单位经上级主管部门批准或者根据市场变化决定转产、调整生产任务或者生产经营项目等。（3）劳动者方面的原因。如劳动者的身体健康状况发生变化、劳动能力部分丧失、所在岗位

---

① 吉林省高级人民法院民事判决书（2017）吉民再296号。

与其职业技能不相适应、职业技能提高了一定等级等，造成原劳动合同不能履行或者如果继续履行原合同规定的义务对劳动者明显不公平。（4）客观方面的原因。主要有：①不可抗力的发生，使得原来合同的履行成为不可能或者失去意义。不可抗力是指当事人所不能预见、不能避免并不能克服的客观情况，如自然灾害、意外事故、战争等。②物价大幅度上升等客观经济情况变化致使劳动合同的履行会花费太大代价而失去经济上的价值。

很多用人单位为了降低运营成本、提高效益，通过内部组织架构调整的方式使劳动者原工作岗位不复存在，进而解除劳动合同。这种情形不属于劳动法、劳动合同法规定的“劳动合同订立时所依据的客观情况发生重大变化”。在协商不成解除劳动合同时，用人单位应当向劳动者支付赔偿金。

【合规建议】

无过失性辞退的情形：

①劳动者患病或非因工受伤在规定医疗期满后无法从事原工作也无法从事用人单位安排的其他工作；

②劳动者不能胜任工作且在接受相关培训后仍不能胜任工作的；

③劳动合同订立时所依据的客观情况发生重大变化致使劳动合同无法履行且未能通过协商达成协议。

无过失性辞退的责任：

①用人单位需提前三十日以书面形式通知劳动者或者额外支付一个月工资后，可以解除劳动合同；

②支付的一个月工资按该劳动者上一个月的工资标准确定，且还需向劳动者支付经济补偿；

③劳动者不能胜任工作的应先经过培训或者调整工作岗位，如果没有经过培训或者调整工作岗位就解除劳动合同的，属于违法裁员。

经济性裁员的情形：

①依照企业破产法进行重整的；

②生产经营发生严重困难的；

③由于企业转产、经营方式变更、调整，在调整劳动合同后仍需裁员的；

④其他因劳动合同订立时所依据的客观经济情况发生重大变化，致使劳动合同无法履行的。

经济性裁员的责任：

①用人单位需要裁减人员超过二十人或者在二十人以内但占企业职工总数百分之十以上时，用人单位可以在提前三十日向工会或全体职工说明情况、听取工会或职工的意见并且裁减人员的方案向劳动行政部门报告后，才可以裁减人员，用人单位应当向劳动者支付经济补偿。

②经济性裁员时应当优先留用与本单位订立较长期限的固定期限劳动合同的人员、与本单位订立无固定期限劳动合同的人员，以及家庭无其他就业人员且有需要扶养的老人或未成年人。

③用人单位进行经济性裁员的六个月内重新招用人员的，应当优先考虑被裁减的人员。

(3) 用人单位不得解除情形。

【条文链接】

《中华人民共和国劳动法》第二十九条 劳动者有下列情形之一的，用人单位不得依据本法第二十六条、第二十七条的规定解除劳动合同：

(一) 患职业病或者因工负伤并被确认丧失或者部分丧失劳动能力的；

(二) 患病或者负伤，在规定的医疗期内的；

(三) 女职工在孕期、产期、哺乳期内的；

(四) 法律、行政法规规定的其他情形。

《中华人民共和国劳动合同法》第四十二条 劳动者有下列情形之一的，用人单位不得依照本法第四十条、第四十一条的规定解除劳动合同：

(一) 从事接触职业病危害作业的劳动者未进行离岗前职业健康检查，或者疑似职业病病人在诊断或者医学观察期间的；

(二) 在本单位患职业病或者因工负伤并被确认丧失或者部分丧失劳动能力的；

(三) 患病或者非因工负伤，在规定的医疗期内的；

(四) 女职工在孕期、产期、哺乳期的；

(五) 在本单位连续工作满十五年，且距法定退休年龄不足五年的；

(六) 法律、行政法规规定的其他情形。

【合规建议】

为了保证劳动者的合法权益，法律明确规定了用人单位不得解除合同的情形，如前述的因工负伤丧失劳动能力。用人单位必须严格遵守法律的规定，不得违法解聘劳动者。

3. 劳动者解除

为了更好地保护劳动者的合法权益，防止用人单位损害劳动者的合法权益，法律赋予了劳动者单方解除劳动合同的权利。当用人单位未按照合同约定提供劳动保护或者劳动条件，或违反法律规定损害劳动者合法权益的，劳动者可以立即解除劳动合同。

相较于用人单位的单方劳动合同解除权，劳动者的该项权利限制更小且法律明文规定了劳动者在行使单方劳动合同解除权时可以获得经济性补偿。

对于用人单位而言，既要确保其行为不成为劳动者解除劳动合同的理由，又要及时给予单方解除劳动合同的劳动者符合法律规定的经济性补偿，从而防止出现劳动争议。

【条文链接】

《中华人民共和国劳动合同法》第三十二条 劳动者拒绝用人单位管理人员违章指挥、强令冒险作业的，不视为违反劳动合同。

劳动者对危害生命安全和身体健康的劳动条件，有权对用人单位提出批评、检举和控告。

《中华人民共和国劳动合同法》第三十八条 用人单位有下列情形之一的，劳动者可以解除劳动合同：

(一) 未按照劳动合同约定提供劳动保护或者劳动条件的；

(二) 未及时足额支付劳动报酬的；

(三) 未依法为劳动者缴纳社会保险费的；

（四）用人单位的规章制度违反法律、法规的规定，损害劳动者权益的；

（五）因本法第二十六条第一款规定的情形致使劳动合同无效的；

（六）法律、行政法规规定劳动者可以解除劳动合同的其他情形。

用人单位以暴力、威胁或者非法限制人身自由的手段强迫劳动者劳动的，或者用人单位违章指挥、强令冒险作业危及劳动者人身安全的，劳动者可以立即解除劳动合同，不需事先告知用人单位。

【合规建议】

为了避免劳动者单方解除劳动合同影响正常生产经营活动，用人单位应当在订立劳动合同时诚实守信，不以暴力、威胁或者非法限制人身自由的手段强迫劳动者劳动，避免违章指挥、强令冒险作业从而危及劳动者的人身安全，按照合同约定提供必要的劳动保护或劳动条件，及时向劳动者支付足额劳动报酬，依法为劳动者缴纳社会保险费，规章制度不得损害劳动者权益。在符合经济性补偿的情形下，用人单位应进行经济性补偿。

4. 劳动合同解除后的事宜

尽管用人单位与劳动者解除劳动合同之后劳动关系不再存在，但由于部分劳动者为用人单位工作时间较长，接触用人单位的商业秘密更多；用人单位还负责劳动者的人事档案保存、交接工作，因此无论是为了劳动者能够保守商业秘密，还是用人单位配合劳动者在解除劳动合同后与其他用人单位订立劳动合同，都需要对用人单位与劳动者在解除劳动合同之后的责任、义务进行规定。

（1）劳动者的义务。

商业秘密与知识产权往往是用人单位的核心财富，劳动者作为用人单位的员工，理应保守用人单位的商业秘密。对于负有保密义务的劳动者以及其他法律规定的人员，用人单位可以与其订立竞业限制协议或保密协议，并可约定违约金事项以保障用人单位的合法权益。

【条文链接】

《中华人民共和国劳动合同法》第二十三条 用人单位与劳动者可以在劳动合同中约定保守用人单位的商业秘密和与知识产权相关的保密事项。

对负有保密义务的劳动者，用人单位可以在劳动合同或者保密协议中与劳动者约定竞业限制条款，并约定在解除或者终止劳动合同后，在竞业限制期限内按月给予劳动者经济补偿。劳动者违反竞业限制约定的，应当按照约定向用人单位支付违约金。

《中华人民共和国劳动合同法》第二十四条 竞业限制的人员限于用人单位的高级管理人员、高级技术人员和其他负有保密义务的人员。竞业限制的范围、地域、期限由用人单位与劳动者约定，竞业限制的约定不得违反法律、法规的规定。

在解除或者终止劳动合同后，前款规定的人员到与本单位生产或者经营同类产品、从事同类业务的有竞争关系的其他用人单位，或者自己开业生产或者经营同类产品、从事同类业务的竞业限制期限，不得超过二年。

《中华人民共和国劳动合同法》第九十条 劳动者违反本法规定解除劳动合同，或者违反劳动合同中约定的保密义务或者竞业限制，给用人单位造成损失的，应当承担赔偿责任。

《中华人民共和国劳动法》第一百零二条 劳动者违反本法规定的条件解除劳动合同或者违反劳动合同中约定的保密事项，对用人单位造成经济损失的，应当依法承担赔偿责任。

【案例链接】

员工违反竞业限制的法律责任？①

案情简介：L某于2011年9月至上海某网络科技公司（下称公司）工作，被派至该公司北京办公室担任技术顾问。2013年9月双方续签了劳动合同。劳动合同中明确约定了竞业禁止（竞业限制，下同）条款，内容是：L某在从公司离职后一年内不能为与甲方（本案公司）竞争的公司、组织兼职/全职工作或提供咨询及技术服务，为此甲方应在竞业限制期内每月按照L某离职前工资的30%支付补偿金。

2014年5月，L某辞职，公司当月向其发出竞业禁止通知，要求其不得到包括成都某软件公司在内的竞争对手处就职；从该月起公司按照双方劳动合同的约定，每月向L某支付竞业禁止补偿金。该通知还写明："如您（L某）不履行规定的义务，应当承担违约责任。违约金需一次性向公司支付，违约金额度为您离开公司前上年度薪酬总额的3倍。"

后公司人事部人员得知L某离职后即加入了成都某软件公司，在该软件公司北京办事处工作。L某先后任职的两家公司经营同种业务。经必要的证据搜集和准备，公司于2014年9月向上海虹口区劳动人事争议仲裁委员会申请仲裁，要求被告继续履行竞业限制协议并支付违约金等。L某收到了仲裁庭寄送的文书，随后于2014年10月向北京市海淀区劳动人事争议仲裁委员会申请仲裁，要求确认其劳动合同关于竞业禁止（竞业限制）的条款无效，并要求公司支付加班费等10万余元；公司针锋相对地提出了反请求。上海的案件遂被移送至北京合并审理。

裁判结果：2014年12月18日，北京市海淀区劳动人事争议仲裁委员会裁决L某继续履行与原公司的竞业限制约定；驳回L某的全部仲裁请求和公司的其他仲裁请求。上海虹口区人民法院一审判决：L某履行与原告（公司）的竞业限制约定至2015年5月14日（离职后满1年之日）；返还公司已支付的竞业限制经济补偿金近8 000元；对公司关于支付违约金的请求以及L某关于支付加班工资等的全部请求均不予支持。该判决已生效。

合规分析：本案争议之处在于，与员工签订劳动合同的公司位于上海，而该员工在该公司北京办公室工作，劳动合同履行地与公司注册地不一致，且公司注册地与实际经营地亦分别在上海两个区。而且，该员工以其他案由针对公司在北京申请了劳动仲裁。因此，出现多个管辖权问题，这也是劳动争议特有的现象。本案双方当事人劳动合同中"对被告（员工）离职一年内履行竞业限制义务作出约定"，"并未违反法律规定，为双方真实意思表示，为合法有效，被告应当予以履行"。被告离职一年内至与原告（公司）从事同类业务的企业就业，违反了双方的合同约定，被告对此亦未到庭进行抗辩，根据公平合理原则，被告应当返还竞业限制补偿金；本案公司关于违约金的请求未获仲裁委员会和法院支持，因竞业限制违约金应由双方约定，故原告要求被告支付违约金于法无据。

---

① 上海市虹口区人民法院民事判决书（2015）虹民四（民）初字第5号。

【案例链接】

劳动者是否必须遵守竞业限制？①

案情简介：2014 年 2 月 1 日，搜狐新动力公司（甲方）与员工马筱楠（乙方）签订“不竞争协议”，其中第 3.3 款约定：“……，竞业限制期限从乙方离职之日开始计算，最长不超过 12 个月，具体的月数根据甲方向乙方实际支付的竞业限制补偿费计算得出。但如因履行本协议发生争议而提起仲裁或诉讼时，则上述竞业限制期限应将仲裁和诉讼的审理期限扣除；即乙方应履行竞业限制义务的期限，在扣除仲裁和诉讼审理的期限后，不应短于上述约定的竞业限制月数。”2017 年 2 月 28 日劳动合同到期，双方劳动关系终止。2017 年 3 月 24 日，搜狐新动力公司向马筱楠发出《关于要求履行竞业限制义务和领取竞业限制经济补偿费的告知函》，要求其遵守“不竞争协议”，全面并适当履行竞业限制义务。马筱楠自搜狐新动力公司离职后，于 2017 年 3 月中旬与优酷公司开展合作关系，后于 2017 年 4 月底离开优酷公司，违反了“不竞争协议”。搜狐新动力公司以要求确认马筱楠违反竞业限制义务并双倍返还竞业限制补偿金、继续履行竞业限制义务、赔偿损失并支付律师费为由向北京市劳动人事争议仲裁委员会申请仲裁。仲裁委员会作出京劳人仲字〔2017〕第 339 号裁决：①马筱楠一次性双倍返还搜狐新动力公司 2017 年 3 月、4 月竞业限制补偿金共计 177 900 元；②马筱楠继续履行对搜狐新动力公司的竞业限制义务；③驳回搜狐新动力公司的其他仲裁请求。马筱楠不服，于法定期限内向北京市海淀区人民法院提起诉讼。

裁判结果：北京市海淀区人民法院于 2018 年 3 月 15 日作出（2017）京 0108 民初 45728 号民事判决：①马筱楠于判决生效之日起七日内向搜狐新动力公司双倍返还 2017 年 3 月、4 月竞业限制补偿金共计 177 892 元；②确认马筱楠无需继续履行对搜狐新动力公司的竞业限制义务。搜狐新动力公司不服一审判决，提起上诉。二审法院判决驳回上诉，维持原判。

合规分析：法律虽然允许用人单位可以与劳动者约定竞业限制义务，但同时对双方约定竞业限制义务的内容作出了强制性规定，即以效力性规范的方式对竞业限制义务所适用的人员范围、竞业领域、限制期限均作出明确限制，且要求竞业限制约定不得违反法律、法规的规定，以期在保护用人单位商业秘密、维护公平竞争市场秩序的同时，亦防止用人单位不当运用竞业限制制度对劳动者的择业自由权造成过度损害。用人单位与劳动者在竞业限制条款中约定，因履行竞业限制条款发生争议申请仲裁和提起诉讼的期间不计入竞业限制期限的，属于《中华人民共和国劳动合同法》第二十六条第一款第二项规定的“用人单位免除自己的法定责任、排除劳动者权利”的情形，属于无效约定。企业为更好地保护其商业秘密，应与员工签订合理的竞业限制协议。

【合规建议】

①用人单位在与劳动者签订“竞业限制”条款时，应同时约定关于“竞业限制”的范围、地域以及经济补偿的方式、数量等。

②“竞业限制”的期限由用人单位与劳动者自行约定，但期限不得超过两年。

③劳动者违反竞业限制约定的，应当按照约定向用人单位支付违约金。

① 北京市第一中级人民法院民事判决书（2018）京 01 民终 5826 号。本案系最高人民法院发布第 32 批指导性案例。

（2）用人单位的义务。

劳动者依法解除或者终止劳动合同后，劳动者与用人单位之间的用工关系即告终结。对于用人单位而言，在解除或终止劳动合同之后，仍有权要求劳动者按照双方约定办理工作交接以避免妨碍用人单位下一步工作的开展。相应地，用人单位也有义务出具解除或终止相关证明，并在十五日之内为劳动者办理档案和社会保险关系转移手续，以方便劳动者离职后与其他用人单位订立劳动合同。

【条文链接】

《中华人民共和国劳动合同法》第五十条 用人单位应当在解除或者终止劳动合同时出具解除或者终止劳动合同的证明，并在十五日内为劳动者办理档案和社会保险关系转移手续。

劳动者应当按照双方约定，办理工作交接。用人单位依照本法有关规定应当向劳动者支付经济补偿的，在办结工作交接时支付。

用人单位对已经解除或者终止的劳动合同的文本，至少保存二年备查。

《中华人民共和国劳动合同法》第八十四条 用人单位违反本法规定，扣押劳动者居民身份证等证件的，由劳动行政部门责令限期退还劳动者本人，并依照有关法律规定给予处罚。

用人单位违反本法规定，以担保或者其他名义向劳动者收取财物的，由劳动行政部门责令限期退还劳动者本人，并以每人五百元以上二千元以下的标准处以罚款；给劳动者造成损害的，应当承担赔偿责任。

劳动者依法解除或者终止劳动合同，用人单位扣押劳动者档案或者其他物品的，依照前款规定处罚。

《中华人民共和国劳动合同法》第八十九条 用人单位违反本法规定未向劳动者出具解除或者终止劳动合同的书面证明，由劳动行政部门责令改正；给劳动者造成损害的，应当承担赔偿责任。

《中华人民共和国劳动合同法实施条例》第二十四条 用人单位出具的解除、终止劳动合同的证明，应当写明劳动合同期限、解除或者终止劳动合同的日期、工作岗位、在本单位的工作年限。

【合规建议】

用人单位对于已经解除或者终止的劳动合同文本至少保存两年以备核查或在发生劳动争议时作为相关证据。

二、“三金”的适用

（一）经济补偿金

为了保护劳动者的权益，法律虽然规定了用人单位可以单方解除劳动合同的情形，但需要支付给劳动者一定的经济补偿金。否则，用人单位若不满足相关条件就解除或终止劳动合同则属于违法行为，需要承担法律责任。

【条文链接】

《中华人民共和国劳动合同法》第四十七条 经济补偿按劳动者在本单位工作的年限，每满一年支付一个月工资的标准向劳动者支付。六个月以上不满一年的，按一年计算；不满六个月的，向劳动者支付半个月工资的经济补偿。

劳动者月工资高于用人单位所在直辖市、设区的市级人民政府公布的本地区上年度职工月平均工资三倍的，向其支付经济补偿的标准按职工月平均工资三倍的数额支付，向其支付经济补偿的年限最高不超过十二年。

本条所称月工资是指劳动者在劳动合同解除或者终止前十二个月的平均工资。

【案例链接】

经济补偿金基数如何计算？①

案情简介：曹某系无锡万达广场商业管理有限公司（以下简称“商业公司”）员工，2010年4月入职。2015年8月，曹某因被解除劳动合同而向劳动争议仲裁委员会（以下简称“仲裁委”）申请仲裁，随后向法院起诉，要求商业公司支付违法解除劳动合同赔偿金；曹某认为，自己的月平均工资为5 720.11元，计算经济补偿的月工资标准应当包含加班工资，商业公司应支付违法解除劳动合同赔偿金62 921.21元。商业公司认为：①曹某不包含加班工资的离职前12个月平均工资为3 377元，包含加班工资的平均工资为5 720.11元，双方对此无异议。一、二审法院认定，曹某离职前12个月所有正常工作时间的平均收入为3 377元，以此为基数计算经济补偿金，符合法律规定。②从经济补偿金的性质及法律规定来看，经济补偿金系用人单位与劳动者解除或终止劳动关系后，为弥补劳动者损失或基于用人单位所承担的社会责任而给予劳动者的补偿，故经济补偿金应以劳动者正常工作时间的工资为计算基数。而加班工资系劳动者提供额外劳动所得的报酬，不属于正常工作时间内的劳动报酬。③商业公司已完全按照二审生效判决的金额向曹某付清全部费用，无须另行支付其他款项。④曹某所称经济补偿计算基数包括加班工资没有法律依据。综上所述，商业公司请求驳回曹某的再审申请。

裁判结果：一、二审法院以曹某离职前12个月不包含加班工资的正常月平均工资3 377元为基数，判决商业公司支付曹某解除劳动合同的经济补偿金37 147元；江苏高院于2017年3月13日驳回曹某的再审申请。

合规分析：本案相关裁定和判决就“是否应当将加班工资计算在经济补偿金基数内”作出了认定和分析。实践中，解除或终止劳动合同经济补偿金的计算一直是劳动法领域里较为棘手的问题。其中，“是否应当将加班工资计算在经济补偿金基数内”就是分歧较大的问题之一。本案法院判决和裁定否定了将加班工资计入经济补偿金的计算基数，代表了部分地区的司法实践，具有一定的法律依据。

（二）赔偿金

用人单位只能在劳动者存在法律规定的情形时才能行使单方劳动合同解除权，若违法解除或终止劳动合同，且劳动者不要求继续履行劳动合同的，用人单位应当向劳动者按照经济性补偿标准的二倍向劳动者支付赔偿金。

【条文链接】

《中华人民共和国劳动合同法》第四十八条 用人单位违反本法规定解除或者终止劳动合同，劳动者要求继续履行劳动合同的，用人单位应当继续履行；劳动者不要求

① 江苏省高级人民法院民事裁定书（2016）苏民申6515号。

继续履行劳动合同或者劳动合同已经不能继续履行的，用人单位应当依照本法第八十七条规定支付赔偿金。

《中华人民共和国劳动合同法》第八十七条 用人单位违反本法规定解除或者终止劳动合同的，应当依照本法第四十七条规定的经济补偿标准的二倍向劳动者支付赔偿金。

（三）违约金

用人单位在招用劳动者时不得与劳动者约定由劳动者承担违约金，除非用人单位与劳动者之间有关于专项培训费用或保密条款的约定。因而，劳动者辞职时，用人单位如援引签订的劳动合同要求劳动者按约定承担违约金，除上述两种情况外，劳动者可以主张该约定无效而拒绝。

【条文链接】

《中华人民共和国劳动合同法》第二十二条 用人单位为劳动者提供专项培训费用，对其进行专业技术培训的，可以与该劳动者订立协议，约定服务期。

劳动者违反服务期约定的，应当按照约定向用人单位支付违约金。违约金的数额不得超过用人单位提供的培训费用。用人单位要求劳动者支付的违约金不得超过服务期尚未履行部分所应分摊的培训费用。

用人单位与劳动者约定服务期的，不影响按照正常的工资调整机制提高劳动者在服务期期间的劳动报酬。

《中华人民共和国劳动合同法》第二十三条 用人单位与劳动者可以在劳动合同中约定保守用人单位的商业秘密和与知识产权相关的保密事项。

对负有保密义务的劳动者，用人单位可以在劳动合同或者保密协议中与劳动者约定竞业限制条款，并约定在解除或者终止劳动合同后，在竞业限制期限内按月给予劳动者经济补偿。劳动者违反竞业限制约定的，应当按照约定向用人单位支付违约金。

《中华人民共和国劳动合同法实施条例》第二十六条 用人单位与劳动者约定了服务期，劳动者依照劳动合同法第三十八条的规定解除劳动合同的，不属于违反服务期的约定，用人单位不得要求劳动者支付违约金。

有下列情形之一，用人单位与劳动者解除约定服务期的劳动合同的，劳动者应当按照劳动合同的约定向用人单位支付违约金：

（一）劳动者严重违反用人单位的规章制度的；

（二）劳动者严重失职，营私舞弊，给用人单位造成重大损害的；

（三）劳动者同时与其他用人单位建立劳动关系，对完成本单位的工作任务造成严重影响，或者经用人单位提出，拒不改正的；

（四）劳动者以欺诈、胁迫的手段或者乘人之危，使用人单位在违背真实意思的情况下订立或者变更劳动合同的；

（五）劳动者被依法追究刑事责任的。

【合规建议】

（1）具体范围：根据《中华人民共和国劳动合同法》第二十五条规定，只有因专项培训费用和专业技术培训所约定的服务期以及竞业限制这两种情形可以设定违约金，且需要以书面形式约定。

（2）具体标准：立法上对具体标准有限制，即服务期违约金的数额不得超过用人单位提供的培训费用。用人单位要求劳动者支付的违约金不得超过服务期尚未履行部分所应分摊的培训费用。

（3）用人单位对培训费用负举证责任。若用人单位索要培训费，应该出示第三方开的培训费用发票，赔偿金应根据已经履行的服务期限按年递减计算，企业内部培训或没有第三方发票的都不予认可。

三、工伤认定

【条文链接】

《工伤保险条例》第十四条 职工有下列情形之一的，应当认定为工伤：

（一）在工作时间和工作场所内，因工作原因受到事故伤害的；

（二）工作时间前后在工作场所内，从事与工作有关的预备性或者收尾性工作受到事故伤害的；

（三）在工作时间和工作场所内，因履行工作职责受到暴力等意外伤害的；

（四）患职业病的；

（五）因工外出期间，由于工作原因受到伤害或者发生事故下落不明的；

（六）在上下班途中，受到非本人主要责任的交通事故或者城市轨道交通、客运轮渡、火车事故伤害的；

（七）法律、行政法规规定应当认定为工伤的其他情形。

《中华人民共和国职业病防治法》第五十六条第一款 用人单位应当保障职业病病人依法享受国家规定的职业病待遇。

《中华人民共和国职业病防治法》第五十七条 职业病病人的诊疗、康复费用，伤残以及丧失劳动能力的职业病病人的社会保障，按照国家有关工伤保险的规定执行。

《中华人民共和国职业病防治法》第五十八条 职业病病人除依法享有工伤保险外，依照有关民事法律，尚有获得赔偿的权利的，有权向用人单位提出赔偿要求。

《中华人民共和国职业病防治法》第五十九条 劳动者被诊断患有职业病，但用人单位没有依法参加工伤保险的，其医疗和生活保障由该用人单位承担。

四、薪资待遇

工资待遇是劳动者的核心需求及切实利益所在，也是用人单位和员工之间的重要协议内容。合法合规的工资待遇可以有效保障员工的合法权益，也有助于企业建立良好的企业形象。本书拟从法律风险防控维度探讨工资、绩效、奖金、社会保险等问题。

【条文链接】

《中华人民共和国劳动法》第四十八条 国家实行最低工资保障制度。最低工资的具体标准由省、自治区、直辖市人民政府规定，报国务院备案。

用人单位支付劳动者的工资不得低于当地最低工资标准。

《中华人民共和国劳动法》第四十九条 确定和调整最低工资标准应当综合参考下列因素：

（一）劳动者本人及平均赡养人口的最低生活费用；

（二）社会平均工资水平；

（三）劳动生产率；

（四）就业状况；

（五）地区之间经济发展水平的差异。

《中华人民共和国劳动法》第五十条 工资应当以货币形式按月支付给劳动者本人。不得克扣或者无故拖欠劳动者的工资。

《中华人民共和国劳动法》第五十一条 劳动者在法定休假日和婚丧假期间以及依法参加社会活动期间，用人单位应当依法支付工资。

《中华人民共和国劳动合同法》第二十八条 劳动合同被确认无效，劳动者已付出劳动的，用人单位应当向劳动者支付劳动报酬。劳动报酬的数额，参照本单位相同或者相近岗位劳动者的劳动报酬确定。

《中华人民共和国劳动合同法》第三十条 用人单位应当按照劳动合同约定和国家规定，向劳动者及时足额支付劳动报酬。

用人单位拖欠或者未足额支付劳动报酬的，劳动者可以依法向当地人民法院申请支付令，人民法院应当依法发出支付令。

《中华人民共和国劳动合同法》第六十二条 用工单位应当履行下列义务：

（一）执行国家劳动标准，提供相应的劳动条件和劳动保护；

（二）告知被派遣劳动者的工作要求和劳动报酬；

（三）支付加班费、绩效奖金，提供与工作岗位相关的福利待遇；

（四）对在岗被派遣劳动者进行工作岗位所必需的培训；

（五）连续用工的，实行正常的工资调整机制。

用工单位不得将被派遣劳动者再派遣到其他用人单位。

《中华人民共和国劳动合同法实施条例》第十四条 劳动合同履行地与用人单位注册地不一致的，有关劳动者的最低工资标准、劳动保护、劳动条件、职业危害防护和本地区上年度职工月平均工资标准等事项，按照劳动合同履行地的有关规定执行；用人单位注册地的有关标准高于劳动合同履行地的有关标准，且用人单位与劳动者约定按照用人单位注册地的有关规定执行的，从其约定。

【合规建议】

（1）在工资数额方面，公司可以约定月薪或者年薪，部分特殊的岗位也可以采用计时或者计件方式，但是无论是哪一种方式，约定应当明确，同时需要明确是税后还是税前工资，如果公司还有其他补贴，也可以明确约定补贴的数额。

（2）在支付时间方面，公司至少每月发放一次工资，对于非全日制用工，法律规定支付周期不得长于十五天。

（3）公司应当就劳动合同中关于加班费计算的基数及方法进行明确约定，以免双方发生争议。

（4）绩效工资的衡量规范需获得劳资双方的认同。只有绩效工资制度受到员工认同，绩效工资才具有奖优罚劣的功效。

五、社会保险

社会保险费，是指在社会保险基金的筹集过程当中，职工和企业（用人单位）按照规定的数额和期限向社会保险管理机构缴纳费用。它是社会保险基金的最主要来源，包括养老保险费、医疗保险费、失业保险费、工伤保险费、生育保险费。征缴的社会保险费纳入社会保险基金，专款专用，任何单位和个人不得挪用。

【条文链接】

《中华人民共和国劳动法》第七十二条 社会保险基金按照保险类型确定资金来源，逐步实行社会统筹。用人单位和劳动者必须依法参加社会保险，缴纳社会保险费。

《中华人民共和国劳动法》第七十四条 社会保险基金经办机构依照法律规定收支、管理和运营社会保险基金，并负有使社会保险基金保值增值的责任。

社会保险基金监督机构依照法律规定，对社会保险基金的收支、管理和运营实施监督。

社会保险基金经办机构和社会保险基金监督机构的设立和职能由法律规定。

任何组织和个人不得挪用社会保险基金。

《社会保险费征缴暂行条例》第八条 企业在办理登记注册时，同步办理社会保险登记。

前款规定以外的缴费单位应当自成立之日起30日内，向当地社会保险经办机构申请办理社会保险登记。

《社会保险费征缴暂行条例》第十二条 缴费单位和缴费个人应当以货币形式全额缴纳社会保险费。

缴费个人应当缴纳的社会保险费，由所在单位从其本人工资中代扣代缴。

社会保险费不得减免。

《社会保险费征缴暂行条例》第十三条 缴费单位未按规定缴纳和代扣代缴社会保险费的，由劳动保障行政部门或者税务机关责令限期缴纳；逾期仍不缴纳的，除补缴欠缴数额外，从欠缴之日起，按日加收2‰的滞纳金。滞纳金并入社会保险基金。

【合规建议】

（1）用人单位在办理注册登记时，应当同步办理社会保险登记，且缴纳社会保险费应当以货币形式进行，不得减免。

（2）用人单位应当及时给劳动者缴纳社会保险费的，否则劳动者可以行使劳动合同单方解除权。此解除权为无责任解除，不受服务期的限制，劳动者不需要支付违约金。

六、劳动安全

（一）一般安全保护

用人单位应当根据其工作环境、工作内容的不同为从事危重劳动以及在对身体有影响的工作环境下进行劳动的劳动者提供必要的防护，以确保劳动者的生命健康安全。

【条文链接】

《中华人民共和国劳动法》第九十二条 用人单位的劳动安全设施和劳动卫生条件不符合国家规定或者未向劳动者提供必要的劳动防护用品和劳动保护设施的，由劳动行政部门或者有关部门责令改正，可以处以罚款；情节严重的，提请县级以上人民政府决定责令停产整顿；对事故隐患不采取措施，致使发生重大事故，造成劳动者生命和财产损失的，对责任人员依照刑法有关规定追究刑事责任。

【合规建议】

用人单位应当为劳动者提供与工作环境相匹配的劳动保护用品并尽力改善劳动保护设施，创建安全的劳动条件，避免防护不到位而导致劳动者出现因工伤病或死亡。

（二）女性及未成年人的特别保护

【条文链接】

《中华人民共和国劳动法》第十五条 禁止用人单位招用未满十六周岁的未成年人。

文艺、体育和特种工艺单位招用未满十六周岁的未成年人，必须遵守国家有关规定，并保障其接受义务教育的权利。

《中华人民共和国劳动法》第五十八条 国家对女职工和未成年工实行特殊劳动保护。

未成年工是指年满十六周岁未满十八周岁的劳动者。

《中华人民共和国劳动法》第六十四条 不得安排未成年工从事矿山井下、有毒有害、国家规定的第四级体力劳动强度的劳动和其他禁忌从事的劳动。

《中华人民共和国劳动法》第六十五条 用人单位应当对未成年工定期进行健康检查。

《中华人民共和国劳动法》第九十四条 用人单位非法招用未满十六周岁的未成年人的，由劳动行政部门责令改正，处以罚款；情节严重的，由市场监督管理部门吊销营业执照。

《中华人民共和国劳动法》第九十五条 用人单位违反本法对女职工和未成年工的保护规定，侵害其合法权益的，由劳动行政部门责令改正，处以罚款；对女职工或者未成年工造成损害的，应当承担赔偿责任。

《女职工劳动保护特别规定》第四条 用人单位应当遵守女职工禁忌从事的劳动范围的规定。用人单位应当将本单位属于女职工禁忌从事的劳动范围的岗位书面告知女职工。

女职工禁忌从事的劳动范围由本规定附录列示。国务院安全生产监督管理部门会同国务院人力资源社会保障行政部门、国务院卫生行政部门根据经济社会发展情况，对女职工禁忌从事的劳动范围进行调整。

《女职工劳动保护特别规定》附录

一、女职工禁忌从事的劳动范围：

（一）矿山井下作业；

（二）体力劳动强度分级标准中规定的第四级体力劳动强度的作业；

（三）每小时负重6次以上、每次负重超过20公斤的作业，或者间断负重、每次负重超过25公斤的作业。

二、女职工在经期禁忌从事的劳动范围：

（一）冷水作业分级标准中规定的第二级、第三级、第四级冷水作业；

（二）低温作业分级标准中规定的第二级、第三级、第四级低温作业；

（三）体力劳动强度分级标准中规定的第三级、第四级体力劳动强度的作业；

（四）高处作业分级标准中规定的第三级、第四级高处作业。

三、女职工在孕期禁忌从事的劳动范围：

（一）作业场所空气中铅及其化合物、汞及其化合物、苯、镉、铍、砷、氰化物、氮氧化物、一氧化碳、二硫化碳、氯、己内酰胺、氯丁二烯、氯乙烯、环氧乙烷、苯胺、甲醛等有毒物质浓度超过国家职业卫生标准的作业；

（二）从事抗癌药物、己烯雌酚生产，接触麻醉剂气体等的作业；

（三）非密封源放射性物质的操作，核事故与放射事故的应急处置；

（四）高处作业分级标准中规定的高处作业；

（五）冷水作业分级标准中规定的冷水作业；

（六）低温作业分级标准中规定的低温作业；

（七）高温作业分级标准中规定的第三级、第四级的作业；

（八）噪声作业分级标准中规定的第三级、第四级的作业；

（九）体力劳动强度分级标准中规定的第三级、第四级体力劳动强度的作业；

（十）在密闭空间、高压室作业或者潜水作业，伴有强烈振动的作业，或者需要频繁弯腰、攀高、下蹲的作业。

四、女职工在哺乳期禁忌从事的劳动范围：

（一）孕期禁忌从事的劳动范围的第一项、第三项、第九项；

（二）作业场所空气中锰、氟、溴、甲醇、有机磷化合物、有机氯化合物等有毒物质浓度超过国家职业卫生标准的作业。

《中华人民共和国民法典》第一千零一十条 违背他人意愿，以言语、文字、图像、肢体行为等方式对他人实施性骚扰的，受害人有权依法请求行为人承担民事责任。

机关、企业、学校等单位应当采取合理的预防、受理投诉、调查处置等措施，防止和制止利用职权、从属关系等实施性骚扰。

【合规建议】

（1）用人单位不得招用未满十六周岁的未成年人为其工作，即便是对文艺、体育和特种工艺单位招用未满十六周岁的未成年人，也必须遵守国家有关规定，并保障其接受义务教育的权利。另外，即使招用已满十六周岁但未满十八周岁的未成年人，也要对其定期进行健康检查。

（2）用人单位不得安排未成年工从事矿山井下、有毒有害、国家规定的第四级体力劳动强度的劳动和其他禁忌从事的劳动。

（3）用人单位应当参考附录所列的女职工禁忌从事的劳动范围，避免女职工从事那些劳动。

七、劳动培训

用人单位在招用劳动者的过程中可以对劳动者进行相应的培训，帮助劳动者顺利完成工作要求，同时用人单位应当告知劳动者工作内容和工作状况等并有权知晓劳动者的基本情况。若用人单位对劳动者进行了相应工作培训，则可以与劳动者约定服务期，服务期是指劳动者在一定期限内为用人单位工作并在期限内不得解除劳动合同。劳动者在服务期内违约应承担违约责任。

【条文链接】

《中华人民共和国劳动法》第六十八条 用人单位应当建立职业培训制度，按照国家规定提取和使用职业培训经费，根据本单位实际，有计划地对劳动者进行职业培训。

从事技术工种的劳动者，上岗前必须经过培训。

《中华人民共和国劳动合同法》第八条 用人单位招用劳动者时，应当如实告知劳动者工作内容、工作条件、工作地点、职业危害、安全生产状况、劳动报酬，以及劳动者要求了解的其他情况；用人单位有权了解劳动者与劳动合同直接相关的基本情况，劳动者应当如实说明。

《中华人民共和国劳动合同法》第二十二条 用人单位为劳动者提供专项培训费用，对其进行专业技术培训的，可以与该劳动者订立协议，约定服务期。

劳动者违反服务期约定的，应当按照约定向用人单位支付违约金。违约金的数额不得超过用人单位提供的培训费用。用人单位要求劳动者支付的违约金不得超过服务期尚未履行部分所应分摊的培训费用。

用人单位与劳动者约定服务期的，不影响按照正常的工资调整机制提高劳动者在服务期期间的劳动报酬。

《中华人民共和国劳动合同法实施条例》第十六条 劳动合同法第二十二条第二款规定的培训费用，包括用人单位为了对劳动者进行专业技术培训而支付的有凭证的培训费用、培训期间的差旅费用以及因培训产生的用于该劳动者的其他直接费用。

《中华人民共和国劳动合同法实施条例》第十七条 劳动合同期满，但是用人单位与劳动者依照劳动合同法第二十二条的规定约定的服务期尚未到期的，劳动合同应当续延至服务期满；双方另有约定的，从其约定。

【案例链接】

用人单位提供专项培训如何认定？①

案情简介：1990年7月24日，原告陈某被分配到被告甲医院工作，属事业编制。2009年9月7日，甲医院与陈某签订进修协议，约定陈某到某医学院进修，进修结束后必须回甲医院工作，服务期不得低于10年。凡在10年内离开医院，陈某应赔偿违约金。2010年2月10日，陈某与甲医院再次签订进修协议，约定陈某到乙医院进修，同时约定了前述的内容。该院为陈某支付了两期进修费。后陈某违反约定，于2011年1月21日向甲医院提出辞职，在医院不同意的情况下到其他医院上班，甲医院于2011年2月16日将陈某作离职解聘处理。2011年7月19日，陈某向仲裁院申请仲裁，后不服仲裁裁决，向法院起诉，要求甲医院签署同意其调离的意见并判令陈某不向甲医院赔偿违约金等。

裁判结果：法院认为，双方当事人所签进修协议已经明确陈某培训后在甲医院的服务期限为10年，若违约则应赔偿违约金。陈某擅自离职的行为已构成违约。作为劳动者，即使其享有自主择业的权利，但其违反约定的行为，不为社会所提倡。甲医院主张违约金应依双方约定处理，但本案实质为劳动者与单位之间的人事争议纠纷。双方关于服务期和违约金的争议，应当适用劳动合同法的规定，陈某以该培训费为限，向甲医院支付违约金。

合规分析：我国实践中的服务期，可分为与出资培训对应的服务期和与特殊物质待遇对应的服务期。《中华人民共和国劳动合同法》只规定出资培训服务期，而未规定

---

① 四川省高级人民法院民事判决书（2012）川民提字第506号。

特殊物质待遇服务期。用人单位与劳动者订立协议，约定服务期的培训是有严格条件的：①这笔专项培训费用的数额应当是比较大的，考虑各地区、各企业之间情况不一样，很难给出一个统一的尺度，没有规定一个具体的数额；②对劳动者进行的是专业技术培训，包括专业知识和职业技能培训；③至于培训的形式，可以是脱产的、半脱产的，也可以是不脱产的。本案中事业单位与聘用的劳动者就约定服务期及违约金发生的争议，属于《中华人民共和国劳动法》所规定的职业培训。除法律、行政法规和国务院关于人事争议的特别规定外，应当适用劳动合同法的规定，劳动者违反服务期约定支付违约金的数额不得超过用人单位提供的培训费用。

事业单位与聘用的劳动者就约定服务期及违约金发生的争议，属于人事争议纠纷，不适用合同法关于违约金的规定，除法律、行政法规和国务院关于人事争议的特别规定外，应当适用劳动合同法的规定，劳动者违反服务期约定支付违约金的数额不得超过用人单位提供的培训费用。

【合规建议】

参加职业培训是劳动者的一项权利，同时也是用人单位的一项义务。用人单位应当建立职业培训制度，根据单位实际，对劳动者进行职业培训。无论是在入职前决定对劳动者进行培训，还是入职后对劳动者进行业务提升训练，都不得向劳动者收取任何费用。此外，用人单位还不得以任何其他事由向劳动者收取费用，如集资、风险基金、手续费、抵押金、保证金等，更不能把缴费作为录用的前提条件，非法向劳动者收取费用。

八、劳动争议处理

劳动者和用人单位产生争议是时常发生且无法避免的。根据用人单位与劳动者争议的严重程度以及是否有中立第三方参与解决，其处理方式可以分为协商、调解、仲裁及向人民法院提起诉讼。

（一）协商

协商是指用人单位与劳动者产生争议后，双方可以就所争议的问题焦点以及处理方法进行平等协商，也可以请工会或第三方共同与用人单位协商，并最终达成和解协议从而避免争议进一步恶化。

【条文链接】

《中华人民共和国劳动争议调解仲裁法》第四条　发生劳动争议，劳动者可以与用人单位协商，也可以请工会或者第三方共同与用人单位协商，达成和解协议。

【合规建议】

协商是用人单位处理劳动争议的首要方式。一般而言，用人单位在面对劳动争议时可以在第一时间进行协商从而避免争议加剧。协商既可以在用人单位与劳动者之间进行，也可以请工会、第三方参与。对于双方所达成的和解协议，用人单位及劳动者都要遵守。

（二）调解

调解是指在劳动争议产生后，当事人不愿意协商、协商不成或达成的和解协议不履行的，通过向调解组织申请由调解组织出面进行调解，并在双方自愿的基础上达成调解协议。

【条文链接】

《中华人民共和国劳动争议调解仲裁法》第五条 发生劳动争议，当事人不愿协商、协商不成或者达成和解协议后不履行的，可以向调解组织申请调解；不愿调解、调解不成或者达成调解协议后不履行的，可以向劳动争议仲裁委员会申请仲裁；对仲裁裁决不服的，除本法另有规定的外，可以向人民法院提起诉讼。

《中华人民共和国劳动争议调解仲裁法》第十条 发生劳动争议，当事人可以到下列调解组织申请调解：

（一）企业劳动争议调解委员会；

（二）依法设立的基层人民调解组织；

（三）在乡镇、街道设立的具有劳动争议调解职能的组织。

企业劳动争议调解委员会由职工代表和企业代表组成。职工代表由工会成员担任或者由全体职工推举产生，企业代表由企业负责人指定。企业劳动争议调解委员会主任由工会成员或者双方推举的人员担任。

《中华人民共和国劳动争议调解仲裁法》第十二条 当事人申请劳动争议调解可以书面申请，也可以口头申请。口头申请的，调解组织应当当场记录申请人基本情况、申请调解的争议事项、理由和时间。

《中华人民共和国劳动争议调解仲裁法》第十四条 经调解达成协议的，应当制作调解协议书。

调解协议书由双方当事人签名或者盖章，经调解员签名并加盖调解组织印章后生效，对双方当事人具有约束力，当事人应当履行。

自劳动争议调解组织收到调解申请之日起十五日内未达成调解协议的，当事人可以依法申请仲裁。

《中华人民共和国劳动争议调解仲裁法》第四十二条 仲裁庭在作出裁决前，应当先行调解。

调解达成协议的，仲裁庭应当制作调解书。

调解书应当写明仲裁请求和当事人协议的结果。调解书由仲裁员签名，加盖劳动争议仲裁委员会印章，送达双方当事人。调解书经双方当事人签收后，发生法律效力。

调解不成或者调解书送达前，一方当事人反悔的，仲裁庭应当及时作出裁决。

【合规建议】

（1）调解协议书由双方当事人签字或盖章后发生效力。用人单位在所达成的调解协议书上签字或盖章时应当核实内容是否为双方当事人经过调解协商一致；调解员是否签名、调解组织是否加盖印章。

（2）劳动争议调解组织收到调解申请之日起十五日内未达成调解协议的，当事人可以依法申请劳动仲裁。

（3）一方当事人可在另一方当事人约定期限内不履行调解书，申请劳动仲裁或者申请强制执行。

九、涉劳动安全的刑事责任

用人单位在劳动用工的过程中，需要切实履行自身法定义务，完善劳动用工合规管理，依法保障劳动者的合法权益，从而建立起健康有序的用工关系。反之，如果在劳动用工方面不能做到合规合法，严重者可能碰触刑事底线，导致公司甚至主要负责人承担刑事法律责任，危及企业的发展和生存。

（一）拒不支付劳动报酬罪

【条文链接】

《中华人民共和国刑法》第二百七十六条之一 以转移财产、逃匿等方法逃避支付劳动者的劳动报酬或者有能力支付而不支付劳动者的劳动报酬，数额较大，经政府有关部门责令支付仍不支付的，处三年以下有期徒刑或者拘役，并处或者单处罚金；造成严重后果的，处三年以上七年以下有期徒刑，并处罚金。

单位犯前款罪的，对单位判处罚金，并对其直接负责的主管人员和其他直接责任人员，依照前款的规定处罚。

有前两款行为，尚未造成严重后果，在提起公诉前支付劳动者的劳动报酬，并依法承担相应赔偿责任的，可以减轻或者免除处罚。

【合规建议】

（1）该法条所规定的造成严重后果主要指造成劳动者或其被赡养人、被扶养人、被抚养人的基本生活受到严重影响、重大疾病无法及时医治或者失学；对要求支付劳动报酬的劳动者使用暴力或者进行暴力威胁以及造成其他严重后果的情形。

（2）用人单位应当落实好劳动者的考勤及劳动报酬的计算工作，依照劳动合同约定并结合公司规章制度，及时、足额地向劳动者支付基本工资、加班费、津贴补贴、各类奖金等劳动报酬。若用人单位确实发生严重困难，也应及时与员工就劳动报酬的支付数额及支付时间等事项进行协商，必要时应当向律师等法律从业者寻求专业帮助。

（二）强迫劳动罪

【条文链接】

《中华人民共和国刑法》第二百四十四条 以暴力、威胁或者限制人身自由的方法强迫他人劳动的，处三年以下有期徒刑或者拘役，并处罚金；情节严重的，处三年以上十年以下有期徒刑，并处罚金。

明知他人实施前款行为，为其招募、运送人员或者有其他协助强迫他人劳动行为的，依照前款的规定处罚。

单位犯前两款罪的，对单位判处罚金，并对其直接负责的主管人员和其他直接责任人员，依照第一款的规定处罚。

【合规建议】

（1）该法条所规定的情节严重的情形主要是指强迫职工劳动手段恶劣、造成严重后果或者产生恶劣影响等。

（2）用人单位对员工的工作时间及工作内容应通过劳动合同约定或协商等合法合理的方式进行确定，不能通过暴力手段强制劳动者进行工作。

（三）雇用童工从事危重劳动罪

【条文链接】

《中华人民共和国刑法》第二百四十四条之一 违反劳动管理法规，雇用未满十六周岁的未成年人从事超强度体力劳动的，或者从事高空、井下作业的，或者在爆炸性、易燃性、放射性、毒害性等危险环境下从事劳动，情节严重的，对直接责任人员，处三年以下有期徒刑或者拘役，并处罚金；情节特别严重的，处三年以上七年以下有期徒刑，并处罚金。

有前款行为，造成事故，又构成其他犯罪的，依照数罪并罚的规定处罚。

【合规建议】

（1）用人单位不得招用未满十六周岁的未成年人。

（2）用人单位在进行招聘时，一定要仔细核查劳动者的相关个人信息。

（3）文艺、体育和特种工艺单位招用未满十六周岁的未成年人，必须遵守国家有关规定，并保障其接受义务教育的权利。

（四）诈骗罪

【条文链接】

《中华人民共和国刑法》第二百六十六条 诈骗公私财物，数额较大的，处三年以下有期徒刑、拘役或者管制，并处或者单处罚金；数额巨大或者有其他严重情节的，处三年以上十年以下有期徒刑，并处罚金；数额特别巨大或者有其他特别严重情节的，处十年以上有期徒刑或者无期徒刑，并处罚金或者没收财产。本法另有规定的，依照规定。

【合规建议】

（1）企业不得通过虚构劳动关系、伪造证明材料等方式获取社会保险参保和缴费资格，即双方如果没有建立劳动合同关系，只是通过挂靠代理公司来缴纳社保，属于违法的。

（2）所谓不具有劳动关系是指用人单位与劳动者不存在实质上的劳动用工事实，而非以是否签订劳动合同作为劳动关系是否存在的依据。

（五）重大责任事故罪

用人单位时常存有侥幸心理，进行违规生产作业引发重大伤亡事故或者其他严重后果。此罪属于常发性犯罪。

【条文链接】

《中华人民共和国刑法》第一百三十四条 在生产、作业中违反有关安全管理的规定，因而发生重大伤亡事故或者造成其他严重后果的，处三年以下有期徒刑或者拘役；情节特别恶劣的，处三年以上七年以下有期徒刑。

强令他人违章冒险作业，或者明知存在重大事故隐患而不排除，仍冒险组织作业，因而发生重大伤亡事故或者造成其他严重后果的，处五年以下有期徒刑或者拘役；情节特别恶劣的，处五年以上有期徒刑。

《中华人民共和国刑法》第一百三十四条之一 在生产、作业中违反有关安全管理的规定，有下列情形之一，具有发生重大伤亡事故或者其他严重后果的现实危险的，处一年以下有期徒刑、拘役或者管制：

（一）关闭、破坏直接关系生产安全的监控、报警、防护、救生设备、设施，或者篡改、隐瞒、销毁其相关数据、信息的；

（二）因存在重大事故隐患被依法责令停产停业、停止施工、停止使用有关设备、设施、场所或者立即采取排除危险的整改措施，而拒不执行的；

（三）涉及安全生产的事项未经依法批准或者许可，擅自从事矿山开采、金属冶炼、建筑施工，以及危险物品生产、经营、储存等高度危险的生产作业活动的。

【合规建议】

（1）“重大伤亡事故或者造成其他严重后果”是指死亡一人以上或者重伤三人以上的情形，“严重后果”是指造成直接经济损失一百万元以上以及其他造成严重后果或者重大安全事故的情形。

（2）企业应严格按照相关安全管理规定进行生产作业，从多方面保证生产作业的安全性。例如，对生产、作业人员应当进行专业培训训练，建立健全安全生产作业管理制度并进行公示等。

第二章 企业合规建设指引

合规是每个企业应尽的义务，是企业长远发展的根本，也契合我国建设现代化法治国家之目标。从企业运营现代化的角度而言，合规建设的关键是企业内部管理制度体系的规范化和法治化。当然，也要认识到，在我国这样一个市场主体多元化发展的国家，企业的类型多种多样、企业的规模大小不一，存在有央企、国企、民营企业等企业类型以及大、中、小、微企业并存，而且中小微企业占据相当一部分市场规模。在多元共生的背景下，以相同的标准强制要求各企业建立统一的合规体系是不可能完成的事情。况且，不同企业的生产经营状况不尽相同，面临的合规风险千差万别。因此，企业如何建立合规体系是一大实践难题，其中既要满足国家政策法律的基本规定，又要符合企业自身的实际情况。对此，本章从两个层面为企业建立内部合规体系提供指引。一是基础合规，强调搭建合规制度的总体框架，以“如何搭建合规制度”为主线，为企业制度建设提供方向性指引。二是专项合规，本部分梳理了财政部、证监会、审计署、原中国银行业监督管理委员会（以下简称“银监会”）、原中国银行保险监督管理委员会（以下简称“保监会”）印发的《企业内部控制应用指引》（财会〔2010〕11 号）的相关规定，为企业在重点业务领域、重点业务流程等方面提供合规建设指引。此外，在本部分，我们也结合本院办理过的一起涉案企业合规整改案件，就其中涉及的合规制度进行一一介绍。

第一节 企业合规建设文件简介

2006 年，当时我国银监会制定的《商业银行合规风险管理指引》开启了我国企业合规管理之路。经过多年的发展完善，我国逐渐形成具有中国特色的企业合规管理制度指引框架。本节介绍以下几个常用的规范性文件，以供读者整体把握。

（1）2022 年 8 月，国务院国有资产监督管理委员会发布《中央企业合规管理办法》。该办法适用于国资委根据国务院授权履行出资人职责的中央企业。相比于下文所提的《中央企业合规管理指引（试行）》，《中央企业合规管理办法》以国资委令的形式印发，通过部门规章对中央企业进一步深化合规管理提出明确要求，更加突出刚性约束，内容更全、要求更高、措施更实。该办法对“合规”“合规风险”“合规管理”三个概念作了明确界定。具体而言，合规是指，企业经营管理行为和员工履职行为符合国家法律法规、监管规定、行业准则和国际条约、规则，以及公司章程、相关规章制度等要求。合规风险是指，企业及其员工在经营管理过程中因违规行为引发法律责任、造成经济或者声誉损失以及其他负面影响的可能性。合规管理是指，企业以有效防控合规风险为目的，以提升依法合规经营管理水平为导向，以企业经营管理行为和员工履职行为为对象，开展的包括建立合规制度、完善运行机制、培育合规文化、强化监督问责等有组织、有计划的管理活动。鉴于央企规模较大、体系健全、人员丰富、资金雄厚等特点，该办法提出了较高的合规要求，要求央企建立完备的合规体系，包括组织和职责、制度建设、运行机制、合规文化、监督问责五个方面。当然，《中央企业合规管理办法》虽然是对央企合规建设提出的要求，但其他企业也可以根据自身情况参考使用，建立自己的合规体系。

（2）2021 年 4 月，《合规管理体系要求及使用指南》（GB/T 35770—2022/ISO37301：2021）发布。2017 年 12 月，中国国家标准化管理委员会发布了《合规管理体系指南》（GB/T 35770—2017），这是我国基于国际标准化组织 ISO19600：2014《合规管理体系指南》翻译而来的中国国家标准。2017 年的“指南”虽然打破了我国企业没有合规管理建设指南的状态，但其适用性并不理想。2021 年 ISO37301：2021 可谓 ISO19600：2014 的升级版，有多项完善之处。主要有：①新的 ISO37301：2021 更加强调企业合规文化建设，增加了治理结构的职责，丰富了合规团队在合规管理体系运行方面的职责。值得注意的是，ISO37301：2021 将合规职责从“员工”扩大到“工作人员”。②ISO37301：2021 强调对“第三方”的合规审查，将合规培训延至第三方，强调对企业外包业务和第三方合规风险的审查。③新增了合规考评机制，包括合规调查与合规疑虑的报告制度、合规治理机构及其运行机制、合规管理评价的内容、持续改进的考虑因素等。可以看出，在新的《合规管理体系要求及使用指南》中，合规建设的持续性成为关注和评价的重要内容。

（3）2018 年 11 月，国务院国有资产监督管理委员会发布《中央企业合规管理指引（试行）》（国资发法规〔2018〕106 号）。该指引比较清晰地划分了董事会、监事会、经理层、合规委员会、合规管理负责人、法律事务机构或其他相关机构以及业务部门的合规管理职责；针对央企运行涉及的重点领域、重点环节、重点人员明确了合规建设的主要内容。该指引的一大特色是，为董事会、监事会、经理层、合规委员会、法律事务机构、央企负责人、总法律顾问及业务部门划定合规管理责任，明确分工。在一定程度上，该指引对于厘清合规与风险管理、内部控制、法律事务等职能关系，具有实践价值。

（4）2017 年 6 月，财政部发布《小企业内部控制规范（试行）》（财会〔2017〕21 号）。这是专门针对小企业的合规建设指引，适用于在中华人民共和国境内依法设立的、尚不具备执行《企业内部控制基本规范》及其配套指引条件的小企业。相比于央企、国企以及大型企业，小企业合规建设的基本原则包括风险导向原则、适应性原则、实质重于形式原则、成本效益原则。鉴于小企业各方面能力、条件有限，该规范尤其强调小企业合规建设应当注重实际效果，而不局限于特定的表现形式和实现手段。因此，这一文件的特点，即为小企业如何建设合规体系提供一种“差异化”的实施思路。

（5）2010 年 4 月，财政部、证监会、审计署、原银监会、原保监会联合发布《企业内部控制配套指引》（财会〔2010〕11 号）。该指引是我国较早为企业重点业务领域提供合规指引的规范性文件，适用于各类企业，并且体系完整，内容详细。该指引即所谓的“专项合规”，包含 18 个业务板块：组织架构、发展战略、人力资源、社会责任、企业文化、资金活动、采购业务、资产管理、销售业务、研究与开发、工程项目、担保业务、业务外包、财务报告、全面预算、合同管理、内部信息传递、信息系统。这一指引对小企业更具操作性。小企业可以根据自身情况，在具体业务领域开展重点的合规建设。

（6）2008 年 5 月，财政部、证监会、审计署、原银监会、原保监会联合发布《企业内部控制基本规范》（财会〔2008〕7 号）。该规范旨在合理保证企业经营管理合法合规、资产安全、财务报告及相关信息真实完整，提高经营效率和效果，促进企业实现发展战略。其中，企业内部控制应当遵循五项基本原则，即全面性原则、重要性原则、制衡性原则、适应性原则和成本效益原则。该规范强调企业内部的控制活动和监督机制，指出企业建立与实施有效的内部控制应当包含内部环境、风险评估、控制活动、信息与沟通、内部监督等要素。

以上规范性文件构成企业构建合规体系的基本框架性指引，对于构建中国特色的企业合规体系具有指导意义。下文第二节、第三节也将以这些文件为主，为企业提供合规建设指引。

第二节　基础合规指引

基础合规，又称“一般合规”“大合规”“全面合规”，是指要求企业针对各业务领域、各部门、各级子公司和全体员工，在决策、执行、监督各个环节建立合规体系。一般而言，基础合规是每个企业的义务。但在实践中，不同企业构建基础合规体系的能力有所不同，企业可以根据具体情况具体分析。本节从一般层面提供基础合规指引，供企业参考。

一、总则

（一）合规原则

（1）党的领导。充分发挥企业党委（党组）领导作用，落实全面依法治国战略部署有关要求，把党的领导贯穿合规建设全过程。

（2）全面覆盖。将合规要求嵌入经营管理各领域各环节，贯穿决策、执行、监督全过程，落实到各部门、各单位和全体员工，实现多方联动、上下贯通。

（3）权责清晰。按照“管业务必须管合规”要求，明确业务及职能部门、合规部门和监督部门职责，严格落实员工合规责任，对违规行为严肃问责。

（4）务实高效。建立健全符合企业实际的合规体系，突出对重点领域、关键环节和重要人员的管理，充分利用大数据等信息化手段，切实提高管理效能。

（5）适应原则。合规体系应当与企业经营规模、业务范围、竞争状况和风险水平等相适应，并随着情况的变化及时加以调整。

（二）合规目标

（1）树立依法经营、诚实守信的意识，制定并实施长远目标和战略规划为合规运营的持续有效运行提供良好环境。

（2）及时识别、评估企业各种内、外部合规风险，合理确定风险控制和应对策略。

（3）根据合规风险评估结果，开展相应的控制活动，将风险控制在可承受范围之内。

（4）及时、准确地收集、传递与合规相关的信息，确保其在企业内部、企业与外部之间的有效沟通。

（5）对合规体系的建立与实施情况进行监督检查，识别企业各项制度及其实施中存在的问题并及时督促改进。

（6）形成以建立、实施、监督、改进为一体的合规体系，并使其持续有效运行。

（三）合规计划

（1）企业在合规建设之初及实施过程中应当明确要做什么、需要什么、由谁负责、如何分工、何时完成、如何评价结果等问题，有序构建合规体系。

（2）企业合规目标不得违背国家和地方的政策、法律、法规，还应考虑到交易习惯、行业惯例等；涉外企业还要注意与国际条约、国际惯例等的一致性。

（3）企业应当对合规目标的达成性设计评估方案并进行跟踪评估。

（4）企业合规目标可以是长期的、中期的或者短期的，可以涉及不同的主题，如财税制度、生产安全制度、环境保护制度，或者不同业务层面，如企业整体层面以及项目、产品、服务等层面。

（四）合规承诺

（1）在合规体系建立、实施和修订等各项环节，企业负责人、业务部门管理人员及全体员工应当签署“合规承诺书”。

（2）企业可以根据情况要求商业伙伴签署“合规承诺书”。

（五）合规风险

（1）合规风险是企业未遵守法律、法规等规定或者违法合规义务而发生的不利后果。

（2）企业应当建立合规风险识别、评估、预警机制，全面梳理经营管理活动中的合规风险，建立并定期更新合规风险数据库，对风险发生的可能性、影响程度、潜在后果等进行分析，对典型性、普遍性或者可能产生严重后果的风险及时预警。

（3）企业识别内部合规风险，可以关注下列因素：

①董事、监事、经理及其他高级管理人员的职业操守、员工专业胜任能力等人力资源因素；

②组织机构、经营方式、资产管理、业务流程等管理因素；

③研究开发、技术投入、信息技术适用等自主创新因素；

④财务状况、经营成果、现金流量等财务因素；

⑤营运安全、员工健康、环境保护等安全环保因素；

⑥其他有关内部风险因素。

（4）企业识别外部风险，可以关注下列因素：

①经济形势、产业政策、融资环境、市场竞争、资源供给等经济因素；

②法律法规、监管要求等法律因素；

③安全稳定、文化传统、社会信用、教育水平、消费者行为等社会因素；

④技术进步、工艺改进等科学技术因素；

⑤自然灾害、环境状况等自然环境因素。

（5）企业评估合规风险的方法包括问卷调查、集体讨论、专家咨询、管理层访谈、行业标杆比较等。

（6）企业开展风险评估既可以结合经营管理活动进行，也可以专门组织开展。

（7）企业可以定期开展系统全面的风险评估。在发生重大变化以及需要对重大事项进行决策时，小企业可以相应增加风险评估的频率。

（8）企业应当加强合规风险应对，针对发现的风险制定预案，采取有效措施，及时应对处置；对于重大合规风险事件，合规委员会统筹领导，合规管理负责人牵头，相关部门协同配合，最大限度化解风险、降低损失。

（9）企业应当建立合规风险报告制度，确定风险等级，针对较大的合规风险，由合规部门或者相关负责人及时向企业负责人报告；对于重大合规风险，应当向政府有关部门报告。

二、组织与职责

（1）企业主要负责人作为推进法治建设第一责任人，应当切实履行依法合规经营管理重要组织者、推动者和实践者的职责，积极推进合规管理各项工作。

（2）有条件的企业可以设置独立的合规部门，负责合规体系的建设、实施和协调等工作；或者设立首席合规官，不新增领导岗位和职数，由总法律顾问兼任，对企业主要负责人负责，领导合规管理部门组织开展相关工作，指导所属单位加强合规管理。

（3）企业设置的独立合规部门，主要履行以下职责：

①组织起草合规管理基本制度、具体制度、年度计划和工作报告等；

②负责规章制度、经济合同、重大决策合规审查；

③组织开展合规风险识别、预警和应对处置，根据董事会授权开展合规管理体系有效性评价；

④受理职责范围内的违规举报，提出分类处置意见，组织或者参与对违规行为的调查；

⑤组织或者协助业务及职能部门开展合规培训，受理合规咨询，推进合规管理信息化建设。

（4）设立董事会的企业，其董事会发挥一定战略决策作用、防风险作用，主要履行以下职责：

①审议批准企业合规管理战略规划、各项合规制度、合规体系建设方案和年度报告等；

②决定合规管理重大事项；

③推动完善合规管理体系并对其有效性进行评价；

④决定合规部门的设置及职责；

⑤决定合规部门负责人的任免；

⑥推动完善合规管理体系；

⑦按照权限决定有关违规人员的处理事项。

（5）企业经理层发挥谋经营、抓落实、强管理作用，主要履行以下职责：

①拟订合规管理体系建设方案，经董事会批准后组织实施；

②根据董事会决定，建立健全合规管理组织架构；

③拟定具体的合规计划和具体的合规制度，采取措施确保合规制度得到有效执行；

④组织应对重大合规风险事件；

⑤指导监督各部门和所属单位合规管理工作；

⑥明确合规管理流程，确保合规要求融入业务领域；

⑦及时制止并纠正不合规的经营行为，按照权限对违规人员进行责任追究或提出处理建议。

（6）监事会主要履行以下合规职责：

①监督董事会的决策与流程是否合规；

②监督董事和高级管理人员合规管理职责履行情况；

③对引发重大合规风险负有主要责任的董事、高级管理人员提出罢免建议；

④向董事会提出撤换公司合规管理负责人的建议。

（7）企业设置独立的合规委员会/合规小组/合规部门的，可以与企业法律事务部门或者风险控制部门等部门合署，负责合规事务的组织领导和统筹协调工作，定期召开会议，研究决定与合规相关的重大事项或者提出意见建议，指导、监督和评价合规工作成效。

（8）企业相关负责人或者（总）法律顾问可以同时担任合规部门负责人，主要履行以下职责：

①组织制订合规战略规划；

②参与企业重大决策并提出合规意见；

③领导合规部门开展工作；

④向董事会和总经理汇报重大合规事项；

⑤组织起草合规工作年度报告。

（9）法律事务部门或者其他相关机构为合规部门组织、协调和监督合规工作提供合规支持，主要履行以下职责：

①研究起草合规计划、基本制度和具体制度规定；

②持续关注法律法规等规则变化，组织开展合规风险识别和预警，参与企业重大事项合规审查和风险应对；

③组织开展合规检查与考核，对制度和流程进行合规性评价，督促违规整改和持续改进；

④指导所属单位合规管理工作；

⑤受理职责范围内的违规举报，组织或参与对违规事件的调查，并提出处理建议；

⑥组织或协助业务部门、人事部门开展合规培训。

（10）企业业务部门负责本领域的日常合规工作，按照合规要求完善业务管理制度和流程，主动开展合规风险识别和隐患排查，发布合规预警，组织合规审查，及时向合规部门通报风险事项，妥善应对合规风险事件，做好本领域合规培训和商业伙伴合规调查等工作，组织或配合进行违规问题调查并及时整改。

（11）企业业务及职能部门承担合规工作的主体责任，主要履行以下职责：

①建立健全本部门业务合规制度和流程，开展合规风险识别评估，编制风险清单和应对预案；

②定期梳理重点岗位合规风险，将合规要求纳入岗位职责；

③负责本部门经营管理行为的合规审查；

④及时报告合规风险，组织或者配合开展应对处置；

⑤组织或者配合开展违规问题调查和整改。

（12）企业应当在业务及职能部门设置合规管理员，由业务骨干担任，接受合规部门业务指导和培训。

（13）企业应当加强内部审计工作，保证内部审计机构设置、人员配备和工作的独立性。

三、合规工作的重点内容

（1）企业应当关注以下重点业务领域的合规工作：

①市场交易。完善交易管理制度，严格履行决策批准程序，建立健全自律诚信体系，突出反商业贿赂、反垄断、反不正当竞争，规范资产交易、招投标等活动。

②安全环保。严格执行国家安全生产、环境保护法律法规，完善企业生产规范和安全环保制度，加强监督检查，及时发现并整改违规问题。

③产品质量。完善质量体系，加强过程控制，严把各环节质量关，提供优质产品和服务。

④劳动用工。严格遵守劳动法律法规，健全完善劳动合同管理制度，规范劳动合同签订、履行、变更和解除，切实维护劳动者合法权益。

⑤财务税收。健全完善财务内部控制体系，严格执行财务事项操作和审批流程，严守财经纪律，强化依法纳税意识，严格遵守税收法律政策。

⑥知识产权。及时申请注册知识产权成果，规范实施许可和转让，加强对商业秘密和商标的保护，依法规范使用他人知识产权，防止侵权行为。

⑦商业伙伴。对重要商业伙伴开展合规调查，通过签订合规协议、要求作出合规承诺等方式促进商业伙伴行为合规。

（2）企业应当关注以下重点业务环节的合规工作：

①制度制定环节。强化对规章制度、改革方案等重要文件的合规审查，确保符合法律法规、监管规定等要求。

②经营决策环节。严格落实"三重一大"决策制度，细化各层级决策事项和权限，加强对决策事项的合规论证把关，保障决策依法合规。

③生产运营环节。严格执行合规制度，加强对重点流程的监督检查，确保生产经营过程中照章办事、按章操作。

（3）企业应当关注以下重点人员的合规工作：

①管理人员。促进管理人员切实增强合规意识，带头依法依规开展经营管理活动，认真履行承担的合规管理职责，强化考核与监督问责。

②重要风险岗位人员。根据合规风险评估情况明确界定重要风险岗位，有针对性地加大培训力度，使重要风险岗位人员熟悉并严格遵守业务涉及的各项规定，加强监督检查和违规行为追责。

③海外人员。将合规培训作为海外人员任职、上岗的必备条件，确保遵守我国和所在国法律法规等相关规定。

（4）小企业建立与实施内部控制应当重点关注下列管理领域：

①资金管理；

②重要资产管理（包括核心技术）；

③债务与担保业务管理；

④税费管理；

⑤成本费用管理；

⑥合同管理；

⑦重要客户和供应商管理；

⑧关键岗位人员管理；

⑨信息技术管理。

四、合规评价

企业应当定期开展合规管理体系有效性评价，针对重点业务合规情况适时开展专项评价，强化评价结果运用。

五、惩戒机制

（1）企业应当建立违规问题整改机制，通过健全规章制度、优化业务流程等，堵塞管理漏洞，提升依法合规经营管理水平。

（2）企业应当设立违规举报平台，公布举报电话、邮箱或者信箱，相关部门按照职责权限受理违规举报，并就举报问题进行调查和处理；对涉嫌违法犯罪的，依法移送司法机关处理。

（3）企业应当建立所属单位经营管理和员工履职违规行为记录制度，将违规行为性质、发生次数、危害程度等作为员工考核、职级评定、评先选优等工作的重要依据。

（4）企业应当对举报人的身份和举报事项严格保密，对举报属实的举报人可以给予适当奖励；任何单位和个人不得以任何形式对举报人进行打击报复。

六、合规文化

（1）企业应当在内部各个层级建立、维护并推进合规文化，引导全体员工自觉践行合规理念。

（2）企业应当培育具有自身特色的合规文化，打造以主业为核心的企业品牌，形成整体团队的向心力，促进企业长远发展。

（3）企业应当根据已识别的合规风险，组织应确保实施程序对代表组织开展业务并可能给组织带来合规风险的第三方进行培训，增强其合规意识。

（4）企业应当建立常态化合规培训机制，制订年度培训计划，将合规管理作为管理人员、重点岗位人员和新入职人员培训的必修内容。

（5）企业应当加强合规宣传教育，及时发布合规手册，组织签订合规承诺，强化全员守法诚信、合规经营意识。

（6）企业应当引导全体员工自觉践行合规理念，遵守合规要求，接受合规培训，对自身行为合规性负责。

（7）企业合规文化建设至少应当关注下列风险：

①缺乏积极向上的企业文化，可能导致员工丧失对企业的信心和认同感，企业缺乏凝聚力和竞争力。

②缺乏开拓创新、团队协作和风险意识，可能导致企业发展目标难以实现，影响可持续发展。

③缺乏诚实守信的经营理念，可能导致舞弊事件的发生，造成企业损失，影响企业信誉。

④忽视企业间的文化差异和理念冲突，可能导致并购重组失败。

（8）企业应当建立合规文化评估制度，明确评估的内容、程序和方法，落实评估责任制，避免企业文化建设流于形式。

（9）企业合规文化评估应当重点关注董事、监事、经理和其他高级管理人员在企业合规文化建设中的责任履行情况、全体员工对企业核心价值观的认同感、企业经营管理行为与企业文化的一致性、企业品牌的社会影响力、参与企业并购重组各方文化的融合度，以及员工对企业未来发展的信心。

（10）企业应当重视企业文化的评估结果，巩固和发扬文化建设成果，针对评估过程中发现的问题，研究影响企业文化建设的不利因素，分析深层次的原因，及时采取措施加以改进。

第三节　专项合规指引

企业内部控制应用指引（摘编）

财政部、证监会、审计署、银监会、保监会

（财会〔2010〕11号）

一、组织管理

1. 本指引所称组织架构，是指企业按照国家有关法律法规、股东（大）会决议和企业章程，结合本企业实际，明确股东（大）会、董事会、监事会、经理层和企业内部各层级机构设置、职责权限、人员编制、工作程序和相关要求的制度安排。

2. 企业至少应当关注组织架构设计与运行中的下列风险：

（1）治理结构形同虚设，缺乏科学决策、良性运行机制和执行力，可能导致企业经营失败，难以实现发展战略。

（2）内部机构设计不科学，权责分配不合理，可能导致机构重叠、职能交叉或缺失、推诿扯皮，运行效率低下。

3. 企业应当根据国家有关法律法规的规定，明确董事会、监事会和经理层的职责权限、任职条件、议事规则和工作程序，确保决策、执行和监督相互分离，形成制衡。

董事会对股东（大）会负责，依法行使企业的经营决策权。可按照股东（大）会的有关决议，设立战略、审计、提名、薪酬与考核等专门委员会，明确各专门委员会的职责权限、任职资格、议事规则和工作程序，为董事会科学决策提供支持。

监事会对股东（大）会负责，监督企业董事、经理和其他高级管理人员依法履行职责。

经理层对董事会负责，主持企业的生产经营管理工作。经理和其他高级管理人员的职责分工应当明确。

董事会、监事会和经理层的产生程序应当合法合规，其人员构成、知识结构、能力素质应当满足履行职责的要求。

4. 企业的重大决策、重大事项、重要人事任免及大额资金支付业务等，应当按照规定的权限和程序实行集体决策审批或者联签制度。任何个人不得单独进行决策或者擅自改变集体决策意见。

重大决策、重大事项、重要人事任免及大额资金支付业务的具体标准由企业自行确定。

5. 企业应当按照科学、精简、高效、透明、制衡的原则，综合考虑企业性质、发展战略、文化理念和管理要求等因素，合理设置内部职能机构，明确各机构的职责权限，避免职能交叉、缺失或权责过于集中，形成各司其职、各负其责、相互制约、相互协调的工作机制。

6. 企业应当对各机构的职能进行科学合理的分解，确定具体岗位的名称、职责和工作要求等，明确各个岗位的权限和相互关系。

企业在确定职权和岗位分工过程中，应当体现不相容职务相互分离的要求。不相容职务通常包括：可行性研究与决策审批；决策审批与执行；执行与监督检查等。

7. 企业应当制定组织结构图、业务流程图、岗（职）位说明书和权限指引等内部管理制度或相关文件，使员工了解和掌握组织架构设计及权责分配情况，正确履行职责。

8. 企业应当根据组织架构的设计规范，对现有治理结构和内部机构设置进行全面梳理，确保本企业治理结构、内部机构设置和运行机制等符合现代企业制度要求。

企业梳理治理结构，应当重点关注董事、监事、经理及其他高级管理人员的任职资格和履职情况，以及董事会、监事会和经理层的运行效果。治理结构存在问题的，应当采取有效措施加以改进。

企业梳理内部机构设置，应当重点关注内部机构设置的合理性和运行的高效性等。内部机构设置和运行中存在职能交叉、缺失或运行效率低下的，应当及时解决。

9. 企业拥有子公司的，应当建立科学的投资管控制度，通过合法有效的形式履行出资人职责、维护出资人权益，重点关注子公司特别是异地、境外子公司的发展战略、年度财务预决算、重大投融资、重大担保、大额资金使用、主要资产处置、重要人事任免、内部控制体系建设等重要事项。

10. 企业应当定期对组织架构设计与运行的效率和效果进行全面评估，发现组织架构设计与运行中存在缺陷的，应当进行优化调整。

企业组织架构调整应当充分听取董事、监事、高级管理人员和其他员工的意见，按照规定的权限和程序进行决策审批。

二、战略管理

1. 本指引所称发展战略，是指企业在对现实状况和未来趋势进行综合分析和科学预测的基础上，制定并实施的长远发展目标与战略规划。

2. 企业制定与实施发展战略至少应当关注下列风险：

（1）缺乏明确的发展战略或发展战略实施不到位，可能导致企业盲目发展，难以形成竞争优势，丧失发展机遇和动力；

（2）发展战略过于激进，脱离企业实际能力或偏离主业，可能导致企业过度扩张，甚至经营失败；

（3）发展战略因主观原因频繁变动，可能导致资源浪费，甚至危及企业的生存和持续发展。

3. 企业在制定发展目标过程中，应当综合考虑宏观经济政策、国内外市场需求变化、技术发展趋势、行业及竞争对手状况、可利用资源水平和自身优势与劣势等影响因素。

4. 企业应当根据发展目标制定战略规划。战略规划应当明确发展的阶段性和发展程度，确定每个发展阶段的具体目标、工作任务和实施路径。

5. 企业应当根据发展战略，制定年度工作计划，编制全面预算，将年度目标分解、落实；同时完善发展战略管理制度，确保发展战略有效实施。

6. 企业应当重视发展战略的宣传工作，通过内部各层级会议和教育培训等有效方式，将发展战略及其分解落实情况传递到内部各管理层级和全体员工。

7. 由于经济形势、产业政策、技术进步、行业状况以及不可抗力等因素发生重大变化，确需对发展战略作出调整的，应当按照规定权限和程序调整发展战略。

三、人事管理

1. 本指引所称人力资源，是指企业组织生产经营活动而录（任）用的各种人员，包括董事、监事、高级管理人员和全体员工。

2. 企业人力资源管理至少应当关注下列风险：

（1）人力资源缺乏或过剩、结构不合理、开发机制不健全，可能导致企业发展战略难以实现。

（2）人力资源激励约束制度不合理、关键岗位人员管理不完善，可能导致人才流失、经营效率低下或关键技术、商业秘密和国家机密泄露。

（3）人力资源退出机制不当，可能导致法律诉讼或企业声誉受损。

3. 企业应当重视人力资源建设，根据发展战略，结合人力资源现状和未来需求预测，建立人力资源发展目标，制定人力资源总体规划和能力框架体系，优化人力资源整体布局，明确人力资源的引进、开发、使用、培养、考核、激励、退出等管理要求，实现人力资源的合理配置，全面提升企业核心竞争力。

4. 企业应当根据人力资源总体规划，结合生产经营实际需要，制定年度人力资源需求计划，完善人力资源引进制度，规范工作流程，按照计划、制度和程序组织人力资源引进工作。

5. 企业应当根据人力资源能力框架要求，明确各岗位的职责权限、任职条件和工作要求，遵循德才兼备、以德为先和公开、公平、公正的原则，通过公开招聘、竞争上岗等多种方式选聘优秀人才，重点关注选聘对象的价值取向和责任意识。

6. 企业确定选聘人员后，应当依法签订劳动合同，建立劳动用工关系。

7. 企业对于在产品技术、市场、管理等方面掌握或涉及关键技术、知识产权、商业秘密或国家机密的工作岗位，应当与该岗位员工签订有关岗位保密协议，明确保密义务。

8. 企业应当建立选聘人员试用期和岗前培训制度，对试用人员进行严格考察，促进选聘员工全面了解岗位职责，掌握岗位基本技能，适应工作要求。试用期满考核合格后，方可正式上岗；试用期满考核不合格者，应当及时解除劳动关系。

9. 企业应当重视人力资源开发工作，建立员工培训长效机制，营造尊重知识、尊重人才和关心员工职业发展的文化氛围，加强后备人才队伍建设，促进全体员工的知识、技能持续更新，不断提升员工的服务效能。

10. 企业应当建立和完善人力资源的激励约束机制，设置科学的业绩考核指标体系，对各级管理人员和全体员工进行严格考核与评价，以此作为确定员工薪酬、职级调整和解除劳动合同等的重要依据，确保员工队伍处于持续优化状态。

11. 企业应当制定与业绩考核挂钩的薪酬制度，切实做到薪酬安排与员工贡献相协调，体现效率优先，兼顾公平。

12. 企业应当制定各级管理人员和关键岗位员工定期轮岗制度，明确轮岗范围、轮岗周期、轮岗方式等，形成相关岗位员工的有序持续流动，全面提升员工素质。

13. 企业应当按照有关法律法规规定，结合企业实际，建立健全员工退出（辞职、解除劳动合同、退休等）机制，明确退出的条件和程序，确保员工退出机制得到有效实施。

企业对考核不能胜任岗位要求的员工，应当及时暂停其工作，安排再培训，或调整工作岗位，安排转岗培训；仍不能满足岗位职责要求的，应当按照规定的权限和程序解除劳动合同。

企业应当与退出员工依法约定保守关键技术、商业秘密、国家机密和竞业限制的期限，确保知识产权、商业秘密和国家机密的安全。企业关键岗位人员离职前，应当根据有关法律法规的规定进行工作交接或离任审计。

14. 企业应当定期对年度人力资源计划执行情况进行评估，总结人力资源管理经验，分析存在的主要缺陷和不足，完善人力资源政策，促进企业整体团队充满生机和活力。

四、用工管理

1. 企业应当依法保护员工的合法权益，贯彻人力资源政策，保护员工依法享有劳动权利和履行劳动义务，保持工作岗位相对稳定，积极促进充分就业，切实履行社会责任。

2. 企业应当避免在正常经营情况下批量辞退员工，增加社会负担。

3. 企业应当与员工签订并履行劳动合同，遵循按劳分配、同工同酬的原则，建立科学的员工薪酬制度和激励机制，不得克扣或无故拖欠员工薪酬。企业应当建立高级管理人员与员工薪酬的正常增长机制，切实保持合理水平，维护社会公平。

4. 企业应当及时办理员工社会保险，足额缴纳社会保险费，保障员工依法享受社会保险待遇。企业应当按照有关规定做好健康管理工作，预防、控制和消除职业危害；按期对员工进行非职业性健康监护，对从事有职业危害作业的员工进行职业性健康监护。

5. 企业应当遵守法定的劳动时间和休息休假制度，确保员工的休息休假权利。

6. 企业应当加强职工代表大会和工会组织建设，维护员工合法权益，积极开展员工职业教育培训，创造平等发展机会。

7. 企业应当尊重员工人格，维护员工尊严，杜绝性别、民族、宗教、年龄等各种歧视，保障员工身心健康。

8. 企业应当按照产学研用相结合的社会需求，积极创建实习基地，大力支持社会有关方面培养、锻炼社会需要的应用型人才。

五、合同管理

1. 指引所称合同，是指企业与自然人、法人及其他组织等平等主体之间设立、变更、终止民事权利义务关系的协议。

企业与职工签订的劳动合同，不适用本指引。

2. 企业合同管理至少应当关注下列风险：

（1）未订立合同、未经授权对外订立合同、合同对方主体资格未达要求、合同内容存在重大疏漏和欺诈，可能导致企业合法权益受到侵害；

（2）合同未全面履行或监控不当，可能导致企业诉讼失败、经济利益受损；

（3）合同纠纷处理不当，可能损害企业利益、信誉和形象。

3. 企业对外发生经济行为，除即时结清方式外，应当订立书面合同。合同订立前，应当充分了解合同对方的主体资格、信用状况等有关内容，确保对方当事人具备履约能力。

4. 对于影响重大、涉及较高专业技术或法律关系复杂的合同，应当组织法律、技术、财会等专业人员参与谈判，必要时可聘请外部专家参与相关工作。

5. 企业应当根据协商、谈判等的结果，拟订合同文本，按照自愿、公平原则，明确双方的权利义务和违约责任，做到条款内容完整，表述严谨准确，相关手续齐备，避免出现重大疏漏。

6. 合同文本一般由业务承办部门起草、法律部门审核。重大合同或法律关系复杂的特殊合同应当由法律部门参与起草。国家或行业有合同示范文本的，可以优先选用，但对涉及权利义务关系的条款应当进行认真审查，并根据实际情况进行适当修改。

7. 合同文本须报经国家有关主管部门审查或备案的，应当履行相应程序。

8. 企业应当对合同文本进行严格审核，重点关注合同的主体、内容和形式是否合法，合同内容是否符合企业的经济利益，对方当事人是否具有履约能力，合同权利和义务、违约责任和争议解决条款是否明确等。

9. 企业对影响重大或法律关系复杂的合同文本，应当组织相关部门进行审核。相关部门提出不同意见的，应当认真分析研究，慎重对待，并准确无误地加以记录；必要时应对合同条款作出修改。

10. 企业应当按照规定的权限和程序与对方当事人签署合同。正式对外订立的合同，应当由企业法定代表人或由其授权的代理人签名或加盖有关印章。授权签署合同的，应当签署授权委托书。属于上级管理权限的合同，下级单位不得签署。下级单位认为确有需要签署涉及上级管理权限的合同，应当提出申请，并经上级合同管理机构批准后办理。上级单位应当加强对下级单位合同订立、履行情况的监督检查。

11. 企业应当建立合同专用章保管制度。合同经编号、审批及企业法定代表人或由其授权的代理人签署后，方可加盖合同专用章。

12. 合同生效后，企业就质量、价款、履行地点等内容与合同对方没有约定或者约定不明确的，可以协议补充；不能达成补充协议的，按照国家相关法律法规、合同有关条款或者交易习惯确定。

13. 在合同履行过程中发现有显失公平、条款有误或对方有欺诈行为等情形，或因政策调整、市场变化等客观因素，已经或可能导致企业利益受损，应当按规定程序及时报告，并经双方协商一致，按照规定权限和程序办理合同变更或解除事宜。

14. 企业应当加强合同纠纷管理，在履行合同过程中发生纠纷的，应当依据国家相关法律法规，在规定时效内与对方当事人协商并按规定权限和程序及时报告。

15. 合同纠纷经协商一致的，双方应当签订书面协议。合同纠纷经协商无法解决的，应当根据合同约定选择仲裁或诉讼方式解决。

16. 企业内部授权处理合同纠纷的，应当签署授权委托书。纠纷处理过程中，未经授权批准，相关经办人员不得向对方当事人作出实质性答复或承诺。

17. 企业财会部门应当根据合同条款审核后办理结算业务。未按合同条款履约的，或应签订书面合同而未签订的，财会部门有权拒绝付款，并及时向企业有关负责人报告。

六、安全生产管理

1. 企业应当根据国家有关安全生产的规定，结合本企业实际情况，建立严格的安全生产管理体系、操作规范和应急预案，强化安全生产责任追究制度，切实做到安全生产。

2. 企业应当设立安全管理部门和安全监督机构，负责企业安全生产的日常监督管理工作。

3. 企业应当重视安全生产投入，在人力、物力、资金、技术等方面提供必要的保障，健全检查监督机制，确保各项安全措施落实到位，不得随意降低保障标准和要求。

4. 企业应当贯彻预防为主的原则，采用多种形式增强员工安全意识，重视岗位培训，对于特殊岗位实行资格认证制度。

企业应当加强生产设备的经常性维护管理，及时排除安全隐患。

5. 企业如果发生生产安全事故，应当按照安全生产管理制度妥善处理，及时消除危险，减轻损失，展开事故责任调查。

重大生产安全事故应当启动应急预案，同时按照国家有关规定及时报告，严禁迟报、谎报和瞒报。

七、产品质量管理

1. 企业应当根据国家和行业相关产品质量的要求，从事生产经营活动，切实提高产品质量和服务水平，努力为社会提供优质安全健康的产品和服务，最大限度地满足消费者的需求，对社会和公众负责，接受社会监督，承担社会责任。

2. 企业应当规范生产流程，建立严格的产品质量控制和检验制度，严把质量关，禁止缺乏质量保障、危害人民生命健康的产品流向社会。

3. 企业应当加强产品的售后服务。售后发现存在严重质量缺陷、隐患的产品，应当及时召回或采取其他有效措施，最大限度地降低或消除缺陷、隐患产品的社会危害。

4. 企业应当妥善处理消费者提出的投诉和建议，切实保护消费者权益。

八、环境保护管理

1. 企业应当按照国家有关环境保护与资源节约的规定，结合本企业实际情况，建立环境保护与资源节约制度，认真落实节能减排责任，积极开发和使用节能产品，发展循环经济，降低污染物排放，提高资源综合利用效率。

2. 企业应当通过宣传教育等有效形式，不断提高员工的环境保护和资源节约意识。

3. 企业应当重视生态保护，加大对环保工作的人力、物力、财力的投入和技术支持，不断改进工艺流程，降低能耗和污染物排放水平，实现清洁生产。

4. 企业应当加强对废气、废水、废渣的综合治理，建立废料回收和循环利用制度。

5. 企业应当重视资源节约和资源保护，着力开发利用可再生资源，防止对不可再生资源进行掠夺性或毁灭性开发。

6. 企业应当重视国家产业结构相关政策，特别关注产业结构调整的发展要求，加快高新技术开发和传统产业改造，切实转变发展方式，实现低投入、低消耗、低排放和高效率。

7. 企业应当建立环境保护和资源节约的监控制度，定期开展监督检查，发现问题，及时采取措施予以纠正。污染物排放超过国家有关规定的，企业应当承担治理或相关法律责任。

8. 发生紧急、重大环境污染事件时，应当启动应急机制，及时报告和处理，并依法追究相关责任人的责任。

九、资金活动管理

（一）总则

1. 本指引所称资金活动，是指企业筹资、投资和资金营运等活动的总称。

2. 企业资金活动至少应当关注下列风险：

（1）筹资决策不当，引发资本结构不合理或无效融资，可能导致企业筹资成本过高或债务危机；

（2）投资决策失误，引发盲目扩张或丧失发展机遇，可能导致资金链断裂或资金使用效益低下；

（3）资金调度不合理、营运不畅，可能导致企业陷入财务困境或资金冗余；

（4）资金活动管控不严，可能导致资金被挪用、侵占、抽逃或遭受欺诈。

3. 企业应当根据自身发展战略，科学确定投融资目标和规划，完善严格的资金授权、批准、审验等相关管理制度，加强资金活动的集中归口管理，明确筹资、投资、营运等各环节的职责权限和岗位分离要求，定期或不定期检查和评价资金活动情况，落实责任追究制度，确保资金安全和有效运行。企业财会部门负责资金活动的日常管理，参与投融资方案等可行性研究。总会计师或分管会计工作的负责人应当参与投融资决策过程。

4. 企业有子公司的，应当采取合法有效措施，强化对子公司资金业务的统一监控。有条件的企业集团，应当探索财务公司、资金结算中心等资金集中管控模式。

（二）筹资

1. 企业应当根据筹资目标和规划，结合年度全面预算，拟订筹资方案，明确筹资用途、规模、结构和方式等相关内容，对筹资成本和潜在风险作出充分估计。

2. 境外筹资还应考虑所在地的政治、经济、法律、市场等因素。

3. 企业应当对筹资方案进行科学论证，不得依据未经论证的方案开展筹资活动。重大筹资方案应当形成可行性研究报告，全面反映风险评估情况。企业可以根据实际需要，聘请具有相应资质的专业机构进行可行性研究。

4. 企业应当对筹资方案进行严格审批，重点关注筹资用途的可行性和相应的偿债能力。重大筹资方案，应当按照规定的权限和程序实行集体决策或者联签制度。

5. 筹资方案需经有关部门批准的，应当履行相应的报批程序。筹资方案发生重大变更的，应当重新进行可行性研究并履行相应审批程序。

6. 企业应当根据批准的筹资方案，严格按照规定权限和程序筹集资金。银行借款或发行债券，应当重点关注利率风险、筹资成本、偿还能力以及流动性风险等；发行股票应当重点关注发行风险、市场风险、政策风险以及公司控制权风险等。

7. 企业通过银行借款方式筹资的，应当与有关金融机构进行洽谈，明确借款规模、利率、期限、担保、还款安排、相关的权利义务和违约责任等内容。双方达成一致意见后签署借款合同，据此办理相关借款业务。

8. 企业通过发行债券方式筹资的，应当合理选择债券种类，对还本付息方案作出系统安排，确保按期、足额偿还到期本金和利息。

9. 企业通过发行股票方式筹资的，应当依照《中华人民共和国证券法》等有关法律法规和证券监管部门的规定，优化企业组织架构，进行业务整合，并选择具备相应资质的中介机构协助企业做好相关工作，确保符合股票发行条件和要求。

10. 由于市场环境变化等确需改变资金用途的，应当履行相应的审批程序。严禁擅自改变资金用途。

11. 企业应当加强债务偿还和股利支付环节的管理，对偿还本息和支付股利等作出适当安排。企业应当按照筹资方案或合同约定的本金、利率、期限、汇率及币种，准确计算应付利息，与债权人核对无误后按期支付。企业应当选择合理的股利分配政策，兼顾投资者近期和长远利益，避免分配过度或不足。股利分配方案应当经过股东（大）会批准，并按规定履行披露义务。

12. 企业应当加强筹资业务的会计系统控制，建立筹资业务的记录、凭证和账簿，按照国家统一会计准则制度，正确核算和监督资金筹集、本息偿还、股利支付等相关业务，妥善保管筹资合同或协议、收款凭证、入库凭证等资料，定期与资金提供方进行账务核对，确保筹资活动符合筹资方案的要求。

（三）投资

1. 企业应当根据投资目标和规划，合理安排资金投放结构，科学确定投资项目，拟订投资方案，重点关注投资项目的收益和风险。企业选择投资项目应当突出主业，谨慎从事股票投资或衍生金融产品等高风险投资。

2. 境外投资还应考虑政治、经济、法律、市场等因素的影响。企业采用并购方式进行投资的，应当严格控制并购风险，重点关注并购对象的隐性债务、承诺事项、可持续发展能力、员工状况及其与本企业治理层及管理层的关联关系，合理确定支付对价，确保实现并购目标。

3. 企业应当加强对投资方案的可行性研究，重点对投资目标、规模、方式、资金来源、风险与收益等作出客观评价。

4. 企业根据实际需要，可以委托具备相应资质的专业机构进行可行性研究，提供独立的可行性研究报告。

5. 企业应当按照规定的权限和程序对投资项目进行决策审批，重点审查投资方案是否可行、投资项目是否符合国家产业政策及相关法律法规的规定，是否符合企业投资战略目标和规划、是否具有相应的资金能力、投入资金能否按时收回、预期收益能否实现，以及投资和并购风险是否可控等。重大投资项目，应当按照规定的权限和程序实行集体决策或者联签制度。

6. 企业应当根据批准的投资方案，与被投资方签订投资合同或协议，明确出资时间、金额、方式、双方权利义务和违约责任等内容，按规定的权限和程序审批后履行投资合同或协议。

7. 企业应当指定专门机构或人员对投资项目进行跟踪管理，及时收集被投资方经审计的财务报告等相关资料，定期组织投资效益分析，关注被投资方的财务状况、经营成果、现金流量以及投资合同履行情况，发现异常情况，应当及时报告并妥善处理。

8. 企业应当加强对投资项目的会计系统控制，根据对被投资方的影响程度，合理确定投资会计政策，建立投资管理台账，详细记录投资对象、金额、持股比例、期限、收益等事项，妥善保管投资合同或协议、出资证明等资料。

9. 企业财会部门对于被投资方出现财务状况恶化、市价当期大幅下跌等情形的，应当根据国家统一的会计准则制度规定，合理计提减值准备、确认减值损失。

10. 企业应当加强投资收回和处置环节的控制，对投资收回、转让、核销等决策和审批程序作出明确规定。

11. 企业应当重视投资到期本金的回收。转让投资应当由相关机构或人员合理确定转让价格，报授权批准部门批准，必要时可委托具有相应资质的专门机构进行评估。核销投资应当取得不能收回投资的法律文书和相关证明文件。

（四）营运

1. 企业应当加强资金营运全过程的管理，统筹协调内部各机构在生产经营过程中的资金需求，切实做好资金在采购、生产、销售等各环节的综合平衡，全面提升资金营运效率。

2. 企业应当充分发挥全面预算管理在资金综合平衡中的作用，严格按照预算要求组织协调资金调度，确保资金及时收付，实现资金的合理占用和营运良性循环。

3. 企业应当严禁资金的体外循环，切实防范资金营运中的风险。

4. 企业应当定期组织召开资金调度会或资金安全检查，对资金预算执行情况进行综合分析，发现异常情况，及时采取措施妥善处理，避免资金冗余或资金链断裂。

5. 企业在营运过程中出现临时性资金短缺的，可以通过短期融资等方式获取资金。资金出现短期闲置的，在保证安全性和流动性的前提下，可以通过购买国债等多种方式，提高资金效益。

6. 企业应当加强对营运资金的会计系统控制，严格规范资金的收支条件、程序和审批权限。

7. 企业在生产经营及其他业务活动中取得的资金收入应当及时入账，不得账外设账，严禁收款不入账、设立“小金库”。

8. 企业办理资金支付业务，应当明确支出款项的用途、金额、预算、限额、支付方式等内容，并附原始单据或相关证明，履行严格的授权审批程序后，方可安排资金支出。

9. 企业办理资金收付业务，应当遵守现金和银行存款管理的有关规定，不得由一人办理货币资金全过程业务，严禁将办理资金支付业务的相关印章和票据集中一人保管。

十、资产管理

1. 企业资产管理至少应当关注下列风险：

（1）存货积压或短缺，可能导致流动资金占用过量、存货价值贬损或生产中断；

（2）固定资产更新改造不够、使用效能低下、维护不当、产能过剩，可能导致企业缺乏竞争力、资产价值贬损、安全事故频发或资源浪费；

（3）无形资产缺乏核心技术、权属不清、技术落后、存在重大技术安全隐患，可能导致企业法律纠纷、缺乏可持续发展能力。

2. 企业应当采用先进的存货管理技术和方法，规范存货管理流程，明确存货取得、验收入库、原料加工、仓储保管、领用发出、盘点处置等环节的管理要求，充分利用信息系统，强化会计、出入库等相关记录，确保存货管理全过程的风险得到有效控制。

3. 企业应当建立存货管理岗位责任制，明确内部相关部门和岗位的职责权限，切实做到不相容岗位相互分离、制约和监督。企业内部除存货管理、监督部门及仓储人员外，其他部门和人员接触存货，应当经过相关部门特别授权。

4. 企业应当重视存货验收工作，规范存货验收程序和方法，对入库存货的数量、质量、技术规格等方面进行查验，验收无误方可入库。

外购存货的验收，应当重点关注合同、发票等原始单据与存货的数量、质量、规格等核对一致。涉及技术含量较高的货物，必要时可委托具有检验资质的机构或聘请外部专家协助验收。

自制存货的验收，应当重点关注产品质量，通过检验合格的半成品、产成品才能办理入库手续，不合格品应及时查明原因、落实责任、报告处理。

其他方式取得存货的验收，应当重点关注存货来源、质量状况、实际价值是否符合有关合同或协议的约定。

5. 企业应当建立存货保管制度，定期对存货进行检查，重点关注下列事项：

（1）存货在不同仓库之间流动时应当办理出入库手续；

（2）应当按仓储物资所要求的储存条件贮存，并健全防火、防洪、防盗、防潮、防病虫害和防变质等管理规范；

（3）加强生产现场的材料、周转材料、半成品等物资的管理，防止浪费、被盗和流失；

（4）对代管、代销、暂存、受托加工的存货，应单独存放和记录，避免与本单位存货混淆；

（5）结合企业实际情况，加强存货的保险投保，保证存货安全，合理降低存货意外损失风险。

6. 企业应当明确存货发出和领用的审批权限，大批存货、贵重商品或危险品的发出应当实行特别授权。仓储部门应当根据经审批的销售（出库）通知单发出货物。

7. 企业仓储部门应当详细记录存货入库、出库及库存情况，做到存货记录与实际库存相符，并定期与财会部门、存货管理部门进行核对。

8. 企业应当建立存货盘点清查制度，结合本企业实际情况确定盘点周期、盘点流程等相关内容，核查存货数量，及时发现存货减值迹象。企业至少应当于每年年度终了开展全面盘点清查，盘点清查结果应当形成书面报告。盘点清查中发现的存货盘盈、盘亏、毁损、闲置以及需要报废的存货，应当查明原因、落实并追究责任，按照规定权限批准后处置。

9. 企业应当制定固定资产目录，对每项固定资产进行编号，按照单项资产建立固定资产卡片，详细记录各项固定资产的来源、验收、使用地点、责任单位和责任人、运转、维修、改造、折旧、盘点等相关内容。

企业应当严格执行固定资产日常维修和大修理计划，定期对固定资产进行维护保养，切实消除安全隐患。

企业应当强化对生产线等关键设备运转的监控，严格操作流程，实行岗前培训和岗位许可制度，确保设备安全运转。

10. 企业应当规范固定资产抵押管理，确定固定资产抵押程序和审批权限等。企业将固定资产用作抵押的，应由相关部门提出申请，经企业授权部门或人员批准后，由资产管理部门办理抵押手续。企业应当加强对接收的抵押资产的管理，编制专门的资产目录，合理评估抵押资产的价值。

11. 企业应当建立固定资产清查制度，至少每年进行全面清查。对固定资产清查中发现的问题，应当查明原因，追究责任，妥善处理。

12. 企业应当加强固定资产处置的控制，关注固定资产处置中的关联交易和处置定价，防范资产流失。

13. 企业应当加强对品牌、商标、专利、专有技术、土地使用权等无形资产的管理，分类制定无形资产管理办法，落实无形资产管理责任制，促进无形资产有效利用，充分发挥无形资产对提升企业核心竞争力的作用。

14. 企业应当全面梳理外购、自行开发以及其他方式取得的各类无形资产的权属关系，加强无形资产权益保护，防范侵权行为和法律风险。无形资产具有保密性质的，应当采取严格保密措施，严防泄露商业秘密。

15. 企业购入或者以支付土地出让金等方式取得的土地使用权，应当取得土地使用权有效证明文件。

16. 企业应当定期对专利、专有技术等无形资产的先进性进行评估，淘汰落后技术，加大研发投入，促进技术更新换代，不断提升自主创新能力，努力做到核心技术处于同行业领先水平。

十一、财务管理

1. 本指引所称财务报告，是指反映企业某一特定日期财务状况和某一会计期间经营成果、现金流量的文件。

2. 企业编制、对外提供和分析利用财务报告，至少应当关注下列风险：

(1) 编制财务报告违反会计法律法规和国家统一的会计准则制度，可能导致企业承担法律责任和声誉受损；

(2) 提供虚假财务报告，误导财务报告使用者，造成决策失误，干扰市场秩序。

(3) 不能有效利用财务报告，难以及时发现企业经营管理中存在的问题，可能导致企业财务和经营风险失控。

3. 企业应当严格执行会计法律法规和国家统一的会计准则制度，加强对财务报告编制、对外提供和分析利用全过程的管理，明确相关工作流程和要求，落实责任制，确保财务报告合法合规、真实完整和有效利用。

4. 总会计师或分管会计工作的负责人负责组织领导财务报告的编制、对外提供和分析利用等相关工作。

5. 企业负责人对财务报告的真实性、完整性负责。

6. 企业应当按照国家统一的会计准则制度规定，根据登记完整、核对无误的会计账簿记录和其他有关资料编制财务报告，做到内容完整、数字真实、计算准确，不得漏报或者随意进行取舍。

7. 企业财务报告列示的资产、负债、所有者权益金额应当真实可靠。

8. 各项资产计价方法不得随意变更，如有减值，应当合理计提减值准备，严禁虚增或虚减资产。

9. 各项负债应当反映企业的现时义务，不得提前、推迟或不确认负债，严禁虚增或虚减负债。

10. 所有者权益应当反映企业资产扣除负债后由所有者享有的剩余权益，由实收资本、资本公积、留存收益等构成。企业应当做好所有者权益保值增值工作，严禁虚假出资、抽逃出资、资本不实。

11. 企业财务报告应当如实列示当期收入、费用和利润。各项收入的确认应当遵循规定的标准，不得虚列或者隐瞒收入，推迟或提前确认收入。

12. 各项费用、成本的确认应当符合规定，不得随意改变费用、成本的确认标准或计量方法，虚列、多列、不列或者少列费用、成本。利润由收入减去费用后的净额、直接计入当期利润的利得和损失等构成。不得随意调整利润的计算、分配方法，编造虚假利润。

13. 企业财务报告编制完成后，应当装订成册，加盖公章，由企业负责人、总会计师或分管会计工作的负责人、财会部门负责人签名并盖章。

14. 财务报告须经注册会计师审计的，注册会计师及其所在的事务所出具的审计报告，应当随同财务报告一并提供。

十二、采购管理

1. 本指引所称采购，是指购买物资（或接受劳务）及支付款项等相关活动。

2. 企业采购业务至少应当关注下列风险：

（1）采购计划安排不合理，市场变化趋势预测不准确，造成库存短缺或积压，可能导致企业生产停滞或资源浪费；

（2）供应商选择不当，采购方式不合理，招投标或定价机制不科学，授权审批不规范，可能导致采购物资质次价高，出现舞弊或遭受欺诈；

（3）采购验收不规范，付款审核不严，可能导致采购物资、资金损失或信用受损。

3. 企业应当结合实际情况，全面梳理采购业务流程，完善采购业务相关管理制度，统筹安排采购计划，明确请购、审批、购买、验收、付款、采购后评估等环节的职责和审批权限，按照规定的审批权限和程序办理采购业务，建立价格监督机制，定期检查和评价采购过程中的薄弱环节，采取有效控制措施，确保物资采购满足企业生产经营需要。

4. 企业的采购业务应当集中，避免多头采购或分散采购，以提高采购业务效率，降低采购成本，堵塞管理漏洞。企业应当对办理采购业务的人员定期进行岗位轮换。重要和技术性较强的采购业务，应当组织相关专家进行论证，实行集体决策和审批。

5. 企业应当建立采购申请制度，依据购买物资或接受劳务的类型，确定归口管理部门，授予相应的请购权，明确相关部门或人员的职责权限及相应的请购和审批程序。

6. 企业可以根据实际需要设置专门的请购部门，对需求部门提出的采购需求进行审核，并进行归类汇总，统筹安排企业的采购计划。具有请购权的部门对于预算内采购项目，应当严格按照预算执行进度办理请购手续，并根据市场变化提出合理采购申请。对于超预算和预算外采购项目，应先履行预算调整程序，由具备相应审批权限的部门或人员审批后，再行办理请购手续。

7. 企业应当建立科学的供应商评估和准入制度，确定合格供应商清单，与选定的供应商签订质量保证协议，建立供应商管理信息系统，对供应商提供物资或劳务的质量、价格、交货及时性、供货条件及其资信、经营状况等进行实时管理和综合评价，根据评价结果对供应商进行合理选择和调整。

8. 企业可委托具有相应资质的中介机构对供应商进行资信调查。

9. 企业应当根据市场情况和采购计划合理选择采购方式。大宗采购应当采用招标方式，合理确定招投标的范围、标准、实施程序和评标规则；一般物资或劳务等的采购可以采用询价或定向采购的方式并签订合同协议；小额零星物资或劳务等的采购可以采用直接购买等方式。

10. 企业应当根据确定的供应商、采购方式、采购价格等情况拟订采购合同，准确描述合同条款，明确双方权利、义务和违约责任，按照规定权限签订采购合同。

11. 企业应当建立严格的采购验收制度，确定检验方式，由专门的验收机构或验收人员对采购项目的品种、规格、数量、质量等相关内容进行验收，出具验收证明。涉及大宗和新、特物资采购的，还应进行专业测试。验收过程中发现的异常情况，负责验收的机构或人员应当立即向企业有权管理的相关机构报告，相关机构应当查明原因并及时处理。

12. 企业应当加强物资采购供应过程的管理，依据采购合同中确定的主要条款跟踪合同履行情况，对有可能影响生产或工程进度的异常情况，应出具书面报告并及时提出解决方案。

13. 企业应当做好采购业务各环节的记录，实行全过程的采购登记制度或信息化管理，确保采购过程的可追溯性。

14. 企业应当加强采购付款的管理，完善付款流程，明确付款审核人的责任和权力，严格审核采购预算、合同、相关单据凭证、审批程序等相关内容，审核无误后按照合同规定及时办理付款。

15. 企业在付款过程中，应当严格审查采购发票的真实性、合法性和有效性。发现虚假发票的，应查明原因，及时报告处理。

16. 企业应当重视采购付款的过程控制和跟踪管理，发现异常情况的，应当拒绝付款，避免出现资金损失和信用受损。

17. 企业应当加强预付账款和定金的管理。涉及大额或长期的预付款项，应当定期进行追踪核查，综合分析预付账款的期限、占用款项的合理性、不可收回风险等情况，发现有疑问的预付款项，应当及时采取措施。

18. 企业应当加强对购买、验收、付款业务的会计系统控制，详细记录供应商情况、请购申请、采购合同、采购通知、验收证明、入库凭证、商业票据、款项支付等情况，确保会计记录、采购记录与仓储记录核对一致。企业应当指定专人通过函证等方式，定期与供应商核对应付账款、应付票据、预付账款等往来款项。

19. 企业应当建立退货管理制度，对退货条件、退货手续、货物出库、退货货款回收等作出明确规定，并在与供应商的合同中明确退货事宜，及时收回退货货款。涉及符合索赔条件的退货，应在索赔期内及时办理索赔。

十三、销售管理

1. 本指引所称销售，是指企业出售商品（或提供劳务）及收取款项等相关活动。

2. 企业销售业务至少应当关注下列风险：

（1）销售政策和策略不当，市场预测不准确，销售渠道管理不当等，可能导致销售不畅、库存积压、经营难以为继；

（2）客户信用管理不到位，结算方式选择不当，账款回收不力等，可能导致销售款项不能收回或遭受欺诈；

（3）销售过程存在舞弊行为，可能导致企业利益受损。

3. 企业应当结合实际情况，全面梳理销售业务流程，完善销售业务相关管理制度，确定适当的销售政策和策略，明确销售、发货、收款等环节的职责和审批权限，按照规定的权限和程序办理销售业务，定期检查分析销售过程中的薄弱环节，采取有效控制措施，确保实现销售目标。

4. 企业在销售合同订立前，应当与客户进行业务洽谈、磋商或谈判，关注客户信用状况、销售定价、结算方式等相关内容。重大的销售业务谈判应当吸收财会、法律等专业人员参加，并形成完整的书面记录。销售合同应当明确双方的权利和义务，审批人员应当对销售合同草案进行严格审核。重要的销售合同，应当征询法律顾问或专家的意见。

5. 企业销售部门应当按照经批准的销售合同开具相关销售通知。发货和仓储部门应当对销售通知进行审核，严格按照所列项目组织发货，确保货物的安全发运。企业应当加强销售退回管理，分析销售退回原因，及时妥善处理。

6. 企业应当严格按照发票管理规定开具销售发票。严禁开具虚假发票。

7. 企业应当做好销售业务各环节的记录，填制相应的凭证，设置销售台账，实行全过程的销售登记制度。

8. 企业应当完善应收款项管理制度，严格考核，实行奖惩。销售部门负责应收款项的催收，催收记录（包括往来函电）应妥善保存；财会部门负责办理资金结算并监督款项回收。

9. 企业应当加强商业票据管理，明确商业票据的受理范围，严格审查商业票据的真实性和合法性，防止票据欺诈。

10. 企业应当关注商业票据的取得、贴现和背书，对已贴现但仍承担收款风险的票据以及逾期票据，应当进行追索监控和跟踪管理。

11. 企业应当加强对销售、发货、收款业务的会计系统控制，详细记录销售客户、销售合同、销售通知、发运凭证、商业票据、款项收回等情况，确保会计记录、销售记录与仓储记录核对一致。

12. 企业应当指定专人通过函证等方式，定期与客户核对应收账款、应收票据、预收账款等往来款项。

13. 企业应当加强应收款项坏账的管理。应收款项全部或部分无法收回的，应当查明原因，明确责任，并严格履行审批程序，按照国家统一的会计准则制度进行处理。

十四、研发管理

1. 本指引所称研究与开发，是指企业为获取新产品、新技术、新工艺等所开展的各种研发活动。

2. 企业开展研发活动至少应当关注下列风险：

（1）研究项目未经科学论证或论证不充分，可能导致创新不足或资源浪费；

（2）研发人员配备不合理或研发过程管理不善，可能导致研发成本过高、舞弊或研发失败；

（3）研究成果转化应用不足、保护措施不力，可能导致企业利益受损。

3. 企业可以组织独立于申请及立项审批之外的专业机构和人员进行评估论证，出具评估意见。

4. 研究项目应当按照规定的权限和程序进行审批，重大研究项目应当报经董事会或类似权力机构集体审议决策。审批过程中，应当重点关注研究项目促进企业发展的必要性、技术的先进性以及成果转化的可行性。

5. 企业应当加强对研究过程的管理，合理配备专业人员，严格落实岗位责任制，确保研究过程高效、可控。

6. 企业应当跟踪检查研究项目进展情况，评估各阶段研究成果，提供足够的经费支持，确保项目按期、保质完成，有效规避研究失败风险。

7. 企业研究项目委托外单位承担的，应当采用招标、协议等适当方式确定受托单位，签订外包合同，约定研究成果的产权归属、研究进度和质量标准等相关内容。

8. 企业与其他单位合作进行研究的，应当对合作单位进行尽职调查，签订书面合作研究合同，明确双方投资、分工、权利义务、研究成果产权归属等。

9. 企业应当建立和完善研究成果验收制度，组织专业人员对研究成果进行独立评审和验收。

10. 企业对于通过验收的研究成果，可以委托相关机构进行审查，确认是否申请专利或作为非专利技术、商业秘密等进行管理。企业对于需要申请专利的研究成果，应当及时办理有关专利申请手续。

11. 企业应当建立严格的核心研究人员管理制度，明确界定核心研究人员范围和名册清单，签署符合国家有关法律法规要求的保密协议。

12. 企业与核心研究人员签订劳动合同时，应当特别约定研究成果归属、离职条件、离职移交程序、离职后保密义务、离职后竞业限制年限及违约责任等内容。

13. 企业应当加强研究成果的开发，形成科研、生产、市场一体化的自主创新机制，促进研究成果转化。

14. 企业应当建立研究成果保护制度，加强对专利权、非专利技术、商业秘密及研发过程中形成的各类涉密图纸、程序、资料的管理，严格按照制度规定借阅和使用。禁止无关人员接触研究成果。

十五、工程管理

1. 本指引所称工程项目，是指企业自行或者委托其他单位所进行的建造、安装工程。

2. 企业工程项目至少应当关注下列风险：

（1）立项缺乏可行性研究或者可行性研究流于形式，决策不当，盲目上马，可能导致难以实现预期效益或项目失败；

（2）项目招标暗箱操作，存在商业贿赂，可能导致中标人实质上难以承担工程项目、中标价格失实及相关人员涉案；

（3）工程造价信息不对称，技术方案不落实，概预算脱离实际，可能导致项目投资失控；

（4）工程物资质次价高，工程监理不到位，项目资金不落实，可能导致工程质量低劣，进度延迟或中断；

（5）竣工验收不规范，最终把关不严，可能导致工程交付使用后存在重大隐患。

3. 企业应当建立和完善工程项目各项管理制度，全面梳理各个环节可能存在的风险点，规范工程立项、招标、造价、建设、验收等环节的工作流程，明确相关部门和岗位的职责权限，做到可行性研究与决策、概预算编制与审核、项目实施与价款支付、竣工决算与审计等不相容职务相互分离，强化工程建设全过程的监控，确保工程项目的质量、进度和资金安全。

4. 企业应当指定专门机构归口管理工程项目，根据发展战略和年度投资计划，提出项目建议书，开展可行性研究，编制可行性研究报告。

5. 企业可以委托具有相应资质的专业机构开展可行性研究，并按照有关要求形成可行性研究报告。

6. 企业应当组织规划、工程、技术、财会、法律等部门的专家对项目建议书和可行性研究报告进行充分论证和评审，出具评审意见，作为项目决策的重要依据。

7. 企业应当按照规定的权限和程序对工程项目进行决策，决策过程应有完整的书面记录。重大工程项目的立项，应当报经董事会或类似权力机构集体审议批准。总会计师或分管会计工作的负责人应当参与项目决策。

8. 任何个人不得单独决策或者擅自改变集体决策意见。工程项目决策失误应当实行责任追究制度。

9. 企业应当在工程项目立项后、正式施工前，依法取得建设用地、城市规划、环境保护、安全、施工等方面的许可。

10. 企业的工程项目一般应当采用公开招标的方式，择优选择具有相应资质的承包单位和监理单位。

11. 企业应当依法组织工程招标的开标、评标和定标，并接受有关部门的监督。

12. 企业应当依法组建评标委员会。评标委员会由企业的代表和有关技术、经济方面的专家组成。评标委员会应当客观、公正地履行职务、遵守职业道德，对所提出的评审意见承担责任。

13. 企业应当按照规定的权限和程序从中标候选人中确定中标人，及时向中标人发出中标通知书，在规定的期限内与中标人订立书面合同，明确双方的权利、义务和违约责任。

14. 企业和中标人不得再行订立背离合同实质性内容的其他协议。

15. 企业应当加强工程造价管理，明确初步设计概算和施工图预算的编制方法，按照规定的权限和程序进行审核批准，确保概预算科学合理。

16. 企业可以委托具备相应资质的中介机构开展工程造价咨询工作。

17. 施工图设计深度及图纸交付进度应当符合项目要求，防止因设计深度不足、设计缺陷，造成施工组织、工期、工程质量、投资失控以及生产运行成本过高等问题。

18. 企业应当建立设计变更管理制度。设计单位应当提供全面、及时的现场服务。因过失造成设计变更的，应当实行责任追究制度。

19. 企业应当组织工程、技术、财会等部门的相关专业人员或委托具有相应资质的中介机构对编制的概预算进行审核，重点审查编制依据、项目内容、工程量的计算、定额套用等是否真实、完整和准确。工程项目概预算按照规定的权限和程序审核批准后执行。

20. 企业应当加强对工程建设过程的监控，实行严格的概预算管理，切实做到及时备料，科学施工，保障资金，落实责任，确保工程项目达到设计要求。

21. 企业应当实行严格的工程监理制度，委托经过招标确定的监理单位进行监理。工程监理单位应当依照国家法律法规及相关技术标准、设计文件和工程承包合同，对承包单位在施工质量、工期、进度、安全和资金使用等方面实施监督。

22. 未经工程监理人员签字，工程物资不得在工程上使用或者安装，不得进行下一道工序施工，不得拨付工程价款，不得进行竣工验收。

23. 企业财会部门应当加强与承包单位的沟通，准确掌握工程进度，根据合同约定，按照规定的审批权限和程序办理工程价款结算，不得无故拖欠。

24. 企业应当严格控制工程变更，确需变更的，应当按照规定的权限和程序进行审批。

25. 重大的项目变更应当按照项目决策和概预算控制的有关程序和要求重新履行审批手续。

26. 因工程变更等原因造成价款支付方式及金额发生变动的，应当提供完整的书面文件和其他相关资料，并对工程变更价款的支付进行严格审核。

27. 企业收到承包单位的工程竣工报告后，应当及时编制竣工决算，开展竣工决算审计，组织设计、施工、监理等有关单位进行竣工验收。

28. 企业应当组织审核竣工决算，重点审查决算依据是否完备，相关文件资料是否齐全，竣工清理是否完成，决算编制是否正确。

29. 企业应当加强竣工决算审计，未实施竣工决算审计的工程项目，不得办理竣工验收手续。

30. 企业应当及时组织工程项目竣工验收。交付竣工验收的工程项目，应当符合规定的质量标准，有完整的工程技术经济资料，并具备国家规定的其他竣工条件。

31. 验收合格的工程项目，应当编制交付使用财产清单，及时办理交付使用手续。

32. 企业应当按照国家有关档案管理的规定，及时收集、整理工程建设各环节的文件资料，建立完整的工程项目档案。

33. 企业应当建立完工项目后评估制度，重点评价工程项目预期目标的实现情况和项目投资效益等，并以此作为绩效考核和责任追究的依据。

十六、外包管理

1. 本指引所称业务外包，是指企业利用专业化分工优势，将日常经营中的部分业务委托给本企业以外的专业服务机构或其他经济组织（简称“承包方”）完成的经营行为。

本指引不涉及工程项目外包。

2. 企业应当对外包业务实施分类管理，通常划分为重大外包业务和一般外包业务。重大外包业务是指对企业生产经营有重大影响的外包业务。

外包业务通常包括：研发、资信调查、可行性研究、委托加工、物业管理、客户服务、IT 服务等。

3. 企业的业务外包至少应当关注下列风险：

（1）外包范围和价格确定不合理，承包方选择不当，可能导致企业遭受损失；

（2）业务外包监控不严、服务质量低劣，可能导致企业难以发挥业务外包的优势；

（3）业务外包存在商业贿赂等舞弊行为，可能导致企业相关人员涉案。

4. 企业应当建立和完善业务外包管理制度，规定业务外包的范围、方式、条件、程序和实施等相关内容，明确相关部门和岗位的职责权限，强化业务外包全过程的监控，防范外包风险，充分发挥业务外包的优势。

5. 企业应当权衡利弊，避免核心业务外包。

6. 企业应当根据年度生产经营计划和业务外包管理制度，结合确定的业务外包范围，拟定实施方案，按照规定的权限和程序审核批准。

7. 总会计师或分管会计工作的负责人应当参与重大业务外包的决策。

8. 重大业务外包方案应当提交董事会或类似权力机构审批。

9. 企业应当按照批准的业务外包实施方案选择承包方。承包方至少应当具备下列条件：

(1) 承包方是依法成立和合法经营的专业服务机构或其他经济组织，具有相应的经营范围和固定的办公场所；

(2) 承包方应当具备相应的专业资质，其从业人员符合岗位要求和任职条件，并具有相应的专业技术资格；

(3) 承包方的技术及经验水平符合本企业业务外包的要求。

10. 企业及相关人员在选择承包方的过程中，不得收受贿赂、回扣或者索取其他好处。承包方及其工作人员不得利用向企业及其工作人员行贿、提供回扣或者给予其他好处等不正当手段承揽业务。

11. 企业外包业务需要保密的，应当在业务外包合同或者另行签订的保密协议中明确规定承包方的保密义务和责任，要求承包方向其从业人员提示保密要求和应承担的责任。

12. 企业应当加强业务外包实施的管理，严格按照业务外包制度、工作流程和相关要求，组织开展业务外包，并采取有效的控制措施，确保承包方严格履行业务外包合同。

13. 对于重大业务外包，企业应当密切关注承包方的履约能力，建立相应的应急机制，避免业务外包失败造成本企业生产经营活动中断。

14. 企业应当根据国家统一的会计准则制度，加强对外包业务的核算与监督，做好业务外包费用结算工作。

15. 企业应当对承包方的履约能力进行持续评估，有确凿证据表明承包方存在重大违约行为，导致业务外包合同无法履行的，应当及时终止合同。

16. 承包方违约并造成企业损失的，企业应当按照合同对承包方进行索赔，并追究责任人责任。

17. 业务外包合同执行完成后需要验收的，企业应当组织相关部门或人员对完成的业务外包合同进行验收，出具验收证明。验收过程中发现异常情况，应当立即报告，查明原因，及时处理。

十七、担保管理

1. 本指引所称担保，是指企业作为担保人按照公平、自愿、互利的原则与债权人约定，当债务人不履行债务时，依照法律规定和合同协议承担相应法律责任的行为。

2. 企业办理担保业务至少应当关注下列风险：

(1) 对担保申请人的资信状况调查不深，审批不严或越权审批，可能导致企业担保决策失误或遭受欺诈；

(2) 对被担保人出现财务困难或经营陷入困境等状况监控不力，应对措施不当，可能导致企业承担法律责任；

(3) 担保过程中存在舞弊行为，可能导致经办审批等相关人员涉案或企业利益受损。

3. 企业应当依法制定和完善担保业务政策及相关管理制度，明确担保的对象、范围、方式、条件、程序、担保限额和禁止担保等事项，规范调查评估、审核批准、担保执行等环节的工作流程，按照政策、制度、流程办理担保业务，定期检查担保政策的执行情况及效果，切实防范担保业务风险。

4. 企业应当指定相关部门负责办理担保业务，对担保申请人进行资信调查和风险评估，评估结果应出具书面报告。企业也可委托中介机构对担保业务进行资信调查和风险评估工作。

5. 企业在对担保申请人进行资信调查和风险评估时，应当重点关注以下事项：

（1）担保业务是否符合国家法律法规和本企业担保政策等相关要求；

（2）担保申请人的资信状况，一般包括：基本情况、资产质量、经营情况、偿债能力、盈利水平、信用程度、行业前景等；

（3）担保申请人用于担保和第三方担保的资产状况及其权利归属；

（4）企业要求担保申请人提供反担保的，还应当对与反担保有关的资产状况进行评估。

6. 企业对担保申请人出现以下情形之一的，不得提供担保：

（1）担保项目不符合国家法律法规和本企业担保政策的；

（2）已进入重组、托管、兼并或破产清算程序的；

（3）财务状况恶化、资不抵债、管理混乱、经营风险较大的；

（4）与其他企业存在较大经济纠纷，面临法律诉讼且可能承担较大赔偿责任的；

（5）与本企业已经发生过担保纠纷且仍未妥善解决的，或不能及时足额缴纳担保费用的。

7. 企业应当建立担保授权和审批制度，规定担保业务的授权批准方式、权限、程序、责任和相关控制措施，在授权范围内进行审批，不得超越权限审批。重大担保业务，应当报经董事会或类似权力机构批准。

8. 经办人员应当在职责范围内，按照审批人员的批准意见办理担保业务。对于审批人超越权限审批的担保业务，经办人员应当拒绝办理。

9. 企业应当采取合法有效的措施加强对子公司担保业务的统一监控。企业内设机构未经授权不得办理担保业务。企业为关联方提供担保的，与关联方存在经济利益或近亲属关系的有关人员在评估与审批环节应当回避。对境外企业进行担保的，应当遵守外汇管理规定，并关注被担保人所在国家的政治、经济、法律等因素。

10. 被担保人要求变更担保事项的，企业应当重新履行调查评估与审批程序。

11. 企业应当根据审核批准的担保业务订立担保合同。担保合同应明确被担保人的权利、义务、违约责任等相关内容，并要求被担保人定期提供财务报告与有关资料，及时通报担保事项的实施情况。

12. 担保申请人同时向多方申请担保的，企业应当在担保合同中明确约定本企业的担保份额和相应的责任。

13. 企业担保经办部门应当加强担保合同的日常管理，定期监测被担保人的经营情况和财务状况，对被担保人进行跟踪和监督，了解担保项目的执行、资金的使用、贷款的归还、财务运行及风险等情况，确保担保合同有效履行。

14. 担保合同履行过程中，如果被担保人出现异常情况，应当及时报告，妥善处理。

15. 企业应当加强对担保业务的会计系统控制，及时足额收取担保费用，建立担保事项台账，详细记录担保对象、金额、期限、用于抵押和质押的物品或权利以及其他有关事项。

16. 企业财会部门应当及时收集、分析被担保人担保期内经审计的财务报告等相关资料，持续关注被担保人的财务状况、经营成果、现金流量以及担保合同的履行情况，积极配合担保经办部门防范担保业务风险。

17. 企业应当加强对反担保财产的管理，妥善保管被担保人用于反担保的权利凭证，定期核实财产的存续状况和价值，发现问题及时处理，确保反担保财产安全完整。

18. 企业应当建立担保业务责任追究制度，对在担保中出现重大决策失误、未履行集体审批程序或不按规定管理担保业务的部门及人员，应当严格追究相应的责任。

19. 企业应当在担保合同到期时，全面清查用于担保的财产、权利凭证，按照合同约定及时终止担保关系。

20. 企业应当妥善保管担保合同、与担保合同相关的主合同、反担保函或反担保合同，以及抵押、质押的权利凭证和有关原始资料，切实做到担保业务档案完整无缺。

第四节　应用示例——《企业反商业贿赂合规手册》

企业反商业贿赂合规手册

第一章　总则

一、商业贿赂的定义

本手册所称商业贿赂是指公司为获取交易机会、竞争优势或其他利益而采用财物或其他手段贿赂单位或者个人的行为。前款所称财物，是指现金、实物以及网络虚拟财产、礼券、基金、股份、债务免除等其他财产权益，包括假借宣传费、赞助费、科研费、劳务费、咨询费、佣金等名义或者以报销费用等方式，给予其他单位或者个人的财物。前款所称其他手段是指提供国内外各种名义的旅游、考察等给付财物之外的其他利益手段。

二、禁止行为

（一）回扣、贿赂及报酬

禁止公司的任何组织或员工，以影响与公司业务相关的决定为目的或以获取私人利益为目的，承诺、给予、教唆或接受任何形式的回扣、贿赂、报酬或好处（不论以现金或其他形式）或授权任何该等行为（“贿赂行为”），包括但不限于：

1. 收受业务相关单位及人员提供的财物，包括但不限于现金、银行卡、购物卡、提货单、娱乐场所会员卡、打折卡、代金券等；

2. 收受业务相关单位及人员提供的包括但不限于赠送或无偿使用录像摄像设备、

家电设备、健身器材、车辆、住房等实物；

3. 收受业务相关单位及人员提供的包括但不限于宴请、娱乐消费、旅游、国内外考察等形式的消费；

4. 收受业务相关单位及人员提供的包括但不限于以朋友名义提供各种回扣、好处、活动抽奖等其他任何形式的商业贿赂；

5. 为牟取不正当利益，给予其他单位工作人员以财物或消费性支出等；

6. 采用财物或者其他手段贿赂平台企业工作人员、对交易有影响的单位或者个人，以谋取交易机会或者在流量、排名、跟帖服务等方面的竞争优势；

7. 公司的组织或员工不得直接作出任何被禁止的贿赂行为，也不能间接作出该等行为，例如授权或允许第三方代表公司进行被禁止的贿赂行为。即使员工没有实际参与被禁止行为，只要其知晓此等行为但未能及时向相关部门报告，或者员工故意回避应当知晓而需上报的信息，则也属于违反本手册的行为。

（二）欺诈、串通及施加压力

公平竞争是公司的核心价值观之一。禁止公司的任何组织或员工为了获得经济利益、其他利益或者逃避某种义务，有意或不计后果地误导或企图误导第三方，包括歪曲事实、故意隐瞒事实、提供虚假资料或信息、明知是虚假信息却不主动澄清等。禁止公司的任何组织或员工与第三方故意串通、合谋或有目的地设计某种安排，以不适当地影响某人的决定，例如串标、陪标、串通抬高价格等。禁止公司的任何组织或员工通过对一方施加压力而不适当地影响对方的行为，即直接或间接地伤害或者破坏对方的人身或财产，以及以此为威胁从而迫使对方作出本不会作出的行为，包括使用武力、政治权力或其他威胁手段。

（三）涉及国家工作人员的支付行为

在涉及国家工作人员时，应特别严格地遵守上述公司关于对回扣、贿赂、报酬及好处的禁止行为（“禁止行为”）。严禁公司的任何组织和员工为取得或维持业务而直接或间接向国家工作人员行贿，或作出提供贿赂的任何承诺或支付。

公司的任何组织和员工都不得违反公司开展业务的司法辖区（包括所有海外地区）的任何反贿赂法律法规。严禁通过公司或其商业伙伴，直接或间接地向任何国家工作人员提供、支付、赠与或承诺支付任何有价值之物或授权实施这些行为。

在遇到“可疑情况”时，公司的员工应立即向企业合规部报告并寻求指导和帮助，类似可疑情况包括：

1. 国家工作人员要求或索取贿赂；

2. 国家工作人员要求或建议公司捐助指定的慈善事业；

3. 国家工作人员自己要求或代他人要求获得就业机会；

4. 国家工作人员要求公司赞助会议或差旅考察。

第二章　特殊支出

本章列出的支出，从反商业贿赂角度来看属于高风险性的特殊支出，应遵守本章的规定和相关审批流程。

一、礼品和招待

（一）商业活动

在开展商业活动中适当的礼品和招待是一种商业惯例，有利于建立良好的商业伙伴关系，此种商业惯例是允许的。适当的礼品是指小额的、具有象征纪念意义、符合时机和场合的礼品；适当的招待是指符合规定标准的用餐等招待。对外提供礼品和招待要严格按照公司的规定和标准执行，履行审批和登记程序。

（二）针对国家工作人员的规定

一些国家和地区对向国家工作人员提供礼品和招待有更加严格的规定，向这些人员提供不当的礼品和招待可能会引起反商业贿赂调查。因此，在处理与政府及相关单位的关系时应持更加谨慎的态度，严格遵守相关法律和政策要求。原则上不得向国家工作人员提供礼品和招待，只有在法律允许的情况下才可提供符合规定和标准的礼品和招待。

（三）费用标准

费用标准如表 2.1 所示。

表 2.1　费用标准

序号	级别	人均标准	备注
1	普通级	¥80.00	各类招待费仅限于业务招待（如客户、银行等关系单位，不适用员工内部招待）
2	经理级	¥120.00	
3	总经理级	¥200.00	
4	特殊重要客人	视情况先申请再招待	
5	公务餐	人事行政部负责安排	以节俭实惠为主，以公司食堂招待为主，可以视情况提前给食堂订餐

（四）禁止提供

以下礼品和招待不得对外提供：

1. 法律禁止流通的物品以及不符合公司和所在单位规定的；

2. 现金和购物卡、消费卡、商业预付卡等支付凭证以及贵重物品；

3. 股票、债券等有价证券；

4. 安排去旅游景点旅游、健身娱乐场所进行娱乐活动，以及国内外考察、观看商业演出和赛事等；

5. 其他可能产生商业贿赂风险的礼品和招待。

对外提供礼品和招待严禁向商业伙伴的家庭成员或其他亲属提供，严禁在短期内向同一对象多次提供。

公司不允许员工个人承担费用对外提供礼品和招待。

（五）管理规定

1. 公司所有员工接待来客用餐均须按本规定事前经申报和批准，并填写《招待

（礼品）费用申请表》，未经批准的招待费用不得报销；

2. 各部门员工填报招待费用时应将《招待（礼品）费用申请表》作为附件粘贴在报销单内，否则部门负责人与财务部不予审核；

3. 本公司会议等情况用餐应在费用报销单上注明用餐日期、用餐项目、用餐人数等情况；

4. 招待费用应及时报销，原则上在一周内报财务部审核；凡超过一个月的，填报人必须书面说明理由并报总经理批准同意后，财务部方可审核，否则不予报销；

5. 若接待超过以上标准须事先请示总经理审核签批后，方可凭票报销。

招待（礼品）费用申请表如表 2.2 所示。

表 2.2 招待（礼品）费用申请表

部门		姓名		申请日期	
序号	种类	数量	单位	单价	总价
1					
2					
3					
申请事由 （包括公司、人数、级别、缘由）					
部门负责人			分管负责人		
总经理			备注		

（六）申请及报销流程

1. 申请流程

申请人填报申请表，交由部门负责人审核后，报分管负责人审批，超过规定标准的还需报总经理审批。

2. 报销流程

公司所有资金支出报销按报销人整理报销单据并填写对应费用报销单→部门负责人确认签字→财务会计审核并填制会计凭证→财务主管审核签字→分管领导批准签字→出纳审查并付款。

（七）员工个人接受礼品和招待的规定

1. 员工个人接受礼品和招待应遵守公司规定，对于不符合相关要求和标准的不能接受；

2. 对于无法当时判断价值的礼品，接受后应对礼品价值进行评估，确定不符合要求或超过标准的应退回；

3. 无法退回的应向上级领导报告，并交由相关主管部门进行处理。

在实际工作中可能遇到各种情形，因此不能一一进行列举，员工应按照相关制度以及上述基本原则和要求，判断和决定是否可以提供或接受。当不知如何处理时请咨询上级领导或者相关主管部门。

二、折扣和佣金

（一）折扣

在销售产品和提供服务的过程中可以给予相对方折扣，但折扣必须是明示的，在同等条件下一视同仁，不区别对待。

（二）佣金

1. 可以聘用具有合法经营资格的中间人为公司提供服务，可以给予中间人佣金作为报酬，但佣金支出应真实记载在财务账目中；

2. 员工个人在公司经营活动中不能接受任何佣金；

3. 禁止一切“暗中账外”佣金。

（三）捐赠和赞助

1. 政治捐款

在中国境内禁止一切性质和形式的政治捐款。在中国以外的地区仅可根据适用法律向政党、政党官员和候选人提供捐款，而且应公开披露所有的政治捐款（除非出于合法保密的需要），同时对接受方的信息进行公示。

2. 慈善捐款

慈善捐款是指自愿地以金钱或非金钱形式给予他人，并且不求回报的赠与。给予行业协会的捐款或会费一般有商业目的，因此不属于慈善捐款。

代表公司或下属单位所做的任何慈善捐款必须符合下列条件：

（1）符合相关的法律规定；

（2）并非是为了获取任何商业利益或优势；

（3）只能向合法登记并有较高声誉的慈善机构进行捐款；

（4）捐款的目的必须具有慈善性质；

（5）捐款的金额、用途等公开透明，并公开捐款及对接受方信息进行公示；

（6）不存在任何可能违反反商业贿赂法的情形。

3. 赞助

赞助是与第三方进行的互利合作，形式包括金钱、产品、服务等。代表公司或下属单位所做的任何赞助，必须符合下列条件：

（1）符合相关的法律规定；

（2）并非是为了获取不公平的或非法的商业利益或优势；

（3）只能与合法登记并有较高声誉的第三方机构进行合作；

（4）赞助的金额、用途等必须合理并且公开透明，并公开赞助及对接受方信息进行公示；

（5）不存在任何可能违反反商业贿赂法的情形；

（6）必须签署书面协议。

第三章　反商业贿赂合规管理机制

一、合规部门

公司设立专门的企业合规部门，主要负责反商业贿赂等工作。企业合规部门独立于公司其他部门，确保其专业性、权威性，尽可能减少企业合规部门受到其他方面的干扰，避免影响其独立性、公正性，以充分发挥合规管理的作用。

二、部门职责

1. 制定企业合规管理与风险管理规划和年度实施计划，并组织实施。

2. 指导、监督单位职能部门合规管理与风险管理体系的建立和运行。

3. 制定和完善单位合规管理与风险管理体系的管理制度、工作程序及相关标准和方法，并监督实施。

4. 组织开展企业合规管理与风险评估的测试工作，监督、检查和考核各职能部门贯彻、执行合规管理情况，评价合规管理与风险管理的健全性和有效性，并对存在的缺陷提出改进建议和措施。

5. 准备关于企业合规管理自我评估报告及其他年报需要披露的与合规管理有关的资料。

6. 协调内、外部审计工作。对内负责委托审计中心开展审计工作，对外负责审计师与审核委员会的沟通协调工作，包括初选及向总经理办公会推荐聘任及解聘单位审计师，审核审计师的审计管理建议书等工作。

7. 组织《反商业贿赂手册》的编制、修改及完善维护工作。

8. 受理商业贿赂举报，参与企业商业贿赂事项调查。

9. 组织开展反商业贿赂执行情况考核评价工作及责任追究管理。

10. 定期组织开展反商业贿赂培训，提高员工对反商业贿赂的认识，并指导员工开展自我监督。

11. 其他与反商业贿赂有关事宜。

三、建立风险预控机制

1. 企业制定商业贿赂风险预控方案，对反商业贿赂风险第一时间进行风险预警。

2. 企业根据反商业贿赂制度体系，一线业务部门作为第一道关，在业务所在地收集、调研驻在地反商业贿赂法律规定，识别、评估商业贿赂风险，反商业贿赂部门对商业贿赂风险进行审核把控，再由一线业务部门在接受完合规部门的指导后，及时应对相关风险。如发生特定商业贿赂风险时，应由合规部门和业务部门成立特定小组，同时回避涉案人员，对相关风险进行风险评估和应对。必要时应聘请外部律师或咨询顾问对相应的商业贿赂风险进行识别和评估。

第四章　商业贿赂合规风险重点防范

一、人事

（一）招聘环节

参与招聘的管理层和人力资源部门的人员应确保招聘工作遵守各项合规要求，必要时可以签署书面承诺书。

（二）关键岗位

招聘过程中做好对拟录用人员的背景调查，特别是杜绝商业贿赂高风险人员（如存在商业贿赂前科劣迹或因商业贿赂行为受过行政、刑事处罚等）进入招投标、采购、合规等关键岗位。

（三）反商业贿赂承诺书

在劳动合同、聘用协议等协议文件中明确员工的反商业贿赂义务，对关键岗位人员应当签署反商业贿赂承诺书，使得员工充分知晓公司的反商业贿赂政策及员工个人的义务。

（四）与有影响力影响交易的人的关系

商业贿赂存在多种形式，对国家工作人员退休返聘、为国家工作人员的亲属或特定关系人提供工作机会或实习机会也可能构成商业贿赂，特别是如果招聘是在不公开透明的情况下进行的。

因此，我们在招聘录用员工时应严格按照制度规定，确保招聘流程公开透明，并且确保招聘对象符合公司的招聘条件和要求，禁止针对特定对象采用暗箱操作的方式或者降低标准录用；对招聘录用人员在同等条件下应一视同仁，不在薪酬待遇、晋升和奖励惩处等方面给予特殊区分。

（五）考核

公司每年都应对每一名员工的工作进行绩效考核。对本手册的遵守应作为考核中的重要内容，并应按照考核结果对相关员工进行奖惩。

二、商业伙伴

（一）尽职调查

1. 我们的商业伙伴包括供应商、承包商、分包商以及合资合作方和客户等，商业伙伴在与公司商业往来中的商业贿赂行为，不仅会给商业伙伴自身带来风险，也可能给公司带来影响，使公司受到经济和声誉的损失。特别是在某些情况下，商业伙伴为了公司利益进行商业贿赂时，我们需要承担直接的、严格的责任，甚至是法律责任，因此我们必须加强对商业伙伴的监督管理，负责员工在合作之前对商业伙伴开展合规尽职调查。

2. 合规尽职调查内容主要包括：

（1）近年来是否有过商业贿赂等违规行为；

（2）是否因违规被追究责任；

（3）是否因违规被列入相关组织或企业的黑名单；

（4）实际控制人、股东和高管是否与有关政府部门有利害关系；

（5）是否有反商业贿赂防控政策和措施。

3. 合规尽职调查可与其他尽职调查同步进行，各单位可以根据实际情况确定合规尽职调查的具体要求和标准。

（二）明确告知

1. 在与商业伙伴商讨业务合作内容之前，负责员工应向该方（及该方负责人）告知和解释企业已经执行了本手册，并希望该方能完全遵守本手册及反商业贿赂法的相关规定。

2. 该方还必须被明确告知：完全遵守反商业贿赂法对于企业是至关重要的，如果发现该方有任何违反本手册和反商业贿赂法规定的可疑行为时，企业可采取适当的行动，包括终止合同。

3. 与商业伙伴签订合同时应将反商业贿赂要求纳入合同条款。

（三）准入制度

对商业伙伴实行准入制度的，应将良好的合规表现作为准入条件之一，在准入前进行相应的调查。

（四）合规评价

我们应对商业伙伴开展合规评价，将合规表现作为对商业伙伴的评价内容之一；对违反合同约定、有商业贿赂行为的商业伙伴，采取纳入失信黑名单等禁止准入和不得继续选用的措施。

三、利益冲突

所有的商业决定都应以公司利益为先，禁止任何员工在公司的业务活动中为个人牟取私利。当员工的个人利益可能影响该员工客观合理的判断以及对公司的忠诚义务时，就可能出现利益冲突。例如，某项业务涉及员工、其亲属或朋友的利益，或者公司的某一领导、其亲属或朋友在合作的商业伙伴中拥有股份、担任任何职务或其他经济利益。在此情况下，相关员工和任何知悉存在利益冲突情况的员工都应当将可能出现利益冲突的情况报告给其上级领导或合规部门，以确定是否需要进行回避。

四、合同管理

（一）合同签订

公司必须与所有的商业伙伴签署书面合同。在公司同意与商业伙伴签订或重续签订合同之前，公司负责员工必须按步骤确保商业伙伴将遵守反商业贿赂法和本手册规定。确保商业伙伴满足以下要求：

1. 遵守适用的反商业贿赂法律和公司相关制度要求，不提供或接受任何贿赂。

2. 保存以公司名义或代表公司支付的所有款项和费用的记录，允许公司出于审计目的查阅相关账簿和记录。

3. 将相关的商业贿赂行为作为合同终止条件之一，并明确相关违约责任。

4. 在合同履行期间要持续监督以确保商业伙伴遵守反商业贿赂要求。如果发现商业伙伴出现商业贿赂行为，应依据合同约定停止向其支付合同费用，并追究相关责任。

（二）合同审查

公司的业务人员和合规部门在审查合同内容时，应对自身的业务人员或商业伙伴的疑似欺诈或腐败行为特别关注。多数情况下，商业伙伴要求较高的费用或佣金不能作为确定其腐败意图的决定性依据。但若费用过多地高于商业伙伴所提供的服务应得金额，则意味着款项的一部分已经或者有可能被该商业伙伴作为贿赂而支付给国家工作人员。因此，公司员工须警惕异常高额的费用或佣金要求，并且在可能的情况下积极争取合理的费用安排。例如，如果某一合同存在以下条款或要求，即应被认为可能存在欺诈或腐败风险（“可疑行为”）：

"可疑行为"包括：

1. 在合同项下向商业伙伴支付的金额（或其他经济利益）与其提供的服务不成正比或明显偏离市场价格。

2. 合同中存在不寻常的奖金或额外支付、超过常规的或大额度的预付款、或者给予新客户不寻常的大额赊账额度。

3. 商业伙伴要求公司支付特定数额的款项以"获得商业机会""进行必须的安排"或"锁定交易"。

4. 金额通过非直接途径或非正规方式进行付款，账外支付或合同中有不寻常或值得怀疑的付款条款。

5. 商业伙伴或公司业务人员要求不在合同里对付款的数额、账户详情、收款人进行完整的披露。

6. 用现金或无记名有价证券形式进行支付。

7. 向没有直接参与到合同中的第三方进行支付。

8. 在商业伙伴主营地国家或服务提供地国家以外的其他国家或地区进行支付。

9. 商业伙伴或公司业务人员要求不披露身份。

10. 商业伙伴或公司业务人员要求对合同项下的支付不进行适当的记录或不向政府报告。

11. 商业伙伴或公司业务人员要求对特定的发票日期进行回溯或更改。

12. 商业伙伴或公司业务人员要求篡改文件或其他类型的作伪。

13. 商业伙伴拒绝在与公司签订的书面合同中纳入符合适用法律的条款。

14. 其他"可疑行为"。

（三）合同存档规定

所有经审查批准的合同、审查意见等文件必须由企业相关人员进行存档管理。与合同签署的尽职调查相关的文件证明应被存放于商业伙伴的尽职调查文档中，与合同执行监督程序相关的文件证明应被存放于相应的合同档案中。

（四）招投标活动

公司的任何部门、分公司、关联公司等参与投标活动、签订和履行相关合同时，除了遵守本手册的规定外，还应遵守中国和有关国家有关公开招投标的相关法律法规。禁止公司的任何组织或员工在投标过程中：

1. 误导或企图误导第三方，包括歪曲事实、故意隐瞒事实、提供虚假资料或信息、明知是虚假信息却不主动澄清等。

2. 第三方故意串通或合谋以获得中标，例如串标、陪标、串通抬高价格等。

3. 进行任何其他违反中国或招投标所在地的招投标法律的行为。

五、聘请外部法律顾问

虽然在多数情况下，合规部门有足够的合规方面的经验和知识来审核公司与商业伙伴的合同草稿，然而在某些情形下（特别是涉及专业项目或适用非中国法的合同）公司可以聘请外部的法律顾问来审核合同，以确保合同所有条款均符合本手册和适用的法律法规。

六、准确记录

商业贿赂行为往往涉及不准确的会计账簿和记录，因此公司的交易和资产处置必须严格遵守相关程序，获得必要的授权，并且按照适用的会计准则准确进行财务记录。

账簿和记录的内容应是详细的，准确及时地反映所有交易和其他业务活动。我们应确保任何账簿和记录不记载有任何虚假、伪造或误导性信息。禁止“账外”行为和开设秘密账户。

第五章　评估与审计

一、风险评估

企业合规部门应当定期（至少每两年一次）对公司的合规风险进行评估，对公司的每个部门和子公司进行“高”“中”“低”三类风险级别分类。在评估合规风险时应当考虑总公司、每一个子公司或分公司、每个部门的规模、业务领域、经营地点及其他特殊因素，以及对本手册的执行情况。

二、审计

公司的审计部门或者外聘审计机构可以联合合规部门对反商业贿赂法律和本手册的遵守情况进行审计（“合规审计”），以评估是否需要对我们的合规政策和程序进行修订，及考虑我们在业务经营中遇到的反商业贿赂问题。在下列情况下，公司审计部门和合规部门应进行合规审计（既可以是专项审计，也可以作为常规审计的一部分）：

1. 对于被确定为高风险的子公司和部门必须至少每年进行一次合规审计。

2. 对于被查实有违反本手册情况的部门或子公司，在此后的一年内必须对该部门或子公司进行审计。

3. 基于合规部门的建议，对于建议的对象进行审计。

三、政策的修改

合规部门在风险评估和合规审计结果的基础上，应评估本手册在预防、发现、调查和应对各种不当行为方面的适用性、充分性和有效性；同时也应考虑合规领域的相关法律和实际变化，以及国际和行业标准的演变。如发现本手册存在缺陷，应采取合理措施避免此类缺陷进一步发生，包括对本手册做出必要的修改。

四、年度报告

合规部门应每年起草公司合规情况的年度报告，提交董事会讨论审议。合规委员会应当每年向董事会汇报本手册的执行情况、发现的重大问题以及修订的必要。

第六章　培训制度

一、培训对象

公司（包括其子公司）所有管理人员、董事会和监事会所有成员以及公司（包括其子公司）财务部、采购部、市场部的所有员工必须接受由合规部门每年度安排的培训，该培训旨在让上述人员了解本手册规定。

合规部门应当对其认为的在高风险职位的员工进行额外的专项培训。

所有新入职的员工都应就本手册规定自入职之日起6个月内接受合规部门安排的培训。

其他员工都应熟悉本手册的内容，并接受合规部门认为需要的培训。

二、培训形式

（一）内部培训

内部培训是由企业合规部在公司内部组织实施的培训。

（二）委外培训

委外培训是根据公司合规发展需要，由公司安排或个人申请到外部组织机构培训或考察或学习等。

（三）外聘培训

外聘培训是聘请外部专业培训机构或相关单位有丰富理论和实践经验的专业人员来公司授课。

三、培训内容

1. 公司的合规规范文件。
2. 公司相关制度，如财务管理制度、人事管理制度、安全生产责任制度、合规管理制度等。
3. 公司内部的合规风险。
4. 适用于公司的外部合规规范及业内违规案例。
5. 与合规有关的政策、法规、文件。
6. 其他。

四、培训要求

1. 公司评估员工合规培训需求，针对员工角色和职责相关的义务和合规风险，量身定制岗位合规培训内容。
2. 培训内容应当实用并易于员工理解，应当与员工的日常工作相关。
3. 合规培训时应制作并妥善保存培训记录，包括：培训项目名称、培训时间、培训内容简介、培训对象的姓名、单位和职务、培训老师的姓名、职务介绍、培训效果评估情况等。
4. 培训对象名册应由培训对象逐一签名。
5. 培训后可组织相关测试考核培训情况。

第七章　举报制度

公司设立反商业贿赂举报机制。

一、举报途径

1. 受理举报部门：公司合规部

2. 举报邮箱：

3. 举报电话：

公司员工、商业伙伴或其他第三方知情者可以通过以上举报途径向公司及时、有效地提供商业贿赂行为的线索。

二、举报信息的处理

1. 合规部门在接到举报后应立即对举报的问题进行调查。合规部门在调查过程中有权约谈涉事人员、商业伙伴和公司员工以外的第三方，并收集文件等书面证据。公司的所有员工和其他部门必须尽最大努力予以配合。

2. 如有必要，合规部门可以联合审计部门对所举报的事项进行专项合规审计。

3. 对于一项举报的调查通常应在一个月内完成。对于复杂、涉及面广的举报事项，合规部门可以在与股东会商议后延长调查时间，但应定期向股东会汇报调查进度。在调查过程中一旦发现可能存在合规风险的行为，即使调查尚未终结，合规部门有权要求立即暂停有风险的行为，直至出具正式调查处理结果。

4. 举报事项调查完成后合规部门应将调查结果和处理意见提交股东会审核。经股东会审核后合规部门应将事件的调查和处理结果通知举报人，并执行处理意见。

三、举报人保护制度

对于举报人实行保护制度，对于善意举报行为（出于善意或合理相信），即便未能查实，也应使举报者免受报复行为，并对任何报复行为予以禁止。具体包括：

（一）信息保密

保护举报人的身份信息以及其所提供的资料免遭泄露。

（二）防止打击报复

1. 保护举报人不会因为举报行为而受到打击报复或不当对待，可能的打击报复或不当对待的表现形式包括但不限于：

（1）对举报人或其家属进行骚扰、歧视、威胁或任何其他不当对待；

（2）对举报人作出不恰当的劳动处理，例如：予以纪律警告、训诫或处罚，或调岗、停职、降薪甚至解雇等；

（3）在工作业绩考评、薪酬核定或晋升考核方面予以不公正对待；

（4）对举报人提起不正当的民事诉讼甚至刑事控告。

2. 如果举报人认为其因举报行为受到了不当对待，可以申请对其工作内容或工作地点等予以变更，例如：转移至同等级别的其他岗位，改变主管或重新分配工作职责等。

3. 对实施打击报复和不当对待的责任人予以严厉的惩罚和制裁。

（三）补偿和奖励

1. 如果举报人认为其自身权益已经受到了实质性的损害，则可以申请恢复或补偿。

2. 必要时为举报人提供心理健康咨询服务。

3. 对正当的举报行为实施奖励政策。

（四）外部举报人的保护

为外部举报人提供充分保障，例如：对于提出举报的供应商，应保障其现存的合作业务不受影响以及其未来的业务发展受到公正对待，甚至优先考虑，同时可以根据适用的政策予以奖励。

第八章　奖惩制度

一、奖励制度

（一）对于严格执行反商业贿赂制度员工的奖励

对于模范遵守反商业贿赂规定，为公司做出榜样的，公司视情况给予加薪、发放奖金等奖励。

（二）对于举报人奖励

1. 及时报告或制止他人上述行为，对为公司挽回经济损失2万元（含）以下的予以通报表扬，并予以1 000元以下奖励。

2. 及时报告或制止他人上述行为，对为公司挽回经济损失2万元以上的予以通报表扬，并给予1 000~5 000元奖励。

二、惩罚制度

如员工违反商业贿赂制度，按如下条款处理：

1. 未造成公司损失的，在公司范围内通报批评，公司可以考虑解除劳动关系。

2. 给公司造成直接或间接损失不满1 000元的需赔偿公司损失，予以调岗降薪处罚；公司也可以考虑解除劳动关系。

3. 发生违规行为3次及以上，或给公司造成直接或间接损失1 000元（含）以上的，需赔偿公司损失；公司可以解除劳动关系，并在业内公开员工的行为。

4. 如果发生上述行为已触犯法律的，公司可追究当事人法律责任，触犯刑法的，公司应当将线索移送有关机关依法处理。

5. 公司有权从当事人的工资、奖金中扣减赔偿额。

第九章　附则

1. 本《反商业贿赂手册》自下发之日起实施。

2. 公司员工务必了解本《反商业贿赂手册》的内容，不得以未知悉为由而免除责任。

3. 本《反商业贿赂手册》如与国家法律、法规相抵触，按国家有关法律、法规执行，如公司原有的规章制度与本《反商业贿赂手册》相抵触，按本《反商业贿赂手册》规定执行。

4. 本《反商业贿赂手册》由公司合规部负责解释。

第三章 涉案企业合规整改指引

本章所谓的“涉案企业合规”，又称“刑事合规”，是指检察机关在办理企业及企业经营管理者、关键性岗位人员涉嫌犯罪案件的审查起诉中，设立合规考察期，在考察期内检察机关单独或与其他机关一起引导涉案企业制订合规计划，并切实开展合规建设，促进企业健全规章制度、规范生产经营方式、完善治理结构。在考察期结束后，检察机关结合犯罪事实、犯罪情节、合规计划完成情况以及第三方评估意见等，综合决定对涉案企业及相关责任人是否提起公诉或者提出轻缓的量刑建议。本章旨在为企业如何有效、有针对地开展合规整改提供操作性的指引，为涉案企业在有关组织或者人员的监督下，制订合规计划，履行合规计划，接受检察机关和有关组织的考察和验收等活动，提供操作参考。

第一节 适用范围

根据2021年6月最高人民检察院等部委联合印发的《关于建立涉案企业合规第三方监督评估机制的指导意见（试行）》、2021年11月最高人民检察院等再次联合印发《〈关于建立涉案企业合规第三方监督评估机制的指导意见（试行）〉实施细则》、2022年4月中华全国工商联合会办公厅等部门联合印发《涉案企业合规建设、评估和审查办法（试行）》，目前涉案企业合规制度的适用，应当同时满足以下条件：

（1）企业在生产经营活动中涉及的经济犯罪、职务犯罪等案件，既包括公司、企业等实施的单位犯罪案件，也包括公司、企业实际控制人、经营管理人员、关键技术人员等实施的与生产经营活动密切相关的犯罪案件；

（2）犯罪事实清楚，证据确实、充分；

（3）企业、个人认罪认罚，承诺建立或者完善企业合规制度；

（4）企业能够正常生产经营或者具备改善经营状况的条件；

（5）企业自愿适用。

对于具有下列情形之一的，不适用企业合规：

（1）个人为进行犯罪活动而设立公司、企业的；
（2）企业设立后以实施犯罪为主要活动的；
（3）企业人员盗用单位名义实施犯罪的；
（4）涉嫌危害国家安全犯罪、恐怖活动犯罪、涉黑恶犯罪的；
（5）其他不宜适用的情形。

第二节　整改流程简图

整改流程简图如图 3.1 所示。

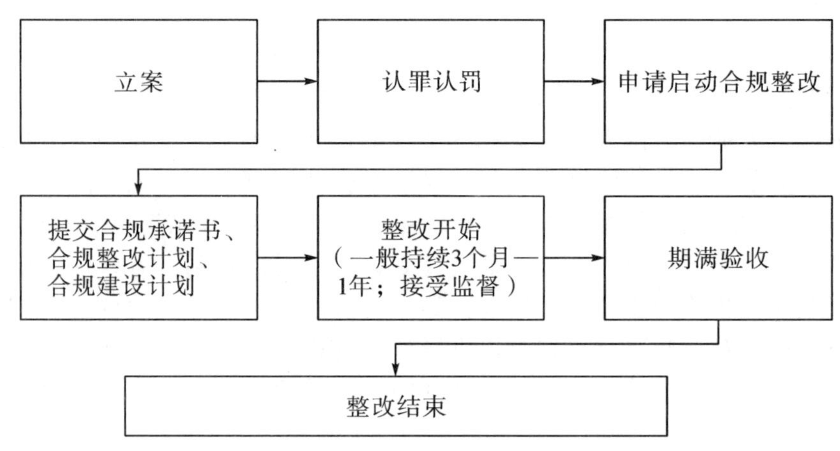

图 3.1　整改流程简图

第三节　重要事项

一、申请合规整改前的准备工作

（1）终止实施犯罪行为。涉案企业不仅要承诺停止犯罪活动，而且还要采取积极措施终止原有的非法经营活动，使其不再发生危害社会的后果。

（2）认罪认罚。涉案企业要承认被指控的犯罪事实，并作出愿意接受刑事处罚的承诺。

（3）配合执法调查。涉案企业对司法机关的刑事追诉行动应当采取合作的态度，既要配合调查、提供证据和鼓励员工如实作证，也要积极披露犯罪事实，主动调查直接责任人。

（4）采取补救措施。涉案企业要对犯罪所造成的后果采取适度的挽救措施，对犯罪所破坏的法益采取必要的修复行动，以达到减少犯罪社会危害性、降低犯罪严重程度、挽回犯罪损失的目的。

（5）处理责任人。涉案企业对那些导致犯罪发生的主管人员和直接责任人员，应采取必要的惩戒措施。

【案例链接】

上海J公司、朱某某假冒注册商标案①

上海市J智能电器有限公司（简称“J公司”）以生产智能家居电器为主，拥有专利数百件，有效注册商标3件，近年来先后被评定为浙江省科技型中小企业、国家高新技术企业。公司有员工2 000余人，年纳税总额1亿余元，被不起诉人朱某某系该公司股东及实际控制人。2018年8月，上海T智能科技有限公司（简称“T公司”）与J公司洽谈委托代加工事宜，约定由J公司为T公司代为加工智能垃圾桶。后因试产样品未达质量标准，且无法按时交货等，双方于2018年12月终止合作。为了挽回前期投资损失，2018年12月至2019年11月，朱某某在未获得商标权利人T公司许可的情况下，组织公司员工生产假冒T公司注册商标的智能垃圾桶、垃圾盒，并对外销售获利，涉案金额达560万余元。

2020年9月11日，朱某某主动投案后被取保候审。案发后，J公司认罪认罚，赔偿权利人700万元并取得谅解。2020年12月14日，上海市公安局浦东分局以犯罪嫌疑单位J公司、犯罪嫌疑人朱某某涉嫌假冒注册商标罪移送浦东新区检察院审查起诉。

本案中，检察机关经审查认为，鉴于J公司拥有良好发展前景，犯罪嫌疑人朱某某有自首情节，并认罪认罚赔偿了T公司的损失，且该公司有合规建设意愿，具备启动第三方机制的基本条件，考虑其注册地、生产经营地和犯罪地分离的情况，有必要启动跨区域合规考察。

二、有权代表企业认罪认罚的主体

如果公司章程没有明确规定，原则上需由股东会或者董事会作出有关认罪认罚的公司决议，再由公司法定代表人对外表达。

三、积极开展内部合规自查

涉案企业积极开展合规自查，要做到事实清楚、证据确实，形成完整的自查报告，供第三方组织以及企业内部员工了解基本案情。

内部自查报告至少包含以下内容：

（1）企业基本情况。该部分要对发展历程、发展战略、业务组成、管治结构、人员构成、营收、贡献等进行介绍，着重描述治理与管理现状，做到全面与准确。

（2）案件事实回顾。这部分要对涉案发生的时间、涉及的企业主体（包括第三方）、参与人员及决策过程、涉案的金额与次数、涉案人员沟通细节与记录（企业邮件、微信、银行转账等）进行详细与准确回顾，还原案情经过。

（3）根本原因分析。这部分要完成从事实到原因的剖析。从事实到溯源，重点要寻找主要负责人的合规经营意识、企业治理与管理结构、决策过程、制度流程与执行、守法合规文化等存在的问题。

① 本案系最高人民检察院2021年12月发布的第二批涉案企业合规典型案例。

四、签署企业合规承诺书

企业合规承诺书至少包括以下内容：

（1）如实供述犯罪事实、认罪认罚；

（2）愿意赔偿被害方损失、消除犯罪影响（如产品召回、修复受损环境）；

（3）接受派驻合规监督员指导监督；

（4）承诺十五日内出具整改方案；

（5）合规整改期内不得再犯罪。

五、企业合规承诺书主要内容

企业合规承诺书

（参考模板）

一、承诺人身份信息

企业________（写明单位名称、组织机构代码、住所地、法定代表人姓名、职务等）

诉讼代表人________（写明姓名、性别、出生日期、工作单位、职务。）

承诺人________ 企业授权________ 代表本单位在企业合规程序作出意思表示，其意思表示的内容代表本单位的意志并由本单位承担相应法律后果。（若授权代表人和诉讼代表人相同，则无须列明身份信息，若不同则参照诉讼代表人写明身份信息。）

二、权利知悉和自愿签署声明

本企业在授权________ 作为本单位代表人向检察机关作出自愿适用企业合规程序的意思表示和签署本合规承诺书之前，检察机关已经充分告知本企业在该程序中的权利和义务，本单位也充分听取了本单位委托的辩护人法律意见，已知晓企业合规程序的全部内容和由此带来的法律后果，理解并接受其全部内容。

本企业及本企业授权的代表人在知情和自愿的情形下签署本合规承诺书载明的内容。

三、承诺内容（根据实际情况制作）

1. ______ 人民检察院指控本企业犯罪事实：____________________________________

____

____

2. ______ 人民检察院指控本企业/本企业（个人）______ 构成________罪。

3. 自愿认罪认罚，退赃退赔以及赔偿因犯罪行为导致他人的财产损失。保证不实施串供、干扰证人作证、毁灭、伪造证据或者隐匿、转移财产等妨碍刑事诉讼活动顺利进行的行为。

4. 本企业自愿选择适用涉案企业合规第三方监督机制。

5. 在本承诺书签订之日起____ 日内，向________人民检察院提交合规整改计划、合规建设计划，并经__________ 人民检察院审核同意后实施。

6. 在合规考察期间，严格按照合规整改计划、合规建设计划履行合规义务，并接受检察机关、行政监管部门及合规监督员的指导和监督。

7. 合规考察期届满前____ 日内，向检察机关提交企业合规报告并配合合规监督员开展合规调查，接受合规审查小组、检察机关验收评估及公开听证。

本人作为＿＿＿＿＿＿＿＿＿＿企业的授权代表或诉讼代表，已经阅读、理解并认可本合规承诺书的每一项内容，上述内容真实、准确、完整。

代表人签名：　　　　　　　　　　　　　　年　　月　　日

单位盖章：　　　　　　　　　　　　　　　年　　月　　日

本人系＿＿＿＿＿＿（单位）的律师，担任犯罪嫌疑单位/被告单位（个人）＿＿＿＿＿＿的辩护人/值班律师。本人全程见证了＿＿＿＿＿＿＿＿＿＿企业签署本合规承诺书，证明该企业的代表人已经知晓了企业合规程序的内容及法律后果，阅读了合规承诺书，并代表该企业自愿签署了上述合规承诺书。

辩护人/值班律师 签名：

年　　月　　日

本文书一式三份，一份留存附卷，一份交企业，一份交合规监督员。

六、编制合规整改计划

合规整改计划至少包含以下内容：

（1）建立合规部门（针对之前未设合规部的企业）及明确具体人员和职责；

（2）整改的具体内容；

（3）整改的时间安排；

（4）如何配合司法机关；

（5）如何配合行政监管部门调查，为行政执法办案提供便利，协助配合监管部门找寻了解情况的员工；

（6）如何配合第三方组织监督考察；

（7）如何履行赔偿责任、缴纳罚款、修复公益损害、消除犯罪影响（如补缴税款、产品召回、修复受损环境等）

（8）如何处理企业涉案人员；

（9）签署合规承诺，承诺整改期内不得再犯罪，视案件情况在整改期内不从事特定经营活动；

（10）如何改善经营状态；

（11）如何加强企业内部治理。

【案例链接】

随州市Z公司康某某等人重大责任事故案[①]

本案中，检察机关委托当地应急管理局、市场监督管理局、工商联等第三方监督评估机制管委会成员单位以及安全生产协会，共同组成了第三方监督评估组织。第三

① 本案系最高人民检察院2021年12月发布的第二批涉案企业合规典型案例。

方组织指导涉案企业结合事故调查报告和整改要求，按照合规管理体系的标准格式制订、完善合规计划；建立以法定代表人为负责人、企业部门全覆盖的合规组织架构；健全企业经营管理需接受合规审查和评估的审查监督、风险预警机制；完善安全生产管理制度和定期检查排查机制，从制度上预防安全事故再发生，初步形成安全生产领域“合规模板”。Z公司在合规监管过程中积极整改并向第三方组织书面汇报合规计划实施情况。

七、合规整改计划执行的注意事项

1. 调查研究，评估合规风险

企业要根据外部环境与内部特点结合，识别出所要履行的具体合规义务，对相关合规风险进行界定；分析企业在履行相关义务中存在的问题，对标行业最佳实践，对存在的合规风险进行整体与全面评估。相关工作成果应包括合规风险识别程序、合规义务清单、合规风险清单、合规风险定性与定量评价、合规风险热力图、合规管控建议书等。

2. 风险导向，健全合规制度

涉案企业可以从与涉案相关的单项合规风险逐步扩展到全面合规风险的体系化管理。确保合规计划中所要建立的各专项合规管理制度能够有效管控重大合规风险。相关工作成果应包括企业合规行为准则、与涉案相关专项合规制度、涉案之外重大合规风险专项合规管理制度、与专项合规制度相关的操作指引与管理流程等。

3. 管理协调，强化合规职责

企业要明确决策层和最高管理层在合规管理方面的职能，解决内部权力配置与职责问题。大中型企业要设置专门的合规管理机构，小微企业可以设置兼理的合规管理机构。企业要确定各部门负责人为本部门合规管理第一责任人，增强合规管理机构权威性，配置充足资源，为合规管理工作顺利开展提供保障。相关工作成果应包括涉案企业合规管理办法或合规管理职责手册。

4. 保障运行，完善合规机制

为促进合规计划得到有效执行，企业要建立合规培训与沟通、合规审查与评估、合规责任与考核、合规咨询与举报、合规优化与提升等机制。相关工作成果应包括合规培训方案、合规承诺书、合规考核办法、合规咨询与举报管理办法、合规审查与评估管理办法等。

5. 效果评审，推进持续合规

涉案企业要对合规计划执行效果进行定期评审，包括在第三方组织评估之前开展自评以及通过第三方组织监督与评估之后的周期性评审。企业可以引入第三方中介机构，以行业实践经验与客观独立的视角来审视合规计划的运行效果，查找问题和提出对标建议。相关工作成果应包括合规计划执行自评报告、合规计划评估报告与提升建议等。

6. 持之以恒，培育合规文化

合规文化形成是一个长期过程。涉案企业参与合规改革受到诉讼时效的限制，短时间内很难形成合规文化。因此，涉案企业在制订合规计划时，要坚持长期主义，将合规文化建设作为一项持之以恒的工作来对待。相关工作成果应包括合规文化建设方案或者合规计划中进行合规文化建设规划等。

【案例链接】

上海Z公司、陈某某等人非法获取计算机信息系统数据案[①]

本案中，Z公司积极整改，并聘请法律顾问制订数据合规专项整改计划。同时，鉴于开展数据合规的专业性要求较高，本案第三方组织吸纳网信办、知名互联网安全企业、产业促进社会组织等的专家成员，通过询问谈话、走访调查、审查资料、召开培训会等形式，全程监督Z公司数据合规整改工作。

Z公司有针对性地从以下几个方面重点整改：(1) 数据来源合规。Z公司与E公司达成合规数据交互约定，彻底销毁相关爬虫程序及源代码，对非法获取的涉案数据进行无害化处理，并与E平台API数据接口直连，实现数据来源合法化。(2) 数据安全合规。Z公司设立数据安全官，专项负责数据安全及个人信息安全保护工作；构建数据安全管理体系，制定、落实"数据分类分级管理制度""员工安全管理等级"；加入区级态势感知平台，提升安全威胁的识别、响应处置能力，分拆服务，提高云访问权限，数据及时脱敏、加密，增强网络攻击防护能力。(3) 数据管理制度合规。Z公司建立数据合规委员会，制定常态化合规管理制度，开展合规年度报告。

八、编制合规建设计划

合规建设计划是合规整改计划的具体实施方案，企业应当安排合规部门专人详尽编写。

合规建设计划包含（但不限于）以下内容：

（1）改善经营工作，建立健全合规管理制度。对经营是否遵循相应标准、账目是否完备等规范行为进行自查整改，根据合规风险因素制定生产、就业、纳税、知识产权等具体方案。

（2）监督风险部门建立刑事合规风险识别预警机制，加强刑事合规风险应对。制定对税务、财务、信贷、知识产权、市场运营、后勤等部门工作的监督规范，根据法律法规变化和监督动态，及时将外部有关刑事合规要求转化为内部规章制度。

（3）强化内部处分及违规问责，完善违规行为处罚机制。明晰违规责任范围，细化惩罚标准，针对反映的问题和线索，及时开展调查，对违法违规行为的发生负有责任的员工或管理者作出处分，对可能涉嫌违法犯罪的，及时将线索移交司法机关，严肃追究违规人员责任。

（4）加强合规考核培训，通过定期合规考试的方式对合规建设体系的有效性进行评价分析，对重大或者反复出现的合规风险或者问题，深入查找根源，完善相关制度，强化过程管控。

（5）定期组织公司管理人员、关键性岗位人员以及其他重点风险岗位人员参加合规培训、法治教育活动。

九、合规建设计划执行的注意事项

（1）考虑重构公司治理结构。

（2）考虑撤销或改造存在隐患的业务、产品、经营方式、商业模式。

① 本案系最高人民检察院2022年7月发布的第三批涉案企业合规典型案例。

（3）考虑改造企业经营管理模式。

（4）考虑改造企业财务管理机制。

（5）考虑改变企业对员工、第三方和被并购企业放任自流的管理模式。

（6）考虑打破企业封闭和集权的管理模式，引入外部独立的专业机构。

【案例链接】

张家港S公司、睢某某销售假冒注册商标的商品案①

张家港市S五交化贸易有限公司（简称"S公司"）2015年6月注册成立，注册资本200万元，在职员工3人，睢某某系该公司法定代表人、实际控制人。2018年11月22日，张家港市市场监督管理局在对S公司进行检查时，发现该公司疑似销售假冒"SKF"商标的轴承，并在其门店及仓库内查获标注"SKF"商标的各种型号轴承27 829个，金额共计68万余元。2018年12月17日，张家港市市场监督管理局将该案移送至张家港市公安局。2019年2月14日，斯凯孚（中国）有限公司出具书面的鉴别报告，认为所查获的标有"SKF"商标的轴承产品均为侵犯该公司注册商标专用权的产品。2019年2月15日，张家港市公安局对本案立案侦查。

经向上级检察机关请示并向张家港市企业合规监管委员会报告后，张家港市检察院联合公安机关对S公司启动合规监督考察程序，确定6个月的整改考察期。同时，张家港市企业合规监管委员会根据第三方监督评估机制，从第三方监管人员库中随机抽取组建监督评估小组，跟踪S公司整改、评估合规计划落实情况。按照合规计划，S公司梳理企业风险点，制定财务管理合规建设制度、发票制发流程、货物销售采购流程等内部制度，并形成规范的公司合同模板。在税务方面，公司从以往直接与代账会计单线联系，转变为与会计所在单位签订合同，对财务人员应尽责任、单位管理职责进行书面约定。在知识产权方面，公司明确渠道商应提供品牌授权证明并备案，每笔发货都注明产品明细，做到采购来路明晰、底数清晰。

合规整改期间，检察机关会同第三方监督评估小组，每月通过座谈会议、电话联系、查阅资料、实地检查等方式，特别是通过"不打招呼"的随机方式，检查企业合规建设情况。同时，检察机关还向公安机关通报企业合规建设进展情况，邀请参与合规检查，并认真吸收公安机关对合规制度完善提出的意见。2021年8月5日，鉴于该公司员工数少、业务单一、合规建设相对简易的情况，第三方监督评估小组提出缩短合规监督考察期限的建议。检察机关听取市场监督管理部门、税务部门意见后，决定将合规监督考察期限缩短至3个月。2021年8月16日至18日，第三方监督评估小组对该公司合规有效性进行评估，出具了合规建设合格有效的评估报告。

十、企业在合规整改中的权利和义务

（一）主要权利

（1）申请权。涉案企业或者个人自愿向人民检察院申请启动合规整改。

（2）选择权。涉案企业有权选择相应的合规监督员。

（3）异议权。涉案企业或者个人在合规整改期间认为第三方组织或其组成人员、

① 本案系最高人民检察院2021年12月发布的第二批涉案企业合规典型案例。

合规监督员履职不当或者涉嫌违法犯罪的，可以向负责选任第三方组织的第三方机制管委会、合规监督员所在单位或者人民检察院提出异议。

（4）控告权。涉案企业或者个人在合规整改期间发现负责合规监督的组织及其人员涉嫌犯罪可以向人民检察院提出控告。

（二）主要义务

（1）守法义务。涉案企业应遵守法律法规，不得继续实施相关犯罪或者再犯新罪。

（2）诚信义务。涉案企业应在整改考察期内向有关组织提供企业的真实信息、数据，不得弄虚作假。

（3）报告义务。涉案企业应定期、如实、全面报告涉及合规整改情况。

（4）及时义务。涉案企业应在整改考察期内按时履行合规计划。

（5）尽职义务。涉案企业不得拒绝履行或者变相不履行合规计划、拒不配合第三方组织合规考察或者实施其他严重违反合规计划的行为，有正当理由或者受不可抗力影响的除外。

（6）配合义务。涉案企业应为检察机关、第三方组织及监督员行使职权提供相应便利、资料。

十一、涉案犯罪的专项合规整改

涉案企业在合规考验期除了积极完成“合规建设计划”及相关事项之外，根据所涉犯罪还需注意以下事项：

（1）涉嫌环境资源类犯罪的案件，企业应当立即、主动减少污染物产生与排放，改进污染防治设施，进行环境应急监控预警，封堵漏洞，改造治理，完备手续，赔偿损失，提高技术水平和资源利用率等，并且强化主体责任，健全相关责任制度。

【案例链接】

江苏省张家港市L化机有限公司污染环境案①

江苏省张家港市L化机有限公司（简称“L公司”）系从事不锈钢产品研发和生产的省级高科技民营企业，张某甲、张某乙、陆某某分别系该公司的总经理、副总经理、行政主管。2018年下半年，L公司在未取得生态环境部门环境评价的情况下建设酸洗池，并于2019年2月私设暗管，将含有镍、铬等重金属的酸洗废水排放至生活污水管，造成严重环境污染。苏州市张家港生态环境局现场检测，L公司排放井内积存水样中总镍浓度为29.4 mg/L、总铬浓度为29.2 mg/L，分别超过《污水综合排放标准》的29.4倍和19.5倍。2020年6月，张某甲、张某乙、陆某某主动向张家港市公安局投案，如实供述犯罪事实，自愿认罪认罚。

2020年8月，张家港市公安局以L公司及张某甲等人涉嫌污染环境罪向张家港市检察院移送审查起诉。张家港市检察院进行办案影响评估并听取L公司合规意愿后，指导该公司开展合规建设。

检察机关经审查认为，L公司及张某甲等人虽涉嫌污染环境罪，但排放污水量较小，尚未造成实质性危害后果，可以进行合规考察监督并参考考察情况依法决定是否

① 本案系最高人民检察院2021年6月发布的第一批涉案企业合规典型案例。

适用不起诉。同时经调查，L公司系省级高科技民营企业，年均纳税400余万元、企业员工90余名、拥有专利20余件，部分产品突破国外垄断。如果公司及其主要经营管理人员被判刑，对国内相关技术领域将造成较大影响。有鉴于此，2020年10月，检察机关向L公司送达《企业刑事合规告知书》，该公司在第一时间提交了书面合规承诺以及行业地位、科研力量、纳税贡献、承担社会责任等证明材料。

检察机关在认真审查调查报告、听取行政机关意见以及综合审查企业书面承诺的基础上，对L公司作出合规考察决定。随后，L公司聘请律师对合规建设进行初评，全面排查企业合规风险，制订详细合规计划，检察机关委托税务、生态环境、应急管理等部门对合规计划进行专业评估。L公司每月向检察机关书面汇报合规计划实施情况。2020年12月，组建以生态环境部门专业人员为组长的评估小组，对L公司整改情况及合规建设情况进行评估。L公司经评估合格，通过合规考察。同月，检察机关邀请人民监督员、相关行政主管部门、工商联等各界代表，召开公开听证会，参会人员一致建议对L公司作不起诉处理。检察机关经审查认为，符合刑事诉讼法相关规定，当场公开宣告不起诉决定，并依法向生态环境部门提出对该公司给予行政处罚的检察意见。2021年3月，苏州市生态环境局根据《中华人民共和国水污染防治法》有关规定，对L公司作出行政处罚决定。

（2）涉嫌生产、销售伪劣产品罪的案件，企业应当立即、主动召回缺陷产品，落实产品“三包”制，落实产品质量安全事故强制报告制度，积极退赃，消除诚信不良影响等，并且强化质量安全主体责任，健全企业质量管理机制。

（3）涉嫌走私犯罪的案件，企业应当尽快建立完善会计账簿、销售记录、进出口单证等管理机制，定期自查、自纠、反查，完善内部审核机制，健全商品货物来源、渠道审查机制。

【案例链接】

深圳X公司走私普通货物案①

X股份有限公司（简称“X公司”）系国内水果行业的龙头企业。2018年开始，X公司从其收购的T公司进口榴莲销售给国内客户。张某某为T公司总经理，负责在泰国采购榴莲并包装、报关运输至香港；曲某某为X公司副总裁，分管公司进口业务；李某、程某分别为X公司业务经理，负责具体对接榴莲进口报关、财务记账、货款支付等。

X公司进口榴莲海运主要委托深圳、珠海两地的S公司（另案处理）代理报关。在报关过程中，由S公司每月发布虚假“指导价”，X公司根据指导价制作虚假采购合同及发票用于报关，报关价格低于实际成本价格。2018年至2019年期间，X公司多次要求以实际成本价报关，均被S公司以统一报价容易快速通关等行业惯例为由拒绝。2019年4月后，经双方商议最终决定以实际成本价报关。

2019年12月12日，张某某、曲某某、李某、程某被抓获归案。经深圳海关计核，2018年3月至2019年4月，X公司通过S公司低报价格进口榴莲415柜，偷逃税款合计397万余元。案发后，X公司规范了报关行为，主动补缴了税款。2020年1月17

---

① 本案系最高人民检察院2021年12月发布的第二批涉案企业合规典型案例。

日，深圳市检察院以走私普通货物罪对张某某、曲某某批准逮捕，以无新的社会危险性为由对程某、李某作出不批准逮捕决定。2020 年 3 月 3 日，为支持疫情期间企业复工复产，根据深圳市检察院建议，张某某、曲某某变更强制措施为取保候审。2020 年 6 月 17 日，深圳海关缉私局以 X 公司、张某某、曲某某、李某、程某涉嫌走私普通货物罪移送深圳市检察院审查起诉。

本案企业合规整改的情况及效果：

一是精准问诊，指导涉案企业扎实开展合规建设。2020 年 3 月，在深圳市检察院的建议下，X 公司开始启动为期一年的进口业务合规整改工作。X 公司制订的合规计划主要针对与走私犯罪有密切联系的企业内部治理结构、规章制度、人员管理等方面存在的问题，制定可行的合规管理规范，构建有效的合规组织体系，完善相关业务管理流程，健全合规风险防范报告机制，弥补企业制度建设和监督管理漏洞，防止再次发生类似违法犯罪。经过前期合规整改，X 公司在集团层面设立了合规管理委员会，合规部、内控部与审计部形成合规风险管理的三道防线。X 公司加强代理报关公司合规管理，明确在合同履行时的责任划分；聘请进口合规领域的律师事务所、会计师事务所对重点法律风险及其防范措施提供专业意见，完善业务流程和内控制度；建立合规风险识别、合规培训、合规举报调查、合规绩效考核等合规体系运行机制，积极开展合规文化建设。X 公司还制定专项预算，为企业合规体系建设和维护提供持续的人力和资金保障。合规建设期间，X 公司被宝安区促进企业合规建设委员会（简称“宝安区合规委”）列为首批合规建设示范企业。鉴于该公司积极开展企业合规整改，建立了较为完善的合规管理体系，实现合规管理对所有业务及流程的全覆盖，取得阶段性良好效果，为进一步支持民营企业复工复产，深圳市检察院于 2020 年 9 月 9 日对 X 公司及涉案人员作出相对不起诉处理，X 公司被不起诉后继续进行合规整改。

二是认真开展第三方监督评估，确保企业合规整改效果。为检验合规整改效果，避免“纸面合规”“形式合规”，深圳市宝安区检察院受深圳市检察院委托，于 2021 年 6 月向宝安区合规委提出申请，宝安区合规委组织成立了企业合规第三方监督评估工作组，对 X 公司合规整改情况进行评估验收和回访考察。第三方工作组通过查阅资料、现场检查、听取汇报、针对性提问、调查问卷等方式进行考察评估并形成考察意见。工作组经考察认为，X 集团的合规整改取得了明显效果，制定了可行的合规管理规范，在合规组织体系、制度体系、运行机制、合规文化建设等方面搭建起了基本有效的合规管理体系，弥补了企业违法违规行为的管理漏洞，从而能够有效防范企业再次发生相同或者类似的违法犯罪。通过合规互认的方式，相关考察意见将作为深圳海关对 X 公司作出行政处理决定的重要参考。为了确保合规整改的持续性，考察结束后，第三方工作组继续对 X 集团进行为期一年的回访考察。

三是强化合规引导，做好刑事司法与行政管理、行业治理的衔接贯通。深圳市检察院在该案办理过程中，在合规整改结果互认、合规从宽处理等方面加强与深圳海关的沟通协作，形成治理合力，共同指导 X 公司做好合规整改，发挥龙头企业在行业治理的示范作用。整改期间，X 公司积极推动行业生态良性发展，不仅主动配合海关总署关税司工作，不定期提供公司进口水果的采购价格，作为海关总署出具验估价格参数的参照标准，还参与行业协会调研、探讨开展定期价格审查评估与监督机制。针对案件办理过程中发现的行政监管漏洞、价格低报等行业普遍性问题，深圳市检察院依法向深圳海关发出“检察建议书”并得到采纳。深圳海关已就完善进口水果价格管理机制向海关总署提出合理化建议，并对报关行业开展规范化管理以及加强普法宣讲，引导企业守法自律。

（4）涉嫌发票、税收类犯罪的案件，企业应当尽快清查企业是否存在欠缴税款、滞纳金及罚款等情况，健全企业财务、会计制度、发票制度等合规制度。

【案例链接】

上海市A公司、B公司、关某某虚开增值税专用发票案[①]

被告单位上海A医疗科技股份有限公司（简称“A公司”）、上海B科技有限公司（简称“B公司”），被告人关某某系A、B两家公司实际控制人。2016年至2018年，关某某在经营A公司、B公司业务期间，在无真实货物交易的情况下，通过他人介绍，采用支付开票费的方式，让他人为两家公司虚开增值税专用发票共219份，价税合计2 887余万元，其中税款419余万元已申报抵扣。2019年10月，关某某到案后如实供述上述犯罪事实并补缴涉案税款。

2020年6月，公安机关以A公司、B公司、关某某涉嫌虚开增值税专用发票罪移送检察机关审查起诉。上海市宝山区检察院受理案件后，走访涉案企业及有关方面了解情况，督促企业作出合规承诺并开展合规建设。

检察机关走访涉案企业了解经营情况，并向当地政府了解其纳税及容纳就业情况。经调查，涉案企业系我国某技术领域的领军企业、上海市高新技术企业，科技实力雄厚，对地方经济发展和增进就业有很大贡献。公司管理人员及员工学历普遍较高，对合规管理的接受度高、执行力强，企业合规具有可行性，检察机关遂督促企业作出合规承诺并开展合规建设。同时，检察机关先后赴多地税务机关对企业提供的纳税材料及涉案税额补缴情况进行核实，并针对关某某在审查起诉阶段提出的立功线索自行补充侦查，认为其具有立功情节。

2020年11月，检察机关以A公司、B公司、关某某涉嫌虚开增值税专用发票罪对其提起公诉并适用认罪认罚从宽制度。12月，上海市宝山区人民法院采纳检察机关全部量刑建议，以虚开增值税专用发票罪分别判处被告单位A公司罚金15万元，B公司罚金6万元，被告人关某某有期徒刑三年，缓刑五年。

法院判决后，检察机关联合税务机关上门回访，发现涉案企业的合规建设仍需进一步完善，遂向其制发检察建议并公开宣告，建议进一步强化合法合规经营意识，严格业务监督流程，提升税收筹划和控制成本能力。检察机关在收到涉案企业对检察建议的回复后，又及时组织合规建设回头看。经了解，涉案企业已经逐步建立合规审计、内部调查、合规举报等有效合规制度，聘请专业人士进行税收筹划，大幅节约生产经营成本，提高市场占有份额。

（5）涉嫌商业贿赂、扰乱市场秩序犯罪的案件，企业应当健全防止商业贿赂、虚假广告、串通投标等犯罪的合规制度，健全内部举报、企业自查等机制；必要时可以聘请外部专业人员参与。

---

① 本案系最高人民检察院2021年6月发布的第一批涉案企业合规典型案例。

【案例链接】

王某某、林某某、刘某乙对非国家工作人员行贿案①

深圳Y科技股份有限公司（简称“Y公司”）系深圳H智能技术有限公司（简称“H公司”）的音响设备供货商。Y公司业务员王某某，为了在H公司音响设备选型中获得照顾，向H公司采购员刘某甲陆续支付好处费25万元，并在刘某甲的暗示下向H公司技术总监陈某行贿24万余元。由王某某通过公司采购流程与深圳市A数码科技有限公司（简称“A公司”）签订采购合同，将资金转入至A公司账户，A公司将相关费用扣除后，将剩余的资金转入至陈某指定的账户中。Y公司副总裁刘某乙、财务总监林某某，对相关款项进行审核后，王某某从公司领取行贿款项实施行贿。

2019年10月，H公司向深圳市公安局南山分局报案，王某某、林某某、刘某乙及刘某甲、陈某相继到案。2020年3月，深圳市公安局南山分局以王某某、林某某、刘某乙涉嫌对非国家工作人员行贿罪，刘某甲、陈某涉嫌非国家工作人员受贿罪向深圳市南山区检察院移送审查起诉。

2020年4月，检察机关对王某某依据刑事诉讼法第一百七十七条第二款作出不起诉决定，对林某某、刘某乙依据刑事诉讼法第一百七十七条第一款作出不起诉决定，以陈某、刘某甲涉嫌非国家工作人员受贿罪向深圳市南山区法院提起公诉。同月，深圳市南山区法院以非国家工作人员受贿罪判处被告人刘某甲有期徒刑6个月，判处被告人陈某拘役5个月。法院判决后，检察机关于2020年7月与Y公司签署合规监管协议，协助企业开展合规建设。

检察机关在司法办案过程中了解到，Y公司属于深圳市南山区拟上市的重点企业，该公司在专业音响领域处于国内领先地位，已经在开展上市前辅导，但本案暴露出Y公司在制度建设和日常管理中存在较大漏洞。检察机关与Y公司签署合规监管协议后，围绕与商业贿赂犯罪有密切联系的企业内部治理结构、规章制度、人员管理等方面存在的问题，制定可行的合规管理规范，构建有效的合规组织体系，健全合规风险防范报告机制，弥补企业制度建设和监督管理漏洞，防止再次发生相同或者类似的违法犯罪。Y公司对内部架构和人员进行了重整，着手制定企业内部反舞弊和防止商业贿赂指引等一系列规章制度，增加企业合规的专门人员。检察机关通过回访Y公司合规建设情况，针对企业可能涉及的知识产权等合规问题进一步提出指导意见，推动企业查漏补缺并重启了上市申报程序。

十二、法律后果

1. 合规整改过程中对涉案人员的处理

司法机关对于涉案人员认罪认罚、犯罪情节较轻、社会危害不大的，原则上可以采取非羁押性的强制措施。

2. 合规整改之后涉案企业及人员的处理

（1）履行完成合规整改并实施了有效合规建设，可获得检察机关依据认罪认罚从宽制度的规定作出起诉或不起诉的处理。

（2）对决定起诉的案件，可获得检察机关从轻、减轻处罚或者适用缓刑的量刑建

① 本案系最高人民检察院2021年6月发布的第一批涉案企业合规典型案例。

议，以及在管制执行期间、缓刑考验期限内不宣告禁止令的建议，或者刑罚执行完毕后不宣告从业禁止的建议。

（3）涉及行政处罚的，可获得检察机关向行政执法机关提出酌情从轻处罚或恢复其相关资格的建议。

（4）涉案企业应当继续健全、落实在人事、财税、资产、运营等方面的制度规章，消除违法犯罪隐患，营造良好的企业文化和风气。

第四节　经济效果

涉案企业经过一定期限的合规整改，整改效果达到标准的，企业增强了合规意识，完善了合规体系，改善了经营状况，重新树立了企业形象，也能获得轻缓的刑事处理。通过合规整改，企业将以新的理念、新的组织架构、新的管理制度等全新面貌继续运营。

以最高人民检察院发布的企业合规典型案例中“张家港市 L 公司”为例，通过开展合规建设，L 公司实现了快速转型发展，逐步建立起完备的生产经营、财务管理、合规内控的管理体系，改变了野蛮粗放的发展运营模式，企业家和员工的责任感明显提高，企业抵御和防控经济风险的能力得到进一步增强。2021 年 L 公司一季度销售收入同比增长 275%，上缴税费同比增长 333%，成为所在地区增幅最大的企业。

第五节　专业顾问

（1）目前涉案企业合规整改尚处在起步阶段，中小企业在不了解相关法律问题时，也可以聘请律师或者其他专业人员提供专业顾问。

（2）企业法律顾问在办理涉企犯罪案件时，应当注意审查涉案企业是否符合企业合规试点以及第三方机制的适用条件，及时征询涉案企业、个人的意见，以适当的方式向检察机关提出适用企业合规试点以及第三方机制申请。

（3）企业法律顾问可以帮助企业制订合规计划，协助涉案企业通过第三方组织审查。制订合规计划应主要围绕与企业涉嫌犯罪有密切联系的企业内部治理结构、规章制度、人员管理等方面存在的问题，制定可行的合规管理规范，构建有效的合规组织体系，健全合规风险防范报告机制，弥补企业制度建设和监督管理漏洞，防止再次发生相同或者类似的违法犯罪。

（4）企业法律顾问在帮助涉案企业适用企业合规试点和第三方机制的服务中，应当督促涉案企业及其人员按照时限要求认真履行合规计划，避免涉案企业出现拒绝履行或者变相不履行合规计划、拒不配合第三方组织合规考察或者实施其他严重违反合规计划的行为。

（5）企业法律顾问发现涉案企业在预防违法犯罪方面制度不健全、不落实，管理不完善，存在违法犯罪隐患，需要及时消除的，可以结合合规材料，向涉案企业提出法律建议。

第六节　附则

涉案企业合规在我国尚在试点探索期，还有许多规则和制度尚不明确或者正在制定中。

本指引根据现行《中华人民共和国刑法》《中华人民共和国刑事诉讼法》、最高人民检察院等机关制定的《关于建立涉案企业合规第三方监督评估机制的指导意见（试行）》《涉案企业合规第三方监督机制专业人员选任管理办法（试行）》《〈关于建立涉案企业合规第三方监督评估机制的指导意见（试行）〉实施细则》《涉案企业合规建设、评估和审查办法（试行）》等相关规定，并结合检察机关办案经验而编写。

本指引仅供企业了解涉案企业合规整改的基本程序和重点内容，并非检察机关制定的正式的规范性文件，没有替代法律、法规、司法解释相关政策的功能。

第四章 企业重要文件示例

一、公司章程示例

（注意：本示范文本不得手工填写，打印时应当删除文本中备注加粗字体部分）

设董事会设监事会的合资有限公司章程示范文本

______________有限公司章程

依据《中华人民共和国公司法》（简称“公司法”）及其他有关法律、行政法规的规定，由_____、_____和_____ 共同出资设立__________有限公司（简称“公司”），经全体股东讨论，并共同制订本章程。

第一章　公司的名称和住所

第一条　公司名称：__________________________公司

第二条　公司住所：______________________________

第二章　公司经营范围

第三条　公司经营范围：______________________________。

____

____。

【企业经营涉及行政许可的，凭许可证件经营】

公司经营范围中属于法律、行政法规或者国务院决定规定在登记前须经批准的项目的，应当在申请登记前报经国家有关部门批准。

第三章　公司注册资本

第四条　公司注册资本：人民币_______ 万元

第四章　股东的姓名或者名称、出资方式、出资额和出资时间

第五条　股东的姓名或者名称、出资方式、出资额和出资时间如下：

股东的姓名或者名称	出资额	出资方式	出资时间

第六条　公司成立后，应向股东签发出资证明书并置备股东名册。

第五章　公司的机构及其产生办法、职权、议事规则

第七条　公司股东会由全体股东组成，是公司的权力机构，行使下列职权：

（一）决定公司的经营方针和投资计划；

（二）选举和更换非由职工代表担任的董事、监事，决定有关董事、监事的报酬事项；

（三）审议批准董事会的报告；

（四）审议批准监事会的报告；

（五）审议批准公司的年度财务预算方案、决算方案；

（六）审议批准公司的利润分配方案和弥补亏损方案；

（七）对公司增加或者减少注册资本作出决议；

（八）对发行公司债券作出决议；

（九）对公司合并、分立、解散、清算或者变更公司形式作出决议；

（十）修改公司章程；

（十一）为公司股东或者实际控制人提供担保作出决议。

对前款所列事项股东以书面形式一致表示同意的，可以不召开股东会会议，直接作出决定，并由全体股东在决定文件上签名、盖章（自然人股东签名、法人股东盖章）。

第八条　首次股东会会议由出资最多的股东召集和主持，依照公司法规定行使职权。

第九条　股东会会议分为定期会议和临时会议，并应当于会议召开____日（注：可由股东自行约定）以前通知全体股东。定期会议每____召开一次（注：会议召开时间可由股东自行约定）。代表十分之一以上表决权的股东，三分之一以上的董事，监事会提议召开临时会议的，应当召开临时会议。

第十条　股东会会议由董事会召集，董事长主持；董事长不能履行职务或者不履行职务的，由副董事长主持；副董事长不能履行职务或者不履行职务的，由半数以上董事共同推举一名董事主持。

董事会不能履行或者不履行召集股东会会议职责的，由监事会召集和主持；监事会不召集和主持的，代表十分之一以上表决权的股东可以自行召集和主持。

第十一条　股东会应当对所议事项的决定作出会议记录，出席会议的股东应当在会议记录上签名。

股东会会议由股东按照______（注：可由股东自行约定）行使表决权。

股东会会议作出修改公司章程、增加或者减少注册资本的决议，以及公司合并、分立、解散或者变更公司形式的决议，必须经代表全体股东三分之二以上表决权的股东通过。

股东会会议作出除前款以外事项的决议，须经代表________（注：可由股东自行约定）以上表决权的股东通过。

第十二条　股东不能出席股东会会议的，可以书面委托他人参加，由被委托人依法行使委托书中载明的权力。

第十三条　公司向其他企业投资或者为他人提供担保，由______（注：此处填写

董事会或者股东会）作出决定。（此处还可以约定对投资或者担保的总额及单项投资或者担保的数额的限额。）

其中为公司股东或者实际控制人提供担保的，必须经股东会决议。该项表决由出席会议的其他股东所持表决权的过半数通过，该股东或者实际控制人支配的股东不得参加。

第十四条　公司设董事会，其成员为____人（注：三至十三人），任__年（注：可约定，不超过三年）。董事任期届满，可以连任。

董事任期届满未及时改选，或者董事在任期内辞职导致董事会成员低于法定人数的，在改选出的董事就任前，原董事仍应当依照法律、行政法规和公司章程的规定，履行董事职务。

董事会设董事长一人，董事长由____________（注：股东可以约定产生方式，如：董事会选举、股东会选举、股东委派等）。

第十五条　董事会对股东会负责，行使下列职权：

（一）召集股东会会议，并向股东会报告工作；

（二）执行股东会的决议；

（三）决定公司的经营计划和投资方案；

（四）制订公司的年度财务预算方案、决算方案；

（五）制订公司的利润分配方案和弥补亏损方案；

（六）制订公司增加或者减少注册资本以及发行公司债券的方案；

（七）制订公司合并、分立、解散或者变更公司形式的方案；

（八）决定公司内部管理机构的设置；

（九）决定聘任或者解聘公司经理及其报酬事项，并根据经理的提名决定聘任或者解聘副经理、财务负责人及其报酬事项；

（十）制定公司的基本管理制度。

第十六条　董事会会议由董事长召集和主持；董事长不能履行职务或者不履行职务的，由副董事长召集和主持；副董事长不能履行或者不履行职务的，由半数以上董事共同推举一名董事召集和主持。

第十七条　董事会会议须由________（注：具体比例可约定）出席方可举行。董事如不能出席董事会会议的，可以书面委托其他董事代为出席，由被委托人依法行使委托书中载明的权力。

第十八条　董事会对所议事项作出的决定由______（注：可由股东自行约定）的董事表决通过方为有效，并应作为会议记录，出席会议的董事应当在会议记录上签名。

董事会决议的表决，实行一人一票。

第十九条　公司股东会、董事会的决议内容违反法律、行政法规的无效。股东会、董事会的会议召集程序、表决方式违反法律、行政法规或者公司章程，或者决议内容违反公司章程的，股东可以自决议作出之日起六十日内，请求人民法院撤销。

公司根据股东会、董事会决议已办理变更登记的，人民法院宣告该决议无效或者撤销该决议后，公司应当向公司登记机关申请撤销变更登记。

第二十条　公司设经理一名，由董事会决定聘任或者解聘。经理每届任期为____年，任期届满，可以连任。经理对董事会负责，行使下列职权：

（一）主持公司的生产经营管理工作，组织实施董事会决议；

（二）组织实施公司年度经营计划和投资方案；

（三）拟订公司内部管理机构设置方案；

（四）拟订公司的基本管理制度；

（五）制定公司的具体规章；

（六）提请聘任或者解聘公司副经理、财务负责人；

（七）决定聘任或者解聘除应由董事会决定聘任或者解聘以外的负责管理人员；

（八）董事会授予的其他职权。

（注：股东对于上述八项职权可另行约定。）经理列席董事会会议。

（注：经理非公司必备机构，不设经理的此条不写入章程。）

第二十一条　公司设监事会，其成员为____人（注：三人以上），监事任期每届三年，任期届满，可以连任。

监事会中有职工代表____人（注：股东约定，比例不得低于三分之一），由公司职工通过职工代表大会、职工大会或者其他形式民主选举产生。

监事任期届满未及时改选，或者监事在任期内辞职导致监事会成员低于法定人数的，在改选出的监事就任前，原监事仍应当依照法律、行政法规和公司章程的规定，履行监事职务。

监事会设主席一人，由全体监事过半数选举产生。监事会会议由监事会主席召集和主持；监事会主席不能履行职务或者不履行职务的，由半数以上监事共同推举一名监事召集和主持监事会会议。

董事、高级管理人员不得兼任监事。

第二十二条　监事会行使下列职权：

（一）检查公司财务；

（二）对董事、高级管理人员执行公司职务的行为进行监督，对违反法律、行政法规、公司章程或者股东会决议的董事、高级管理人员提出罢免的建议；

（三）当董事、高级管理人员的行为损害公司的利益时，要求董事、高级管理人员予以纠正；

（四）提议召开临时股东会会议，在董事会不履行《中华人民共和国公司法》规定的召集和主持股东会会议职责时召集和主持股东会会议；

（五）向股东会会议提出草案；

（六）依法对董事、高级管理人员提起诉讼。

第二十三条　监事可以列席董事会会议，并对董事会决议事项提出质询或者建议。监事发现公司经营情况异常，可以进行调查；必要时，可以聘请会计师事务所等协助其工作，费用由公司承担。

第二十四条　监事会每年度至少召开一次会议，监事可以提议召开临时监事会会议。

监事会决议的表决，实行一人一票。监事会决议应当经半数以上监事通过，监事会应当对所议事项的决定做成会议记录，出席会议的监事应当在会议记录上签名。

第二十五条　监事会行使职权所必需的费用，由公司承担。

第六章 公司的法定代表人

第二十六条 公司的法定代表人由____担任（注：由董事长或经理担任）。

第七章 股权转让

第二十七条 股东之间可以相互转让其全部或者部分股权。

股东向股东以外的人转让股权，应当经其他股东过半数同意。股东应就其股权转让事项书面通知其他股东征求同意，其他股东自接到书面通知之日起满三十日未答复的，视为同意转让。其他股东半数以上不同意转让的，不同意的股东应当购买该转让的股权；不购买的，视为同意转让。

经股东同意转让的股权，在同等条件下，其他股东有优先购买权。两个以上股东主张行使优先购买权的，协商确定各自的购买比例；协商不成的，按照转让时各自的出资比例行使优先购买权。（注：此条内容股东可另作约定。）

第二十八条 转让股权后，公司应当注销原股东的出资证明书，向新股东签发出资证明书，并相应修改公司章程和股东名册中有关股东及其出资额的记载。对公司章程的该项修改不须再由股东会表决。

第二十九条 有下列情形之一的，对股东会该项决议投反对票的股东可以请求公司按照合理的价格收购其股权：

（一）公司连续五年不向股东分配利润，而公司该五年连续盈利，并且符合《中华人民共和国公司法》规定的分配利润条件的；

（二）公司合并、分立、转让主要财产的；

（三）公司章程规定的营业期限届满或者章程规定的其他解散事由出现，股东会会议通过决议修改章程使公司存续的。

自股东会会议决议通过之日起六十日内，股东与公司不能达成股权收购协议的，股东可以自股东会会议决议通过之日起九十日内向人民法院提起诉讼。

第三十条 自然人股东死亡后，其合法继承人____（注：股东可约定）继承股东资格。

第八章 财务、会计、利润分配及劳动用工制度

第三十一条 公司应当依照法律、行政法规和国务院财政主管部门的规定建立本公司的财务、会计制度，并应在每个会计年度终了时制作财务会计报告，委托国家承认的会计师事务所审计并出具书面报告。

第三十二条 公司利润分配按照《中华人民共和国公司法》及有关法律、法规，国务院财政主管部门的规定执行。股东按照______（注：股东可约定）分取红利。

第三十三条 公司聘用、解聘承办公司审计业务的会计师事务所由____________（注：选填股东会或董事会）决定。

第三十四条 劳动用工制度按国家法律、法规及国务院劳动部门的有关规定执行。

第九章 公司的解散事由与清算办法

第三十五条 公司的营业期限为_______年，从企业法人营业执照签发之日起计算。

第三十六条 公司有下列情形之一，可以解散：

（一）公司营业期限届满；

（二）股东会决议解散；

（三）因公司合并或者分立需要解散；

（四）依法被吊销营业执照、责令关闭或者被撤销；

（五）人民法院依照公司法的规定予以解散。

公司营业期限届满时，可以通过修改公司章程而存续。

第三十七条　公司经营管理发生严重困难，继续存续会使股东利益受到重大损失，通过其他途径不能解决的，持有公司全部股东表决权百分之十以上的股东，可以请求人民法院解散公司。

第三十八条　公司因本章程第三十六条第一款第（一）项、第（二）项、第（四）项、第（五）项规定解散时，应当在解散事由出现起十五日内成立清算组对公司进行清算。清算组应当自成立之日起十日内向登记机关申请清算组成员及负责人备案、通知债权人，并于六十日内在报纸公告。清算结束后，清算组应当制作清算报告，报股东会或者人民法院确认，并报送公司登记机关，申请注销公司登记，公告公司终止。

第三十九条　清算组由股东组成，具体成员由股东会决议产生。

第十章　董事、监事、高级管理人员的义务

第四十条　高级管理人员是指本公司的经理、副经理、财务负责人。

第四十一条　董事、监事、高级管理人员应当遵守法律、行政法规和公司章程，对公司负有忠实义务和勤勉义务，不得利用职权收受贿赂或者其他非法收入，不得侵占公司的财产。

第四十二条　董事、高级管理人员不得有下列行为：

（一）挪用公司资金；

（二）将公司资金以其个人名义或者以其他个人名义开立账户存储；

（三）未经股东会同意，将公司资金借贷给他人或者以公司财产为他人提供担保；

（四）未经股东会同意，与本公司订立合同或者进行交易；

（五）未经股东会同意，利用职务便利为自己或者他人谋取属于公司的商业机会，自营或者为他人经营与所任职公司同类的业务；

（六）接受他人与公司交易的佣金归为己有；

（七）擅自披露公司秘密；

（八）违反对公司忠实义务的其他行为。

第四十三条　董事、监事、高级管理人员执行公司职务时违反法律、行政法规或者公司章程的规定，给公司造成损失的，应当承担赔偿责任。

第十一章　股东会认为需要规定的其他事项

第四十四条　本章程中的各项条款与法律、法规、规章不符的，以法律、法规、规章的规定为准。

第四十五条　公司登记事项以公司登记机关核定的为准。公司根据需要修改公司章程而未涉及变更登记事项的，公司应将修改后的公司章程送公司登记机关备案；涉及变更登记事项的，同时应向公司登记机关作变更登记。

第四十六条　本章程自全体股东盖章、签字之日起生效。

第四十七条　本章程一式______份，公司留存______份，并报公司登记机关备案一份。

全体股东签字（法人股东盖章）：

年　月　日

注：本章程中股东自行约定的事项不得违反有关法律、行政法规的规定。

二、股东会决议示例

股东会决议

________________有限责任公司股东就股权转让一事，决议如下：

1. 完全同意转让方将其股份转让给受让方，转让股权的股份分别________%。

2. 转让后，公司成立时订立的章程、协议等有关文件由新股东会作相应的修改。公司的经营范围、注册资本不变。

3. 同意转让方按其出资额承担公司开办以来至转让前的所有债权、债务及其他合理的费用。

4. 受让方支付股款后，按其出资额享有权利和承担义务。

5. 本协议一式五份，一份报工商行政管理机关，有关各方各执一份。

股东签字：

年____月____日

三、劳动合同示例

劳动合同书（通用）

注意事项

一、本合同文本供用人单位与建立劳动关系的劳动者签订劳动合同时使用。

二、用人单位应当与招用的劳动者自用工之日起一个月内依法订立书面劳动合同，并就劳动合同的内容协商一致。

三、用人单位应当如实告知劳动者工作内容、工作条件、工作地点、职业危害、安全生产状况、劳动报酬以及劳动者要求了解的其他情况；用人单位有权了解劳动者与劳动合同直接相关的基本情况，劳动者应当如实说明。

四、依法签订的劳动合同具有法律效力，双方应按照劳动合同的约定全面履行各自的义务。

五、劳动合同应使用蓝、黑钢笔或签字笔填写，字迹清楚，文字简练、准确，不得涂改。确需涂改的，双方应在涂改处签字或盖章确认。

六、签订劳动合同，用人单位应加盖公章，法定代表人（主要负责人）或委托代理人签字或盖章；劳动者应本人签字，不得由他人代签。劳动合同由双方各执一份，交劳动者的不得由用人单位代为保管。

甲方（用人单位）：　　　　　　　　乙方（劳动者）：

统一社会信用代码：　　　　　　　　　　身份证号码：
法定代表人（委托代理人）：　　　　　　通信地址：
联系电话：　　　　　　　　　　　　　　联系电话：
____年____月____日　　　　　　　　　____年____月____日

根据《中华人民共和国劳动法》《中华人民共和国劳动合同法》等法律法规政策规定，甲乙双方遵循合法、公平、平等自愿、协商一致、诚实信用的原则订立本合同。

一、劳动合同期限

甲乙双方自用工之日起建立劳动关系，双方约定按下列第____种方式确定劳动合同期限：

固定期限：自______年____月______日起至______年______月______日止，其中，试用期从用工之日起至______年______月______日止（试用期最长不得超过六个月）。

无固定期限：自______年______月______日起至依法解除、终止劳动合同时止，其中，试用期从用工之日起至______年______月______日止（试用期最长不得超过六个月）。

以完成一定工作任务为期限：自______年______月______日起至________工作任务完成时止。甲方应当以书面形式通知乙方工作任务完成。

二、工作内容和工作地点

乙方工作岗位是__________，岗位职责为________________。乙方的工作地点为________________。

乙方应爱岗敬业、诚实守信，保守甲方商业秘密，遵守甲方依法制定的劳动规章制度，认真履行岗位职责，按时保质完成工作任务。乙方违反劳动纪律，甲方可依据依法制定的劳动规章制度给予相应处理。

三、工作时间和休息休假

根据乙方工作岗位的特点，甲方安排乙方执行以下第____种工时制度：

标准工时工作制。每日工作时间不超过____小时，每周工作时间不超过____小时。由于生产经营需要，经依法协商后可以延长工作时间，一般每日不得超过______小时，特殊原因每日不得超过____小时，每月不得超过____小时。甲方不得强迫或者变相强迫乙方加班加点。

依法实行以__________为周期的综合计算工时工作制。综合计算周期内的总实际工作时间不应超过总法定标准工作时间。甲方应采取适当方式保障乙方的休息休假权利。

依法实行不定时工作制。甲方应采取适当方式保障乙方的休息休假权利。

甲方安排乙方加班的，应依法安排补休或支付加班工资。

乙方依法享有法定节假日、带薪年休假、婚丧假、产假等假期。

四、劳动报酬

甲方采用以下第________种方式向乙方以货币形式支付工资，于每月________日前足额支付：月工资________元。计件工资。计件单价为__________，甲方应合理制定劳动定额，保证乙方在提供正常劳动情况下，获得合理的劳动报酬。

基本工资和绩效工资相结合的工资分配办法，乙方月基本工资______元，绩效工资计发办法为__________。

甲方应合理调整乙方的工资待遇。乙方从甲方获得的工资依法承担的个人所得税由甲方从其工资中代扣代缴。

五、社会保险和福利待遇

甲乙双方依法参加社会保险，甲方为乙方办理有关社会保险手续，并承担相应社会保险义务，乙方应当缴纳的社会保险费由甲方从乙方的工资中代扣代缴。

甲方依法执行国家有关福利待遇的规定。

乙方因工负伤或患职业病的待遇按国家有关规定执行。乙方患病或非因工负伤的，有关待遇按国家有关规定和甲方依法制定的有关规章制度执行。

六、职业培训和劳动保护

甲方应对乙方进行工作岗位所必需的培训。乙方应主动学习，积极参加甲方组织的培训，提高职业技能。

甲方应当严格执行劳动安全卫生相关法律法规规定，落实国家关于女职工、未成年工的特殊保护规定，建立健全劳动安全卫生制度，对乙方进行劳动安全卫生教育和操作规程培训，为乙方提供必要的安全防护设施和劳动保护用品，努力改善劳动条件，减少职业危害。乙方从事接触职业病危害作业的，甲方应依法告知乙方工作过程中可能产生的职业病危害及其后果，提供职业病防护措施，在乙方上岗前、在岗期间和离岗时对乙方进行职业健康检查。

乙方应当严格遵守安全操作规程，不违章作业。乙方对甲方管理人员违章指挥、强令冒险作业，有权拒绝执行。

七、劳动合同的变更、解除、终止

甲乙双方应当依法变更劳动合同，并采取书面形式。

甲乙双方解除或终止本合同，应当按照法律法规规定执行。

甲乙双方解除终止本合同的，乙方应当配合甲方办理工作交接手续。甲方依法应向乙方支付经济补偿的，在办结工作交接时支付。

甲方应当在解除或终止本合同时，为乙方出具解除或者终止劳动合同的证明，并在十五日内为乙方办理档案和社会保险关系转移手续。

八、双方约定事项

乙方工作涉及甲方商业秘密和与知识产权相关的保密事项的，甲方可以与乙方依法协商约定保守商业秘密或竞业限制的事项，并签订保守商业秘密协议或竞业限制协议。

甲方出资对乙方进行专业技术培训，要求与乙方约定服务期的，应当征得乙方同意，并签订协议，明确双方权利义务。

双方约定的其他事项：________________。

九、劳动争议处理

甲乙双方因本合同发生劳动争议时，可以按照法律法规的规定，进行协商、申请调解或仲裁。对仲裁裁决不服的，可以依法向有管辖权的人民法院提起诉讼。

十、其他

本合同中记载的乙方联系电话、通信地址为劳动合同期内通知相关事项和送达书面文书的联系方式、送达地址。如发生变化，乙方应当及时告知甲方。

双方确认：均已详细阅读并理解本合同内容，清楚各自的权利、义务。本合同未尽事宜，按照有关法律法规和政策规定执行。

本合同双方各执一份，自双方签字（盖章）之日起生效，双方应严格遵照执行。

甲方（盖章）：　　　　　　　　　　　　　乙方（签字）：

法定代表人（委托代理人）：

________年________月________日　　　　________年________月________日

四、保密协议示例

甲方（用人单位）：__________

乙方（员工）：______________；身份证号码：__________________

本合同各方经平等自愿协商，根据《中华人民共和国民法典》及相关法规，就乙方保密义务事宜，签订本合同以共同遵守。

一、保密内容及范围

1. 乙方同意对甲方或者虽属于甲方客户（含意向客户）等第三方但甲方负有保密义务的一切保密信息在保密期内予以严格保密。

2. 本协议中的“保密信息”是指乙方在甲方工作期间接触到的甲方、甲方客户及甲方关联客户的任何形式的秘密信息，包括但不限于如下所列：

（1）任何甲方、甲方客户及甲方关联客户不欲公开的观点、发现、发明、公式、程序、计划、图表、模型、参数、数据、标准、商业秘密、专有技术以及任何知识产权等；

（2）甲方、甲方客户及甲方关联客户制作或拥有的任何形式的报告、访谈记录、数据、信件、电子邮件、报表、模型以及其他文件的原件或附件；

（3）甲方、甲方客户及甲方关联客户的技术资料或秘密、经营情况、经营策略及经营信息、客户信息、客户经营状况等；

（4）甲方内外部项目的项目建议书、项目计划、报价、合同、项目研究方法和工具、培训资料和工具以及项目成果等；

（5）甲方内部不欲公开或未经公开的公司制度、文件、决议、消息和公司运营情况等；

（6）任何甲方、甲方客户及甲方关联客户不欲公开的关于财务、成本、利润、市场、销售、合同、采购等渠道、客户、经销商信息等；

（7）甲方的客户或潜在客户信息，包括但不限于其身份及其他相关信息、客户联系方式和客户销售策略等；

（8）下列信息亦属于甲方的重要保密信息：______________。

3. 乙方承认，上述“保密信息”均为甲方的保密信息。本协议不仅适用于乙方在本协议签订之后接触的保密信息，也适用于乙方在本协议生效日期前接触的所有保密信息。

4. 乙方确认，如果对是否属于保密信息存在争议或不太明确，则乙方应按保密信息进行处理，除非得到甲方或乙方上级的明确否认。

二、乙方的保密义务

5. 乙方同意为甲方公司利益尽最佳努力，在提供服务或双方合作期间不组织、参加或计划组织、参加任何竞争企业，或从事任何不正当使用甲方商业秘密的行为。

6. 乙方在为甲方提供服务或双方合作期间，应严格遵守甲方规定的任何成文或不成文的保密规章、制度，履行与其服务内容相应的保密职责；若甲方的保密规章、制度没有规定或者规定不明确之处，乙方亦应本着谨慎、诚实的态度，采取任何必要、合理的措施，维护其于任职期间知悉或者持有的保密信息。

7. 甲方或乙方上级在职权范围内就保密事宜对乙方提出的要求与指示，乙方应予执行，并作为本合同约定的保密义务的一部分。

8. 乙方同意对保密信息予以严格保密，承担的保密义务包括但不限于：______

9. 乙方因某一项目而从甲方、甲方客户或甲方关联客户处获得的保密信息，乙方承诺只在进行该项目或与该项目紧密相关的项目研究时使用，绝不为与该项目无关的目的使用该保密信息。

10. 乙方应对甲方、甲方客户或甲方关联客户交到自己手中的保密信息予以妥善保存，不得泄露或遗失，在未经甲方事先书面许可，不得私自保留或复制、记录。

11. 非经甲方事先书面许可，乙方不得直接或间接地以任何方式或向任何第三方（任何第三方，包括除甲方该项目组人员以外的任何机构和人员）披露或透露保密信息；亦不得依据保密信息，就任何问题，向任何第三方作出任何建议。

12. 当甲方、甲方客户或甲方关联客户要求乙方交回保密信息时（无论出于何种理由），乙方应立即将保密信息（及保密信息的载体、复制品等）完整交回。

13. 根据甲方的要求，如实向甲方提供保密信息的使用记录。

14. 乙方在离职时或任何时候甲方提出要求时，须将一切保密信息（及保密信息的载体、复制品等）在甲方要求的时间内交还甲方。

15. 乙方在离职后，应严格遵守相关法律规定，以及以上各项保密义务，不得以任何方式利用、传播、披露所掌握或知悉的保密信息，不得利用所掌握或知悉的保密信息从事损害甲方利益或可能对甲方利益造成不利影响的活动，包括向乙方之后任职单位披露或使用保密信息，为乙方自营企业利益使用保密信息等。

16. 无论在职期间或离职后，乙方均不得劝诱及参与招聘甲方其他员工到甲方的竞争单位工作。

17. 在职期间，未经甲方同意，乙方不得与甲方客户有私下交易或金钱往来。

18. 保密信息的保密期是指：乙方在职或离职后，甲方、甲方客户或甲方关联客户对外公布保密信息，或者保密信息为公众所知之前的任何时间。

特别是，下列任何一种行为均属于违反保密义务之列：______________

19. 离职后，乙方不得（包括不得自行及不得通过乙方所在单位）与原甲方客户进行与甲方业务相同或类似的业务或交易；如原甲方客户联系乙方，则乙方应将该信息告知甲方或要求原甲方客户与甲方联系。否则亦属于违反保密义务。

三、有关确认

20. 就本协议的履行，甲方无须额外向乙方支付费用或报酬，除非双方另有约定。

21. 乙方确认，已经知悉并理解甲方的下列制度，并同意遵守执行员工手册、保密制度。

22. 甲方有权不定期地修改、补充、发布有关保密的制度与做法，并通过电子邮件、公司网络平台等进行发布，乙方同意经常查收相关文件，并遵照执行。

四、违约责任

23. 乙方违反保密义务时，甲方有权同时要求乙方承担如下责任：

24. 乙方在职期间有任何违反本协议的行为时，均被视为严重违反劳动纪律与甲方规章制度，甲方可解除劳动关系并不支付经济补偿金。

25. 乙方违反保密义务如有任何收益，应归甲方所有。

26. 乙方应向甲方支付违约金人民币（大写）＿＿＿＿＿＿＿＿元。

27. 乙方还应赔偿由此给甲方、甲方客户及甲方关联客户造成的一切损失，损失范围包括但不限于甲方的名誉损失、直接损失和可得利益的损失，以及调查费用、公证费用、诉讼费用、律师费用，向第三方支付的赔偿，为应对第三方的指控而支付的一切费用等。

上述赔偿可以从乙方的服务报酬或劳动报酬中扣除。

28. 如果乙方侵犯甲方客户及甲方关联客户相关的保密信息或知识产权，甲方有权代表甲方客户及甲方关联客户追究乙方的法律责任。

五、附则

29. 甲乙双方建立的关系性质（劳动关系、劳务关系、劳务派遣关系、聘用关系等）以双方签署的其他合同为准，但无论何种关系性质，本合同一经签署，即发生法律效力。

30. 本合同一式二份，甲、乙双方各执一份，具有同等法律效力。

31. 本合同自双方签署后生效。

签署时间：＿＿＿＿年＿＿＿＿月＿＿＿＿日

甲方（签章）：

重要提示：本人已经详细阅读上述合同，特别是其中的保密义务、违约责任及违约金条款，并同意履行上述合同。

乙方（签名）：

签署时间：＿＿＿＿年＿＿＿＿月＿＿＿＿日

五、竞业限制协议示例

甲方（用人单位）：＿＿＿＿＿

乙方（员工）：＿＿＿＿＿；身份证号码：＿＿＿＿＿

本合同各方经平等自愿协商，根据《中华人民共和国民法典》《中华人民共和国劳动合同法》及相关法规，就乙方竞业限制事宜，签订本合同以共同遵守。

一、竞业行为定义

1. 竞业限制或竞业禁止：指甲方要求乙方不能从事竞业行为，具体以本合同约定为准。

2. 下列情形中的任何一种，均属于竞业行为：

（1）乙方直接或间接经营竞争性业务；

（2）乙方为经营竞争性业务的个人或组织提供服务或劳务；

（3）担任竞争性单位的合伙人、董事、监事、股东、管理人员或一般员工、代理人、顾问等。

3. 在竞业限制期间内具有下列情形之一时，视为乙方从事竞业行为，除非乙方有相反证据：

（1）乙方从经营竞争性业务的个人或组织处领取任何报酬（包括但不限于以薪酬、报酬、劳务费用、分红等任何名义），或获得旅游、实物、购物卡、消费卡、报销等好处。

（2）乙方在经营竞争性业务的个人或组织处缴纳个人所得税，或社会保险，或住房公积金。

（3）乙方关联人从经营竞争性业务的个人或组织处领取任何报酬（包括但不限于以薪酬、报酬、劳务费用、分红、报销、服务费用、购买等任何名义）或获得旅游、实物、购物卡、消费卡、报销等好处，而乙方不能提供合理说明的。

4. 竞争性业务是指下列业务中的任何一项业务：

（1）________________

（2）________________

二、在职期间的竞业限制

5. 未经甲方事先书面许可，乙方在甲方任职期间，不得从事竞业行为。

6. 除本合同中约定的竞业行为以外，在职期间的下列行为将视为乙方从事竞业行为：乙方及乙方关联人从竞争性单位处直接或间接获得好处，包括但不限于财产性利益、旅游、消费、宴请，无正当理由的。

7. 就在职期间的竞业限制义务的履行，甲方无须向乙方支付额外补偿。

三、离职后的竞业限制

8. 离职后的竞业限制期间内，乙方不得从事竞业行为。

9. 无论乙方出于何种原因从甲方离职，均不影响本合同约定的竞业限制义务的履行。

10. 离职后竞业限制期间：自乙方离职之日起______个月。

该期间内，甲方有权随时通知乙方解除竞业限制约定；

此种情况下，除解除前的竞业限制补偿外，甲方应向乙方额外支付______个月的竞业限制补偿，但不再承担其他责任。

11. 竞业限制约定解除后，甲方无须再继续支付竞业限制补偿。

12. 竞业限制补偿：每月竞业限制补偿金标准为乙方离职前______个月内的月平均工资的______。

13. 计算月平均工资时，以乙方实发工资收入为准。与股权激励相关的分红、期权、股权等不计算在内。

发放时间：按月发放，最晚不超过下月______日。

14. 发放方式：甲方向乙方领取工资的银行卡（或双方书面确认的其他账户）内支付。如出于任何原因（包括但不限于储蓄卡被注销、银行系统故障等原因）未支付成功，不视为逾期未支付，乙方不得以此为由主张不再履行竞业限制义务。此时乙方可以到甲方处现金领取竞业限制补偿金，或书面确认乙方名下的其他收款账户之后甲方再行发放。

四、特别要求

15. 如甲方提出要求，则乙方应在______日内通过电子邮件或其他书面形式向甲方说明当下的工作单位与工作情况。

16. 乙方如新入职、变化工作单位、自己创业等，应在一周内主动通过电子邮件或其他书面形式向甲方说明当下的工作单位与工作情况。

五、特别说明

17. 有下列情形之一时，甲方可通知乙方暂停支付竞业限制补偿：

（1）乙方从事竞业行为时。

（2）乙方未按本合同要求说明当下工作情况时。

（3）甲方有证据证明乙方有违反竞业限制义务的情形时。

此种情形下，乙方仍应履行竞业限制义务。在上述情形消失或乙方证明并未违反竞业限制义务后，甲方应在______月内补发竞业限制补偿。

六、违约责任

18. 乙方在职期间，如有竞业行为，均视为严重违反规章制度与劳动纪律。

19. 甲方有权同时要求乙方承担下列责任：

（1）解除劳动合同，且无须支付任何补偿。

（2）乙方从事竞业行为所获利益应归甲方所有。

（3）赔偿竞业行为给甲方造成的损失。

20. 乙方应向甲方支付违约金，违约金标准为：乙方当时______个月内月平均工资的______倍。

21. 乙方离职后，未履行双方约定的竞业限制义务的，甲方有权同时要求乙方承担下列责任：

（1）返还甲方向乙方支付的全部竞业限制补偿金。

（2）向甲方支付违约金。违约金的标准为：______。

（3）要求乙方继续履行竞业限制义务。

如甲方要求乙方改正违反竞业限制的行为，而乙方收到甲方通知后在一个月内仍未改正的，继续从事竞业行为的，则甲方有权再次要求乙方按上款约定承担违约金。

22. 乙方支付的违约金不足以赔偿甲方损失的，还应赔偿甲方损失。

23. 甲方损失包括但不限于甲方直接或间接的利润损失、商誉损失、业务机会损失及为制止违约行为所支付的合理费用（律师费、诉讼费、调查费用、公证费用等）。

七、争议解决

甲乙双方因劳动关系发生任何争议时，双方应首先协商解决，也可由有关部门调解。协商或调解不成的，应向甲方所在地劳动争议仲裁委员会申请仲裁以及向甲方住所地有管辖权的人民法院提起诉讼。

签署时间：______年______月______日

甲方（签章）：

重要提示：本人已经详细阅读上述合同，特别是其中的竞业限制义务、违约责任及违约金条款，并同意履行上述合同。

乙方（签名）：